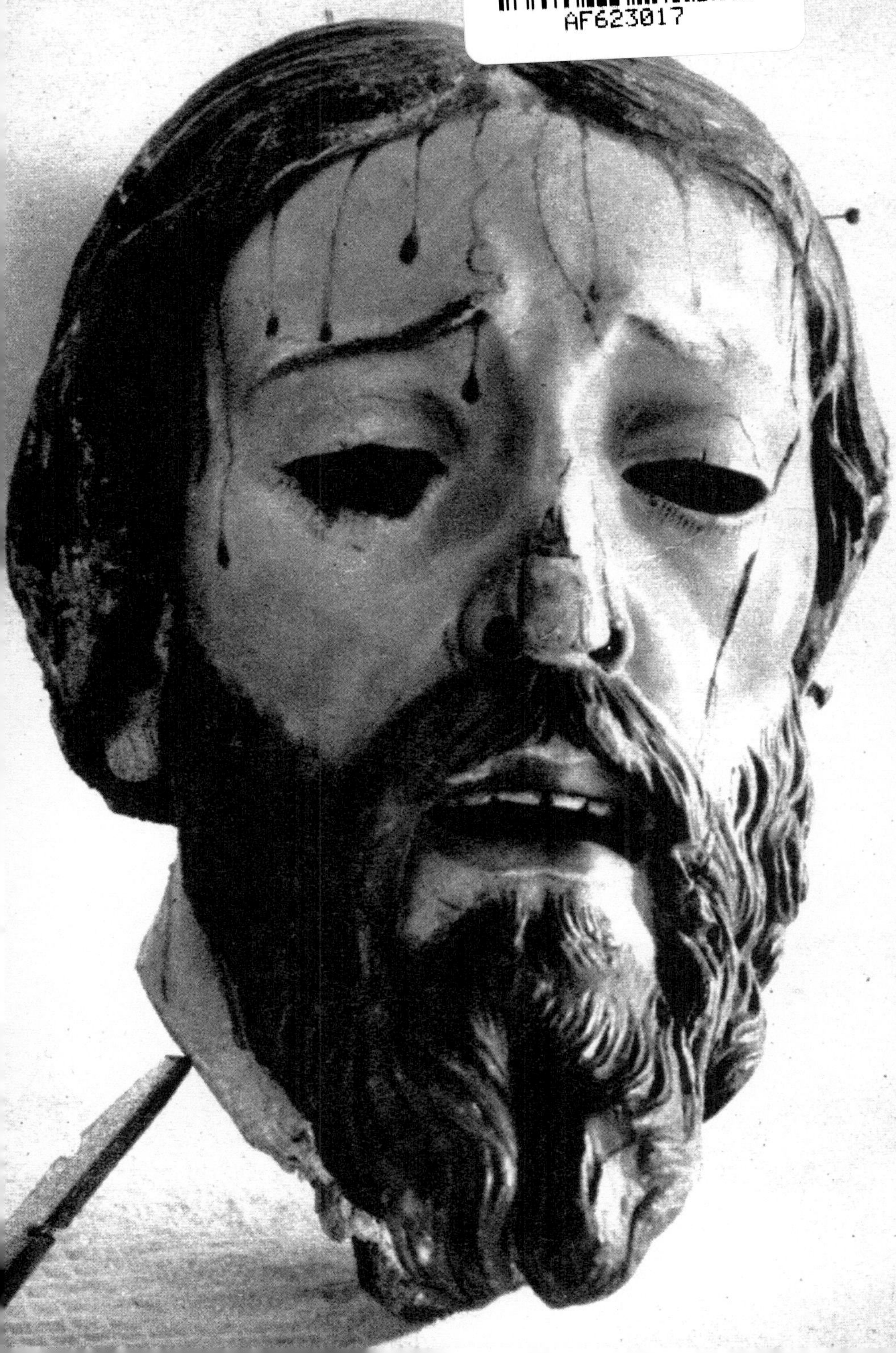

AF623017

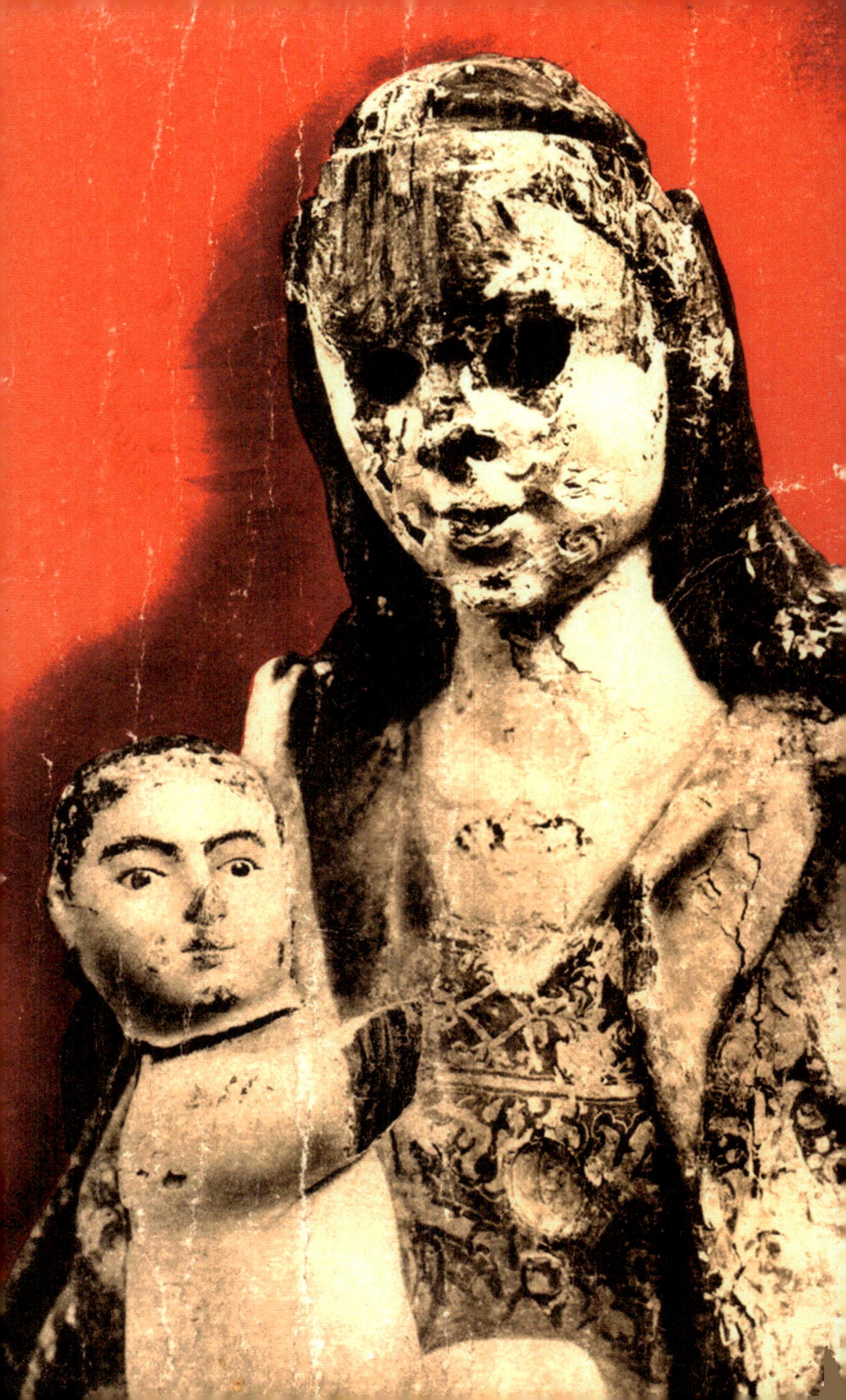

Pedro G. Romero
Archivo F.X.

Pedro G. Romero
Archivo F.X.

WIRTSCHAFT, ÖKONOMIE, KONJUNKTUR

Business, Economics, Conjuncture

Hrsg. / Ed.
Hans D. Christ, Iris Dressler

Spector Books

Württem
bergischer
Kunst
verein
Stuttgart

INHALT / CONTENTS

VORWORT

Hans D. Christ, Iris Dressler

Im Allgemeinen wird davon ausgegangen, dass KuratorInnen Einzelausstellungen von KünstlerInnen ausrichten, mit denen sie sich besonders gut auskennen. Unser Interesse, mit einem Künstler wie Pedro G. Romero zusammenzuarbeiten und dafür einen ersten gemeinsamen Rahmen zu schaffen – die Ausstellung *Archivo F.X. Wirtschaft. Ökonomie. Konjunktur* –, speiste sich indes aus etwas anderem: aus der Neugier, sich einem künstlerischen Tun zu widmen, von dem man – und in diesem Falle schon allein wegen nicht unerheblicher sprachlicher Barrieren – nur eine vage Vorstellung hat und weder weiß, ob man es richtig verstanden hat, noch, ob es unterm Strich halten wird, was es verspricht. Ein *x-file*, sozusagen.

Das Projekt liegt nun eine Weile zurück, wir haben bereits ein weiteres Mal mit Romero zusammengearbeitet, und es sieht ganz danach aus, dass auch dies nicht das letzte Mal gewesen sein wird. Haben wir es mittlerweile verstanden, das *Archivo F.X.*? Wir denken, dass dies die falsche Frage ist. Es hat uns eher angesteckt – im doppelten Sinne des Wortes: infiziert und entflammt – mit seinen Befragungen, seinen Bohrungen, Verästelungen, Abschweifungen, Erzählungen, Konfrontationen, seinen eigentümlichen Bildern und Spezialeffekten.

Die Konzeption, Entwicklung und Realisierung der Ausstellung *Archivo F.X. Wirtschaft. Ökonomie. Konjunktur* wurde nicht nur in enger Zusammenarbeit mit dem Künstler selbst, sondern auch mit einem Experten von Romeros Werk und künstlerischem Kosmos entwickelt: dem Kurator Valentín Roma, der das *Archivo F.X.* in vielen Ausstellungen, unter anderem 2009 auf der Biennale von Venedig, vorstellte und mit Romero die umfangreiche Ausstellung *Archivo F.X. Economía: Picasso* (2012, Barcelona) kuratierte.

Das vorliegende Buch versucht zum einen, die Ausstellung und ihr eigenwilliges Display – ein Display als Maschine, Seziertisch, Fake, in Trümmern … – zu dokumentieren. Zum anderen gehen die drei Texte, die für diese Publikation entstanden sind, verschiedenen Überlegungen zum *Archivo F.X.* und seinen diversen Gegenständen zwischen Ikonoklasmus und Avantgarde, Geld und Religion, Heiligem und Profanem sowie seinen verschiedenen Erscheinungs- und Funktionsweisen nach.

Schließlich umfasst das Buch sämtliche für die Stuttgarter Ausstellung ausgewählten Einträge *(entradas)* aus dem *Archivo F.X.*, die hier entweder vollständig abgedruckt oder als Thumbnails vorhanden sind. Ersteres betrifft jene für die Ausstellung zentralen Einträge, die nicht nur in Form einer Lose-Blatt-Sammlung, sondern auch in Form von Übertragungen, von spielerischen und theatralen Objekten präsent waren. Sie sind hier nur in deutscher Sprache aufgeführt. Ihre englischen und / oder spanischen Fassungen sind auf der Website des *Archivo F.X.* zu finden. Die schiere Fülle des Materials hat diese Ökonomie notwendig gemacht. Zugleich ist das Unvollständige sowie die imaginative Fortschreibung angedeuteter oder angerissener Dinge ein zentrales Charakteristikum des *Archivo F.X.*

Unser ganz großer Dank gilt Pedro G. Romero für sein künstlerisches Werk, sein Vertrauen und eine großartige Zusammenarbeit, die sehr eigene Wege der Kommunikation gegangen ist. Missverständnisse, das lehrt uns das *Archivo F.X.*, halten die Dinge erst im Fluss. Nicht minder danken wir Valentín Roma, der zu den spannendsten KuratorInnen und Kunstwissenschaftlerlnnen der Gegenwart zählt und mit dem wir bereits im Rahmen des Projektes *Subversive Praktiken* (2009) sehr gerne zusammengearbeitet haben. Zur Realisierung der Ausstellung haben überdies Gisela Alberich Trullois, die zu allen möglichen und unmöglichen Zeiten als Übersetzerin zur Verfügung stand, und unsere damalige und ebenso unermüdlich engagierte Praktikantin Annerose Bach maßgeblich beigetragen. Auch diesen beiden ein großes Dankeschön! Nicht zuletzt gilt unser Dank den beiden GrafikerInnen dieser Publikation, Nieves und Mario Berenguer Ros, die es auf herausragende Weise verstehen, die Komplexität von Inhalten, Werken und Ausstellungen in das Format Buch zu übertragen.

PREFACE

Hans D. Christ, Iris Dressler

It is generally assumed that curators organize solo exhibitions of artists whose work is particularly familiar to them. Yet our interest in working with an artist like Pedro G. Romero—and in creating an initial frame for collaboration together, the exhibition *Archivo F.X.: Business, Economics, Conjuncture*—was fueled by something else: curiosity. We were interested in focusing on an artistic practice with which we were only vaguely familiar, not least because of not unsignificant linguistic barriers in this case—that is, on an artistic practice of which we were neither sure whether we understood everything correctly, nor whether, at the end of the day, the project would deliver what it promised. It was an "x-file," as it were.

The exhibition took place some time ago, and in the meantime we have worked with Romero once again. Once more, it appears that it will not be the last time. Have we come to understand *Archivo F.X.* by now? In our view, this is the wrong question. The project has rather "infected us"—in the dual sense of the German word *anstecken,* which means both infected and set on fire—with its queries, ramifications, digressions, narratives, confrontations, its idiosyncratic images and special effects.

The conception, development, and realization of the exhibition *Archivo F.X.: Business, Economics, Conjuncture* was not only developed in close collaboration with the artist himself, but also with an expert on Romero's work and artistic cosmos: the curator Valentín Roma. He has presented *Archivo F.X.* by means of many exhibitions, for instance at the Venice Biennale in 2009, or cocurated with Romero projects such as the comprehensive exhibition *Archivo F.X. Economía: Picasso* in 2012 in Barcelona.

The book at hand sets out to document the exhibition and its special display—understood as machine, dissecting table, fake, a display in ruins, and so forth. The three texts that were written for this publication trace various reflections on *Archivo F.X.* and its diverse subjects posited between iconoclasm and avant-garde, money and religion, the sacred and the profane, along with its various facets of appearance and function.

Ultimately, the book encompasses all entries *(entradas)* of *Archivo F.X.*—either printed in full or as thumbnails—which were shown in the Stuttgart exhibition. The former applies to a selection of entries that were pivotal to the exhibition, and which were present not only in the form of a loose-leaf collection, but also as transferences, as playful and theatral objects. In the current publication, these entries are only included in German language, but the English and Spanish versions can be found on the

Archivo F.X. website. The sheer abundance of material is behind this economical decision. At the same time, the incomplete and the imaginative perpetuation of suggested or insinuated items is a central characteristic of *Archivo F.X.*

We extend our heartfelt gratitude to Pedro G. Romero for his artistic work, his trust, and a fantastic working relationship that involved very unique paths of communication. As we learned from *Archivo F.X.*, misunderstandings keep things going. Equally strong thanks go to Valentín Roma, who counts among the most fascinating contemporary curators and art scholars, and with whom we already very much enjoyed collaborating during the *Subversive Practices* project in 2009. Significantly contributing to the exhibition's realization were both Gisela Alberich Trullois, who was available to do translation work at all hours of the day and night, and our then intern Annerose Bach, who was just as tirelessly dedicated. Many thanks to these two as well! Not least, we are grateful to the two graphic designers working on this publication, Nieves and Mario Berenguer Ros, who are outstandingly adept at translating the complexity of content, artwork, and exhibitions into book format.

INDEM MAN DAS KIND AUS DER WIEGE STIEHLT, INDEM MAN AUF EINEM SEIL TANZT. ÜBER DAS ARCHIVO F.X.

Iris Dressler

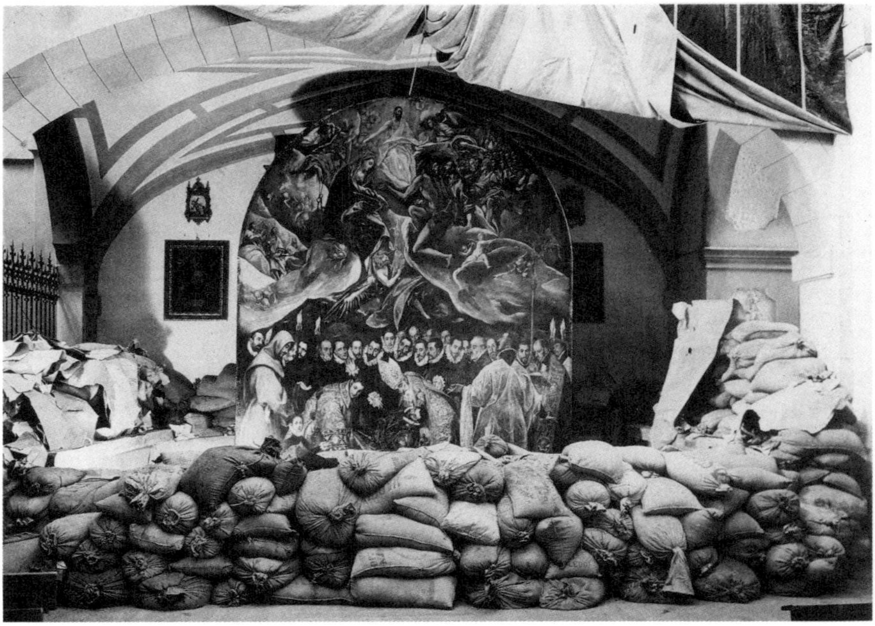

Kriegsfibel (Gesammelte Werke, Band IV)

I

ANNÄHERUNGEN UND ABSCHWEIFUNGEN

Einer liest darin und dann liest er wieder darin.
Oskar Negt, Alexander Kluge

Es sei ein Missverständnis gewesen, das jene Maschine namens *Archivo F.X.* in Gang gesetzt habe:

> Ein Freund erzählte mir von Georges Perecs Behauptung, dass »das größte Kunstwerk der Moderne 1936 in den brennenden Kirchen Barcelonas bestanden hätte.« Mein Gehör und meine Unbegabtheit für Sprachen haben mir einen üblen Streich gespielt, denn in Wahrheit war es Benjamin Péret, der diese blasphemische Behauptung äußerte. Doch bei der Suche nach dem Zitat im gesamten Werk Perecs fand ich schließlich etwas, das die beiden miteinander verband. Gefragt nach der Brandstiftung von Kirchen und Konventen in Barcelona bemerkte er: »Es handelt sich um das Spiel des Ikonoklasmus, es geht ganz einfach um Spezialeffekte, mit der ganzen Transzendenz, die Kinderspielen immer innewohnt.« Darum geht es, das ist meine ganze Absicht.[1]

Nicht von Ungefähr ist es das OuLiPo[2]-Mitglied Georges Perec, das gemäß dieser Anekdote eine phonetische Verirrung, ein Wortspiel auslöst und quasi als Pate – oder besser noch als Hebamme – des *Archivo F.X.* auftritt: jener Schriftsteller, der einen ganzen Roman unter der Vorgabe, den Buchstaben E auszulassen, und einen anderen Roman unter Auslassung aller Vokale *außer* E verfasste[3]. Denn das Spiel zählt wie das Missverstehen, die Umdeutung und das Abschweifen zu den zentralen Werkzeugen und Paradigmen des von Pedro G. Romero seit Ende der 1990er-Jahre

[1] Pedro G. Romero, in: *Archivo F.X. Documentos y materiales*, Nr. 1, Salónica 2007, S. 8., zit. nach Valentín Roma, »Das Archivo F.X. Eine Bedienungsanleitung«, in: *Archivo F.X. Dokumente und Materialien*, Nr. 7, Sevilla, Stuttgart 2012, o. S.

[2] L'Ouvroir de Littérature Potentielle (Werkstatt für Potentielle Literatur), gegründet 1960 in Paris.

[3] Georges Perec, *La disparition*, Paris 1969 (deutsch: *Anton Voyls Fortgang*, Frankfurt am Main 1986) und ders., *Les Revenentes*, Paris 1972 (deutsch: *Dee Weedergenger*, Münster 2003).

betriebenen *Archivo F.X.* Spiel impliziert immer zugleich Vorgabe und Kontingenz, Regelwerk und Variabilität, Kalkül und Unberechenbarkeit. Und auch mit Glück und Fügung hat es bekanntlich zu tun: dem ebenso unausweichlichen wie zufälligen Zusammentreffen von Perec und Péret.

Das Spiel greift im Kontext des *Archivo F.X.* auf gleich mehreren Ebenen: als Archiv im Sinne einer autopoietischen Maschine, die, nach den Worten Félix Guattaris, »ihre eigene Organisation und eigenen Grenzen« permanent hervorbringt und spezifiziert[4], aber auch als Sprachspiel, Witz oder Gag. Zugleich kreist diese Maschine um das, was Giorgio Agamben Profanierung nennt, nämlich den unangemessenen Gebrauch der Dinge, wie er insbesondere im Spiel zum Tragen kommt[5]. Und es geht um das »Als-ob«, die Simulation. Im Englischen lautet die Kurzformel für Spezialeffekte *special f.x.* (sprich: ef eks).

Eine der ersten Publikationen, die 2002 aus dem *Archivo F.X.* hervorgegangen ist und in der Gestalt einer wissenschaftlichen Abhandlung der 1930er-Jahre daherkommt[6], trägt den Titel *F.X. Sobre el fin del arte. En el ojo de la batalla*, zu Deutsch: *F.X. Über das Ende der Kunst. Im Auge der Schlacht.*[7] Der Titel ist Programm, und das nicht nur, weil Romeros Archivprojekt zunächst unter dem Titel *F.X. Über das Ende der Kunst* auftrat, sondern hier bereits mehrere Wortspiele am Werk sind. So bedeutet der Begriff *fin* im Spanischen sowohl Ende als auch Ziel. Die Abkürzung F.X. steht gleichermaßen für *x-files*, also die unbekannten, geheimen Akten[8], für den mathematischen Funktionswert f(x) und für *special effects.* Zudem hat Romero es auf die phonetische Nähe zwischen *batalla* (Schlacht) und Bataille angelegt – in Anspielung auf Georges Batailles unter dem Pseudonym Lord Auch veröffentliche Erzählung *Histoire de l'œil* (Die Geschichte des Auges) von 1928: jene erotische Erzählung mit ihrem ebenso zufälligen wie unausweichlichen Zusammentreffen zweier Kugeln gleicher Größe und Konsistenz – ein Stierhoden und ein Toreroauge –, die »sich gleichzeitig in entgegengesetzte Richtungen«, in den einen Körper hinein und aus dem anderen hinaus, bewegen.[9]

[4] Guattari bezieht sich dabei auf den chilenischen Biologen Francisco Varela: »Francisco Varela … distinguishes two types of machines: ›allopoietic‹ machines which produce something other than themselves, and ›autopoietic‹ machines which engender and specify their own organization and limits.«, in: Félix Guattari, *Chaosmosis: An Ethico-Aestehtic Paradigm* (Original: *Chaosmose*, Paris 1992), Bloomington 1995, S. 39.

[5] Giorgio Agamben, *Profanierungen* (Original: *Profanazioni*, Rom 2005), Frankfurt am Main 2005, S. 72.

[6] Romero nimmt hier konkret Bezug auf eines jener zahlreichen, dem antiklerikalen Ikonoklasmus in Spanien gewidmeten Schriften, aus dem ein Großteil der Bilder und Texte seines Archivs stammen.

[7] Universitat de Valencia (Hrsg.), *Pedro G. Romero. F.X. Sobre la fin del arte. En el ojo de la batalla. Estudios sobre iconoclastia e iconodulia, historia del arte y vanguardia moderna, guerra y economía, estética y política, sociología sagrada y antropología materialista,* Valencia 2002.

[8] Wie in der US-amerikanischen Serie *X-Files* (Akte X).

[9] Es ist der ebenso unfassbar dramatische wie unfassbar komische Moment, als in einer Stierkampfarena ein wie ein Auge aussehender Stierhoden in das »rosaschwarze Fleisch« einer Frau eindringt, während

Der Untertitel fast schließlich die Hauptanliegen des *Archivo F.X.* zusammen: *Studien über Ikonoklasmus und Idolatrie, Kunstgeschichte und moderne Avantgarde, Krieg und Ökonomie, Ästhetik und Politik, heilige Soziologie und materielle Anthropologie*. Der ausschweifende Titel dieser Publikation, die sich in das Auge – jenen kannibalischen Leckerbissen[10] – sowohl der Schlacht als auch Batailles begibt, breitet das gesamte Panorama des *Archivo F.X.* mit seinen wesentlichen Strängen, Fugen und Weichen vor uns aus. Es ist, mit den Worten des Künstlers, der sich dabei der Worte Jürgen Habermas' bedient, der mit diesen wiederum Hans-Georg Gadamer huldigte, das Panorama der Provinz des Nihilismus, zu deren Urbanisierung das *Archivo F.X.* sich aufgemacht hat[11].

Auf einer allerersten Ebene befragt das *Archivo F.X.* die Beziehungen zwischen ikonoklastischen Bildern und der Radikalität des Blicks in der Moderne, mit ihren zahlreichen technischen Sehprothesen, Augentäuschungen und Schnitten durch das Auge. In immer neuen Konstellationen verknüpft es das scheinbar Unvereinbare miteinander: die Zeugnisse des politischen, antiklerikalen Ikonoklasmus in Spanien mit den Werken, Akteuren und Bewegungen der internationalen modernen Avantgarde. Der Zeitraum, der hier betrachtet wird, erstreckt sich etwa von 1845 bis 1945, wobei hinsichtlich der Geschichte des spanischen Ikonoklasmus, neben der sogenannten »Tragischen Woche« 1909 in Barcelona, vor allem die Jahre des Bürgerkriegs im Zentrum stehen. Das *Archivo F.X.* ist auch ein Projekt, das sich mit einem in den Künsten lange Zeit verdrängten Kapitel der spanischen Geschichte beschäftigt[12].

Die zahllosen Fotos und Filme, die Romero für das *Archivo F.X.* zusammengetragen hat, zeigen zertrümmerte Heiligenfiguren, denen Augen, Arme oder Beine fehlen, Kreuze, an denen nurmehr ein Arm hängt, zerschnittene Gemälde, niedergebrannte, geplünderte oder enteignete Kirchen, Berge von liturgischen Artefakten und abmontierten Kirchenglocken, die auf ihre Einschmelzung und Weiterverarbeitung warten, oder Münzen, aus denen das Wort »katholisch« herausgekratzt worden ist. Ihn interessieren dabei weniger die Akte der Zerstörung selbst, sondern deren manipulierte wie manipulative Darstellungen und Inszenierungen in den (Massen-)Medien Fotografie und Film. Immer wieder weist Romero darauf

just in diesem Moment das Auge des Toreros aus seiner Höhle springt. Georges Bataille, »Die Geschichte des Auges«, S. 36–39, in: ders., *Das obszöne Werk*, Reinbeck bei Hamburg 2012, S. 5–53.

10 Georges Bataille, »Auge« in: *Kritisches Wörterbuch*, Beiträge von Georges Bataille, Carl Einstein, Marcel Griaule, Michel Leiris u.a., herausgegeben und übersetzt von Rainer Maria Kiesow und Henning Schmidgen, Berlin 2005, S. 17.

11 Universitat de Valencia 2002, wie Anm. 7, S. 51. Romero spielt hier auf Habermas' Laudatio für Hans-Georg Gadamer an, als dieser 1979 den Hegel-Preis der Stadt Stuttgart erhielt. Siehe: Jürgen Habermas, »Urbanisierung der Heideggerschen Provinz«, wiederabgedruckt in: ders., *Philosophisch-politische Profile*, Frankfurt am Main 1981, S. 392–401.

12 Vgl. dazu: Juan Vicente Aliaga, Pedro G. Romero, »Questionnaire«, in: Centre d'art la Panera (Hrsg.), *Exercicis de memòria. Ejercicios de memoria. Exercices in memory*, Lleida 2011, S. 196–200.

hin, dass es ihm nicht darum geht, was Bilder zeigen oder Dinge sind, sondern wie sie funktionieren.

Bei den von ihm gesammelten Dokumenten handelt es sich größtenteils um Bilder, die zu propagandistischen Zwecken, sei es von den Linken oder Rechten, den Anarchisten oder Falangisten, Republikanern oder Nationalisten, eingesetzt wurden: entweder um die Umverteilung kirchlicher Güter und Reichtümer zugunsten des Volkes und die geistige Emanzipation von der Herrschaft der katholischen Kirche zu preisen oder um in dramatischen Gesten die »linken Barbaren« dafür anzuprangern, christliche Werte und christliches Kulturgut zu vernichten. Die Gestaltung der Bilder, der gewählte Bildausschnitt, die Lichtführung, Kontraste et cetera – kurz gesagt, die »special effects« – entsprechen dabei ihrer jeweiligen ideologischen Funktion. Mal wirken die Fotografien wie nüchterne Bestandsaufnahmen, mal wie die Filmstills eines Horrorstreifens, mal dominieren triumphierende und höhnische Gesten, dann wieder Tragik, Schmerz und Verzweiflung.

Der von den spanischen Nationalisten produzierte Film *Vía Crucis del Señor en las tierras de España* (Der Kreuzweg des Herrn auf spanischem Boden), der 1940, also nach dem Bürgerkrieg, erschien, treibt die Dramatisierung der ikonoklastischen Gewalt auf die Spitze. Analog zu den Stationen des Kreuzwegs zeigt er in 14 Kapiteln pathetisch aufgeladene und dabei oftmals nachgestellte Szenarien der Zerstörung von Kirchen, Heiligenstatuen und dergleichen durch den »roten Mob«. Der angebliche Dokumentarfilm trägt dabei starke Züge der ästhetischen Sprache Luis Buñuels, mit dem der Filmemacher einst unter anderen Voraussetzungen zusammengearbeitet hatte. Ein weiterer Film, der sich ebenfalls in Romeros Archiv befindet, *Reportaje del movimiento revolucionario en Barcelona* (Reportage über die revolutionäre Bewegung in Barcelona), wurde dagegen 1936 von der anarchistischen CNT-FAI produziert. Die Bilder hier feiern die Zerstörung und Plünderung kirchlicher und militärischer Gebäude als Befreiungsschlag. Der Film fiel allerdings den Franco-Truppen in die Hände, die ihn »überarbeiteten« und dabei seine ursprüngliche Botschaft ins Gegenteil verkehrten. In gewisser Weise, so Romero, tue er nichts anderes mit den von ihm gefundenen Objekten, als sie einer solchen Umwidmung und Neubestimmung zu unterziehen: allerdings mit dem entscheidenden Unterschied, dass er sie nicht in eindeutige und festgelegte, sondern mehrdeutige und offene Lesweisen überführt.

Zu jedem Bilddokument, das Einzug in das *Archivo F.X.* gefunden hat, gibt es einen Eintrag (*Entrada*). Jeder Eintrag erhält dabei ein Schlagwort, das sich nicht unmittelbar auf das Bild bezieht, sondern dieses mit einem Werk, Künstler, einer Künstlergruppe, Zeitschrift, Institution oder Bewegung der Avantgarde assoziiert. So findet man das Bild des Kopfes einer Bischofsstatue mit ausgeschlagenen Augen und riesigem Hut unter dem Schlagwort »Hugo Ball« oder das Bild einer Gruppe lädierter

Heiligenfiguren unter dem Titel »Zwölf: Die Bürger von Calais«, der auf ein Werk Candida Höfers und natürlich auf jene berühmte Plastik von Auguste Rodin referiert. Das Foto eines barocken Altars samt herbeigeflogenem Engel, vor dem vier Bomben wie Orgelpfeifen aufgereiht sind, firmiert unter dem klee-benjaminschen Titel »Angelus Novus« und das Gruppenfoto von bewaffneten Plünderern inmitten ihrer Beute unter dem Schlagwort »Internacional Situacionista« (Situationistische Internationale).

Angesichts der radikalen, bilderstürmerischen und nihilistischen Gesten der ästhetischen Moderne scheint die Analogie zum antiklerikalen Ikonoklasmus auf der Hand zu liegen. Doch statt »zwei Erzählungen, ... die einander gut ergänzen könnten, in Einklang miteinander zu bringen«, geht es Romero vielmehr darum, diese als »zwei verschiedene semantische Felder, wie gleich sie auch in unseren Ohren klingen mögen, aufeinanderprallen zu lassen«.[13] Es hat also eher mit Kurzschlüssen, mit dem Kurzschließen zweier entgegengesetzter Pole zu tun, um eine Maschine – wie ein Auto, dessen Schlüssel man, aus welchen Gründen auch immer, nicht hat – in Gang zu setzen.

Jeder Eintrag wird von kurzen Angaben zum Inhalt, Produzenten, Fundort und Standort des Bildes sowie zum Kontext des Schlagwortes, das dem Bild zugeordnet ist, eingeleitet. Nicht selten beziehen sich die Angaben zum Schlagwort dabei ebenfalls auf ein Bild, das uns hier allerdings vorenthalten bleibt. So zum Beispiel auf ein Foto von Georges Bataille, das diesen, laut Beschreibung, bei der Präsentation von *Die Geschichte des Auges* eingezwängt zwischen zwei Bücherschränken in der Pariser Nationalbibliothek zeigt. Unter »Georges Bataille« findet man im *Archivo F.X.* das Foto einer Heiligen, das diese vor einer offenen, sie einrahmenden Transportkiste zeigt, mit der sie während der Wirren des Bürgerkriegs in Sicherheit gebracht wurde. Eine formale Analogie zwischen Bild und Schlagwort wird erst über die Imagination des fehlenden Bildes hergestellt.

Auf die Kurzbeschreibungen folgt schließlich eine kleinere oder größere Anzahl an kürzeren oder längeren Textfragmenten, die sich alternierend auf das Bild und das Schlagwort beziehen und die aus unterschiedlichsten Quellen stammen: aus Propagandaschriften, Katalogen, Presseartikeln, Museumsbroschüren, theoretischen oder literarischen Schriften et cetera. Was die Texte zu den Bildern ikonoklastischer Vorfälle betrifft, so sind auch diese nicht selten von deutlich tendenziösem Gehalt. Manche Schilderungen der Zerstörung von Kircheninventar lesen sich wie Vergewaltigungen, Mord und Totschlag. Mit dem permanenten Wechsel zwischen den Texten, Kontexten, Haltungen und Sprachformen entsteht mit jedem Eintrag eine eigenwillige kontinuierlich-diskontinuierliche Erzählung.

[13] Pedro G. Romero, »Wandlung«, in: *Archivo F.X.: La ciudad vacía. Política*, Ausst.-Kat., hrsg. von der Fundació Antoni Tàpies, Barcelona 2009, S. 730.

Romero liefert keine Quellenangaben zu den verschiedenen Textfragmenten, die er, wie er selbst beschreibt, eher wie ein Bildhauer denn ein Textautor bearbeitet, eher als Töne und Bilder denn als Sprache verhandelt. Dabei greift er auch in das, was er zitiert, ein: »manchmal mit gravierenden Einschnitten, die die ursprüngliche Bedeutung des Textes entstellen, jedoch dabei helfen, den neuen zu erschaffen«.[14] Es geht Romero weder um den Wahrheitsgehalt seiner Quellen noch um ihr korrektes Zitieren, ihre Zuverlässigkeit, Überprüfbarkeit oder Rückführbarkeit, sondern einerseits um ihren Klang – was lässt sich darin vernehmen? – und andererseits um ihre unwiderrufliche Kontamination, ihre Transformation, ihr Etwas-anderes-Werden. Genau darin liegt die Sprengkraft dessen, was mit der institutionellen, administrativen und neoliberalen Konfiszierung des Begriffs »künstlerische Forschung« und deren Abschreibung als »kulturelle Bildung« bis zur Unkenntlichkeit ausgehungert wurde.

Dementgegen entzieht sich das *Archivo F.X.* ganz explizit einer positivistischen Wissensökonomie, die auf der kapitalistischen Akkumulation und Verwertbarkeit von Wissen – sei es nun in Form von Umfragen, Evaluationen, Profilen, Datamining oder Lizensierungen – aufruht, einer Ökonomie, in der Zeit Geld und Wissen Macht ist. Es hat etwas mit der Notwendigkeit zu tun, keine Spuren zu hinterlassen, um zu überleben. Subversion funktioniert nur, wenn man keine verwertbaren Spuren hinterlässt oder aber falsche Spuren auslegt, das haben uns bereits die KonzeptualistInnen des Südens und des Ostens gelehrt[15]. Oder, wie Romero in einem Text über die Poetiken und Politiken des Flamencos, seinem zweiten großen Thema, schreibt, jene Informanten, die den Flamenco-Forschern das Leben schwer machten, weil sie unentwegt logen – als Abwehr gegen die reduktionistischen Vorgaben von Fragebögen.[16]

Fakt ist aber auch, dass das *Archivo F.X.* – ganz im Sinne der *x-files*, der unbekannten und geheimen Akten, für die es steht – ein einzigartiger Speicher von Dokumenten ist, die ohne die außerordentliche Arbeit Romeros, die Recherche, das Zusammentragen, die Bearbeitung, Einordnung, Be- und Neubewertung, kaum zugänglich wären. Der Zugang zu und das Teilen von Wissen wird hier allerdings nicht als Anordnung eines möglichst schnellen, zielgenauen und effizienten Zugriffs missverstanden. Vielmehr handelt es sich um ein Gefüge oder Dickicht aus vielzähligen

[14] Nuria Enguita Mayo und Pedro G. Romero, »Conversation in April and May about F.X. Archive, approaches with Pedro G. Romero«, in: *Archivo F.X.* 2009, wie Anm. 13, S. 720.

[15] Vgl.: *Subversive Praktiken. Kunst unter Bedingungen politischer Repression. 60er–80er / Südamerika / Europa*, hrsg. von Hans D. Christ, Iris Dressler, Ausst.-Kat. Württembergischer Kunstverein Stuttgart, Ostfildern 2010.

[16] Pedro G. Romero, »The Sun at Night. Preparatory Notes for Poetics and Politics among Flamenco and Modern Artists. A Paradoxical Place«, in: *The Spanish Night. Flamenco, Avant-Garde and Popular Culture 1865–1936*, hrsg. von Patricia Molins und ders., Ausst.-Kat. Museo Nacional Centro de Arte Reina Sofía, Madrid 2008, S. 77. Romero bezieht sich dabei auch auf Giorgio Agambens Text »Die Sprachen und die Völker«, in: ders., *Mittel ohne Zweck. Noten zur Politik*, Berlin 2006 (Original: *Mezzi senza fine – Note sulla politica*, Turin 1996), S. 57–63.

Zugängen, die vom Hundertsten ins Tausendste führen, in denen man sich verirrt und verzettelt, auf dem Holzweg befindet und auf Glatteis begibt. Bereits der Name dieses Archivs entfaltet trotz Abkürzung eine Art Bremswirkung, spricht sich F.X. im Spanischen doch *effe equis*, was sich zumindest in meinem, des Spanischen nur bedingt mächtigen Mund wie ein Knebel, ein Gag ausnimmt.

Die weit über 1.000 Einträge, die das *Archivo F.X.* in Form eines digitalen Onlinearchivs[17] umfasst, bilden den Pool, aus dem heraus Romero die verschiedensten Materialisierungen und Erscheinungsweisen seines Projektes, die von Lose-Blatt-Sammlungen über theatrale Anordnungen und Spieleinheiten (in Form von Objekten, Videos, Installationen et cetera) bis zu Ausstellungsdisplays und -choreografien, Multiples und Publikationen reichen, generiert.

Dabei beruht das *Archivo F.X.* samt all seiner miteinander verzahnten Elemente auf dem Verfahren der Montage und Ineinanderfaltung des Unvereinbaren. Es entspricht dem, was Jacques Rancière im Gegensatz zur dialektischen Montage, die einen Schock erzeugen und die Welt hinter einer anderen Welt sichtbar machen möchte, die symbolische Montage genannt hat: »Denn die symbolische Montage versucht tatsächlich, eine Familiarität zwischen den fremden Elementen zu inszenieren.«[18] Erst diese inszenierte Familiarität zwischen den fremden Elementen ermöglicht eine gegenseitige und in ihren Auswirkungen unvorhersehbare Affizierung, lässt die Dinge tatsächlich »fremdgehen« und anders werden, neue Beziehungen knüpfen.

Als die zentralen methodischen Bezugsgrößen des *Archivo F.X.* nennt Romero die auf experimentellen Sprachspielen basierenden Romane von Raymond Roussel, Walter Benjamins *Passagen-Werk*, die von Georges Bataille zwischen 1929 und 1931 herausgegebene Zeitschrift *Documents*, die Ethnologie und Avantgardekunst in einer Mischung aus Archäologie und Anarchäologie in Beziehung zueinander setzt – inklusive des *Kritischen Wörterbuchs*, das von »Architektur« bis »Sonne« über die 15 Ausgaben der *Documents* wie ein Fortsetzungsroman verteilt ist –, und nicht zuletzt Aby Warburgs Atlas *Mnemosyne*.

Relevant ist für Romero, neben der Zitatstruktur, vor allem das Unvollendete und Unabschließbare, das dem Projekt Benjamins wie dem Warburgs eingeschrieben ist. Die Obsession, alles restlos erfassen zu wollen, ist bekanntlich gleichermaßen die treibende Kraft wie die Unmöglichkeit des Archivs. Das Unvollständige hat dabei, wie Romero schreibt, »mit der Anerkennung bestimmter Grenzen des Vermögens des menschlichen Wissens« zu tun.

[17] http://fxysudoble.com

[18] Jacques Rancière, *Politik der Bilder*, Zürich-Berlin 2009 (Orig.: *Le destin des images*, Paris 2003), S. 70.

> Dies gilt auch für ... die Kunst als einer Wissensform, als Sprungbrett oder Stab, mit dem man über die Leere springt, die das Unvollständige hinterlässt, und dabei gefährliche Pirouetten dreht.[19]

Es geht also um ein gewisses Risiko, mit dem man über die Lücken des Wissens hinweg nicht nur springen und tanzen, sondern auch stolpern kann. Bewegung, ob nun tanzend oder taumelnd, betrifft bei Romero das Wissen und Archiv selbst: als ein Wissen, ein Archiv *in Bewegung*, im Sinne eines unabschließbaren Prozesses, der gerade an seinen Lücken und Grenzen immerzu über sich hinaus auf ein Mögliches weist und so die Dinge im Fluss hält.

In der auf Veranlassung des Autors selbst erst posthum erschienenen Schrift *Wie ich einige meiner Bücher geschrieben habe* (1935) äußert sich Raymond Roussel zur Methode seiner experimentellen Textproduktion. Sie bestand zunächst darin, zwei phonetisch analoge und dabei inhaltlich divergierende Sätze zu (er)finden. Diese beiden Sätze galt es dann mittels einer ebenso konstruierten Erzählung zu verknüpfen, die sich entlang weiterer phonetischer Sprachverschiebungen entfaltete – ein komplexes *dérive*, das sich kaum auf seine Ausgangspunkte zurückführen lässt.[20] Romero mit seiner großen Leidenschaft für Sprachspiele hat dieses Prinzip in gewisser Weise auf ein Spiel zwischen Bild und Sprache übertragen. Das Bild eines jeden Eintrags und das dazugehörige Schlagwort verweisen trotz ihrer Differenz auf hypothetische Analogien unterschiedlichster Art. Sie bilden miteinander die beiden Pole, zwischen denen Romero die Erzählung einer möglichen Familiarität inszeniert.

Giorgio Agamben hat in *Noten zur Geste*[21] proklamiert, dass es in Aby Warburgs Bilderatlas nicht um Bilder oder eine Wissenschaft des Bildes geht, sondern um Gesten; und das nicht nur auf inhaltlicher Ebene. Es betrifft das Bild *als* Geste.

> Warburg ... machte das Bild ... zu einem entschieden historischen und dynamischen Element. In diesem Sinne ist der ... Atlas *Mnemosyne* mit seinen etwa tausend Fotografien kein unbewegliches Bildrepertoire, sondern eine Repräsentation der Gesten der abendländischen Menschheit ... in virtueller Bewegung ... [I]nnerhalb jedes Abschnitts

[19] Nuria Enguita Mayo und Romero 2009, wie Anm. 14, S. 720.

[20] Raymond Roussel, »Wie ich einige meiner Bücher geschrieben habe«, in: Hanns Grössel (Hrsg.), *Raymond Roussel. Eine Dokumentation*, München 1977, S. 78–97. Selbst banalste Dinge, wie die Adresse seines Schuhmachers, dessen Hausnummer Roussel aufs Geratewohl festlegte – »ich glaube nicht, daß sie stimmte«– konnten ihm als Ausgangspunkt seiner Sprachspiele dienen. Ebd., S. 86.

[21] Giorgio Agamben, »Noten zur Geste«, in: ders. 2006, wie Anm. 16, S. 47–56. Siehe auch: ders., »Difference and Repetition: On Guy Debord's Films«, in: Tom McDonough (Hrsg.), *Guy Debord and the Situationist International. Texts and Documents*, Cambridge und London 2004.

müssen die Bilder eher als Einzelbilder eines Films gesehen werden denn als autonome Realitäten.[22]

Agamben möchte in Erweiterung von Gilles Deleuzes Filmtheorie nicht nur das Filmbild, sondern das Bild per se als Geste verstanden wissen: Auch Gemälde seien keine unbeweglichen oder ewigen Formen, »sondern mit Bewegung aufgeladene Stills ... eines fehlenden Films. Zu diesem Film muss man sie neu zusammenfügen.«[23] Das Bild im Sinne der Geste fungiere als Schnitt – und zwar als ein beweglicher, zugleich trennender wie verbindender Schnitt – zwischen Stillstand und Bewegung, Aktuellem und Potenziellem, Isolation und Montage.

Man könnte sagen, dass Romero Bild und Sprache in seinen Einträgen als Gesten verhandelt und ineinanderschneidet. Doch die Geste, wie Agamben sie versteht, wird im Rahmen des *Archivo F.X.* auf sehr viel weitgehendere Weise ins Spiel gebracht. Es betrifft die Art und Weise, mit der sämtliche Elemente in ihren unterschiedlichen Materialisierungen, Konstellationen und Choreografien – von den Einträgen über deren objekthaften und installativen Theatralisierungen bis zu den opulenten Ausstellungsdisplays – als Gesten funktionieren: als Einzelbilder oder Einzelakte eines möglichen, vakanten Films, einer möglichen, vakanten Erzählung, die jeder Betrachter, oder besser jeder Nutzer, der das *Archivo F.X.* in Gebrauch nimmt, selbst neu editieren muss und dabei verändert. Von Alexander Kluge bis Stan Douglas, von Anna Oppermann bis zum *Archivo F.X.* geht es darum, nicht nur lineare Erzählweisen aufzubrechen, sondern die Montage – im Sinne einer offenen, beweglichen Montage – an die Position der BetrachterInnen / LeserInnen / In-Gebrauch-NehmerInnen weiterzugeben. Genau das verstehe ich darunter, wenn Romero (mit Verweis auf Marcel Broodthaers), sagt, dass es darum geht, das Archiv zu theatralisieren, es »in eine Inszenierung, in Choreografie, Dramaturgie und Kino« zu verwandeln.[24]

Dem entsprechen auch die vielen »Massenartikel« des *Archivo F.X.*, angefangen mit den Lose-Blatt-Sammlungen der Einträge, von denen in allen Ausstellungen eine bestimmte Auswahl in hohen Auflagen ausliegt. Darüber hinaus entstehen zu jeder Ausstellung diverse Multiples, Gimmicks oder Gadgets – beziehungsweise *Gagdets* [sic!], wie Romero sie in einer Wortverdrehung nennt –, die ebenfalls in großer Stückzahl kostenlos in Umlauf gebracht werden: im Rahmen der Stuttgarter Ausstellung (und dieser Publikation) zum Beispiel eine CD mit den Flamenco-Interpretationen von Inés Bacán und Tomás de Perrate zu Gedichten von Hugo Ball

[22] Agamben 2006, wie Anm. 21, S. 51.
[23] Agamben 2004, wie Anm. 21, S. 314.
[24] Pedro G. Romero, »The Tragic Week«, in: *Pedro G. Romero. F.X., sobre el fi de l'art. La Setmana Tràgica*, Ausst.-Kat. Centre de Documentació de l'Art Contemporani ›Alexandre Cirici‹, Barcelona 2002, S. 92.

und Emmy Hennings. Diese Multiples und Gadgets – Letzteres dem Wort nach ein Objekt zwischen Funktionalität und Spielerei, zwischen Sinn und Nonsens – fungieren wie Ableger, »Schnappschüsse« oder »Filmstills« des *Archivo F.X.*, die je für sich in neue Umlaufbahnen treten und deren Wege weder kontrollierbar, vorhersehbar noch rückführbar sind. Indem diese Fragmente aus dem Archiv (beziehungsweise dem Museum, der Galerie) ausgekoppelt und dem allgemeinen Gebrauch zugeführt werden, werden sie in gewisser Weise einem Akt der Profanierung unterzogen, der nach Agamben nicht nur den unangemessenen Gebrauch der (geheiligten) Dinge betrifft, sondern vor allem ihre Rückführung in den Gebrauch der Gemeinschaft.

Romero selbst hat 2002 anhand eines der ersten Multiples des *Archivo F.X.* den Bezug zur Geste beziehungsweise zur filmischen Bewegung hergestellt. Es handelt sich um die Reproduktion von hundert verschiedenen Postkartenmotiven, die 1909 aus Anlass der »Tragischen Woche«[25] in Barcelona erschienen sind und die Ruinen der vielen während dieser Woche niedergebrannten Kirchen und Konvente zeigen: Postkarten der Zerstörung, die damals niemand verwenden wollte. Erst Romero beschriftete sie und brachte sie in einer Auflage von 300.000 Stück in Umlauf. Es ging darum,

> … diese Bilder zum Leben zu erwecken, sie mit den Mitteln einer Geste zu transformieren, Bilder, die einander wie in einer filmischen, nicht kinematografischen Bewegung folgen. 300.000 Bilder in Umlauf zu bringen hat etwas von einem Monumentalfilm … Es ist tatsächlich ein Film, jedoch einer der anderen Art. Ein destrukturierter Film, dessen Einzelbilder je ein Eigenleben führen und der niemals in seiner Gesamtheit gesehen werden kann.[26]

Die theatrale Anordnung, die zum Eintrag »El capital« entstanden ist, greift diese Idee in gewisser Weise wieder auf: Hier werden die Einzelbilder eines fünfminütigen Filmausschnitts, der Ausgangspunkt von »El capital« ist, Bild für Bild live ausgedruckt – und das während der gesamten Ausstellungsdauer. Wobei es an dieser Stelle nicht um die freie Distribution der Einzelblätter, sondern um ihre Akkumulation geht. Doch auch in diesem Fall wird die Idee der Gesamtschau unterlaufen: Mit 7.200 Blättern je Einheit sieht man die Filmsequenz vor lauter Einzelbildern nicht mehr.

[25] »Die tragische Woche … ist die Bezeichnung für eine Serie blutiger Konfrontationen zwischen der von Anarchisten und Radikalrepublikanern unterstützten Arbeiterklasse Barcelonas und anderer katalanischer Städte und der spanischen Armee zwischen dem 25. Juli und dem 2. August 1909. Sie wurde durch 40.000 Einberufungsbefehle an Reservisten ausgelöst, die Premierminister Antonio Maura Montaner zur Verstärkung der spanischen Kolonialtruppen in Marokko am 9. Juli ausheben wollte.« Quelle: Wikipedia.

[26] Romero 2002, wie Anm. 24, S. 90.

Für Agamben hat die Geste – wie auch das Kino und die Philosophie – in erster Linie mit dem Sich-nicht-Zurechtfinden in der Sprache und dem Überspielen dieses Unvermögens, dieses unheilbaren Sprachfehlers zu tun. Die Geste sei »buchstäblich eine Definition des *gag*«, und das im doppelten Sinne dieses Wortes: als etwas, das »in den Mund gesteckt wird, um am Sprechen zu hindern«, und das sich zugleich auf die »Improvisation des Schauspielers« bezieht, mit der er »eine Erinnerungslücke oder ein Unvermögen zu sprechen überspielt«[27]. Das Wort *Gadget* taucht übrigens nach dem Oxford English Dictionary erstmals in den 1850er-Jahren auf als Bezeichnung eines technischen Geräts, an dessen Namen man sich nicht erinnern kann. So viel zur anscheinend nicht nur phonetischen Nähe von Gag und Gadget.

Das *Archivo F.X.* setzt explizit an dem Sich-nicht-Zurechtfinden in der Sprache an, ruft dieses Unvermögen buchstäblich auf den Plan: als eine Maschine, die »der Untersuchung der gewaltsamen Beziehungen zwischen Sprache und Wirklichkeit« gewidmet ist[28]. Sprachspiel meint hier das Spiel mit dem fehlgeleiteten Wort, mit den Lücken zwischen Körper und Sprache, die uns Buster Keaton so eindrücklich vor Augen führt. Es hat mit dem Stottern, dem Taumeln in der Sprache zu tun. Über Raymond Roussel schreibt der Schriftsteller Thomas Stangl:

> Ein wenig erinnert mich Raymond Roussel an Buster Keaton, einen anderen Techniker des Taumelns: seine Texte entwickeln eine Art Witz, der um keinen Preis wissen darf, dass er Witz ist; sonst würde er seine Grundlage untergraben.[29]

Wie der berühmte Tänzer in einer Kurzgeschichte von Thomas Bernhard, der in dem Augenblick und mit fatalen Folgen stürzt, als er zum ersten Mal über seine Schrittkombination nachdenkt, anstatt sie einfach zu tanzen[30].

Der Gag scheint bei Romero aber nicht nur etwas zu sein, das in den Mund gesteckt wird, um jemanden am Sprechen zu hindern. Eher hat es damit zu tun, jemandem etwas in den Mund zu legen, ihm etwas unterzuschieben oder das Wort im Mund herumzudrehen. Mal ist es Perec, mal Péret, der das eine oder das andere gesagt haben soll … Gerüchte, Stille Post und Bauchrednerei sind hier die ganze Zeit am Werk. Wird doch bereits mit jedem Eintrag einem Bild ein »falscher« Untertitel, eine fremde Stimme untergeschoben. Wie verändern sich die Dinge, wenn sie von Mund zu Mund, von Ohr zu Ohr wandern, wenn sie vagabundieren? Oder um mit Gilles Deleuze und Félix Guattari umgekehrt zu fragen:

[27] Der englische Begriff *gag* steht sowohl für Knebel als auch für Witz bzw. witziger Einfall.
[28] Enguita Mayo und Romero 2009, wie Anm. 14, S. 717.
[29] Thomas Stangl, »Andere Orte«, in: *bella triste*, Nr. 20, Hildesheim 2008, zit. nach http://thomasstangl.com/texte/orte.html
[30] Thomas Bernhard, *Der Stimmenimitator*, Frankfurt am Main 1987, S. 76–77.

> Wie wird man in der eigenen Sprache Nomade ...? Kafka sagt: Indem man das Kind aus der Wiege stiehlt, indem man auf einem Seil tanzt.[31]

Vielleicht auf einem Seil, das sich über die Lücken des Wissbaren und Sagbaren spannt und auf dem man gefährliche Pirouetten dreht.

Wenn das *Archivo F.X.* laufend das Unvereinbare in Beziehung zueinander setzt, dann hat dies womöglich bereits mit jenem Paradox zu tun, das dem Gegenstand, um den das Projekt kreist, zutiefst innewohnt. Denn Idolatrie und Ikonoklasmus, die Verehrung und Zerstörung von Bildern, sind bekanntlich zwei Seiten derselben Medaille. In beiden Fällen wird dem Objekt der Anbetung oder Ablehnung ein geradezu ins Parodistische übersteigertes Maß an Leidenschaft, Eifer und Aufmerksamkeit zuteil. Der Anthropologe Manuel Delgado Ruiz[32], ein Experte des antiklerikalen Ikonoklasmus in Spanien, der die Arbeit des *Archivo F.X.* wesentlich mitgeprägt hat, beschreibt am Beispiel Spaniens zu Beginn des 20. Jahrhunderts ein regelrechtes Spiegelverhältnis zwischen beiden Polen: einem Katholizismus, dessen überdramatisierten Rituale selbst bereits einer Höllenfahrt gleichkamen, während die Ikonoklasten mit ihren Zerstörungen von Kirchen und Bildern nicht nur diese Rituale nachahmten, sondern dabei deren »expressive Eloquenz« noch einmal überhöhten.

> Die brennenden Kirchen, die öffentlichen Folterungen von Priestern, die Bilder, die mit obszönen Gesten durch die Straßen getragen wurden, das öffentliche Ausstellen der mumifizierten Körper von Nonnen ... all dies gehorchte einer Darstellungsordnung, die so barock wie der traditionelle, von exzessiven, aufgeladenen Bildern und einem groben, äußerst hemmungslosen Physiologismus dominierten Katholizismus selbst war ... Die Verhöhnungen parodierten etwas, das selbst längst reinste Parodie war ... Die Ikonoklasten plünderten, was bereits tot und verwest war, steckten in Brand, was bereits brannte, entstellten Monster.[33]

[31] Gilles Deleuze und Félix Guattari, *Kafka. Für eine kleine Literatur*, Frankfurt am Main 1976 (Original: *Kafka. Pour une littérature mineure*, Paris 1975), S. 28–29.

[32] Vgl. z.B.: Manuel Delgado Ruiz, *La ira sagrada. Anticlericalismo, iconoclastia y antiritualismo en la España contemporánea*, Barcelona 1992.

[33] Manuel Delgado, »The Purified Space«, in: *Pedro G. Romero. F.X., sobre el fi de l'art. La Setmana Tràgica* 2002, wie Anm. 24, S. 87–88.

II

ZUR AUSSTELLUNG

Es ist unrecht, zu geigen, während Rom brennt, aber es ist ganz in der Ordnung, die Theorie der Hydraulik zu studieren, während Rom brennt.
G. K. Chesterton, zitiert nach Hugo Ball[1]

Ökonomie in Trümmern

Es gibt KünstlerInnen, die mit Archiven in Form von Archiven arbeiten, und KünstlerInnen, die ein Archiv betreiben, aus dem heraus sie die unterschiedlichsten Manifestationen generieren. Zu Letzteren zählt Pedro G. Romero. Die ständige Arbeit am Archiv *als* Archiv ist dabei die eine Sache; die andere, die mit der ersten unauflösbar verschränkt ist, betrifft einen sich immer wieder neu konfigurierenden Prozess der Übersetzung und Übertragung von Dokumenten zu Klassifizierungen zu Einträgen zu theatralen Anordnungen zu Multiples und Gadgets zu Installationen und Choreografien zu Publikationen zu Dokumenten …

Jede Ausstellung des *Archivo F.X.* ist, so könnte man sagen, nichts anderes als das Unterfangen, einer Momentaufnahme dieser Prozesse Raum zu verschaffen und Gestalt zu verleihen: eine Gestalt, die jeweils entlang eines der zentralen Themen des Projektes – neben dem Heiligen, der Gewalt und der Avantgarde sind das die Stadt, das Wissen oder die Ökonomie – ausgerichtet ist. Im Falle der Präsentation des Projektes im Württembergischen Kunstverein rückte die Ökonomie in den Vordergrund – und in Anbetracht der damaligen (bis heutigen) Verhältnisse vor allem eine »Ökonomie in Trümmern«. Ähnlich der Strukturen eines Gebäudes, die erst, wenn das Gebäude brennt, in aller Deutlichkeit hervortreten, so zeigt sich, wie Romero schreibt, auch eine »Ökonomie in Trümmern, deren Neuronen, Adern und Eingeweide bloßliegen … viel klarer«.[2] Diesem Bild folgend bestand einer der Ansätze der Ausstellung darin, das Archiv sozusagen auf dem Seziertisch zu zeigen, als geöffneten Körper beziehungsweise geöffnete Maschine, die ihr Innenleben, ihre Funktionsweisen und Schaltpläne preisgibt. Ein »Archiv in Trümmern« also, ein Anarchiv, die Bausstelle eines Archivs »under construction« (Romero) zur Öffnung des Begriffs der Ökonomie: einer Ökonomie, die

[1] Und zitiert nach *Archivo F.X. Dokumente und Materialien*, Nr. 7, Sevilla / Stuttgart 2012, o. S.
[2] Romero, »Sieptens«, in: *Archivo F.X. Dokumente und Materialien* 2012, wie Anm. 1.

Romero hier nicht nur im Sinne des Austauschs von Werten oder des allgegenwärtigen Imperativs der Austerität[3] auffasste, sondern auch der Aufteilung der Dinge in der Welt.

Anarchiv

Tatsächlich wirkte das Szenario auf den ersten Blick eher wie die Rückseite einer Ausstellung, ein Lagerraum, etwas, das gerade abgerissen wird oder noch im Aufbau befindlich ist, wo Wände noch gespachtelt und gestrichen werden müssen. Neben drei Thesauren, die jeweils eine Auswahl von Einträgen unter einem bestimmten Aspekt zusammenfassten und die sowohl an unverschalten Wänden hingen als auch in hoher Auflage zum Mitnehmen bereitlagen, umfasste das »Archiv in Trümmern« verschiedene Objekte, Installationen und theatrale, performative Vorrichtungen. So gab es beispielsweise zwei Bilderständer, aus denen man zahlreiche Bildmotive aus dem *Archivo F.X.* herausziehen und auf einer Ablage zu kleinen Ausstellungen arrangieren konnte; eine Installation mit diversen Stapeln von Falschgeld; eine besondere, Georges Bataille gewidmete Münzprägemaschine oder gehäuseartige Holzkonstruktionen, die sich als Soundstationen entpuppten und aus denen merkwürdige Klänge zwischen Gregorianischem Gesang, Flamenco und Dada ertönten. Eine grüne Kiste lud zum Würfelspiel ein; von einem Nadeldrucker wurden unentwegt Seiten ausgedruckt; und auf einem Sockel stand eine fächerartig gefaltete Polemik von Jota Gracián, die der Ausstellung *Iconoclash* von Peter Weibel und Bruno Latour (2002, ZKM) unter anderem die Banalisierung und Entpolitisierung des Ikonoklasmus vorwirft. Eine andere Installation stellte auf fünf Tafeln spanische Gotteslästerungen vor, die in mitunter nicht enden wollenden Schachtelsätzen und Sprachspielen das Heiligste in jeder erdenklichen und nicht erdenklichen Form einer unübersetzbaren Fäkalisierung unterziehen. Ihnen wurden unter anderem Zitate aus Gedichten und Lautgedichten von Paul Celan, Hans Magnus Enzensberger und Dada gegenüberstellt.

Im Zentrum des Ensembles befand sich die Bibliothek und Mediathek des *Archivo F.X.* mit Propagandafilmen und -schriften der 1930er-Jahre: jenen Quellen, aus denen ein nicht geringer Teil des Bild- und Textmaterials der Einträge stammt.

Imaginäres Museum

Eingerahmt wurde dieses Szenario von den Außenseiten dreier Räume, die an den Rändern des Ausstellungsraums – und darüber hinaus – angesiedelt

[3] Dieser Imperativ wütet in den PolitikerInnendiskursen Deutschlands, seit ich denken kann. Die erste politische Botschaft, die ich kognitiv erfasst habe und die sich bis heute wie ein anorektisches Mantra fortsetzt, lautet: »Wir müssen den Gürtel enger schnallen.« Was dazu geführt hat, dass ich als Kind davon überzeugt war, in einem der ärmsten Länder der Welt zu leben.

waren. Was von außen wie grobe Rohbauten wirkte, gab sich im Innern als die perfekten Kulissen dreier Archetypen des Ausstellungswesens zu erkennen: des White Cube, der Black Box und des Salon d'Or. Diese Raumtypen waren de facto allerdings nur in Ausschnitten, als jeweils nur minimale Ecken vorhanden, deren imaginäre Fortsetzungen weit über den realen Raum hinausführten.

Den drei Raumtypen waren drei Ausstellungen mit Werken und Dokumentationen von zwei Künstlern und einer Kunstbewegung zugeordnet: Joseph Beuys (White Cube), Alexander Kluge (Black Box) und Dada in Person von Hugo Ball und Emmy Hennings (Salon d'Or). Die Titel der drei Ausstellungen lauteten: *La riproduzione siamo Noi* (Die Reproduktion sind wir). *Aktionen, Editionen, Multiples* in Abwandlung von Joseph Beuys' berühmtem Diktum »La rivoluzione siamo Noi« (Die Revolution sind wir); *Ostergelächter. Hugo Ball, Emmy Hennings & Cabaret Voltaire* in Verschränkung eines katholischen Osterbrauchs mit Dada sowie *Nachrichten aus der ideologischen Antike. Marx – Eisenstein – Das Kapital* in Referenz auf Alexander Kluges gleichnamigen Filmessay zur Frage, wie man *Das Kapital* von Karl Marx »kinofizieren« könnte. Jeder Ausstellung war wiederum ein Eintrag – beziehungsweise im Falle von Dada zwei Einträge – aus dem *Archivo F.X.* zugewiesen, die allerdings außerhalb der drei »Räume im Raum« platziert waren, also ein Bindeglied zum Gesamtszenario darstellten. So ergaben sich folgende Konstellationen und Achsen:

White Cube – Joseph Beuys – Eintrag: Wandlung
Black Box – Alexander Kluge – Eintrag: El capital. El carácter fetichista de la mercancía y su secreto (Das Kapital. Der Fetischcharakter der Ware und sein Geheimnis)
Salon d'Or – Dada – Eintrag: Hugo Ball und Eintrag: Emmy Hennings

Die Karte und ihre Narrative

Zu dieser speziellen Konstellation im Rahmen der Ausstellung, die sich wie eine mit dem Rest des Szenarios verschränkte und zugleich davon entkoppelte Intervention ausnahm, stellte Romero eine eigene Karte her, in der unter anderem ein ausführlicher Text von ihm abgedruckt und die in verkleinerter Form dieser Publikation (wie auch die erwähnte CD) beigelegt ist[4]. Darin erläutert er nicht nur sein Verständnis von White Cube, Black Box und Salon d'Or oder die Hintergründe der genannten Einträge. Seine Beschreibungen zu den drei real-fiktiven Ausstellungen lesen sich darüber hinaus wie ausgefeilte kuratorische Konzepte, die eine Neubestimmung der jeweiligen KünstlerInnen und ihrer Werke durchspielen, wobei Romeros Narrative nahtlos zwischen den tatsächlich vorhandenen

[4] Die deutsche Übersetzung von Tom Waibl liegt nur in einem unveröffentlichten Manuskript vor, aus dem im Folgenden zitiert wird.

Elementen der Ausstellungen und ihren – im Hinblick auf Raum und Exponate – nur imaginären Anteilen oszilliert. Beschrieben werden Ausstellungen, die in dieser Form noch zu realisieren wären. Und letztendlich ist auch Romeros Subtext nur scheinbar greifbar: hat er ihn doch in der Karte lediglich auf Spanisch sowie in einer Schriftgröße und Weise abgedruckt, die nur schwer zu lesen sind, während die Texte auf den Wänden der drei Ausstellungen wiederum zu groß und in ihrer Länge nicht zu bewältigen waren. Bei meinen im Folgenden aufgeführten Zitaten aus diesen Texten handelt es sich also in gewissem Sinne um Phantomschriften, um ebenso reale wie hypothetische Quellen, oder, um Romeros eigene Worte zu benutzen: um Blindtexte.

White Cube, Black Box, Salon d'Or

Die drei Dispositive des Ausstellens, Pariser Salon, White Cube und Black Box, wurden von Romero in erster Linie im Hinblick auf die Ökonomien der Kunst verhandelt: und das, in Erweiterung von Max Weber, zwischen einer protestantischen Ethik und einer katholischen Ästhetik des Geistes des Kapitalismus. Dabei ging es weniger darum, diese Dispositive als Gegenmodelle, sondern in ihrer gleichermaßen ökonomischen wie ökumenischen Beziehung zueinander, ihrer gegenseitigen Durchdringung zu untersuchen. Während man zum Beispiel sagen könnte, dass sich der White Cube zum Pariser Salon wie der protestantische zum katholischen Kirchenraum verhält, fügt Romero hinzu:

> Die Inthronisierung der Black Box im weißen Raum hat die Funktion der Museen als Kathedralen oder die der Galerien als Kapellen der neuen kapitalistischen Religion bestätigt … Wenn die neutralen und weißen Kunsträume auf einen pietistischen Geist reagierten, der sich in jenen Tempeln, die von Witte oder Saenredam im 16. Jahrhundert als Zentren der protestantischen Kultur gemalt wurden, findet, so erweist sich die Black Box, diese Erbin des Kinoraums, als eine Übernahme der katholischen Kultur in die Rituale der Bildprojektion.[5]

Den Salon d'Or macht Romero heute insbesondere als ästhetisches Programm beziehungsweise Farce in Edelboutiquen und Shoppingmalls aus.

> Der Salon d'Or ist der Beweis dafür, dass die Werke der modernen Kunst auf nichts anderes abzielten als auf die Schaffung einer Ökonomie, die nicht vom Wert, sondern vom Preis bestimmt wird …

[5] Pedro G. Romero, in: *Archivo F.X. Eine Karte. Drei Ökonomien. Fünf ›Entradas‹. Sieben Dispositive. Neun Ausstellungen*, Faltblatt, hrsg. vom Württembergischen Kunstverein Stuttgart 2012, o.S.

> Die Polymorphie des Salon d'Or ermöglicht … [den] Dingen einen Zugang zum Tempel der Kunst, ähnlich wie die Polysemie der Black Box die Demokratisierung der Inhalte des White Cube in Gang setzte, diesem Altar zur Verwaltung von Kunstwerken.[6]

Wobei der White Cube, wie Romero auch ausführt, in seiner hermetischen Ausgrenzung der Kontexte von Kunst erst den Hintergrund dafür lieferte, sie an dieser Stelle einzufordern und auf kritische und kontrastierende Weise ins Spiel zu bringen. In eben diesem Sinne wurden die drei Raummodelle nicht nur zitiert, sondern zugleich kritisch unterspült. Und das nicht nur wegen des baustellenhaften Charakters des Gesamtsettings, in dem diese Modelle eingebettet waren – an dessen Tropf sie gewissermaßen hingen –, ein Setting, das sich ganz offensichtlich als Kontrastprogramm zu jenem modernen Anbau des Kunstvereins verhielt, der 1961 als »ein nobles Behältnis, ein neutraler Hintergrund für die Kunstwerke«[7] entstanden war. Denn auch die drei Ausstellungen in der Ausstellung widersetzten sich den Vorgaben ihrer jeweiligen Displays. So wurde die dem White Cube eingeschriebene Fetischisierung des »Originals« durch das Konzept der massenhaften Vervielfältigung von Kunst konterkariert. Der durch und durch bourgeoise Salon d'Or wurde der anti-bürgerlichen Haltung von Dada gewidmet. Die Black Box schließlich beherbergte einen Film, der formal wie zeitlich nicht nur die Rahmenbedingungen des Kinos, sondern auch des Ausstellungsbetriebs sprengte.

Joseph Beuys. La riproduzione siamo Noi (Die Reproduktion sind wir): *Aktionen, Editionen, Multiples*

Das Ausstellungskonzept zu Joseph Beuys liefert eine längst überfällige Neubetrachtung seines Werks, die sich von der mythisch-transzendentalen Rezeption des Meisters löst[8] und sich den politischen Aspekten sowie dem Stellenwert von Humor und Witz in seinen Arbeiten zuwendet. »Beuys als Clown« lautet Romeros geradezu ketzerische Losung. Darüber hinaus legt er – wie es der Titel der Ausstellung in seiner Verkehrung von *rivoluzione* (Revolution) und *riproduzione* (Reproduktion) bereits ankündigt – den Blick auf die zahlreichen Multiples in seinem Œuvre, also die vielen Objekte, die in hoher Stückzahl aufgelegt und zu niedrigen Preisen verkauft wurden, denn gerade darin macht er den politischen Gehalt aus.

[6] Ebda.
[7] Kurt Leipner, »Die Ausstellungsräume des Württembergischen Kunstvereins«, in: Württembergischer Kunstverein Stuttgart (Hrsg.), *150 Jahre Württembergischer Kunstverein Stuttgart, 1827–1977*, Stuttgart 1977, S. 124.
[8] Valentín Roma hat mit seiner brillanten und zurecht mehrfach ausgezeichneten Ausstellung *Contra Tàpies* die ultimative Vorlage dafür geliefert, wie die kritische Befragung nationaler Kunstheroen jenseits eines ödipalen Vatermords zu überraschenden Neubetrachtungen führen kann. *Contra Tàpies*, 1. März bis 9. Juni 2013, Fundació Antoni Tàpies, Barcelona.

Ein zentrales Werk der Ausstellung war, neben den diversen Multiples, der *Friedenshase* (1982), der sich in der Staatsgalerie Stuttgart befindet, sowie Dokumentationen seiner Produktion im Rahmen einer öffentlichen Aktion auf der *documenta 7*. Diese Aktion hatte das Schlagwort eines Eintrags im *Archivo F.X.* geliefert: Wandlung.

Eintrag: Wandlung

Der Eintrag »Wandlung« setzt diese Aktion von Joseph Beuys in Beziehung zu einem Set aus 16 (von 20) nummerierten Fotografien, das aus Gewerkschaftszusammenhängen der 1930er-Jahre in Spanien stammt. Obwohl die einzelnen Fotos ganz offensichtlich auf unterschiedliche Kontexte zurückzuführen sind, wurden sie von Unbekannten über ihre Nummerierung zu einer Art Filmsequenz geordnet, die einen einheitlichen, chronologischen Handlungsablauf suggeriert. Dieser reicht vom Zusammentragen abmontierter Kirchturmglocken und geplünderter metallener Liturgieutensilien über deren Zerkleinerung und Einschmelzung bis zu deren Umformung in mechanische Kraftfahrzeugteile, die wahrscheinlich dem militärischen Bereich dienten. Es wird also eine Geschichte erzählt, die sich so oder ähnlich zugetragen haben könnte, deren fotografischer Beleg aber reine Simulation ist. Er diente möglicherweise Propagandazwecken oder wurde als Schulungsmaterial eingesetzt.

Die Aktion von Joseph Beuys, auf die sich der Titel »Wandlung« bezieht, fand 1982 anlässlich der *documenta 7* in Kassel statt. Hintergrund war das Projekt *7.000 Eichen*, zu dessen Finanzierung ein Düsseldorfer Bürger eine Nachbildung der Zarenkrone von Iwan dem Schrecklichen gespendet hatte. Diese Krone wurde in einer öffentlichen Aktion von Beuys zerlegt, eingeschmolzen und in einer handelsüblichen Schokoladengussform zu einem Hasen als Symbol des Friedens umgeformt. Der Hase samt der von der Krone übrig gebliebenen Perlen und Edelsteine wurde schließlich in einer Art Schrein arrangiert, den ein Stuttgarter Sammler produzierte, kaufte und der Staatsgalerie Stuttgart schenkte, wo er wie ein Sicht-Tresor in die Wand eingelassen ist.

Zu diesem Eintrag, der zwei Transformationsprozesse miteinander verschränkt, die kaum von entgegengesetzterer Absicht – zum einen Krieg, zum anderen Frieden – sein könnten, hat Romero auch eine Spielvorrichtung samt Multiple entwickelt. Das Objekt besteht aus einer mit grünem Samt ausgeschlagenen Kiste und einem Set aus drei Würfeln, über deren jeweils sechs Seiten die 16 Einzelfotos des Eintrags »Wandlung« (zzgl. zwei weiterer Motive aus dem Fundus) verteilt sind: also die Transformation von Glocken und liturgischen Objekten zu Fahrzeugteilen. Mit jedem Würfelwurf ergibt sich eine Neuanordnung der Abläufe des Arbeits- und Produktionsprozesses, deren Zweck dabei immer wieder verschoben und deren Finalität untergraben wird. Eine Kamera dokumentiert die verschiedenen von den Würfeln zwischen Vorgabe und Zufall generierten Variationen.

Das Multiple zu diesem Objekt besteht in einem Set von Aufklebern und Holzwürfeln, mit dem man sich sein eigenes Würfelspiel für zu Hause zusammensetzen kann.

Romero spielt in dieser Arbeit explizit auf Stéphane Mallarmés berühmtes Gedicht *Un coup de dés jamais n'abolira le hasard* (Eine Würfelwurf wird niemals den Zufall abschaffen) von 1897 an, das in seiner speziellen typografischen Anordnung als Vorläufer der konkreten Poesie gilt. Mallarmé, dessen Würfel-Gedicht bekanntlich von zahlreichen Leerstellen durchbrochen ist, erfindet damit, wie Romero schreibt, nicht nur den modernen Raum, die moderne Leere, sondern in dieser Leere auch und als »einzigen Trost, die Möglichkeit, sie über die Geschicke des Glücks, über die Möglichkeit des Spiels, zu bewohnen«.[9]

Dada. Ostergelächter:
Hugo Ball, Emmy Hennings & Cabaret Voltaire

Absicht der Dada-Ausstellung war es, die Zeit um 1916, als Hugo Ball und Emmy Hennings mit anderen das Cabaret Voltaire in Zürich gründeten und sich ExilantInnen aus weiten Teilen Europas in dieser Stadt aufhielten – was unter anderem zur Legende beitrug, Lenin habe sich im Cabaret Voltaire aufgehalten[10] –, aus der Sicht des Paares zu reflektieren. Dieses blieb dem Dadaismus allerdings nur wenige Monate verbunden, in denen Ball als »magischer Bischof« im kubistischen Kostüm die ersten Lautgedichte, *Gadji beri bimba* und *Karawane*, aufführte. Trotz des nur kurzen Zwischenspiels werden Ball und Hennings bis heute fast ausschließlich mit dem Dadaismus assoziiert. Der Weg dorthin war von einer äußerst prekären nomadischen Existenz unter anderem als VarietékünstlerInnen geprägt, die Ball in seinem autobiografisch gefärbten Roman *Flametti oder vom Dandyismus der Armen* (1918) beschreibt. Und er führte von dort in einen orthodoxen und mystisch aufgeladenen Katholizismus, der sich in Balls Schrift *Byzantinisches Christentum. Drei Heiligenleben* (1923) niederschlägt und – mit einem stärker politischen und geschichtskritischen Impetus – bereits in *Zur Kritik der deutschen Intelligenz* (1919) ankündigt. Letzteres ist ein geradezu ikonoklastisches, atemlos geschriebenes Werk, in dem Ball sämtlichen Geistesgrößen der deutschen Geschichte von Luther bis Hegel (»ein ziemlich behäbiger Kleinbürger aus Schwaben«[11]) und Marx eine Absage erteilt und sie gegen andere Figuren, meist mit einem stark religiösen oder moralistischen Hintergrund, austauscht. An die Stelle Luthers, den er für den Ausbruch des Ersten Weltkriegs verantwortlich macht, setzt er

[9] Pedro G. Romero, »Wandlung«, in: *Archivo F.X.: La ciudad vacía. Política*, Ausst.-Kat., hrsg. von der Fundació Antoni Tàpies, Barcelona 2009, S. 730.

[10] Von Dominique Noguez' *Lénine dada* (Paris 1989) bis Rainer Ganahls *Dada Lenin* (Stuttgart 2013) wird Lenin gar selbst als Dadaist verhandelt.

[11] Hugo Ball, »Zur Kritik der deutschen Intelligenz«, in: ders., Sämtliche Werke und Briefe, hrsg. von der Hugo-Ball-Gesellschaft Pirmasens, Bd. 5, Göttingen 2005, S. 75.

beispielsweise den Theologen Thomas Münzer, anstatt Kant und Hegel den mystischen Philosophen Franz von Baader, anstatt Marx den Anarchisten Michail Bakunin oder den christlichen Sozialisten Wilhelm Weitling.

Romero fragt in dieser Ausstellung nach den Beziehungen zwischen Religion, religiösen Riten und den Aufführungspraktiken des Dadaismus. So schreibt Ball zu seiner ersten Aufführung der »Verse ohne Worte«, als er befürchtete, sich lächerlich zu machen:

> Da bemerkte ich, daß meine Stimme, der kein anderer Weg mehr blieb, die uralte Kadenz der priesterlichen Lamentation annahm, jenen Stil des Meßgesangs, wie er durch die katholischen Kirchen des Morgen- und Abendlandes wehklagt.[12]

An anderer Stelle behauptete er, der Name Dada sei auf das Akronym von Dionysius Areopagita zurückzuführen: einem der drei Heiligen, um die sein Buch *Byzantinisches Christentum* kreist.[13] Genau um diese besondere Perspektive von Ball und Hennings geht es Romero: um den »exzentrischen Blick auf das, was Dada ausmachte. Was sucht ein byzantinischer Mystiker mitten im dadaistischen Diskurs?«[14]

Die Dada-Ausstellung umfasste zahlreiche Erstausgaben von Ball und Hennings, Manuskripte, Fotografien und Grafiken, eine Einspielung der *Totenklage*, die Totenmaske Balls, ebenso die ihm in der Zeitschrift *De Stijl* gewidmete Todesanzeige von Theo van Doesburg sowie diverse Dokumente zum Cabaret Voltaire.[15] Der Titel verweist auf einen katholischen Ritus, das sogenannte Ostergelächter, das sich im 16. Jahrhundert in Süddeutschland und der Schweiz verbreitete. Während der Ostersonntagsmesse, also nach der schmerzreichen Karwoche, versuchte der Geistliche mit allerlei Tricks, die vom Witzeerzählen über Tierimitationen bis zu obszönen Gesten reichten, die Gläubigen zum Lachen zu bringen. Romero zieht Parallelen zur desaströsen Kriegssituation von 1916 und dem Programm des Cabaret Voltaire als einer möglicherweise »therapeutischen Antwort« darauf. So zitiert er Hennings aus einem Brief an Ball: »Unser Jahr ist zweifellos ein Karfreitagsjahr. Aber was kommt danach? Wird der Dadaismus ein Gelächter?«[16] Für Romero haben die Aufführungen von Ball und Hennings im Cabaret Voltaire gleichermaßen mit Karneval, Kriegsverdrängung und religiöser Liturgie zu tun.

[12] Hugo Ball, *Die Flucht aus der Zeit*, Luzern 1946, S. 99.

[13] Vgl. hierzu z.B. Bernd Wacker, *Dionysius DADA Areopagita. Hugo Ball und die Kritik der Moderne*, Paderborn, München (u.a.) 1996.

[14] Romero 2012, wie Anm. 5.

[15] Überdies enthielt sie in ihrem imaginären Teil Werke all jener zahllosen KünstlerInnen, die sich von Jean Arp bis Claire Walther um 1916 im Züricher Exil befanden.

[16] Romero 2012, wie Anm. 5.

Eintrag: Hugo Ball, Eintrag: Emmy Hennings

Die Einträge »Hugo Ball« und »Emmy Hennings« basieren auf den Bildern von zerstörten Skulpturen des Heiligen Isidor von Sevilla (Hugo Ball) und der Muttergottes (Emmy Hennings). Die Gestalt des Heiligen Isidor verweist dabei unmittelbar auf Hugo Balls Bischofskostüm. Beide Bilder entstammen einer französischen Publikation der 1930er-Jahre, hinter der nationalistische Propagandisten aus Spanien standen. Romero möchte mit diesen Einträgen das »Martyrologium«, das diese Bilder vermitteln, »durch den karikaturistischen und grotesken Charakter des Dada … neu vermessen«.[17]

Im Rahmen der Ausstellung entstand zu diesen beiden Einträgen eine neue Arbeit, die auch als Multiple vorliegt. Die beiden Flamenco-SängerInnen Inés Bacán und Tomás de Perrate wurden eingeladen, Gesangs-Interpretationen zu Gedichten von Hennings und Ball, das heißt zu *Morphin* und zur *Karawane* zu entwickeln. Die so entstandenen Sologesänge – eine *Nana* (Wiegenlied) und eine *Tonás* (spezielle Form der Vokalmusik des Flamencos) – wurden zusätzlich digital zu einem gemeinsamen Chor transformiert, sodass es insgesamt drei musikalische Interpretationen gibt. Diese neue Arbeit folgt den möglichen Verschränkungen zwischen Flamenco und *Flametti*, »Lumpenproletariat« und Cabaret Voltaire, Karneval und Liturgie, aber auch zwischen Flamenco und der byzantinischen Kultur. Denn aufgegriffen wurden dabei, so Romero, die »Ähnlichkeiten der musikalischen Tradition des Flamencos mit den … Polyphonien des orthodoxen Mittelmeerraums und seinem byzantinischen Charakter«.[18]

Alexander Kluge. Nachrichten aus der ideologischen Antike: Marx – Eisenstein – Das Kapital

Die Präsentation von Alexander Kluges fast zehnstündigem Filmessay *Nachrichten aus der ideologischen Antike: Marx – Eisenstein – Das Kapital* öffnete ein ganzes Bündel an Verweisen und Querschlägen zum *Archivo F.X.* Der 2008, also just zur Bankenkrise[19] erschienene Film geht der Frage nach, ob und wie sich Karl Marx' berühmteste Schrift »kinofizieren« ließe. Ein Projekt, an dem Sergej Eisenstein gescheitert war, der aber umfangreiche Notate zu diesem Vorhaben hinterließ[20]. Auch Künstler wie Marcello Mercado und Guy Debord, so Romero, hätten dieses Unterfangen aufgegriffen – und ich möchte Stan Douglas hinzufügen. In seiner Videoinstallation

[17] Ebd.
[18] Ebd.
[19] Damals gab es, so die Legende, bei deutschen Verlagen einen Engpass, da man aufgrund der großen Nachfrage nicht mehr mit dem Nachdruck von *Das Kapital* hinterherkam.
[20] Sergej M. Eisenstein, »Notate zur Verfilmung des Marxschen ›Kapital‹«, in: Hans Joachim Schlegel (Hrsg.), *Sergej M. Eisenstein. Schriften 3. Oktober. Mit den Notaten zur Verfilmung von Marx' ›Kapital‹*, München 1975, S. 289–311.

Suspiria (2002) bringt er die allgegenwärtige Präsenz von Zauberei und Märchen in *Das Kapital* buchstäblich ins Spiel. Denn er hat dafür eine improvisierende Maschine entwickelt, die sämtliche Kombinationsmöglichkeiten der Bilder und Töne der Videoarbeit (in denen es reichlich spukt) durchspielt. Ähnlich dem »oulipianischen Werk« *Cent mille milliards de poèmes* von Raymond Queneau, wie George E. Lewis in einem exzellenten Text zu Douglas bemerkt, tendieren diese Möglichkeiten gen unendlich[21]. In seiner Filminstallation *Journey Into Fear* (2001) liest Douglas die Geschichte des Kapitalismus wiederum entlang von (unter anderem) Herman Melvilles *The Confidence-Man* (1857, deutsch: *Maskeraden oder Vertrauen gegen Vertrauen*): jenem Roman, der zehn Jahre vor Erscheinen des *Kapitals* die Beziehungen zwischen Religion und Kapitalismus, Glauben und Geld, Vertrauen und Missbrauch desselben über viele Seiten hinweg durchdekliniert – und der als Aprilscherz beginnt[22].

Kluges Projekt der »Kinofizierung« von *Das Kapital* besteht aus 55 Kapiteln, die philosophische, künstlerische und politische Dialoge, Spielszenen, Musikstücke, Telefongespräche, Found Footage, Fotomontagen, Reenactments und Zwischentitel von besonderer, zwischen Agit Prop und konkreter Poesie angesiedelter Gestaltung ineinander verschachteln. Sowohl die Art der Montage des Heterogenen als auch die rhizomatische Struktur der *Nachrichten aus der ideologischen Antike* entsprechen den Funktions- und Erzählweisen des *Archivo F.X.* Dessen Prinzip des Unabschließbaren spiegelt sich in der enormen Überlänge von Kluges Film, die die täglichen Öffnungszeiten des Kunstvereins überschreitet, sodass man die Arbeit, selbst wenn man gewollt hätte, gar nicht in der gesamten Länge hätte sehen können.

Kluges Filme und Bücher, wie zum Beispiel das gemeinsam mit Oskar Negt geschriebene Buch *Geschichte und Eigensinn* (1981) mit seiner außerordentlichen Gestaltung, verstehen sich nicht als Werke, die von Anfang bis Ende nach einer strikten Reihenfolge funktionieren würden. Linearität und Ganzheitlichkeit sind durch das Prinzip des Fragmentarischen und der Montage, einer Montage, die die LeserInnen / BetrachterInnen immer wieder mithervorbringen, durchkreuzt. So heißt es im Vorwort zu *Geschichte und Eigensinn:*

> Vom Leser wird bei diesem Buch Eigeninteresse erwartet, indem er sich die Passagen und Kapitel heraussucht, die mit *seinem* Leben zu tun haben … Es gibt Bücher, die man vom Anfang bis zum Ende liest.

[21] Siehe: George E. Lewis, »Stan Douglas' *Suspiria*: Eine Genealogie der rekombinierenden Erzählungen«, in: *Stan Douglas. Past Imperfect. Werke 1986–2007,* hrsg. von Iris Dressler und Hans D. Christ, Ausst.-Kat. Württembergischer Kunstverein und Staatsgalerie Stuttgart, Ostfildern 2007, S. 42–63.

[22] Die Schiffsreise auf dem Mississippi, die den Rahmen des Romans bildet, beginnt am 1. April.

Es gibt aber auch Bücher, deren Tugend in der Wiederholbarkeit liegt. Einer liest darin und dann liest er wieder darin.[23]

Es könnte auch das Vorwort oder die Gebrauchsanweisung zur Ausstellung *Archivo F.X.: Wirtschaft, Ökonomie, Konjunktur* sein. Die Fülle des hier zusammengetragenen und im Raum arrangierten Materials folgte weder einer linearen Ordnung – sondern eher einer rizhomatischen oder, mit Joseph Vogl gesprochen, einer zaudernden Bewegung[24] –, noch wäre es im Rahmen eines Ausstellungsbesuches in seiner Gänze zu bewältigen gewesen. Die Choreografie der Ausstellung entzog sich ganz bewusst der Idee einer lückenlosen Erfassbarkeit zugunsten des Fragmentarischen und Unabschließbaren, sie untergrub eine feststehende Ordnung zugunsten des Performativen und des Spiels: das heißt einer von jedem Besucher erneut zwischen Vorgabe und Variabilität, Regelwerk und Zufall hervorgebrachten Montage.

Die Idee der Vollständigkeit wurde von Romero nicht zuletzt durch seine Ausstellungsnarrativen konterkariert, die auch im Falle der Black Box weit über die vor Ort zu sehende Ausstellung hinausreichte. »Niemand«, schreibt Romero, »hat das Kino so zum Sprechen gebracht wie Kluge, und zwar sowohl über dessen Produktionsmechanismen als auch über dessen eigene Geschichten als reale oder fiktive Erzählungen.«[25] Vor diesem Hintergrund konzipierte er eine fulminante Ausstellung, die das filmische und literarische Werk Kluges im Dialog mit der Geschichte der Medien präsentiert:

Auf verschiedenen Schneidetischen werden einige seiner frühen Kurzfilme wie *Brutalität in Stein* von 1960 oder *Lehrer im Wandel* von 1962 gezeigt. In einem Kinoskop ist eine Version von *Nachrichten aus Venedig* zu sehen. *Artisten in der Zirkuskuppel: Ratlos* von 1967 wird mittels einer beweglichen Projektion überkopf auf eine im Wind flatternde Leinwand projiziert und ein 16-mm-Projektor zeigt den Film *Der starke Ferdinand* von 1975 als Endlosschleife. Verschiedene Monitore strahlen die mehr als 500 Stunden langen Fernsehserien aus. *Krieg und Frieden* von 1982 ist auf den unterschiedlichen Monitoren eines Fernsehredaktionstisches zu sehen. *Deutschland im Herbst* von 1978 wird über fünf Digitalprojektoren gleichzeitig und *Der Kandidat* von 1980 auf vier Plasmabildschirmen vorgeführt. Ein kleiner, punktuell beleuchteter Saal umfasst eine Kluge-Bibliothek mit unterschiedlichen Medien, in der man eine in Ziegenleder gebundene Ausgabe

[23] Alexander Kluge und Oskar Negt, *Geschichte und Eigensinn*, Frankfurt am Main 1982 (1981), S. 5.
[24] »Das Zaudern hegt einen Komplexitätsverdacht; es folgt einer Arithmetik, die vom Hundertsten ins Tausendste geht«, in: Joseph Vogl, *Über das Zaudern*, Zürich-Berlin 2008, S. 108.
[25] Romero 2012, wie Anm. 5.

von *Die Lücke, die der Teufel läßt. Im Umfeld des neuen Jahrhunderts* sowie *Geschichten vom Kino* als e-book lesen kann. Schließlich wird ein Fenster zu dem das Museum umgebenden Park geöffnet, vor dem man verschiedene Radiointerviews von Kluge hören kann, während sich der Blick in der Landschaft verliert.[26]

Eintrag: El capital.
El carácter fetichista de la mercancía y su secreto

Ein historischer Film, der für Romero die Verfilmung schlechthin von *Das Kapital* und insbesondere dessen ersten Kapitels *Über den Fetischcharakter der Ware und sein Geheimnis* darstellt, ist der 1937 von den spanischen Anarchisten produzierte Spielfilm *Nuestro culpable* (Unser Schuldiger, R: Fernando Mignoni). Ein Eintrag des *Archivo F.X.* verbindet denn auch Bilder eines bestimmten Ausschnitts aus diesem Film mit dem Titel von Marx' Schrift.

Nuestro culpable ist zu seiner Zeit schon deshalb ein besonderer Film, weil es sich nicht um einen Propaganda- oder Lehrfilm, sondern um eine musikalische Komödie handelt – was einige Kritiker in Bürgerkriegszeiten für äußerst unangemessen hielten. Romero hat es auf zwei Sequenzen abgesehen, die in einem Antiquitätenladen (einer Art Salon d'Or) und einem Gefängnis (einer Art White Cube) spielen. Zunächst sehen wir, wie ein Mann die verschiedenen Objekte im Laden mustert, eine silberne Bischofsstatue erblickt, diese schüttelt, als erwarte er, dass sich etwas in ihrem Inneren verbirgt, und schließlich mit dem Verkäufer über den Preis verhandelt. Man wird sich einig, und er kauft die Statue. Mit dieser betritt er in der nächsten Szene ein Gefängnis, in dem es zugeht wie auf einem Bazar. Er steuert auf drei Insassen zu, denen er nun seinerseits nach einigem Hin und Her den silbernen Bischof verkauft. Er bemerkt scheinbar nicht, wie ihm einer der Insassen dabei die Geldbörse stiehlt, und verlässt das Gefängnis. Am Ende gibt es lange Gesichter, denn anscheinend haben auch die drei Insassen darauf spekuliert, dass sich etwas Wertvolles im Innern der Statue befindet. Doch nachdem sie diese aufgebrochen haben, stellt sich heraus, dass sie nur mit Zeitungsschnipseln gefüllt ist. Zu allem Überfluss müssen die drei feststellen, dass auch in der Geldbörse wie durch Magie kein Cent mehr zu finden ist.

Beide Geschäfte ereignen sich, wie Romero schreibt, »im Hinblick auf einen vermuteten Mehrwert, an den alle glauben, aber über den keine Gewissheit besteht. Die Vermutung basiert auf dem Gerücht, dass in der heiligen Figur mehrere Tausend Dollar an Diebesgut versteckt wurden. Darüber gerät der gesamte Ablauf zu einem Beispiel für jeden beliebigen anderen Kapitalisierungsprozess.«[27] In Marx' Ausführungen zum Fetischcharakter

[26] Ebd.
[27] Ebd.

der Ware – jenem »sinnlich übersinnlichen« Ding, das voller »metaphysischer Spitzfindigkeit und theologischer Mucken« ist[28] – geht es um den Schein, der die gesellschaftlichen Verhältnisse verdeckt, die den Wert der Waren erst definieren. Oder, um es mit den Worten von Jean-Pierre Lefebvre zu sagen: »Der Terminus ›Fetisch‹ sagt mit geradezu poetischer, quasi schamanischer Wirksamkeit …, dass der Tausch bloße Täuschung ist«[29] – eine Täuschung, der auch die Figuren in *Nuestro culpable* erliegen.

Auf die Beziehungen zwischen Religion und Kapitalismus haben zahlreiche AutorInnen hingewiesen, darunter Walter Benjamin, der in seinem 1921 verfassten und posthum veröffentlichten Textfragment *Kapitalismus als Religion*[30] den Kapitalismus nicht, wie noch Max Weber, als eine Säkularisierung des protestantischen Glaubens begreift, sondern als ein seinem Wesen nach religiöses Phänomen. Es handele sich dabei um die einzige Kultreligion, die es nicht auf Entsühnung, sondern auf Verschuldung abgesehen habe.[31]

In seinen *Notaten* mokiert sich auch Sergej Eisenstein, dessen eigene Ökonomie in dem Anspruch kulminierte, auf 15 Metern Film die Idee des Göttlichen zu disqualifizieren, über die raschelnden »Rechnungen der ›göttlichen‹ Buchhaltung, die Geschenke und Opfer in Empfang nimmt«[32]. Wobei Kalkulation und Buchhaltung vor allem auf der Seite der Opfernden, in deren Schuld immer derjenige steht, dem geopfert wurde, angesiedelt sind. Durch das Opfer, so hat es Roger Caillois zusammengefasst, werden Gläubige zu Gläubigern. Die Verschuldung der Götter gilt es nach dieser Ökonomie permanent aufrechtzuerhalten.[33]

Eisensteins Vorhaben der Verfilmung von *Das Kapital* sah die Verschränkung zweier heterogener Objekte vor, die der Methode des *Archivo F.X.* in nichts nachsteht: der Schrift von Karl Marx mit James Joyce‘s Roman *Ulysses* (1922). Die Handlung des Films, dessen Ziel es war, den ArbeiterInnen dialektisches Denken beizubringen, sollte sich an einem Tag beziehungsweise an einem Abend abspielen. Eisenstein entwickelte die Idee dazu, während er den Film *Oktober* schnitt und, wie die Eisenstein-

[28] Karl Marx, *Das Kapital. Kritik der politischen Ökonomie*, Erster Band, hrsg. von der Rosa-Luxemburg-Stiftung, Berlin 2007, S. 85.

[29] Jean-Pierre Lefebvre, »Perversität und Barbarei einer fetischistischen Norm. Karl Marx und die Ware als sinnlich übersinnliches Ding«, in: Jean-Baptiste Joly, Catherine Perret, Julia Warmers (Hrsg.), *Fetisch + Konsum*, Stuttgart 2009, S.67.

[30] Walter Benjamin, »Kapitalismus als Religion« [Fragment] (1921), in: Rolf Tiedemann und Hermann Schweppenhäuser (Hrsg.), *Gesammelte Schriften*, 7 Bde., Frankfurt am Main 1991, Bd. VI, S. 100–102.

[31] Wobei Marcel Mauss und Henri Hubert, Roger Caillois oder jüngst Jean-Pierre Baudet (2009) darauf hingewiesen haben, dass nicht erst der Kapitalismus, sondern der Opferkult an sich immer schon auf die Aufrechterhaltung der Verschuldung und nicht etwa auf Tilgung der Schuld abzielte. Vgl.: Marcel Mauss und Henri Hubert, *Essai sur la nature et la fonction du sacrifice*, 1899; Roger Caillois, *L'homme et le sacré*, Paris 1950; Jean-Pierre Baudet, *Opfer ohne Ende. Nachtrag zu ›Religion des Kapitals‹ von Paul Lafargue*, Berlin 2013.

[32] Eisenstein 1975, wie Anm. 20, S. 294.

[33] Roger Caillois, *Der Mensch und das Heilige. Durch drei Anhänge über den Sexus, das Spiel und den Krieg in ihrer Beziehung zum Heiligen erweiterte Ausgabe*, München, Wien 1988, S. 30.

Expertin Oksana Bulgakowa in Kluges *Kapital*-Film berichtet, unter Einfluss von Schlaflosigkeit und Drogen stand. Zwischen den beiden Polen einer Suppe kochenden Frau und eines heimkehrenden Mannes war geplant, ein derart dichtes Referenzsystem zu entspinnen, das das gesamte *Kapital* in sich hätte aufnehmen können. Stalin hielt die Idee für verrückt, und so gab es »kein Kapital für *Das Kapital*«. Das theatrale Objekt zum Eintrag »El capital« besteht, wie an anderer Stelle bereits erwähnt, in einer technischen Struktur, die parallel zum laufenden Film *Nuestro culpable* diesen in seine Einzelbilder zerlegt, die mittels einer speziell entwickelten Software von einem Nadeldrucker Bild für Bild ausgedruckt wurden. Der ständig wachsende Stapel an Blättern wurde regelmäßig gewogen, aus dem immateriellen Film wurde die Akkumulation einer messbaren und gewichtigen Materie.

Weitere Knotenpunkte

Neben den Einträgen zu den drei Ausstellungen und deren performativen Objekten gab es eine Reihe weiterer Elemente, die zwischen den drei imaginären Museen und darüber hinaus Anknüpfungen und Verknüpfungen herstellten. So zum Beispiel die drei so genannten Thesauren, die jeweils unter einem bestimmten Schlagwort und Thema eine Reihe von Einträgen versammeln und die direkt an den Außenwänden der drei Ausstellungen angebracht waren: Der 30 Einträge umfassende Thesaurus *Lo nuevo y lo viejo* (Das Neue und das Alte), der Alexander Kluge zugeordnet war; der 25 Einträge umfassende Thesaurus *La comunidad inconfesable* (Die uneingestehbare Gemeinschaft), der Joseph Beuys zugeordnet war; und der 35 Einträge umfassende Thesaurus *Capital de la república* [Kapital(e) der Republik], der Dada zugeordnet war.

Während *Lo nuevo y lo viejo* Einträge umfasst, die den spanischen Ikonoklasmus mit den Werken deutschsprachiger KünstlerInnen, Kunstprojekte und -institutionen von »a.f.r.i.k.a. gruppe« bis »ZKM«, von »Haus-Rucker-Co« bis »Thomas Hirschhorn« verbindet[34], fokussiert *La comunidad inconfesable* künstlerische Werke von André Breton bis Cildo Mereiles, von Duchamp bis Jeon Joon-Ho[35], die sich auf die eine oder andere Weise der Produktion von »Falschgeld« verschrieben haben. Diese Werke lieferten die Schlagworte für eine Serie von Banknoten, die während des Spanischen Bürgerkriegs von katalanischen Institutionen eigens gedruckt und in Umlauf gebracht wurden, um die Umbenennung von Ortschaften publik

[34] Und darüber hinaus jeden einzelnen Eintrag mit Auszügen aus Werken von Thomas Bernhard.

[35] Die hier zitierte Videoarbeit *The White House* von Jeon Joon-Ho, in der die Fassade des Weißen Hauses, wie sie auf einer 20-Dollar-Note erscheint, sukzessive weiß überstrichen wird – inklusive sämtlicher Elemente (Fenster, Türen), die für Transparenz stehen –, war 2006 im Rahmen der Ausstellung *On Difference #2: Grenzwertig* im Württembergischen Kunstverein zu sehen. Siehe: *On Difference #3. Raumpolitiken. Über die Enteignung und Wiederaneignung sozialer, politischer und kultureller Handlungsräume*, hrsg. von Hans D. Christ, Iris Dressler, Ausst.-Kat. Württembergischer Kunstverein Stuttgart, Valencia 2007, S 364-369.

zu machen, deren ursprünglicher Name religiös konnotiert war. Auf einem tischartigen Element waren große Stapel von Repliken dieser Banknoten aufgehäuft: wobei nur die erste und letzte Note eines jeden Stapels eine solche Replik war und sich dazwischen – wie in der Bischofsstatute in *Nuestro culpable* – lediglich Zeitungsschnipsel befanden. Der Thesaurus *Capital de la república* umfasste schließlich eine Auswahl von Einträgen, die Ikonoklasmus und Religion im Kontext verschiedener Ansätze zu Gesellschaft und (politischer) Ökonomie von Marcel Mauss bis Maurice Blanchot verhandeln.

Zwei weitere Podeste, auf denen Geld in verschiedener Form aufgehäuft war, betrafen die Einträge »Anti-globalización« (Anti-Globalisierung) und »Papel máquina« (Maschinen Papier). Im ersten Fall handelt es sich um die Reproduktionen von Münzen, die in den 1930er-Jahren in Spanien konfisziert und erst wieder in Umlauf gebracht wurden, nachdem man das Wort »katholisch«, das darauf aufgeprägt war, entfernt hatte. Der Eifer, mit dem der Ikonoklasmus damals im erzkatholischen Spanien scheinbar betrieben wurde, grenzt zuweilen ans Groteske. In letzterem Falle geht es um die von der Firma Salinera Española auf bloßem Karton gestempelte Wertmarke im Wert von einer Pesete, die – ähnlich der bereits erwähnten Banknoten – die Änderung eines Dorfnamens von San Pedro de Pinatar in Pinatar verbreiten sollte. Geld als Medium und Botschaft. Und es geht natürlich um die gleichnamige Schrift von Jacques Derrida.[36]

Weitere Elemente der Ausstellung außerhalb und zwischen den drei imaginären Museen waren eine besondere Münzprägemaschine, die im Rahmen der Ausstellung produziert worden ist; ein eigenwilliges Konzert, das man auf dem Bildschirm eines Smartphones betrachten konnte; die bereits erwähnte Installation zur Gotteslästerung sowie ein Display zur Präsentation von *Dokumente und Materialien* (Nr. 7), einer im Rahmen der Stuttgarter Ausstellung neu produzierten Ausgabe der Magazinreihe des *Archivo F.X.* Letztere stellt in gewisser Hinsicht das Pendant zur Karte, die Romero für die drei imaginären Museen hergestellt hat, dar: Es versammelt unter anderem eine Reihe an Texten – von Romero, Georges Didi-Huberman, Alexander Kluge, Hugo Ball oder Valentín Roma –, die hier aber nur in Auszügen vorhanden sind und deren Fortsetzung man auf der Website des *Archivo F.X.* findet. Die dem Eintrag »Georges Bataille« entsprechende Münzprägemaschine verwandelt bei einem Einsatz von einem Euro ein 5-Cent-Stück in ein nach Bataille benanntes Medaillon der Jungfrau de la Esperanza von Macarena (Sevilla). Die Münze muss der Interessent durch Kurbeln, also den konkreten Einsatz von Muskelkraft, selbst prägen. Diese Maschine, die man in ähnlicher Weise in der Nähe

[36] Jacques Derrida, *Maschinen Papier. Das Schreibmaschinenband und andere Antworten*, Wien 2006 (Original: *Le ruban de machine à écrire et autres réponses*, Paris 2001).

einer jeden Touristenattraktion findet, zeigt Kapitalisierungsprozesse und deren religiösen Gehalt, das heißt das blinde Vertrauen auf einen zukünftigen Mehrwert, den das Opfer / der Einsatz bringen soll, auf buchstäbliche Weise.

Der Eintrag »SIC« setzt schließlich an einem Vorfall an, bei dem Volksmilizen 1936 in Cartagena eine Feierlichkeit zur Karwoche störten, indem sie die Internationale sangen. Dieser Vorfall wird im Eintrag mit einer Jam-Session, der *Suite Improvisée Conseilliste*, zwischen dem algerischen Aktivisten (und Mitglied der Situationistischen Internationale) Mustapha Khayati und dem Jazztrio François Tusques verknüpft. Das Video zeigt dementsprechend ein von Romero initiiertes Konzert, bei dem ein Chor, der *Die Internationale* singt, und ein Trio, das die *Suite Improvisée Conseilliste* spielt, in ewige Konkurrenz miteinander treten.

Über die verschiedenen Elemente, ihre Hintergründe und mannigfaltigen Bezugspunkte zu anderen Elementen der Ausstellung – und zu so vielen Dingen, die darüber hinausreichen – ließen sich weitere zig Seiten füllen. Es geht aber bei dem Projekt *Archivo F.X.* nicht um die Erschöpfung all seiner Potenziale, sondern um das Unerschöpfliche des Kontingenten.

Romero hat über Alexander Kluge gesagt, dieser sei mehr als ein Regisseur:

> Er übernimmt die Rolle eines Gastgebers, die Rolle dessen, der einen Raum organisiert, die Karten verteilt, das Spiel anordnet und geduldig darauf wartet, dass sich die Kräfte, die er in Bewegung gesetzt hat, aneinander reiben und Ergebnisse zeitigen. Dieses Prinzip der Gastfreundschaft ist als wahrhafte Montagekunst weniger darum bemüht, Texte zu produzieren als vielmehr Kontexte. Sein kinematographisches Werk sind nicht so sehr Filme, sondern Möglichkeiten der Begegnung, Räume, in denen Filme, Texte, Werke, Überlegungen anderer, Musik et cetera zusammentreffen.[37]

Dies entspricht exakt dem, wie ich den Charakter, die Methode und Funktionsweisen des *Archivo F.X.* beschreiben würde.

[37] Romero 2012, wie Anm. 5.

STEALING THE BABY FROM ITS CRIB, WALKING THE TIGHTROPE: ON ARCHIVO F.X.

Iris Dressler

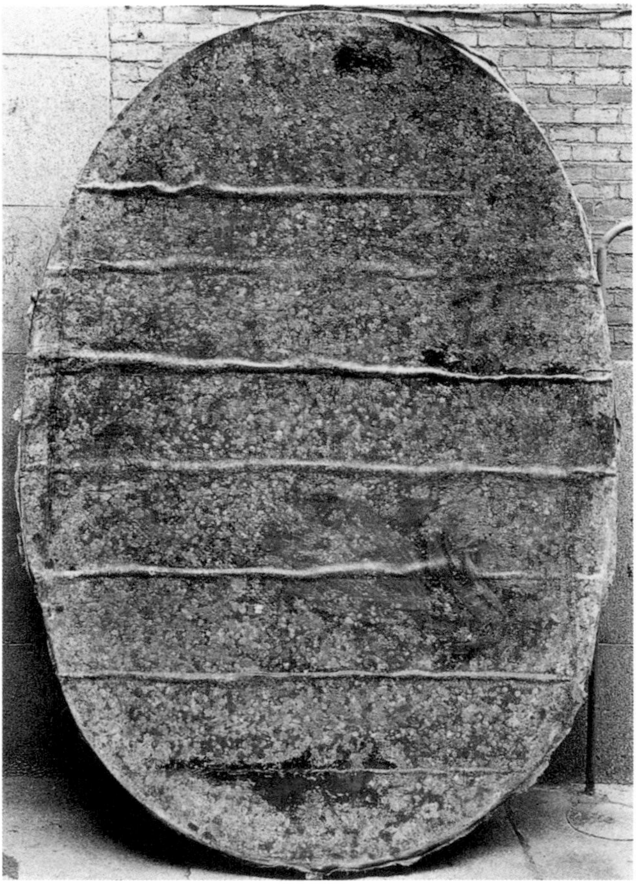

Nuclear

I

APPROXIMATIONS AND DIGRESSIONS

One reads in it, and then reads in it again.
Oskar Negt and Alexander Kluge

It is said to have been a misunderstanding that set into motion the machine called *Archivo F.X.*:

> A friend told me about Georges Perec's assertion that "the great artwork of modernism consisted of the burning churches of Barcelona in 1936." My hearing and my non-talent for languages were playing a cheap trick on me, for it was actually Benjamin Péret who had made this blasphemous assertion. Yet when I was searching through all of Perec's work for this quote, I ultimately encountered something that linked the two. When asked about acts of arson on churches and convents in Barcelona, he remarked: "this is the game of iconoclasm, it quite simply involves special effects, with all the transcendence inherent to child's play." This is the issue, what I am totally concerned with.[1]

It is no coincidence that OuLiPo[2] member Georges Perec, according to this anecdote, triggers a play on words, a phonetic aberrance, and appears as the godfather or, better yet, midwife of *Archivo F.X.*: the author who penned an entire novel under the precept of omitting the letter E, and another novel where all vowels *except* E were omitted.[3] Next to misunderstanding, reinterpretation, and digression, the game counts among the central tools and paradigms of *Archivo F.X.*, run by Pedro G. Romero since the late nineteen-nineties. The concept of play always simultaneously

[1] Pedro G. Romero, in *Archivo F.X.: Documentos y materiales*, no. 1 (Salónica, 2007), p. 8, cited in and translated from Valentín Roma, "Das 'Archivo F.X.': Eine Bedienungsanleitung," in *Archivo F.X.: Dokumente und Materialien*, no. 7 (Seville and Stuttgart, 2012), n.p.
[2] L'Ouvroir de Littérature Potentielle (Workshop for Potential Literature), founded in 1960 in Paris.
[3] Georges Perec, *La disparition* (Paris, 1969), published in English as: Georges Perec, *A Void*, trans. Gilbert Adair (London, 1995). See also Georges Perec, *Les Revenentes* (Paris, 1972), published in English as: Georges Perec, "The Exeter Text: Jewels, Secrets, Sex," trans. Ian Monk, in *Three by Perec* (London, 1996).

implies guidelines and contingency, a set of rules and variability, calculation and unpredictability. And it is also generally known to involve luck and fate: the concurrence of Perec and Péret, just as inevitable as it was coincidental.

In the context of *Archivo F.X.*, play takes hold on several different levels at once: as an archive in the sense of an autopoietic machine, which, in the words of Félix Guattari, perpetually engenders and specifies its "own organization and limits";[4] but also as a linguistic game, joke, or gag. At the same time, this machine revolves around that which Giorgio Agamben has called profanation, that is, the inappropriate use of things, as is brought to bear in games and play in particular.[5] And it also involves "as if," or simulation. In English the abbreviation for special effects is "special f.x."

One of the first publications to emerge from *Archivo F.X.* in 2002, taking the form of a scientific treatise from the thirties,[6] carries the title *F.X. Sobre el fin del arte: en el ojo de la batalla*, or in English, *F.X. On the End of Art: In the Eye of the Battle.*[7] The title reflects the programmatic focus, and not only because Romero's archive project was initially called *F.X. On the End of Art*, but also because more than one instance of wordplay is at work here. For example, the term *fin* in Spanish denotes both "end" and "goal." The abbreviation *F.X.* equally stands for "x-files,"[8] the unknown secret files, for the functional value "f(x)" in mathematics, and for special effects. Furthermore, Romero is referencing the phonetic affinity of *batalla* (battle) and Bataille—a play on Georges Bataille's 1928 book published under the pseudonym Lord Auch, *Histoire de l'œil* (Story of the Eye). In this erotic narrative, "two globes of equal size and consistency"—a bull testicle and a torero eye—meet just as inevitably as coincidentally, being "propelled in opposite directions at once" into one body and out another.[9] The subtitle in fact summarizes the main objective of *Archivo F.X.: Studies on Iconoclasm and Idolatry, Art History and the Modern Avant-Garde, War and Economics, Aesthetics and Politics, Sacred Sociology and Material Anthropology.*

[4] Here Guattari is referencing the Chilean biologist Francisco Varela: "Francisco Varela ... distinguishes two types of machines: 'allopoietic' machines which produce something other than themselves, and 'autopoietic' machines which engender and specify their own organization and limits." Félix Guattari, *Chaosmosis: An Ethico-Aestehtic Paradigm* (Bloomington, IN, 1995), p. 39. Originally published in French as: Félix Guattari, *Chaosmose* (Paris, 1992).

[5] Giorgio Agamben, *Profanations* (Brooklyn, NY, 2007), p. 75.

[6] Romero makes specific reference to those countless memorial books in Spain dedicated to anticlerical iconoclasm. A large share of the images and texts in his archive originated here.

[7] Universitat de Valencia, ed., *Pedro G. Romero: F.X. Sobre la fin del arte. En el ojo de la batalla. Estudios sobre iconoclastia e iconodulia, historia del arte y vanguardia moderna, guerra y economía, estética y política, sociología sagrada y antropología materialista* (Valencia, 2002).

[8] As found in the American television series *The X-Files*.

[9] It is an incredibly dramatic and incredibly comical moment when, in a bullfighting arena, a bull testicle resembling an eye is "thrust into the 'pink and dark' cunt" of a woman in precisely the same moment that the eye of the torero spurts from his head. Georges Bataille, *Story of the Eye* (London et al., 2001), p. 54.

The circumlocutory title of this publication, which moves toward the eye—that cannibal delicacy[10]—of the battle but also of Bataille, unfurls before us the entire panorama of *Archivo F.X.*, with its essential threads, joints, and turning points. It is in the words of the artist, who avails himself of the words of Jürgen Habermas, who was in turn paying homage to Hans-Georg Gadamer, the panorama of the province of nihilism, whose urbanization *Archivo F.X.* is about to undertake.[11]

On an initial, fundamental level, *Archivo F.X.* queries the relations between iconoclastic images and the radicality of the gaze in modernism, with its many technology-induced visual prostheses, optical illusions, and cuts in the eye. Seemingly incongruous elements are associated in ever new constellations: for instance testimonials to political, anticlerical iconoclasm in Spain linked to artwork, actors, and movements of the international, modern avant-garde. The period of time considered here spans from 1845 to 1945, with a focus on the years of civil war (besides of the so-called "Tragic Week" of 1909 in Barcelona.) *Archivo F.X.* is also a project that deals with a chapter of Spanish history that has long been ignored in the arts.[12]

Seen in the countless photographs and films that Romero compiled for *Archivo F.X.* are: broken figures of saints that are missing eyes, arms, or legs; crosses with only one arm left hanging; cut-up paintings; churches that have been burned down, plundered, or dispossessed; piles of liturgical artifacts and dismantled church bells that are waiting to be melted down or otherwise processed; and coins with the word "Catholic" scratched out. Romero is less interested in the acts of destruction themselves, but rather in their manipulated or manipulative representations and stagings in the mediums / mass media of photography and film. The artist has repeatedly stated that he cares about the functioning of pictures and things, rather than what they show or embody.

For the most part, the documents collected by Romero are pictures that were used for propagandistic purposes, regardless whether left- or right-wing, anarchists or Falangists, republicans or nationalists. They were used either to extol the redistribution of ecclesiastical goods and riches in favor of the people and to glorify the spiritual emancipation from the dominion of the Catholic Church or to invoke dramatic gestures in denouncing the "leftist barbarians" for ruining Christian values and Christian

[10] Georges Bataille, "Cannibal Delicacy," part of the *Critical Dictionary* entry on "Eye," in *Documents* (1929). See Dawn Ades and Simon Baker, *Undercover Surrealism: Georges Bataille and Documents* (Cambridge, MA, 2006), p. 56.

[11] Universitat de Valencia 2002 (see note 7), p. 51. Here Romero is alluding to Habermas's laudatio for Hans-Georg Gadamer when he was awarded the City of Stuttgart's Hegel Prize. See Jürgen Habermas, "Urbanizing the Heideggerian Province" (1979), reprinted in Jürgen Habermas, *Philosophical-Political Profiles,* trans. Frederick G. Lawrence (Cambridge, MA, 1983), pp. 189–98.

[12] On this, see Juan Vicente Aliaga and Pedro G. Romero, "Questionnaire," in *Exercicis de memòria. Ejercicios de memoria. Exercices in memory,* ed. Centre d'art la Panera (Lleida, 2011), pp. 196–200.

cultural possessions. Here, the design of the pictures, the selected detail view, the lighting, the contrasts, et cetera—in short, the "special effects"—correlate with their respective ideological function. Sometimes the photographs appear to take sober inventory, sometimes they resemble film stills of a horror flick, and sometimes triumphal and derisive gestures dominate, yet then again tragedy, pain, and despair.

In the film *Vía Crucis del Señor en las tierras de España* (The Cross of the Lord on Spanish Soil), produced by the Spanish nationalists and released in 1940, so after the Spanish Civil War, the dramatization of iconoclastic violence peaked. Analogue to the stations of the cross, it shows, in fourteen chapters, the pathetically charged and frequently reenacted scenarios of churches, statues of saints, and the like being destroyed by the "Red mob." The supposed documentary film displays strong characteristics of the aesthetic language of Luis Buñuel, with whom the filmmaker José Luis Sáenz de Heredia had once collaborated under different circumstances. By contrast, another film that is likewise found in Romero's archive, *Reportaje del Movimiento revolucionario en Barcelona* (Reportage on the Revolutionary Movement in Barcelona), was produced by the anarchist CNT-FAI in 1936. The images seen here celebrate the destruction and looting of church-owned and military buildings in the name of liberty. However, the film fell into the hands of Franco's troops, who proceeded to "re-edit" it, which ended up completely inverting its original message. In a way, according to Romero, he himself does nothing more than subject the objects he finds to such a rededication and reclassification, yet with a decisive difference—he translates them into equivocal and open readings rather than definite and determinating interpretations.

There is an entry (*Entrada*) for each image document that has found its way into *Archivo F.X.* A keyword is assigned to each entry, referencing not the image directly, but associating it with a work, artist, artist group, magazine, institution, or movement of the avant-garde. For example, a picture of the head of a bishop statue with eyes missing and an oversized hat is found under the keyword "Hugo Ball"; the picture of a group of damaged saint figures is linked to the title "Twelve: The Citizens of Calais," which references a work by Candida Höfer and of course also Auguste Rodin's famous sculpture; the photo of a baroque altar featuring an angel that comes flying along, and in front of which four bombs are lined up like organ pipes, is subsumed under the Klee–Benjaminian title "Angelus Novus"; or the group photograph of armed plunderers surrounded by their loot is associated with "Internacional Situacionista" (Situationist International).

In view of the radical, iconoclastic, and nihilistic gestures of aesthetic modernism, it seems natural to draw an analogy to anticlerical iconoclasm. Yet instead of "putting two stories in parallel ... that could well complement one another," Romero is much more concerned with making "two different semantic fields clash however alike they may sound to our ears."[13] So it has more to do with short circuits, with the short-circuiting of two opposite poles, in order to set a machine—like a car whose key has gone missing for whatever reason—into motion.

Each entry is introduced by brief descriptions of content, maker, site where the respective picture was found and is stored, along with information about the context of the keyword that is associated with the image. Quite frequently the keyword information likewise references an image, yet one that is withheld from us. Such a photo to which we are not privy pictures Georges Bataille, according to the description, at a presentation of *Story of the Eye,* wedged between two bookcases in the Bibliothèque nationale de France in Paris. In *Archivo F.X.*, the designation "Georges Bataille" is linked to a photograph of a saint shown standing in front of an open transport box framing it—a box used to keep the saint figure out of harm's way during the turmoil of the Spanish Civil War. So here a formal analogy between image and keyword actually only arises by imagining the missing image.

The brief descriptions are followed by a small or larger number of short or longer text fragments that alternately reference the image and the keyword. These texts originate from manifold sources: propaganda material, exhibition catalogues, press articles, museum brochures, theoretical or literary writings, et cetera. In the case of the texts related to images of iconoclastic incidents, it is not rare to find clearly tendentious content. Some descriptive accounts of the destruction of church inventory evoke readings of rape, murder, and manslaughter. The perpetual shifting between texts, contexts, stances, and linguistic forms engenders an idiosyncratic, continuous–discontinuous narrative for each entry.

Romero provides any accurate indications of sources regarding the various text fragments, which, according to the artist himself, he processes as a sculptor rather than as a text author—treating these fragments more like tones and images than language. He even intervenes in the material that is being cited: "Sometimes with serious mutilations that disfigure the original meaning of the text, but help to create the new one."[14] Romero is concerned neither with the accuracy of his sources, nor with the correct way to cite them, with their credibility, verifiability, or traceability. Instead, his focus is on their sound—what can be heard there?—and also on their irreverable contamination, their transformation, their act of becoming-something-else. Precisely herein lies the explosive power of that which has been starved beyond recognition due to the institutional, administrative,

[13] Pedro G. Romero, "Wandlung," in *Archivo F.X.: La ciudad vacía. Política,* exh. cat. and ed. Fundació Antoni Tàpies (Barcelona, 2009), p. 730.
[14] Nuria Enguita Mayo and Pedro G. Romero, "Conversation in April and May about F.X. Archive, approaches with Pedro G. Romero," in Fundació Antoni Tàpies 2009 (see note 13), p. 720.

and neoliberal confiscation of the term "artistic research" and its depreciation as "cultural education."

By contrast, *Archivo F.X.* explicitly evades the positivistic economics of knowledge that is based on the capitalist accumulation and exploitability of knowledge—be it in the form of surveys, evaluations, profiles, data mining, or licensing—an economics by which time equates to money and knowledge to power. This has to do with the necessity of not leaving behind any traces in order to survive. Subversion only works when no tangible results are left or if false traces are planted, as the conceptualists of the South and the East have already taught us.[15] No less than those informants who complicated the lives of the flamenco researchers—as Romero notes in his text about the poetics and politics of flamenco, his second favorite topic—because they were notoriously prone to lying: as a defense against the reductionist specifications of questionnaires.[16]

But the fact remains that *Archivo F.X.*—quite in the spirit of the x-files, the secret, unknown files the project stands for—is a unique reservoir of documents that would hardly be accessible without the extraordinary work undertaken by Romero: research, compilation, processing, classification, evaluation, and reevaluation. Yet the access to and sharing of knowledge here are not misunderstood in the sense of providing the quickest, most accurate and efficient ingress. Rather, it is about a fabric or thicket offering numerous entry points that lead from the hundreds to the thousands, in which one falters and becomes lost, embarking on the wrong path and setting out on thin ice. Even the name of this archive exerts a braking effect despite its abbreviated form, for in Spanish "F.X." is pronounced *effe equis,* which at least on my tongue (only partially proficient in Spanish) becomes a gag.

The well over 1,000 entries, which *Archivo F.X.* encompasses firstly in the form of a digital archive,[17] constitute the pool that Romero uses to generate the divergent materialization and publication forms of his project. These range from loose-leaf collections to theatrical arrangements and units (in the form of objects, videos, installations, et cetera), from exhibition displays and choreography to multiples and printed publications.

Archivo F.X. with all its intermeshing elements is based on the technique of montage and on the folding together of the incongruous.

[15] See Hans D. Christ and Iris Dressler, eds., *Subversive Practices: Art under Conditions of Political Repression, 60s–80s, South America, Europe,* exh. cat. Württembergischer Kunstverein Stuttgart (Ostfildern, 2010).

[16] Pedro G. Romero, "The Sun at Night: Preparatory Notes for Poetics and Politics among Flamenco and Modern Artists. A Paradoxical Place," in *The Spanish Night: Flamenco, Avant-Garde and Popular Culture 1865–1936,* ed. Patricia Molins and Pedro G. Romero, exh. cat. Museo Nacional Centro de Arte Reina Sofía (Madrid, 2008), p. 77. Here Romero is also referencing Giorgio Agamben's text "Languages and Peoples," in *Means without End: Notes on Politics* (Minneapolis, 2000), pp. 63–72. Originally published in Italian as Giorgio Agamben, *Mezzi senza fine – Note sulla politica* (Turin, 1996), pp. 57–63.

[17] See http://fxysudoble.com (accessed May 2014).

It correlates with what Jacques Rancière calls—in opposition to the dialectical montage that generates shock and aims to make the world visible behind another world—a symbolic montage: that is, a montage, which "works to establish a familiarity" between "elements that are foreign to one another."[18] It is this constructed familiarity among foreign elements that fosters reciprocal agency with unforeseeable consequences, allowing things to actually go astray and become different, as well as new relationships to form.

According to Romero, the main methodological references for *Archivo F.X.* include the following works: the novels by Raymond Roussel that are founded on experimental wordplay; Walter Benjamin's *Arcades Project;* the magazine *Documents* edited by Georges Bataille from 1929 to 1931, which interrelates ethnology and avant-garde art through a blend of archaeology and anarchaeology (including the *Critical Dictionary,* arranged like a serial novel across the fifteen issues of *Documents* and featuring sections from "Architecture" to "Sun"); and, not least, Aby Warburg's *Mnemosyne Atlas.*

Of primary relevance to Romero, besides the citation structure, is the sense of the unfinished and interminable, as inscribed in both Benjamin's and Warburg's projects. The obsession with wanting to collect utterly everything is known to reflect both the driving force of archivization and its impossibility. Romero notes:

> The incomplete starts from the recognition of certain limitations of the capacity of human knowledge ... Hence too the place of art as a form of knowledge, a springboard, a pole for leaping—making dangerous pirouettes—over that void left by the incomplete.[19]

The point is a certain risk, enabling someone not only to leap and dance over gaps in knowledge, but also to trip. Movement, whether dancing or faltering, here concerns knowledge and the archive itself—as knowledge, as an archive *in motion,* in the sense of an interminable process: a process that, precisely at its gaps and limitations, points beyond itself to the possible, thus keeping everything in flux.

In the book *How I Wrote Certain of My Books* (1935), which by directive of the author himself was first published posthumously, Raymond Roussel discussed the methods of his experimental text production. It initially involved coining two phonetically analogue sentences that diverge in terms of content. The aim was then to link these two sentences by the construction of a narrative which unfolds through other phonetic shifts in language—a complex *dérive* that can hardly be ascribed to its points

[18] Jacques Rancière, *The Future of the Image* (London and New York, 2007), p. 57. Originally published in French as *Le destin des images* (Paris, 2003).
[19] Enguita Mayo and Romero 2009 (see note 14), p. 720.

of departure.[20] Romero, with his great passion for linguistic games, has transferred this principle into a game between image and language, in a way. The picture in each entry and the related keyword, despite their discrepancy, both reference hypothetical analogies of diverse nature. Together they form the two poles that Romero uses to stage the narrative of a potential familiarity.

In "Notes on Gesture,"[21] Giorgio Agamben proclaims that Aby Warburg's *Mnemosyne Atlas* is concerned not with pictures or studies of images, but with gestures; and not only on a content-related level. It involves the image *as* gesture.

> Warburg ... transformed the image into a decisively historical and dynamic element ... In this sense, the atlas *Mnemosyne* ... that consists of almost a thousand photographs is not an immovable repertoire of images but rather a representation in virtual movement of Western humanity's gestures ... In each section, the single images should be considered more as film stills than as autonomous realities.[22]

Building on the film theory of Gilles Deleuze, Agamben's intent is that not only the filmic image be comprehended as a gesture, but the image per se: also "paintings are not immobile images, but stills charged with movement, stills from a film that is missing. They would have to be restored to this film."[23] In a gestural sense, the image functions as cut—indeed, as a moveable cut that can separate and connect at once—between stagnation and movement, between the current and the potential, between isolation and montage.

One might say that Romero negotiates and interweaves image and language as gestures. Yet the gesture is brought into play in the scope of *Archivo F.X.* to a much greater extent. It has to do with the way all elements of the different materializations, constellations, and choreographies—from the entries themselves, to their object-like, installative theatralizations, to the opulent exhibition displays—function as gestures. They function as isolated pictures or individual acts of a potential, vacant film, of a potential, vacant narrative, which must be edited and thus altered again and again by every viewer, or better, by every user that utilizes the archive.

[20] Raymond Roussel, *How I Wrote Certain of My Books,* ed. and trans. Trevor Winkfield (New York, 1977). Even the most banal things, like the address of his shoemaker whose house number Roussel assigned at random—noting that he wasn't sure it was the right one—were used as points of departure for his linguistic games.

[21] Giorgio Agamben, "Notes on Gesture," in Agamben 2000 (see note 16), pp. 49–62. See also Giorgio Agamben, "Difference and Repetition: On Guy Debord's Films," in *Guy Debord and the Situationist International: Texts and Documents,* ed. Tom McDonough (Cambridge, MA, and London, 2004).

[22] Agamben 2000 (see note 21), p. 52.

[23] Agamben 2004 (see note 21), p. 314.

From Alexander Kluge to Stan Douglas, from Anna Oppermann to *Archivo F.X.*, the point is not only to move beyond linear narratives, but to transfer montage—in the sense of an open and mobile montage—to the position of viewer / reader / user. This is exactly how I interpret Romero's assertion (with reference to Marcel Broodthaers) that the archive has to be theatralized, turned into "a performance, into choreography, dramaturgy, and cinema."[24]

This is also reflected by the many "mass-produced items" found in *Archivo F.X.*, starting with the loose-leaf collections of entries, which are freely available in all exhibitions, with a certain selection printed in high editions. What is more, each exhibition features a diverse array of multiples, gimmicks, or gadgets—or rather "gagdets" [*sic*] as Romero calls them, purposely inverting two letters—which are likewise brought into free circulation. For the exhibition in Stuttgart (and for this publication), for example, this involved a CD with flamenco interpretations by Inés Bacán and Tomás de Perrate on the poems of Hugo Ball and Emmy Hennings. These multiples and gadgets—with the latter term implying an object situated between functionality and play, between sense and nonsense—serve as offshoots of *Archivo F.X.*, as "snapshots" or "film stills" that each embark on new orbits by which their respective paths are neither controllable, foreseeable, nor traceable. By decoupling these fragments from the archive (or from the museum, the gallery, et cetera) and making them available to the general public, they are in a way subjected to an act of profanation, which, according to Agamben, relates not only to the inappropriate use of the (sacred) things, but also to their return to use by the community.

In 2002 Romero himself mentioned his reference to the gesture, or to the filmic movement by means of one of the first *Archivo F.X.* multiples. This was a reproduction of one hundred different postcard motifs that were released in 1909 due to the reason of the "Tragic Week" in Barcelona.[25] The cards show the ruins of the many churches and convents burned down during this week—postcards of destruction that no one wanted to use back then. It was Romero who first inscribed them and brought them into circulation in an edition of 300,000 cards:

> The attempt is to bring these images into life, transforming them by means of a gesture. Images that succeed one another in a cinematic, not a cinematographic, movement. Putting 300,000 images into

[24] Pedro G. Romero, "The Tragic Week," in *Pedro G. Romero. F.X., sobre el fi de l'art. La Setmana Tràgica*, exh. cat. Centre de Documentació de l'Art Contemporani "Alexandre Cirici" (Barcelona, 2002), p. 92.

[25] "Tragic Week ... is the name used for a series of bloody confrontations between the Spanish army and the working classes of Barcelona and other cities of Catalonia, backed by anarchists and radical republicans, between July 25 and August 2, 1909. The incident was triggered by orders to draft 40,000 reservists, which Prime Minister Antonio Maura Montaner wanted to levy as reinforcement for the Spanish colonial troops in Morocco on July 9." Source: Wikipedia.

> circulation … has something of the epic film about it … It is indeed a film, but of a different kind. A destructured film, in which each frame takes on a life of its own, that can never be seen in its entirety.[26]

The theatral structure created for the entry "El capital" seizes on this idea to a certain extent: here, the single frames from a five-minute-long film clip, which serves as the starting point for "El capital," are printed out live, one by one—a process that continues throughout the entire exhibition duration. The focus here is not on the free distribution of the individual sheets, but on their accumulation. Yet even in this case the idea of entirety is subverted: with 7,200 sheets per unit, the filmic sequence disappears among the many single-frame images.

For Agamben, the gesture—along with cinema and philosophy—first and foremost relates to the state of "not being able to figure something out in language," and to the compensation of this inability, to this untreatable speech defect. Agamben considers the gesture to be "literally a definition of the *gag*," and this in the dual sense of the word: as something that "could be put in your mouth to hinder speech" but that simultaneously references the "actor's improvisation" through which he "compensate[s] a loss of memory or an inability to speak."[27] Incidentally, the word "gadget" first appeared in the *Oxford English Dictionary* in the eighteen-fifties as a term for a technical device whose name has been forgotten. So much for the closeness between gag and gadget that seems to go beyond phonetics …

Archivo F.X. explicitly thematizes the state of "not being able to figure something out in language" by literally bringing this inability to the scene: as a machine that is devoted to being "an investigation into the violent relations between language and reality."[28] Here the linguistic game implies playing with the inexpressible, with the misguided word, with the gaps between body and language, as Buster Keaton has so emphatically shown. It has to do with stuttering, with stumbling through language. The author Thomas Stangel writes the following about Raymond Roussel:

> In a way, Raymond Roussel reminds me of Buster Keaton, a fellow engineer of faltering: his texts develop a kind of wit that may by no means realize that it is a wit; otherwise it would undermine its own foundation.[29]

[26] Romero 2002 (see note 24), p. 90.

[27] Agamben 2000 (see note 21), p. 59. The term gag has several meanings, including, to cite *Merriam-Webster's Unabridged*, "something thrust into the mouth or throat to prevent or hinder speaking or outcry," "a device or action that hinders or prevents free expression of ideas," and "a laugh-provoking remark, story, device, or action or one intended to amuse or arouse laughter."

[28] Enguita Mayo and Romero 2009 (see note 14), p. 717.

[29] Thomas Stangl, "Andere Orte," in *bella triste* 20 (2008), published online at http://thomasstangl.com/texte/orte.html (accessed May 2014).

This reminds of the famous dancer from one of Thomas Bernhard's short stories, who falls with fatal consequences in but an instant, when he first thinks about his step combinations instead of simply dancing.[30]

Yet in Romero's work, the term gag appears to be more than just something that is stuck in the mouth to stop someone from speaking. Instead, it involves putting words into someone's mouth, ascribing something to him, or twisting his words. At times it is Perec and at other times Péret who is said to have been saying this or that … Rumors, the game of Chinese whispers, and ventriloquism are constantly at play here, considering that the picture of each entry is already assigned to a "false" subtitle, a foreign voice. How do things change when passed from mouth to mouth, from ear to ear, when they start vagabonding? Or, as Gilles Deleuze and Félix Guattari conversely ask:

> How to become a nomad … in relation to one's own language? Kafka answers: steal the baby from its crib, walk the tightrope.[31]

Maybe it is that tightrope spanning the gaps of the knowable and speakable, on which dangerous pirouettes can be spun.

If *Archivo F.X.* interconnects seemingly incongruous elements, then this perhaps has to do with the paradox that is deeply inherent to the subject around which this project revolves. For idolatry and iconoclasm, the worshiping and destroying of images, are two sides of the same coin, as is generally known. In both cases, the object of adoration or denial is granted an excessive measure of passion, zeal, and attention, which can even reach parodistic dimensions. The anthropologist Manuel Delgado Ruiz,[32] an expert on anticlerical iconoclasm in Spain whose work has significantly influenced the *Archivo F.X.* project, cited the example of Spain in the early twentieth century in describing a veritable mirror relationship between this two poles: on the one hand, a Catholicism whose overdramatized rituals bore comparison with a descent into hell, and on the other, the iconoclasts whose destructive acts against churches and images not only mimicked these rituals but also further inflated their "expressive eloquence" in the process.

> The churches in flames, the public torture of priests, the images paraded obscenely through the streets, the public exhibition of the mummified

[30] Thomas Bernhard, *Der Stimmenimitator* (Frankfurt am Main, 1987), pp. 76–77.

[31] Gilles Deleuze and Félix Guattari, *Kafka: Toward a Minor Literature*, vol. 30: *Theory and History of Literature* (Minneapolis, 1986), p. 19. Originally published in French as: *Kafka: Pour une littérature mineure* (Paris, 1975). In the original French version and in the German translation the text says literally: "dance the tightrope."

[32] See, for example, Manuel Delgado Ruiz, *La ira sagrada: Anticlericalismo, iconoclastia y antiritualismo en la España contemporánea* (Barcelona, 1992).

bodies of nuns ... : all of this was inscribed within a representational order as baroque as traditional Catholicism itself, dominated as it was by excessive and hypertrophied images, by rituals of a crude and quite unrestrained physiologism ... The mockery parodied what was already in itself the purest parody ... The iconoclasts despoiled what was already dead and decayed, set fire to what was already burning, disfigured monsters.[33]

[33] Manuel Delgado, "The Purified Space," in Centre de Documentació 2002 (see note 24), pp. 87–88.

II

ABOUT THE EXHIBITION

It is wrong to fiddle while Rome is burning; but it is quite right to study the theory of hydraulics while Rome is burning.
G. K. Chesterton, *What's Wrong with the World,* cited by Hugo Ball[1]

An Economy in Ruins

There are artists who work with archives in the form of archives, and there are artists who manage an archive with the aim of generating out of it a diverse range of manifestations. Pedro G. Romero counts among the latter. His continual work on the archive *as* archive is one facet of this; the other, which is inextricably linked to the first, involves a process of translation and transfer that is constantly being newly configured—from documents to classifications, to entries, to theatrical arrangements, to multiples and gadgets, to overall installations and choreographies, to publications, to documents, and so forth.

So we might assert that each exhibition of *Archivo F.X.* is nothing more than the undertaking of creating space for and lending form to a snapshot of these processes: a form that is respectively aligned to one of the central themes of the project, which, besides the sacred, the avant-garde, and violence, include the city, economics, and knowledge. In the case of the project presentation at the Württembergischer Kunstverein, the theme of economics moved to the forefront—and, in view of the prevailing conditions at the time (and still today), this especially implicated an "economy in ruins." Similar to the structural supports of a building that first clearly emerge when the building is burning, an "economy in ruins, with its neurons, veins, and innards," is shown "much more clearly," as Romero notes.[2] In line with this image, one of the exhibition approaches entailed placing the archive on a dissecting table, so to speak, as an open body or an open machine that exposes its inner workings, functionality, and circuit diagrams. An "archive in ruins," that is, an "anarchive," the building site of an archive "under construction" (Romero) to open up the concept of economics—an economy that Romero here conceives not only in terms of exchange value or

[1] And cited from *Archivo F.X. Dokumente und Materialien,* no. 7 (Seville / Stuttgart, 2012), n.p.
[2] Pedro G. Romero, "Sieptens," in ibid.

the ubiquitous imperative of austerity,[3] but also as the distribution of things in the world.

Anarchive

Indeed, at first glance the scenario looked like the reverse side of an exhibition, like a storage room, like something that was being taken down or was rather in the midst of being set up, with walls still waiting to be spackled and painted. Next to three thesauri—each of which summarized a selection of entries under a certain aspect and which were available for viewing both on unplanked walls and as a large edition of printed matter for exhibition visitors to take home with them—the "archive in ruins" encompassed various objects, installations, and theatrical units. For example, there were two stands featuring pictures with numerous visual motifs from *Archivo F.X.*, which visitors could take and arrange in miniature exhibitions along a counter. Also to be found were an installation with diverse piles of counterfeit money, a special coin-minting machine dedicated to Georges Bataille, and case-like wooden constructions that turned out to be sound stations, with strange sounds emanating, somewhere between Gregorian chants, flamenco, and Dada. A green box invited visitors to play a dice game, a dot-matrix printer incessantly printed pages, and positioned on a pedestal was a folded, fan-like polemic by Jota Gracián that reproaches the exhibition *Iconoclash* by Peter Weibel and Bruno Latour (2002, ZKM) for banalizing and depoliticizing iconoclasm. Another installation introduced Spanish blasphemies on five panels that subject the holiest in all conceivable and inconceivable forms to untranslatable fecalization through convoluted sentences and linguistic games, at times seemingly without end. These words were for instance juxtaposed with other quotes from verse and sound poems by Paul Celan, Hans Magnus Enzensberger, and Dada artists.

Situated in the middle of the ensemble was the *Archivo F.X.* library and media center featuring propaganda films and writings from the nineteen-thirties: those sources whence a large portion of the image and text material in the entries originates.

Imaginary Museum

This scenario was framed by the exterior sides of three rooms, which were situated along the margins of the exhibition space, and beyond. What from the outside appeared to be a structural shell turned out to house perfect scenes on the inside, reflecting three archetypes of exhibiting: the White

[3] This imperative has dominated the political discourses in Germany as long as I can remember. The first political message that I cognitively understood, and which has perpetuated like an anorectic mantra over the years, is: "We need to tighten our belts." This led to my conviction as a child that we were living in one of the poorest countries in the world.

Cube, the Black Box, and the Salon d'Or. Yet only sections of these spatial types were presented, just occupying minimal corners whose imaginary continuation spanned far beyond the real space.

Assigned to the three spatial types were three exhibitions with original works and documentation by two artists and one art movement respectively: Joseph Beuys (White Cube), Alexander Kluge (Black Box), and Dada, personified by Hugo Ball and Emmy Hennings (Salon d'Or). The titles of the three exhibitions were: *La Riproduzione Siamo Noi: Aktionen, Editionen, Multiples* (We Are the Reproduction: Actions, Editions, Multiples) in reference to Joseph Beuys's famous dictum "La Rivoluzione Siamo Noi" (We Are the Revolution); *Ostergelächter* (Easter Laughter)*: Hugo Ball, Emmy Hennings & Cabaret Voltaire,* which interlinked Catholic Easter customs with Dada; and *Nachrichten aus der ideologischen Antike: Marx – Eisenstein – Das Kapital* (News from Ideological Antiquity: Marx – Eisenstein – Capital) in reference to Alexander Kluge's eponymous film essay devoted to the question how Karl Marx's *Capital* could be "cinematized." Each exhibition was in turn assigned one (or two in the case of Dada) *Archivo F.X.* entry. These entries, however, were placed outside the three "spaces in the space" so as to serve as a connecting link to the scenario as a whole. This resulted in the following constellations and axes:

White Cube – Joseph Beuys – entry "Wandlung" (Transformation)
Black Box – Alexander Kluge – entry "El capital: El carácter fetichista de la mercancía y su secreto" (Capital: The Fetish Character of Commodities and Its Secrets)
Salon d'Or – Dada – entries "Hugo Ball" and "Emmy Hennings"

The Map and Its Narratives

For this special triadic constellation created as part of the overall exhibition, which appeared as an intervention that was intervolved with the rest of the scenario while simultaneously remaining separate, Romero produced a proper map, which among other things included an extensive self-penned text, and which is (like the mentioned CD) to be found in this publication in a downscaled format.[4] In this text he not only expounds on his understanding of the White Cube, Black Box, and Salon d'Or—his descriptions of the three real / fictitious exhibitions moreover read like elaborate curatorial concepts that go through a redefinition of the respective artists and their work. Romero's narrative seamlessly oscillates between the actually existing elements of the exhibition and its purely imaginary segments (in terms of space and exhibits). Described here are exhibitions that have yet to be realized in the described manner, yet which read as if they had already

[4] The German translation by Tom Waibl is only available as an unpublished manuscript, which is cited in the following.

taken place. And finally, Romero's subtext is only seemingly tangible: on the map he had the text printed in Spanish only and in a form that is difficult to read, while the presence of this texts at the walls of the three exhibitions was actually too large and of cumbersome length. So the quotes from these texts that I will be citing in the following represent, in a manner of speaking, phantom writings—sources that are as real as they are hypothetical—or, to borrow Romero's own words, "blind texts."

White Cube, Black Box, Salon d'Or

The three dispositifs of exhibiting—Paris Salon, White Cube, and Black Box—were primarily negotiated by Romero with a view to the economics of art. Building on Max Weber, this approach was situated between a Protestant ethics and a Catholic aesthetics in the spirit of capitalism. The idea had less to do with exploring these dispositifs as countermodels but more with their interrelationship of both economic and ecumenical nature, with their reciprocal penetration. Though we may for instance say that the relation between White Cube and Paris Salon is equitable with the relation between Protestant and Catholic ecclesiastical space, Romero adds:

> The enthronement of the Black Box in white space has validated the function of museums as cathedrals or that of the galleries as chapels for the new religion of capitalism ... If the neutral and white art spaces were to react to a pietist spirit as is found in those temples painted by Witte or Saenredam in the sixteenth century as centers of Protestant culture, then the Black Box, this heir of cinematic space, turns out to have been adopted from Catholic culture in terms of rituals of image projection.[5]

Today Romero rediscovers the Salon d'Or basically as a program of aesthetics and a farce in high-end botiques and shopping malls:

> The Salon d'Or is proof that works of modern art had no other aim than to establish an economy that is determined not by value but by price ... The polymorphism of the Salon d'Or gives ... things access to the temple of art, similar to the way the polysemy of the Black Box set the democratization of White Cube content into motion, this altar for administrating artwork.[6]

However, as Romero also notes, the White Cube, with its hermetic exclusion of the contexts of art, first supplied the necessary background for claiming them precisely at this point, and for bringing them into play in a critical

[5] Pedro G. Romero in the leaflet *Archivo F.X. Eine Karte: Drei Ökonomien. Fünf 'Entradas'. Sieben Dispositive. Neun Ausstellungen*, ed. Württembergischer Kunstverein (Stuttgart, 2012), n.p.
[6] Ibid.

and contrasting way. It is in just this sense that the three spatial models were not only cited but also simultaneously critically infiltrated—and this not only because of the construction-site-like character of the overall setting in which these models were embedded, connected to a drip feed, as it were: a setting which obviously behaved as a contrasting program to the modern Kunstverein wing, which was erected in 1961 as "a noble vessel, a neutral background for the artworks."[7] Indeed, the three exhibitions within the exhibition set against the regimes of their respective displays. At the White Cube, for instance, the focus on the mass reproduction of art questioned the fetishization of the "original" object, which here is programmatically prevalent in general. The anti-bourgeois stance taken by Dada was directed toward the quintessentially bourgeois Salon d'Or. The Black Box ultimately harbored a film that disrupted the frame conditions of cinema and also of the exhibition world, in terms of both form and temporality.

Joseph Beuys, La Riproduzione Siamo Noi: Aktionen, Editionen, Multiples (We Are Reproduction: Actions, Editions, Multiples)

The exhibition concept on Joseph Beuys engaged in a long-overdue redefinition of his life's work. It departed from the mythical, transcendental reception of the master[8] and turned toward the political aspects of his artwork, while also taking the significance of humor and witticism into account. Romero's downright heretic dictum reads "Beuys as Clown." What is more, Romero—as alluded to by the title of the exhibition in its inversion of *rivoluzione* (revolution) and *riproduzione* (reproduction)—trained the gaze on the numerous multiples in Beuys's oeuvre: those many objects produced in large quantities and sold at low prices, for in Romero's view, precisely this approach embodies the artist's political substance.

A pivotal work in the exhibition, besides the diverse multiples, was *Friedenshase* (Peace Hare, 1982), which is domiciled at the Staatsgalerie Stuttgart. Also important was the documentation of his production in the scope of a public action at documenta 7. This action precipitated the keyword for one of the *Archivo F.X.* entries: "Wandlung" (Transformation).

Entry "Wandlung" (Transformation)

The entry "Wandlung" interrelates Joseph Beuys's action with a set of sixteen (of twenty) numbered photographs that originated with union settings in Spain of the nineteen-thirties. Although the individual pictures clearly

[7] Kurt Leipner, "Die Ausstellungsräume des Württembergischen Kunstvereins," in *150 Jahre Württembergischer Kunstverein Stuttgart, 1827–1977,* ed. Württembergischer Kunstverein Stuttgart (Stuttgart, 1977), p. 124.

[8] Valentín Roma, with his brilliant exhibition *Against Tàpies,* which rightly deserved the many accolades it received, provided the ultimate template for the way in which a critical survey of national art heroes extending beyond oedipal patricide can lead to a surprising reconsideration. *Against Tàpies,* March 1 to June 9, 2013, Fundació Antoni Tàpies, Barcelona.

relate to different contexts, they had been arranged by unknown persons in a kind of filmic sequence due to their numbering, which suggests a consistent chronological course of action. This course ranges from the amassing of dismantled church bells and plundered metal liturgical utensils to the act of taking them apart and melting them, to finally reshaping them into mechanical automobile parts that likely served military purposes. A story is being told here that may have played out in this or a similar way, but whose photographic proof is pure simulation. Perhaps it served to further propaganda or was used as teaching material.

The action by Joseph Beuys, to which the title *Wandlung* refers, was carried out in 1982 as part of documenta 7 in Kassel. It was related to the project *7.000 Eichen* (7,000 Oaks), which was partially financed by a Düsseldorf resident who donated a replica of Ivan the Terrible's crown. This crown was dismembered by Beuys during his public action and then melted down and reshaped into the form of a hare as symbol of freedom using a commercially available chocolate mold. The pearls and gems taken from the crown and the hare were ultimately arranged as a kind of shrine, which was purchased (and produced) by a Stuttgart-based collector, who in turn gifted it to the Staatsgalerie Stuttgart, where it rests in a viewing safe flush-mounted into the wall.

With regard to this entry, which could hardly represent more opposite intentions—war on the one hand and peace on the other—Romero also developed a gaming device accompanied by a multiple. The object consists of a box lined with green velvet and a set of three dice, with sixteen individual photos from the entry "Wandlung" (plus two other motifs taken from the stock) distributed across their six sides—that is, the transformation of bells and liturgical objects to automobile parts. With each role of the dice a new sequence of working and production processes evolves, with its end continually being shifted along the way and its finality undermined. A camera documents the different variations that have been generated by the dice somewhere amid objective and chance. The multiple correlating with this object is a set of stickers and wooden dice, allowing exhibition visitors to put together their own dice game at home.

In this work, Romero explicitly alludes to Stéphane Mallarmé's famous 1897 poem *Un Coup de Dés Jamais N'Abolira Le Hasard* (A Throw of the Dice Never Will Abolish Chance), which, with its special typographic order, is considered to be a precursor to concrete poetry. Mallarmé, whose dice poem is known to be punctuated with numerous gaps, invented, as Romero writes, not only modern space, the modern void, but also "in it, sole consolation, the possibility of inhabiting it via the hands of chance, the possibility of playing it."[9]

[9] Pedro G. Romero, "Wandlung," in *Archivo F.X.: La ciudad vacía. Política*, exh. cat. and ed. Fundació Antoni Tàpies (Barcelona, 2009), p. 730.

Dada—Ostergelächter (Easter Laughter): *Hugo Ball, Emmy Hennings & Cabaret Voltaire*

The intention of the Dada exhibition was to reflect on the period around 1916 from the view of the couple Hugo Ball and Emmy Hennings. They founded, together with others, the Cabaret Voltaire in Zurich during this time, when expatriates from all over Europe were living in the Swiss city—which is one factor contributing to the legend of Lenin having visited Cabaret Voltaire.[10] However, the couple was only linked to Dadaism for several months, during which time Ball performed his first sound poems "Gadji beri bimba" and "Karawane" (Caravan) as a "magic bishop" in Cubist costume. Despite this very brief interlude, Ball and Hennings are still today almost exclusively associated with Dadaism. The path to this juncture was marked by an extremely precarious nomadic existence for instance as variety-show artists, as Ball describes in his semi-autobiographical novel *Flametti oder vom Dandyismus der Armen* (Flametti, or the Dandyism of the Poor, 1918). And the path led from there to an orthodox Catholicism charged with mysticism, which found expression in Ball's publication *Byzantinisches Christentum: Drei Heiligenleben* (Byzantine Christianity: Three Hagiographies, 1923) and was already heralded in *Zur Kritik der deutschen Intelligenz* (Critique of the German Intelligentsia, 1919) with more pronounced historiocritical impetus. The latter is a veritably iconoclastic, swiftly penned work in which Ball rejects numerous great minds from German history—from Luther to Hegel (insinuating that the latter was a rather portly middle-class man from Swabia[11]) and Marx—and replaces them with other figures, usually those with strongly religious or moralist backgrounds. For example, replacing Luther, on whom Ball projected blame for the onset of the First World War, is the theologian Thomas Münzer, replacing Kant and Hegel is the mystical philosopher Franz von Baader, and replacing Marx is the anarchist Mikhail Bakunin or the Christian socialist Wilhelm Weitling.

In the Dada exhibition *Ostergelächter,* Romero probes the relations between religion, religious rites, and the performative practices of Dadaism. Ball, for instance, wrote the following about the first staging of his "Verses without Words," when he feared appearing ridiculous:

> Then I noticed that my voice had no choice but to take on the ancient cadence of priestly lamentation, that style of liturgical singing that wails in all the Catholic churches of East and West.[12]

[10] Lenin himself is even treated as a Dadaist in works ranging from Dominique Noguez's *Lénine dada* (Paris, 1989) to Rainer Ganahl's *Dada Lenin* (Stuttgart, 2013).
[11] Hugo Ball, *Critique of the German Intelligentsia* (New York, 1993), p. 75.
[12] Hugo Ball, *Flight Out of Time: A Dada Diary,* ed. John Elderfield, trans. Ann Raimes (Berkeley, 1996), p. 71. Originally published as: Hugo Ball, *Die Flucht aus der Zeit* (Lucerne, 1946), p. 99.

At another point, Ball asserted that the name Dada goes back to the acronym for Dionysius the Areopagite, one of the three saints around whom his book *Byzantinisches Christentum* revolves.[13] Romero is concerned with precisely this special perspective taken by Ball and Hennings: with the "eccentric view of that which constituted Dada. What is a Byzantantine mystic doing in the middle of Dadaist discourse?"[14]

The title of the Dada exhibition—which encompassed numerous first editions by Ball and Hennings, manuscripts, photographs, and graphics, a recording of "Totenklage" (Dirge), the Death Mask of Ball, Theo van Doesburg's obituary dedicated to Ball in *De Stijl* magazine, and various documents about Cabaret Voltaire[15]—brings into play a Catholic rite, the so-called "Easter Laughter." This ritual had spread throughout southern Germany and Switzerland in the sixteenth century. During mass on Easter Sunday, following the deleterious Holy Week, priests employed all means of tricks to elicit laughter from their parishioners, including joke telling, imitations of animals, and obscene gestures. Romero draws parallels between the disastrous war context of 1916 and the Cabaret Voltaire program as a conceivably "therapeutic response" to the conflict. Romero cites Hennings in a letter to Ball: "Undoubtedly, our year is a Good Friday year. But what comes next? Will Dadaism be the subject of laughter?"[16] In Romero's eyes, Ball and Hennings's reflections as played out in the Cabaret Voltaire are related to carnival, repression of war, and religious liturgy in equal measure.

Entries "Hugo Ball" and "Emmy Hennings"

The *Archivo F.X.* entries "Hugo Ball" and "Emmy Hennings" are founded on images of destroyed sculptures of Saint Isidore of Seville (Hugo Ball) and the Madonna (Emmy Hennings). Here the figure of Saint Isidore directly references Hugo Ball's bishop costume. Both images originate from a French publication from the nineteen-thirties initiated by nationalist propagandists from Spain. With these entries, Romero sets out to resurvey the "martyrology" conveyed by these images "through the caricatural and grotesque character of Dada."[17]

A new work on these two entries was created in the scope of this exhibition, also available as multiple. The two flamenco singers Inés Bacán and Tomás de Perrate were invited to develop vocal interpretations of two poems by Hennings and Ball, "Morphin" (Morphine) and "Karawane." The two solo pieces—a *nana* (lullaby) and a *tonás* (a special form of flamenco vocal

[13] On this, see, for example, Bernd Wacker, *Dionysius DADA Areopagita: Hugo Ball und die Kritik der Moderne* (Paderborn et al., 1996).

[14] Romero 2012 (see note 5).

[15] Moreover, it comprehends, in its imaginary part, works by all of the many artists—from Jean Arp to Claire Walther—who were exiled in Zurich around 1916.

[16] Romero 2012 (see note 5).

[17] Ibid.

music)—were additionally transformed using digital means to create a joint chorus, resulting in three musical interpretations total. This new work pursues possible interlinkage between flamenco and *Flametti,* the *Lumpenproletariat* and Cabaret Voltaire, carnival and liturgy, but also between flamenco and Byzantine culture. According to Romero, the "similarities between the musical tradition of flamenco and the ... polyphonies of the orthodox Mediterranean region and its Byzantine character" are taken up here.[18]

Alexander Kluge—Nachrichten aus der ideologischen Antike (News from Ideological Antiquity)*: Marx – Eisenstein – Capital*

The presentation of Alexander Kluge's almost ten-hour-long film essay *Nachrichten aus der ideologischen Antike: Marx – Eisenstein – Das Kapital* (News from Ideological Antiquity: Marx – Eisenstein – Capital) opens a whole wealth of allusions and cross-references to *Archivo F.X.* The film, which was released in 2008 in parallel to the bank crisis,[19] explores the question as to whether Karl Marx's most famous written work can be "cinematized" or not—a project that proved unsuccessful in the case of Sergei Eisenstein, who did, however, leave behind extensive notes on this undertaking.[20] Romero mentions that artists like Marcello Mercado and Guy Debord have also set out to tackle this project—and I would like to add Stan Douglas to the list. In his video installation *Suspiria* (2002), Douglas literally brings into play the ubiquitous presence of sorcery and fairy tales in *Capital,* for he built an improvising machine that plays through all possible combinations of the video's images and sounds (in which it is largely spooky). Similar to the "Oulipian work" *Cent mille milliards de poèmes* (A Hundred Thousand Billion Poems) by Raymond Queneau, as George E. Lewis notes in an excellent essay on Stan Douglas, these possibilities tend to be endless.[21] In Douglas's film installation *Journey Into Fear* (2001), the artist in turn interprets the history of capitalism in reference to (among others) Herman Melville's *The Confidence-Man* (1857): the novel that, having been published ten years before *Capital,* thoroughly runs through the relations between religion and capitalism, faith and money, trust and abuse over many pages—and which begins with an April fool's joke.[22]

Kluge's project of "cinematizing" *Capital* entails fifty-five chapters that interlace philosophical, artistic, and political dialogues, enacted scenes, musical pieces, telephone conversations, found footage, photomontages,

[18] Ibid.

[19] At the time, as legend would have it, German publishers were experiencing a bottleneck due to the high demand for reprints of *Das Kapital,* which they could not immediately meet.

[20] Sergei M. Eisenstein, "Notes for a Film of 'Capital,'" trans. Maciej Sliwowski, Jay Leyda, and Annette Michelson, *October* 2 (Summer 1976), pp. 3–26.

[21] See George E. Lewis, "Stan Douglas's *Suspiria:* Genealogies of Recombinant Narrativity," in *Stan Douglas: Past Imperfect, Works 1986–2007,* ed. Iris Dressler and Hans D. Christ, exh. cat. Württembergischer Kunstverein and Staatsgalerie Stuttgart (Ostfildern, 2007), pp. 42–62.

[22] The boat trip on the Mississippi, which provides the framework for the novel, begins on April 1.

reenactments, and intertitles from noteworthy designs situated among agit-prop and concrete poetry. Both the type of montage of the heterogeneous and the rhizomatic structure of *News from Ideological Antiquity* correlate with the functioning and the narrative forms asserted by *Archivo F.X.* The archive's principally interminable nature is mirrored by the excessive duration of Kluge's film, which exceeds the daily opening hours of the Kunstverein, making it impossible to see the entire work at once, even if someone had wanted to watch the whole film.

Kluge's films and publications—such as the book *Geschichte und Eigensinn* (History and Obstinacy, 1981), with its extraordinary design, written in collaboration with Oskar Negt—are not works that could function according to strict front-to-back sequencing. Linearity and holism are undermined by the principle of fragmentarism and montage; a montage that the readers / viewers are repeatedly involved in generating. As Kluge writes in the introduction to *Geschichte und Eigensinn:*

> The reader of this book is expected to demonstrate a personal interest by seeking passages and chapters that relate to *his* life ... There are books that one reads from beginning to end. But there are also books whose virtue lies in iteration. One reads in it and then reads in it again.[23]

This could also be the introduction or instructions to the exhibition *Archivo F.X.: Business, Economics, Conjuncture*. The abundance of material compiled at the Kunstverein and arranged in space did not follow a linear order—but rather a rhizomatic or, to borrow from Joseph Vogl, a dithering move[24]—nor would it have been possible to process it all in the scope of one visit to the exhibition. Its choreography very purposefully evaded the idea of a full ascertainability in favor of the fragmentary and interminable. It undermined a static regime in favor of performativity and play—of a montage that is carried out anew by each exhibition visitor between directives and variability, regulation and chance.

Romero counteracted the concept of thoroughness not least through his curatorial narratives, which also in the case of the Black Box extended far beyond the exhibition to be viewed on site. "Nobody," writes Romero, "has ever given voice to cinema quite like Kluge, either about its production mechanisms or about its own stories as real or fictitious narratives."[25] Against this background Romero conceptualized a brilliant exhibition that presented both the filmic and the literary work of Kluge in dialogue with the history of media:

[23] Alexander Kluge and Oskar Negt, *Geschichte und Eigensinn* (Frankfurt am Main, 1982), p. 5.
[24] "Dithering harbors the suspicion of complexity; it is aligned to an arithmetic that ranges from the hundreds to the thousands." In Joseph Vogl, *Über das Zaudern* (Zurich and Berlin, 2008), p. 108.
[25] Romero 2012 (see note 5).

Several of his early short films, such as *Brutalität in Stein* [Brutality in Stone] of 1960 or *Lehrer im Wandel* [Teachers in Transition] of 1962, were shown on various editing tables. A version of *Nachrichten aus Venedig* [News from Venice] is viewable in a cinemascope. *Artisten in der Zirkuskuppel: Ratlos* [Artists in the Big Top: Perplexed] of 1967 is motively projected upside down onto a canvas in the wind, and a 16mm projector presents the film *Der starke Ferdinand* [Strongman Ferdinand] of 1975 in an endless loop. Various monitors broadcast over 500 hours of his television series. *Krieg und Frieden* [War and Peace] of 1982 is viewable on the different monitors of a television editing table. *Deutschland im Herbst* [Germany in Autumn] of 1978 is presented on five digital projectors at once and *Der Kandidat* [The Candidate] of 1980 on four plasma monitors. A small, selectively illuminated room houses a Kluge library with a range of media, where one can read a hardback edition from goatskin of *Die Lücke, die der Teufel lässt: Im Umfeld des neuen Jahrhunderts* [The Devil's Blind Spot: Tales from the New Century] and *Geschichten vom Kino* [Cinema Stories] in e-book format. Finally, a museum window is opened toward the surrounding park against which various radio interviews given by Kluge can be heard while one's gaze becomes lost in the landscape.[26]

Entry "El capital: El carácter fetichista de la mercancía y su secreto"
(Capital: The Fetish Character of Commodities and Its Secrets)

A historical film that, for Romero, plainly represents the screen adaptation of *Capital* and especially the first chapter "The Fetishism of Commodities and the Secret Thereof" is the movie *Nuestro culpable* (Our Culprit, directed by Fernando Mignoni) produced by Spanish anarchists in 1937. An *Archivo F.X.* entry associates images from a certain excerpt from this film with the title of Marx's work.

At the time, *Nuestro culpable* was an unusual film, especially because it was not a propagandistic or educational film, but rather a musical comedy—which some critics considered extremely inappropriate during the civil war years. Romero focused on two sequences that are set in an antique store (a kind of Salon d'Or) and a prison (a kind of White Cube). At first we watch as a man examines different objects in a store, discovers a silver statue of a bishop, shakes it as if he were expecting something to be hidden inside, and then finally negotiates a price with the salesman. They reach an agreement and the statue is purchased. Then, in the next scene, the man carries the statue into a prison where the atmosphere resembles a bazaar. He walks toward three prisoners and sells the silver bishop after some bargaining back and forth. He departs the prison, not seeming to have noticed that one of

[26] Ibid.

these prisoners stole his wallet. In the end there are sour faces, for apparently the three prisoners had also assumed that something valuable was hidden inside the statue. Yet after they broke it open, it became clear that the statue was only filled with shredded newspaper. To top it all, the three came to realize that the wallet was utterly empty, as if by magic.

Both transactions, as Romero notes, play out "in dependence on a presumed value that everyone believes in but that is by no means certain. This presumption is based on the rumor that several thousand dollars of stolen funds had been hidden in the sacred figure. This turns the entire situation into an example of any other capitalization process."[27] Marx's reflections on the fetish character of commodities—those things "perceptible and imperceptible by the senses" that are "abounding in metaphysical subtleties and theological niceties"[28]—deal with the pretense which covers the circumstances within society that first lend definition to the value of goods. Or to cite the words of Jean-Pierre Lefebvre: "The term 'fetish' expresses with well-nigh poetic, quasi-shamanic potency ... that the exchange is mere deception"[29]—a deception to which the characters in *Nuestro culpable* also succumb.

Numerous authors have pointed out the relationships between religion and capitalism, including Walter Benjamin. In his unfinished text *Kapitalismus als Religion* (Capitalism as Religion),[30] written in 1921 and published posthumously, Benjamin conceived capitalism not as a secularization of the Protestant faith, as Max Weber did before him, but rather as an inherently religious phenomenon. He considered it to be the only cult religion that embraces indebtedness instead of atonement.[31]

In his *Notes,* Sergei Eisenstein—whose own economy culminated in the aspiration to disqualify the concept of the divine through fifteen meters of film in *October*—mocks the rustling "adding machines click[ing] away in 'divine' bookkeeping, entering sacrifices and donations."[32] Whereas calculations and bookkeeping are mainly situated on the side of those doing the sacrificing, in whose debt those being sacrificed ever remain. As Roger Caillois asserts, it is through sacrifice that the faithful become creditors.

[27] Ibid.

[28] Karl Marx, *Capital,* vol. 1: *A Critique of Political Economy* (London, 1977), p. 163.

[29] Jean-Pierre Lefebvre, "Perversität und Barbarei einer fetischistischen Norm. Karl Marx und die Ware als sinnlich übersinnliches Ding," in *Fetisch + Konsum,* ed. Jean-Baptiste Joly, Catherine Perret, and Julia Warmers (Stuttgart, 2009), p. 67.

[30] Walter Benjamin, "Capitalism as Religion," in *Selected Writings: 1913–1926,* vol. 1, trans. Rodney Livingstone (Cambridge, MA, 1996), pp. 288–91.

[31] However, Marcel Mauss and Henri Hubert, Roger Callois, and, most recently, Jean-Pierre Baudet (2009) have noted that it was not capitalism but rather the sacrificial cult in and of itself that has always aimed to maintain indebtedness instead of striving to settle debt. See Marcel Mauss and Henri Hubert, *Essai sur la nature et la fonction du sacrifice* (Paris, 1899); Roger Callois, *L'homme et le sacré* (Paris, 1950); Jean-Pierre Baudet, *Opfer ohne Ende: Nachtrag zu "Religion des Kapitals" von Paul Lafargue* (Berlin, 2013).

[32] Eisenstein 1976 (see note 20), p. 8.

According to this economy, the indebtedness of the gods must be permanently sustained.[33]

Eisenstein's project of filming *Capital* intended to interweave two heterogeneous entities, an approach that is in no way inferior to the methods used in *Archivo F.X.:* the writings of Karl Marx and James Joyce's novel *Ulysses* (1922). The plot of the film, the objective of which was to acquaint workers with dialectical thinking, was meant to play out over just one day or evening. Eisenstein came up with this idea while editing the film *October,* at which time he was under the influence of insomnia and drugs, as reported by Eisenstein expert Oksana Bulgakova in Kluge's film on *Capital.* The aim was to weave such an extremely dense reference system between the two poles of a woman cooking soup and a man returning home that all of *Capital* could be incorporated. Since Stalin considered the idea crazy, there was thus no "capital for *Capital.*"

As mentioned earlier, the theatral object relating to the entry "El capital" consisted of a technical structure which, in parallel to the running film *Nuestro culpable,* deconstructed it into individual images that were printed one by one with a dot-matrix printer using a specially developed software. The continually growing pile of sheets was weighed on a regular basis, turning the immaterial film into an accumulation of measurable and weighted material.

Other Junctions

In addition to the *Archivo F.X.* entries and the three exhibitions with their performative objects, some further elements engendered links and connections between the three imaginary museums and beyond that. For example, the three so-called thesauri, each of which compiled a series of entries under a specific title and topic and which were directly mounted to the exterior walls of the three exhibitions: *Lo nuevo y lo viejo* (The New and the Old) featuring thirty entries was attributed to Alexander Kluge; *La comunidad inconfesable* (The Unconfessable Community) featuring twenty-five entries was attributed to Joseph Beuys; and *Capital de la república* (Capital of the Republic) featuring thirty-five entries was attributed to Dada.

While the thesaurus *Lo nuevo y lo viejo* includes entries that associate Spanish iconoclasm with the works of German-speaking artists, art projects, and art institutions, ranging from a.f.r.i.k.a. gruppe to ZKM, from Haus-Rucker-Co to Thomas Hirschhorn,[34] the thesaurus *La comunidad inconfesable* focuses on artistic work by the likes of André Breton, Cildo Mereiles, Duchamp, or Jeon Joon-Ho,[35] who are dedicated to the production

[33] Roger Caillois, *Der Mensch und das Heilige: Durch drei Anhänge über den Sexus, das Spiel und den Krieg in ihrer Beziehung zum Heiligen erweiterte Ausgabe* (Munich and Vienna, 1988), p. 30.

[34] And also each individual entry with excerpts from works by Thomas Bernhard.

[35] The video work cited here, *The White House* by Jeon Joon-Ho—in which the façade of the White House as appears on the 20 dollar bill is successively painted over in white, including all elements

of "counterfeit money" in one way or another. These works provided the keywords for a series of banknotes that were specially printed and circulated by Catalan institutions during the Spanish Civil War in order to publicize the renaming of towns and villages whose original names had religious connotations. In the exhibition, large piles of banknote replicas were heaped on a table-like element, yet only the first and the last note of each pile were replicated—the pile was merely filled with newspaper clippings, similar to the bishop statute in *Nuestro culpable*. Lastly, the thesaurus *Capital de la república* included a selection of entries that negotiate iconoclasm and religion in the context of different theories on society and (political) economics by figures like Marcel Mauss or Georges Bataille.

Two other pedestals, on which money was piled in various forms, concerned the entries "Anti-globalización" (Anti-Globalization) and "Papel máquina" (Paper Machine). In the first case, reproductions of coins were to be found that had been confiscated in Spain during the thirties and first brought back into circulation after the imprinted word "Catholic" was removed. The zeal seemingly used to practice iconoclasm in ultra-Catholic Spain of that era at times bordered on the grotesque. The latter platform featured tokens made by the company Salinera Española. They were valued at one pesete and stamped onto simple cardboard. This token, similar to the already mentioned banknotes, was intended to spread the new name of a village, San Pedro de Pinatar, after its name changed to Pinatar … Money as medium and message.

Other elements of the exhibition among and beyond the three imaginary museums were the coin-minting machine specifically produced for the exhibition, an idiosyncratic concert that could be viewed on the screen of a smartphone, the aforementioned installation on blasphemy, and a display for presenting *Dokumente und Materialien* (Documents and Materials) (no. 7), a newly produced edition of the magazine series *Archivo F.X.* made for the exhibition in Stuttgart. The latter represents, in a certain sense, the equivalent to the map created by Romero for the three imaginary museums: it collects, among other things, a series of texts authored by Romero, Georges Didi-Hubermann, Alexander Kluge, Hugo Ball, and Valentín Roma, which are only printed in excerpts here, with extended versions to be found on the *Archivo F.X.* website. With the stake of 1 euro, the coin-minting machine tied to the entry "Georges Bataille" transforms a 5 cent coin into a medallion, which shows the Virgen de la Esperanza de Macarena de Sevilla (Virgin of Hope of Macarena in Seville) and is named after Bataille. In order to mint the 5 cent coin, it must be cranked through the machine by the interested

standing for transparency (windows, doors)—was on show at the Württembergischer Kunstverein in 2006 as part of the exhibition *On Difference #2: Grenzwertig*. See *On Difference #3: Politics of Space: On the Expropriation and Re-appropriation of Social, Political, and Cultural Spaces of Action*, ed. Hans D. Christ and Iris Dressler, exh. cat. Württembergischer Kunstverein Stuttgart (Valencia, 2007), pp. 364–69.

person, which requires concrete muscle power. This device, which is found in similar varieties near almost all major tourist attractions, quite literally signifies processes of capitalization and their religious substance, that is, the blind trust in future value that is expected of the sacrificer / the effort made.

Finally, the entry "SIC" draws on a 1936 incident in Cartagena where a people's militia disrupted festivities during the Holy Week before Easter by singing *The Internationale*. In the entry, this event is linked to a jam session, the *Suite Improvisée Conseilliste,* involving the Algerian activist (and member of the Situationist Internationale) Mustapha Khayati and the jazz trio François Tusques. The video accordingly shows a concert initiated by Romero at which a choir is singing *The Internationale* and a trio is playing the *Suite Improvisée Conseilliste,* thus entering into perpetual competition with one another.

Writing about the various elements, their backgrounds, and manifold reference points to other elements of the *Archivo F.X.* exhibition—and to so many things reaching beyond this context—one could fill umpteen pages. Yet the project *Archivo F.X.* is not about exhausting all of its potential, but rather about the inexhaustible nature of contingency. Romero has said that Alexander Kluge is more than just a director:

> He assumes the role of a host, the role of one who organizes the space, who distributes the cards, commands the game, and patiently waits for the powers that he has set in motion to rub against each other and bring forth results. This principle of hospitality as the veritable art of montage is more concerned with producing contexts than texts. His cinematographic work does not involve film as much as it does opportunities for encounter—spaces where films, texts, works of art, reflections by others, music, et cetera, come together.[36]

This indeed precisely reflects the description I would give to ideally convey the character, method, and functional approach of *Archivo F.X.*

[36] Romero 2012 (see note 5).

ARCHIVO F.X.: DER RAUM. ENDLOSE KURSWECHSEL

Hans D. Christ

Es gilt für Pedro G. Romero und sämtliche seiner künstlerischen Handlungen, positivistisches Wissen zu vermeiden. Ein Wissen, das folgerichtige Aussagen über die Verfasstheit der Welt schafft, wird in einem endlosen, permanent expandierenden Referenzsystem aufgehoben – in einem »So-oder-anders«. Die sich hierauf aufbauenden Konstellationen werden als eine bestimmte, instabile Lage von Dingen zueinander begriffen.

Romero ist auch Materialist. Jemand, der Dinge versammelt, um sich an ihren symbolischen, sinnlich visuellen wie haptischen Qualitäten zu reiben, bis ihnen ihre sinnhafte Verbindung, das erste Erscheinen in einem System von bewertbaren Eigenschaften, entweicht. Ein durchaus tradiertes Verfahren, wie wir es von der systematischen, radikalen Umwertung von Alltagsgegenständen in Form der Readymades kennen. Romero bedient sich dieser Traditionen und wendet sie an auf die Zerstörungswut des Ikonoklasmus, den Flamenco, die politische Propaganda, den Text, der sich als schwarze Lettern auf weißem Grund materialisiert, oder die Metaphern, die sich in der Fäkalsprache spanischer Blasphemien niederschlagen. Die Kunst selbst bezieht er in dieses Verwandlungsspiel mit ein, wenn er in der Ausstellung Werke von Joseph Beuys nicht nur zitiert, sondern konkret als Artefakte wie liebevoll gehegte Statisten auftreten lässt – und dabei zugleich die verklärende Rhetorik über Beuys zugunsten einer Sicht auf die komödiantischen Aspekte seines Werks überwindet.

Was für die Traditionen der Kunst gilt, gilt bei Romero ebenso für den Raum der Repräsentation, in dem sich die (künstlerischen wie profanen) Dinge versammeln. Der Raum ist – in dem konkreten Fall der Ausstellung, um die es hier geht – eine Kunstinstitution und damit, noch bevor er von Romero als White Cube, Salon oder Black Box gefasst wurde, zunächst der Raum, in dem die unterschiedlichen Handhabungen der Dinge auf der Matrix der Institution begriffen werden. Die Dinge erscheinen aus dieser Perspektive auf einer Bühne, in einem Kontext, der selten mit ihrer Herkunft in Übereinstimmung zu bringen ist. Sie werden zugunsten einer bestimmten Sichtweise verschluckt. Das räumliche Konzept der Ausstellung adaptierte und transformierte die Unversöhnlichkeit von Ding und Kontext (Konstellation der Dinge, Lage zueinander, institutionelle Repräsentation) und übertrug das Wechselspiel zwischen Enteignung und Umwertung auf den konkreten Raum des Kunstvereins.

Der Raum der Ausstellung war das Geviert des Vierecksaals: ein 36 x 36 m großer veritabler White Cube, der durch seine ideologische Klarheit wie durch seine Funktionalität besticht. Noch bevor dieser Raum selbst zur Spielstätte wird, noch bevor er mit einer Idee oder einer räumlichen Konzeption besetzt wird, gibt es eine nicht sichtbare Ebene, die sich an die genannte Funktionalität anschließt. Er ist verbunden mit einer Maschinerie, einem Depot, das auf der Basis eingelagerter Bauelemente ein gewisses Regelwerk generiert, eine immer wieder erneut, entlang von Ähnlichkeiten zu entwerfende Raumstruktur. An den konkreten baulichen Elementen ist neben ihrer Praktikabilität für die Herstellung adäquater Räume zur Präsentation zeitgenössischer Kunst wesentlich, dass sie recycelt und somit von Gebrauchsspuren übersät sind. Ihre Eigenart besteht darin, immer schon Bestandteil eines vormaligen Zu-sehen-Gebens von Kunst gewesen zu sein. Es ist dieser Zugriff auf das Depot bereits vergangener Räume, der sich in das Raumkonzept von Romero eingeschrieben hat und zugleich zwischen dem Spielfeld, das der Künstler definierte, und den Interpretationen, die schon einmal stattgefunden haben, eine Verbindung herstellte.

Im Raum dazwischen

»*Quadrat*, ohne Worte, ohne Stimme, ist ein Viereck, ein Geviert. Es ist ein beliebiger geschlossener Raum, global definiert.«[1] So wie Gilles Deleuze den Raum des Quadrats im gleichnamigen Stück von Samuel Beckett beschreibt, lässt sich das Geviert im Kunstverein beschreiben – geschlossen durch vier Wände, beliebig und global in seiner absoluten Form. Was in dem Werk von Beckett das schwarze Nichts ist, in das die vier Tänzer verschwinden, sind im White Cube die vier Wände, an denen das Außen ebenso wie das Innen abprallt und absolut gerahmt wird. Das heißt, dass sich in der Absolutheit des geschlossenen Raums des Quadrats alles das niederschlägt, was sich woanders realisiert – so wie sich in ihm alles an Potenzialität befindet, um sein Innerstes nach außen zu stülpen.

Die Inszenierung, die Romero entwarf, invertierte dieses Raumverhältnis nicht nur, indem er im übertragenen Sinne einen Negativ- und Positivraum konzipierte, sondern in dieser Verkehrung beide Raumstrukturen an gewisse Abwesenheiten koppelte. Die architektonischen Grundtypen, die er für die Rauminszenierung festlegte, entsprachen den schon erwähnten Standards: dem White Cube, dem Salon und der Black Box beziehungsweise dem Kino. Diese drei Grundmodule wurden an die sich jeweils gegenüberliegenden Außenwände des Vierecksaals angeschlossen, sodass der Eindruck entstand, dass die temporäre Architektur die bauliche Außenhülle durchstach und sich jenseits des Raums fortsetzte. Während die Innenseiten dieser Module ganz Simulakren (Farbe, Beleuchtung,

[1] Gilles Deleuze, »Erschöpft«, in: Samuel Beckett, *Quadrat. Stücke für das Fernsehen. Mit einem Essay von Gilles Deleuze*, Frankfurt am Main 1996.

Tribüne) der erwähnten Raumtypen waren, öffneten ihre zum Inneren des Raums zeigenden, unverblendeten Außenseiten den Blick in die Konstruktionselemente wie Holzträger et cetera. Sichtbar waren hier auch die unterschiedlichen Wandanstriche, die in den letzten fünf bis sechs Jahren für die Ausstellungsarchitekturen im Kunstverein verwendet wurden. Der zentrale Innenraum, die eigentliche Schauseite, wurde zum Backstage, zur Ablagerung der Techniken des Zu-sehen-Gebens. Zugleich beheimatete dieser umgestülpte Raum die Werke, die sich zwischen den verschiedenen Transformationen des Flamencos, der Propaganda, des Texts (als Material) und der Blasphemie ansiedelten, und nahm zugleich an ihrer Oberfläche die Geschichte aller Ausstellungen der letzten Jahre im Kunstverein in sich auf. Die hehre Anmutung, die sich im Bild der räumlichen Inkorporierung von Geschichte sprachlich aufdrängt, profanierte sich in dem Blick hinter die Kulissen, in die funktionale, technische Maschine der Ausstellungsinstitution. Wird dort ein Bild, ein Verhältnis zerstört? Zu wissen gibt es hier im teleologischen Sinne nichts. Auszuhalten gibt es einiges, schließlich wird hier alles, was sich tauschen und wechseln lässt, als Wert permanent transferiert. Von den über den Raum hinausreichenden Modulen wird dann vielleicht nur durch den im Inneren auftretenden Ikonoklasmus zu reden sein, der im Akt der Zerstörung die höchste Anerkennung zeigt.

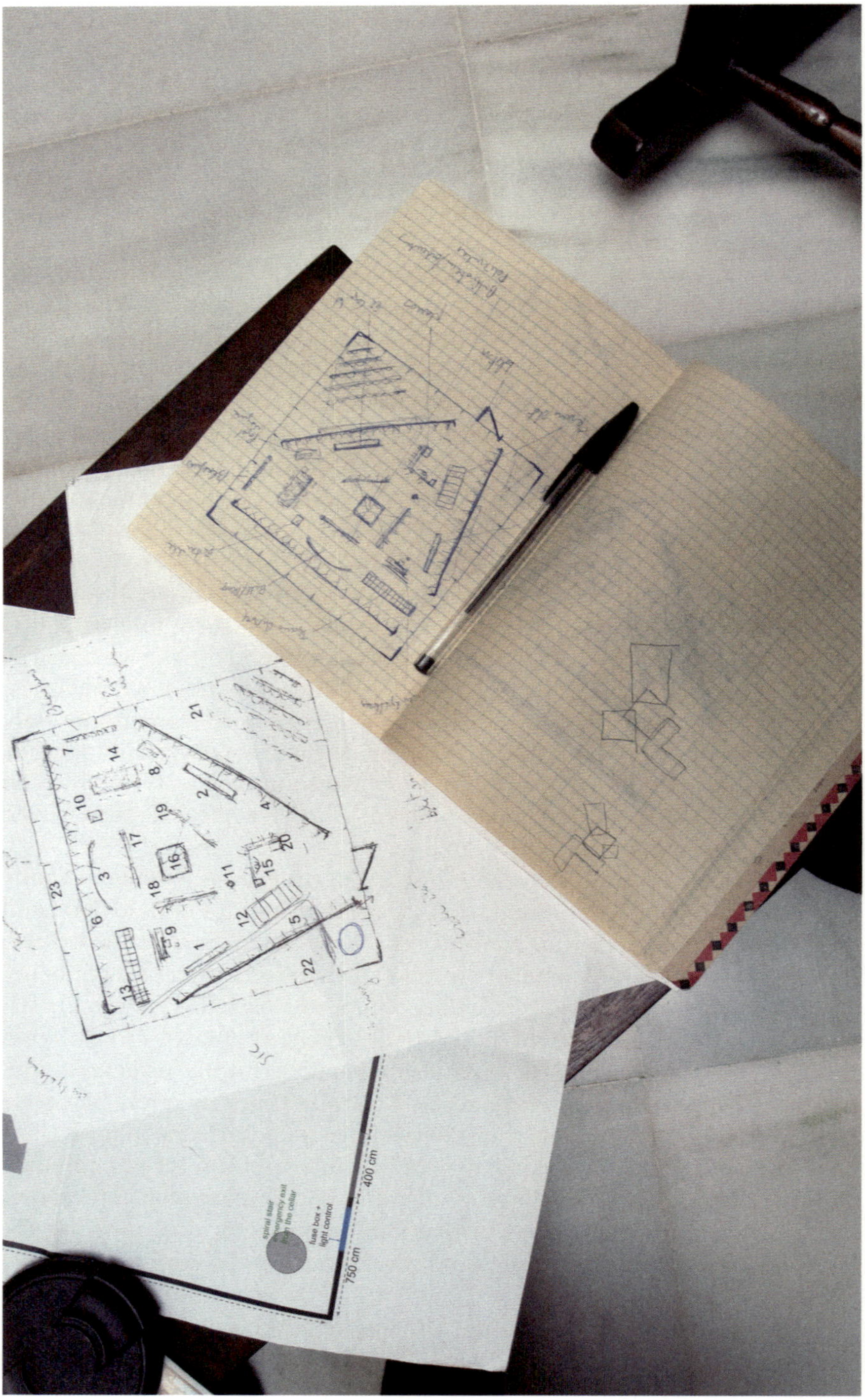

Raumentwürfe / Drafts of the display, Studio Pedro G. Romero, Sevilla / Seville, 2012

ARCHIVO F.X.: THE SPACE: ENDLESS CHANGES OF COURSE

Hans D. Christ

Pedro G. Romero avoids positivist knowledge in all of his artistic projects. Knowledge that fosters consistent testimony about the state of the world is suspended in an endless, continually expanding system of reference. The constellations founded on this are conceived as a certain, unstable positioning of things in association with each other.

Romero is also a materialist. Someone who collects things in order to engage with their symbolic, sensorially visual and haptic qualities until their sensory connection, the first manifestation in a system of measurable properties, dissipates. This is a truly conventional process, one with which we are familiar from the systematic, radical reassessment of everyday objects in the form of readymades. Romero avails himself of these traditions and applies them to iconoclasm in its destructiveness, flamenco, foreign political propaganda, text that materializes as black letters against a white background, or metaphors condensed in the scatology of Spanish blasphemies. Art itself is caught up in this transformative game, with Romero not only citing works by Joseph Beuys but also allowing them to concretely appear as artifacts, like lovingly cherished extras—while simultaneously overcoming the transfiguring rhetoric on Beuys in favor of a perspective focused on the comedic facets of his work.

What pertains to the traditions of art, in the eyes of Romero, equally applies to the space of representation in which things (of both artistic and profane nature) gather. This space is—in the concrete case of the exhibition discussed here—an art institution and therefore, even prior to being conceived by Romero as White Cube, Salon, or Black Box, it was initially considered to be space where highly divergent approaches to utilizing things were grasped along the institutional matrix. From this perspective, the things appear to be on a stage, in a context that can rarely be correlated with their provenance; they are swallowed up to the benefit of a certain point of view. The spatial concept of the exhibition set out to adapt and transform the irreconcilability of thing and context (constellation of things, their interpositioning, institutional representation), applying the interplay between expropriation and revaluation to the concrete space of the Kunstverein.

The exhibition space used was the square of the Vierecksaal, or Cube —a veritable White Cube, 36 x 36 meters in size, that captivates with its ideological clarity and also with its functionality. Even before the room itself becomes a venue, even before it becomes occupied by an idea or a spatial concept, there is a non-visible level tying into the functionality mentioned above. It is associated with an engine or a depot that generates a certain set of rules on the basis of stored structural elements—giving rise to a perpetually regenerating spatial structure designed with similarities in mind. As to the concrete structural elements, aside from their practicability in producing appropriate space for showing contemporary art, it is essential that they have been recycled and thus littered with traces of usage. The exhibition space's idiosyncrasy always rested in its position as constituent element of a former presentation of art—a "given-to-be-seen." It is this act of accessing the depot of bygone spaces that has become inscribed in Romero's spatial concept, while simultaneously establishing a connection between the playing field defined by the artist and the interpretations that have played out once before.

In Space Between

"*Quad,* without words, without voice, is *a* quadrilateral, *a* square. ... It is a closed, globally defined, any-space-whatever."[1] So, Deleuze's way of describing the space of the quad in the eponymous work by Samuel Beckett can be applied to the square in the Kunstverein—contained by four walls, arbitrary and global in its absolute form. The black nothingness in which the four dancers disappear in Beckett's work is equated to the four walls of the White Cube deflecting and absolutely framing both the exterior and the interior elements. This means that, within the totality of the quad's contained space, everything realized elsewhere is likewise reflected here—everting all potentiality harbored deep within toward the outside.

The staging designed by Pedro G. Romero inverted this spatial relationship. Not only did he draft a space of negativity and positivity in a figurative sense; Romero also associated both spatial structures with certain states of absence through this inversion. The basic architectural types designed by the artist for the three-dimensional staging correlated with the standards mentioned earlier: the White Cube, the Salon, and the Black Box that is cinema. These three foundational modules were connected to opposite exterior walls in the Vierecksaal, giving rise to the impression that the temporary architecture was piercing the outer structural shell, extending beyond the room. While the inside of these modules were complete simulacra (color, lighting, platform) of the three spatial types, their respective exterior shell, uncovered and pointing toward the center of the room, opened the view to the construction elements, for instance wooden planks. Also visible here were the different wall coatings used over the previous five to six years for exhibition architecture in the Kunstverein. The central

[1] Gilles Deleuze, "The Exhausted," in *Essays Critical and Clinical*, trans. Daniel W. Smith and Michael A. Greco (New York, 1998), p. 162.

interior space, meaning the actual viewing side, became the backstage area for depositing the "given-to-be-seen" techniques. At the same time, this upended space housed the works that settled amongst the various transformations of flamenco, propaganda, texts, and blasphemies while simultaneously integrating into its surface the history of all recent Kunstverein exhibitions. The sublime impression that is linguistically imposed in the picture rendering the spatial incorporation of history becomes profane with a glimpse behind the scenes, visually taking in the functional, technical machine of the exhibiting institution. Is an image, a relationship, being destroyed here? Or is it granted ultimate appreciation? From a teleological slant, there is no knowledge to be gained. There is much to be sustained here, for everything that can be traded and exchanged is ultimately transferred permanently as value.

So the space-exceeding modules can perhaps only be discussed through the iconoclasm playing out on the inside, which attained the greatest recognition in the act of destruction.

ÖKONOMIE, ÖKONOMIE UND ÖKONOMIE[1]

Valentín Roma

Die vom *Archivo F.X.* ausgehenden Operationen sind weder als einseitige Methode noch als Ensemble taktischer Strategien zu begreifen. Seit 2005 haben sich jedoch drei große Arbeitsbereiche herauskristallisiert, die den Kurs des Archivs umreißen und einige mögliche Überschreitungen anzeigen.

Diese drei Episoden bewegen sich um die Themen Stadt, Ökonomie und Gewalt, und man könnte sagen, dass sie alle eine Vorgeschichte und einen Höhepunkt hatten. Das heißt, es gab eine Reihe von Vorhaben, in denen sie sich ankündigten, sowie ein Projekt, in dem sie sowohl enzyklopädisch als auch kritisch untersucht wurden.

Die erste Episode, die Ermittlungen zur politischen Konstruktion der modernen Stadt anstellte, entwickelte sich aus einigen höchst unterschiedlichen Arbeiten heraus.[2] Besonders zu erwähnen sind dabei die Projekte *Recorrido F.X. nº 1. Guía de la marcha antiglobalización convocada por el Foro Social de Sevilla* (Parcours F.X. Nr. 1. Anleitung für eine Antiglobalisierungsdemonstration, zu der das Sozialforum von Sevilla aufgerufen hat), *La Setmana Tràgica* (Die Tragische Woche), *Laboratorio blanco / Laboratorio rojo* (Weißes Laboratorium / Rotes Laboratorium) und *Sacer: La ciudad* (Heilig: Die Stadt) – alle von 2002 – sowie *Lo nuevo y lo viejo: ¿Qué hay de nuevo, viejo?* (Das Neue und das Alte. Was gibt es Neues, Alter?) von 2004.[3]

Doch erst mit dem in der Fundació Tàpies in Barcelona von 2005 bis 2006[4] gezeigten Ausstellungsprojekt *Archivo F.X.: La ciudad vacía* (Die leere Stadt) wurden die Werkzeuge, die im Umfeld von Ikonoklasmus, heiligen Orten und deren Profanierung entwickelt worden waren, auf die Gegenwart urbaner Konflikte angewandt. Dadurch entstand »ein

[1] Im Spanischen hat das Wort »Ökonomie« mindestens die folgenden drei Bedeutungen: Wissenschaft zur Erklärung materieller Produktionsverhältnisse, Geldformen und Arbeitsverhältnisse; Verwaltung von Dingen, Geschäfte in bestimmten Bereichen, Aufteilung des Sinnlichen, Gesetze der Liebe oder Feld sozialer Beziehungen; sparsamer Betrieb von Angelegenheiten, einfacher Ausdruck des Komplexen, bescheidene, preiswerte und einfache Aufmachung materieller Dinge.

[2] Zur Rekonstruktion der Materialien und Kontexte, die aus diesen Arbeiten hervorgegangen sind: http://fxysudoble.com/es/archivo/cronologia/2013/

[3] Siehe http://manueldelgadoruiz.blogspot.com.es/2011/12/proposit-de-la-fascinacio-dels.html und http://elpais.com/diario/2004/07/30/catalunya/1091149641_850215.html

[4] http://www.fundaciotapies.org/site/spip.php?rubrique540

Instrumentarium zur *Urbanisierung* der Provinz des Nihilismus«, wie es in einigen der Erläuterungstexte für die Öffentlichkeit hieß.

Neben den üblichen Aktivitäten, wie die Organisation von Seminaren und Vorträgen, Forschungen aus benachbarten Disziplinen und frei verfügbaren Veröffentlichungen, beinhaltete *Archivo F.X.: Die leere Stadt* ein museografisches Dispositiv auf der Basis von Gerüstsystemen, wodurch das modernistische Gebäude, in dem sich die Fundació Tàpies befindet, tatsächlich auf gewisse Weise »urbanisiert« wurde.

In diesem Sinn schien die Ausstellung, zumindest in künstlerischer Hinsicht, das Bild des industriellen Skeletts einer Maschine hervorzurufen, eines Betriebssystems, in dem Bilder, Texte und Dokumente ihre jeweiligen Mechanismen simultan vorführten. Als Schnittstellen fügten die Gerüste indes die Dimension der Distanz hinzu, sozusagen der Bewegung zwischen den architektonischen Ebenen und informativen Schichten, in denen die BesucherInnen dem Auf und Ab der dort zusammengetragenen Arbeiten folgten, Materialien durchquerten und zugleich Reisen durch ein Gebiet voller Schwingungen und räumlicher Brüche unternahmen.

Die zweite Episode, mit der wir uns später noch eingehender beschäftigen werden, war der Ökonomie gewidmet und begann mit *Silo*, einem Projekt für das Museo National Centro de Arte Reina Sofía in Madrid[5], sowie mit der Beteiligung des Künstlers an der Ausstellung *La comunidad inconfessable* (Die uneingestehbare Gemeinschaft)[6] im ersten katalanischen Pavillon auf der 53. Biennale von Venedig. Trotz all ihrer Unterschiede verwendeten die beiden 2009 realisierten Projekte das gleiche museografische Display, eine großformatige Wand, die aus einem Ausstellungskontext zu stammen schien, der weit von den Codes der zeitgenössischen Kunst entfernt war. Auf dieser befanden sich verschiedene Arbeiten des *Archivo F.X.*, die die Begriffe Geld, Gemeinschaft und Wissen untersuchten.

All diese Untersuchungen über das, was politische Ökonomie genannt wird und deren Verschiebungen hin zu Ikonoklasmus und Säkularisierung bündelten sich in dem Projekt *Archivo F.X.: De economía cero* (Von der Null-Ökonomie), das 2012 für das Picasso-Museum in Barcelona realisiert wurde. In gewisser Weise radikalisierte es die oben beschriebene museografische Übung dahingehend, dass es einen doppelten oder gespaltenen, ja sogar antagonistischen Parcours schuf, in dem sich zwei unterschiedliche Ausstellungen mit den ihnen je eigenen Präsentationskodierungen in ein und demselben Ausstellungsraum zu widersprechen schienen.

So bot der »normale« Besuch von *Archivo F.X.: De economía cero* eine breit angelegte Relektüre einiger Arbeiten von Pablo Picasso samt deren Bezügen zu den erwähnten ökonomischen Chiffren und eröffnete Fugen, Dialoge und Resonanzen hin zu so unerwarteten Künstlern wie Mark

[5] http://www.museoreinasofia.es/exposiciones/silo-archivo-fx-proyecto-pedro-g-romero
[6] http://www.lacomunitatinconfessable.cat

TRADA: WANDLUNG

rpora al Archivo F.X. en 2005 en el marco de una serie
bajo y la ciudad. En Wandlung se toma como motivo
ta un total de dieciocho, que se encuentran sin iden-
enadas en los archivos fotográficos depositados por
tuto Social de Amsterdam, Holanda. Las imágenes se
Fundación Anselmo Lorenzo y se sabe que proceden
ell o Terrassa. Pertenecientes al legado del sindicato
l Española, en 1940, no se sabe el uso cierto de di-
zada entre 1936 y 1938 seguramente, aunque parece
ropaganda o confección de algún material didáctico
enen distintas procedencias. Se observan campanas
ias, seguramente de Cataluña, de los alrededores de

en la pradera, ante el edificio del famoso certamen artístico de Kassel
la corona, colocó las perlas y piedras preciosas dentro de un tarro de
para poner conservas y confituras y fundió el oro haciendo de él un "c
que denominó "Liebre con accesorio". La liebre, uno de los símbolos
resenta desde los tiempos remotos la paz, el amor y la fecundidad. I
símbolo con el del sol, y todo ello, reunido con las joyas, lo instaló
na, que podemos ver en la última fotografía. Debajo de ésta hay un p
Beuys en el que se lee: "Todo depende del carácter cálido del pensa
la nueva condición de la voluntad". Dicho objeto se halla hoy expues
galerie de Stuttgart. El producto íntegro de la venta de la corona tran
incrementar los fondos para el proyecto *7000 robles*. Los materiales
raramente en la obra de Beuys, como el oro que le cubría la cabeza e
la obra de arte a una liebre muerta. En este contexto, el oro y las pi
los poderes despóticos y las guerras. El hecho de la fundición de la c

ENTRADA: **WANDLUNG**

Entrada: Wandlung wurde 2005 im Rahmen einer Serie von Aktionen, die um Arbeit und Stadt kreiste, ins *Archivo F.X.* aufgenommen. *Wandlung* thematisiert ein Ensemble nicht zuordenbarer Fotografien, die von der C.N.T. (Confederación Nacional de Trabajo) im Archiv für Sozialgeschichte in Amsterdam deponiert wurden.

Auf den Bildern sieht man Glocken, die von unterschiedlichen Kirchen aus der Umgebung Barcelonas abmontiert worden waren. Man erkennt, dass sie wie Schrott abtransportiert und gelagert wurden, wie sie zertrümmert und gemeinsam mit anderen metallischen Gerätschaften zu Metallteilen zerkleinert wurden. Anschließend hat man sie eingeschmolzen und im Schmelzofen in verschiedene mechanische Teile verwandelt.

Die Bilderserie erhielt den Titel *Wandlung* in Anspielung auf eine bestimmte Fotoserie der gleichnamigen Aktion, die der deutsche Künstler Joseph Beuys 1982 anlässlich der *documenta* 7 in Kassel durchgeführt hat. Es geht um eine Neuinterpretation dessen, was diese Bilder über einen beliebigen Arbeitsprozess aussagen, der in diesem Fall in einer industriellen oder handwerklichen Transformation besteht, die an eine Neuzusammensetzung von Metallen durch Feuer gekoppelt ist.

Die Würfel sind eine Einladung zur fortwährenden Neukonfiguration der Ordnung der industriellen Abläufe dieses Arbeitsprozesses. Die Glocken, die Einschmelzungen und die erzeugten Gegenstände aus dem Bereich der Antriebsmechanik sollen auf unterschiedliche Weise immer wieder neu gruppiert werden.

Die BesucherInnen können die Aufkleber mitnehmen und sich ihre eigenen Würfel herstellen.

de las acciones de
anifestaciones de p
onvertidas en resto
a: un "objeto de pa
eña operación de
te la disposición de
ectuar una transfor
es decir, de resignif
n este caso en una
le metales por mec
es editada en peg
seis, debidamente
levarse estas pega
a reconfigurar con
trabajo, de forma
fundición y los obj
s ofrecerán alterac
d misma de éste, s
nodo que se trans
n un objeto de paz
pretende señalar
d alguna ni transfo
dados. Acompaña
de, así como unas
ia de las distintas t
osición *Comunida*
de Barcelona, un e
de arte. La segund
recia, dentro de la
ue, dentro de una

estrucción por el g
que todos creen co
r de que en su inte
a modo de ejemp

al. El carácter fetic
proyectos que se h
de Karl Marx y, es
tichista de la merc
senstein en 1927,
Mercado a partir
pantalla su ensayo
Noticias de Antigüe
uge en 2008. Espec
ein de llevar a cab
las reflexiones en
to valor al filmarlo
cción de Eisenstei
tal al propio trabaj
rentes al desarrol
ncía y sus secreto"
rcado y en las sec
culo. Por supuesto
Marx, pero es en e

ENTRADA: **DAS KAPITAL. DER FETISCHCHARAKTER DER WARE UND SEIN GEHEIMNIS**

Entrada: El capital. El carácter fetichista de la mercancía y su secreto (Das Kapital. Der Fetischcharakter der Ware und sein Geheimnis) wurde 2001 ins *Archivo F.X.* aufgenommen. Die Bilder zeigen zwei aufeinanderfolgende Auszüge aus dem Film *Nuestro culpable* (Unser Schuldiger) von Fernando Mignoni, der 1937 in Madrid während des Bürgerkriegs von der C.N.T. produziert worden war. Wir begleiten hier die Reinkarnationen einer kleinen religiösen Figur, einer aus Silber gearbeiteten Statue eines Bischofs oder katholischen Heiligen, die sich in einem Antiquitätengeschäft befindet. Sie wird gekauft und später von einem Wucherer in einem Gefängnis wieder verkauft. Die religiöse Figur wird von den Gefangenen aufgebrochen, um ein darin vermutetes geheimes Geldversteck zu finden. All dem fol-

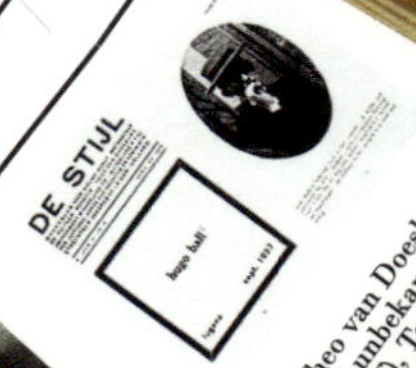

Theo van Doesburg (und unbekannter ... tograf), Todesa... Hugo Ball, i... *Maandbla...* Kunst... Ku... 8...

Sonstiges

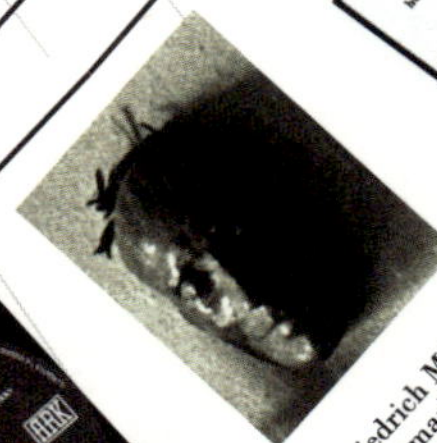

Friedrich Müller, Totenmaske Hugo Ball, 1927, Gips, braun gefasst, Deutsches Literaturarchiv Marbach

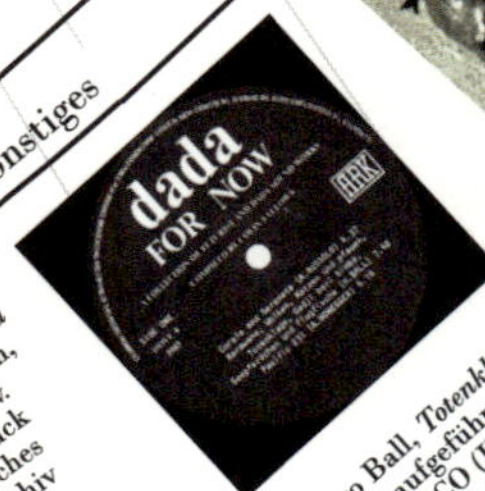

Hugo Ball, *Totenklage*, 1916, aufgeführt von EXVOCO (Hanna Aurbacher, Theophil Maier und Ewald Liska), Einspielung aus dem Album Futura Poesia Sonora (Cramps Records, Mailand), Courtesy: EXVOCO

Hugo Ball, *Tenderenda der Phantast*. Roman, 1. vollst. und rev. Ausg., Innsbruck 1999, Deutsches Literaturarchiv Marbach

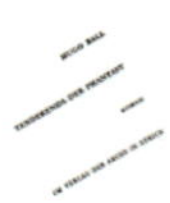

Hugo Ball, *Gesammelte Gedichte mit Photos und Faksimiles*, hrsg. v. Annemarie Schütt-Hennings, Erstausgabe, Zürich, 1963, Deutsches Literaturarchiv Marbach

Hugo Ball, *Tenderenda der Phantast*. Roman, Erstausgabe, Zürich 1967, Deutsches Literaturarchiv Marbach

...ll, *Hermann ...ein Leben und* ..., Erstausgabe, 1927, Deutsches ...eraturarchiv Marbach

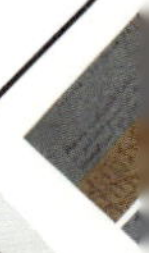

Ernst M... P... H...

Sonstiges

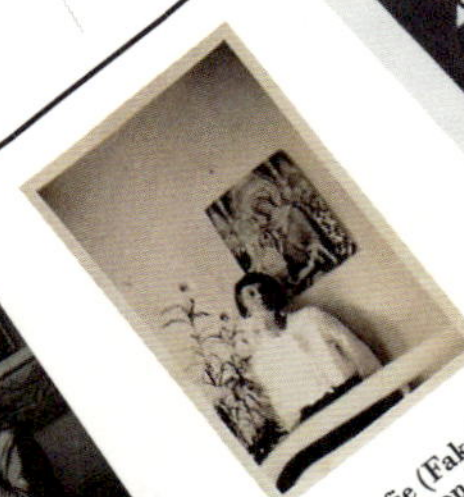

Fotografie (Faksimile), Porträt von Emmy Hennings, o. J., Schweizerisches Literaturarchiv (Bern), Nachlass Emmy Hennings / Hugo Ball

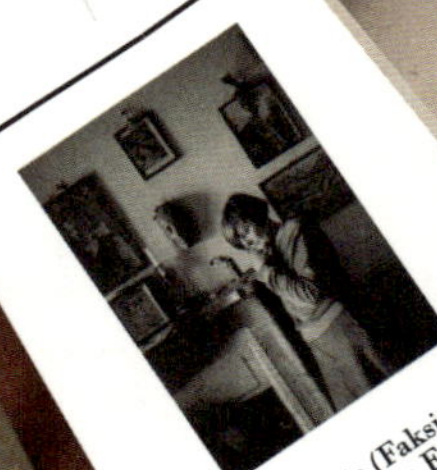

Fotografie (Faksimile), Porträt von Emmy Hennings, o. J., Schweizerisches Literaturarchiv (Bern), Nachlass Emmy Hennings / Hugo Ball

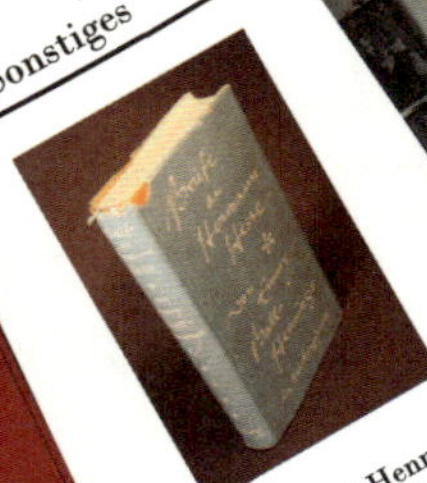

Emmy Ball-Hennings, *Briefe an Hermann Hesse*, Erstausgabe, Frankfurt/Main 1956, Deutsches Literaturarchiv Marbach

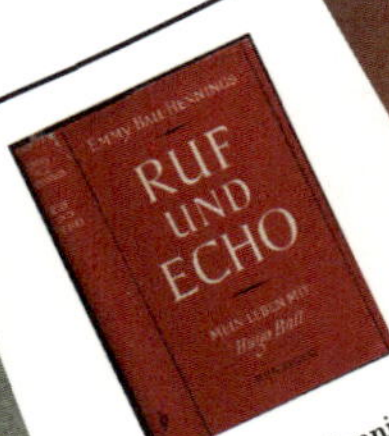

Emmy Ball-Hennings, *Ruf und Echo. Mein Leben mit Hugo Ball*, Erstausgabe, Einsiedeln [u.a.] 1953, Deutsches Literaturarchiv Marbach

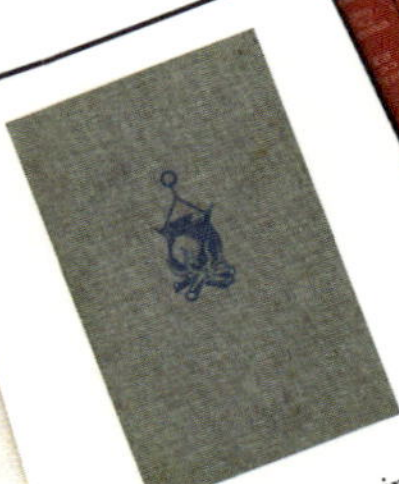

Emmy Ball-Hennings, *Märchen am Kamin*, Erstausgabe, Einsiedeln/Köln 1943, Württembergischer Kunstverein Stuttgart

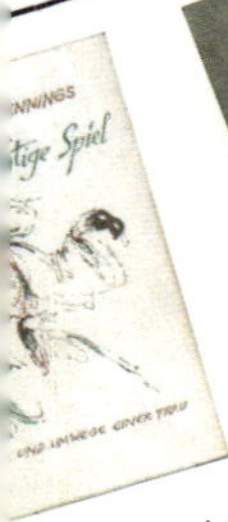

...mmy Ball-Hennings, *Das flüchtige Spiel. ...ege und Umwege einer Frau*, Erstausgabe, Einsiedeln/Köln 1940, Deutsches Literaturarchiv Marbach

Tansey, Hans Haacke, Mark Lombardi oder Orson Welles, um nur einige zu nennen. Auf der hinteren Seite dieses Parcours – der bewusst die Kulisse eines Museums des 19. Jahrhunderts nachahmte – begegnete man dagegen einer Reihe von museografischen Zwischenspielen, einer Folge von Rückansichten oder Hinterbühnen, die die gespenstische Verfasstheit dieses Displays und seiner Requisiten enthüllten und in denen die vom *Archivo F.X.* speziell für diese Ausstellung geschaffenen Arbeiten präsentiert wurden.[7]

Die dritte und letzte Episode schließlich, die dem gesellschaftlichen Umgang mit Gewalt gewidmet ist, begann mit der Präsentation von *Tesauro: Blasfemias* (Thesaurus: Blasphemien, 2002)[8], mit der Rekonstruktion der psychotechnischen »Checka« der Vallmajor Kirche in Barcelona, einem illegalen Gefängnis von besonderer Gestaltung (2003), mit *Tesauro: Badiola / Sierra: retórica y terror, terror y retórica* (Thesaurus: Badiola / Sierra: Rhetorik und Terror, Terror und Rhetorik, 2004)[9], *El Saco / F.X.* (Der Sack, 2005), *Señora Doña Memoria Histórica* (Dame Historisches Gedächtnis, 2006), *Tomar partido* (Partei ergreifen, 2007), *La revuelta subterránea* (Die unterirdische Revolte, 2008), *Los Paises* (Die Länder, 2009)[10] sowie einem ausgedehnten et cetera. Doch erst mit *Una violencia pura* (Eine reine Gewalt), einem laufenden Forschungsprojekt, das unter anderem als Beitrag zur Europäischen Kulturhauptstadt San Sebastián–Donosti (2016) im Rahmen von *Tratado de paz* (Friedensvertrag) Ausstellungen, Seminare, Workshops und Produktionen entwickelt, untersucht das *Archivo F.X.*, inwieweit die Geschichte der visuellen Kultur in die Figuren der Rechtsprechung, der künstlerischen Arbeit und des institutionalisierten Schreibens eingebettet ist. Das Projekt analysiert das Ende – sowohl im Sinne des »Endes« als auch des »Zwecks«[11] – von Gewalt, Krieg und Verbrechen als Ereignisse, die die Realität erschöpfen und uns daran hindern, die Welt bewohnbar zu machen, wie Pedro G. Romero in seinem Text zur kuratorischen Präsentation erläutert.

Obwohl es sich bei *Una violencia pura* um ein laufendes Projekt handelt, erprobt es auch eine bestimmte anti-museografische Metonymie (nicht nur im Sinne von antagonistisch, sondern auch im Sinne von »gegen die Wand«; es geht darum, wie man dem Entgegengesetzten anhaftet), die die künftigen Displays miteinander verbinden wird.

Wenn wir früher vom physikalischen Raum der *polis* als dem eigentlichen Raum des politischen Ereignisses der Kunst gesprochen haben; wenn wir die Erforschung der Gesetze hervorgehoben haben, die es uns erlauben,

[7] Ein detaillierter Einblick in dieses Projekt findet sich hier: http://www.bcn.cat/museupicasso/es/exposiciones/archivo-fx.html

[8] http://www.cccb.org/kosmopolis/es/activitat-verbarium-23971

[9] http://www.artium.org/Castellano/Exposiciones/Exposicion/tabid/176/language/es-ES/Default.aspx?pidExposicion=119

[10] http://www.casasinfin.com/los-pases/

[11] Der Spanische Begriff »fin« bedeutet sowohl »Ende« als auch »Ziel« oder »Zweck« (Anm. der Hrsg.).

die der Kunst eigene Tätigkeit auszustellen und zu lehren – im doppelten Wortsinn von »zeigen« und »bilden« –, dann treten hinter der Ausstellungsszenografie und unterhalb des urbanen Raumes, der die politische Arbeit der Kunst in Erscheinung treten lässt, auch andere Energien, unsichtbare Kräfte, Krankheiten, Anomalien im körperlichen Verhalten, Magien, Auren, Monstrositäten hervor. Das heißt, es geht um einen grundsätzlichen Verweis auf Elektrizität, Gas, Wärme und Licht, Magnetismus und Wellen, um nichts Esoterisches, sondern um einen eher niederen Materialismus: das simple Aufzeigen der Ausmaße jener Phänomene, die uns ermöglichen, sie als Display zu zeigen, möglicherweise sogar als Dispositiv. Um die Blätter mit den Einträgen von *Tesauro: Una violencia pura* anzusehen, musste das Publikum zum Beispiel Geldmünzen in einen dieser Apparate werfen, die für eine halbe Stunde Licht und Strom liefern.

***

JUNGE FRAU VOM NOVEMBER 1917

Meine Zeit du /
Sinnlos lächelnd schaust du, leidend /
Schwach und grausam du zurück.
Ossip Mandelstam

Solange die Zeiten vorrevolutionär waren, in Verstecken Rußlands, in Hotels im Ausland, waren Frauen bei den REDAKTIONEN UND KONSPIRATIONEN hoch angesehen. Etwas von diesem Elan beflügelte Irina Swerdlow, die Stenographie beherrschte und im Smolny im Herbst 1917 die Diktate entgegennahm. Danach wurde sie mit dem übrigen Personal nach Moskau verfrachtet. Nach dem Tod Lenins auf eine Archivstelle versetzt, lebte sie, mißachtet als revolutionäre Kraft, bis 1937, und danach war sie froh, sich tarnen zu können. Unwichtigkeit überlebt.

Auf Momente hatte sie aber in jenen Tagen von 1917 die Erfahrung gemacht (auch von 1905 hatte sie sich solche Momentaufnahmen erzählen lassen), daß ein neuartiges Tausch- oder Transportmittel menschlicher Energien (ja »Mittel« war der falsche Ausdruck, das Elementarteilchen war »Ziel«), nämlich das UNAUSGESPROCHENE EINVERSTÄNDNIS, außergewöhnliche Arbeitskraft mobilisieren konnte. Und zwar deutlich mehr, als mit Geld zu bezahlen war. Das Problem, ein Gemeinwesen auf diese neue »Gravitation« zu gründen, lag nicht in der Stärke solcher »politischen Physik«, sondern in der Frage der Aufbewahrung dieses »Kraftfeldes«. Nichts von dem BLITZ GEGENSEITIGER HILFE war ein Vierteljahr später noch konvertierbar.* Bei dieser katastrophalen Bilanz blieb es.

gen schließlich Ernüchterung und enttäuschte Gesichter, da sie nichts als Zeitungsschnipsel entdecken.

Die Filmsequenz erhielt den Titel *El capital. El carácter fetichista de la mercancía y su secret* (Das Kapital. Der Fetischcharakter der Ware und sein Geheimnis) in Anspielung auf die verschiedenen Projekte, die von Sergei Eisenstein, Marcello Mercado, Guy Debord und Alexander Kluge entworfen wurden, um das Buch von Karl Marx, insbesondere aber das berühmte Kapitel über das Geheimnis des fetischistischen Charakters der Warenwelt in ein audiovisuelles Medium zu übertragen.

Ziel war die Entwicklung eines Druckertreibers, der es ermöglichen sollte, die 8.000 Einzelbilder auf Papier zu übertragen, aus denen die fünf Minuten und dreißig Sekunden dauernde Filmsequenz besteht. Die Stetigkeit, mit der sich der materielle Prozess ereignet, ist von besonderer Bedeutung – der virtuelle Charakter der Bilder, ihr neuer geheimer Wert, verwandelt sich in bedrucktes Papier, in einen organischen Brei aus Druckerschwärze. Das Virtuelle wird Materie, das Leichte lastet schwer und das Erzählerische wird in Tausende einzelne Einheiten zerlegt.

ENTRADA: EMMY HENNINGS / HUGO BALL

Entrada: Hugo Ball wurde im Jahr 2000 ins *Archivo F.X.* aufgenommen und *Entrada: Emmy Hennings* 2010, also mit einer Differenz von genau zehn Jahren. Die beiden Bilder stammen aus einer französischen Publikation vom Januar 1938, die von der Wochenzeitung *L'Illustration* in Paris finanziert worden war und den Titel *Le martyre des Ouvres d'Art, Guerre Civile en Espagne* (Das Martyrium der Kunstwerke. Bürgerkrieg in Spanien) trug. Die Veröffentlichung umfasst Bilder, die in bemerkenswerter Qualität verschiedene religiöse Bildnisse zeigen. Diese waren von den „Roten" attackiert worden, wie es die nationalistischen Propagandisten, die hinter der Publikation standen, behaupteten.

Entrada: Hugo Ball zeigt das Bild des Heiligen Isidor von Sevilla, Autor der berühmten *Etymologien*, mit zermartertem Gesicht und zerbeulten Metallteilen. Auf Seite 8 dieser Publikation befindet sich das Bild, das zu *Entrada: Emmy Hennings* gehört. Es handelt sich um eine Fotografie, die eine Muttergottes aus polychromatisch Alabaster zeigt, die auf verschiedenste Weise malträtiert wurde. Der Kopf des Jesuskindes, das sie auf ihrem Arm trug, ist verloren gegangen und sie selbst weist Frakturen am Hals und an der dargebotenen Hand auf. Die beiden Bilder wurden nach den KünstlerInnen, DichterInnen und SchauspielerInnen Hugo Ball und Emmy Hennings benannt, die vor allem als Gründungsmitglieder des Dada und Cabaret Voltaire in Zürich bekannt sind. Die Theatralisierung dieser beiden *Entradas* ist in einem gemeinsamen Prozess entwickelt worden. Hierfür wurden das Gedicht *Kara-wane* von Hugo Ball und das Gedicht *Morfin* von Emmy Hennings den FlamencosängerInnen Tomás de Perrate und Inés Bacán zur Interpretation vorgelegt. Die Ähnlichkeiten der musikalischen Tradition des Flamenco mit den vokalischen Polyphonien des orthodoxen Mittelmeerraums, sein byzantinischer Charakter, wurden dabei berücksichtigt. Der performative Aspekt wurde um eine CD ergänzt, die gratis vertrieben wird und im Internet frei erhältlich ist.

ciones excéntricas en torno a una particular concepción
ígenes ortodoxos bizantinos. El carácter *performativo* de
acontecimiento y la liturgia de sus interpretaciones han
uras artísticas para estas dos Entradas. Evidentemente
péntico de Dadá dimensiona retrospectivamente el mar-
s imágenes. Hay dos fotografías que ayudan a la imagi-
mosa la de Hugo Ball ataviado de Obispo ortodoxo con
de disfraz tubular, en la interpretación de su poema foné-
una de sus actuaciones en el Cabaret Voltaire. La imagen
ue Dadá y en otras revistas y publicaciones de la época.
y Hennings hay varias fotografías del final de su vida en
n actitud recogida, frente a distintas imágenes religiosas,
su figura está enmarcada por unas palmas y el icono de
tina. Dos elementos anecdóticos ayudan definitivamente

doxa quería para su estética y su economía. Las evocaciones de los tra
Aeropagita, tal y como eran entendidas por Hennings y Ball, reconstr
de la cultura occidental en el que se fundan a la vez una estética teol
to económico del mundo según el orden de Dios. Estos dos órdenes fu
Iglesia son recogidos por estos ex dadaístas para que, despojándolos
rales y normativas civiles, constituyan la base y el ensayo de un difere
La trasmisión de esta idea, como también era intención de la labor e
artistas, se hace mediante la edición de un disco, ofrecido gratuitame
culación mediante la red Internet, con las interpretaciones de estos
phine/Karawane". La presentación de estas dos entradas en el Archiv
2012 mediante una *performance* en directo y la distribución del disco
exposición *Wirstchaft, Ökonomie, Konjunktur* que el Archivo F.X. re
tembergischer Kunstverein de Stuttgart, una asociación de arte no gu
lleva trabajando desde 1827 en este espacio civil perteneciente al gob

Tanzen zu bringen«

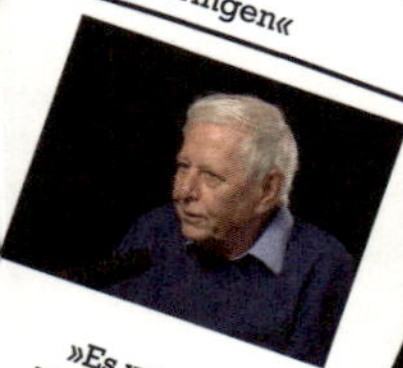

»Es waren ungemütliche Zeiten.«
Hans Magnus
[...]zensberger über
[...] Geburtsjahr 1929
(23')

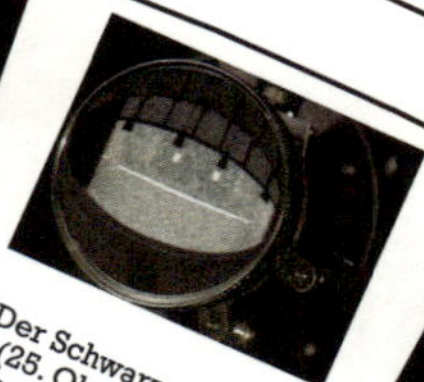

Der Schwarze Freitag
(25. Oktober 1929):
Das Kapital widerlegt sich selbst
(4'49")

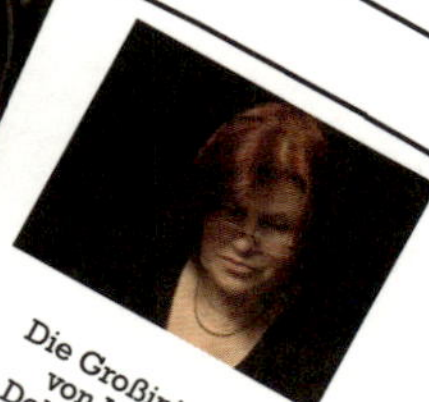

Die Großnichte von Lenins Dolmetscherin:
»Die Bildung der fünf Sinne ist eine Arbeit der ganzen bisherigen Weltgeschichte.«
Mit Galina Antoschewskaja
(23'01")

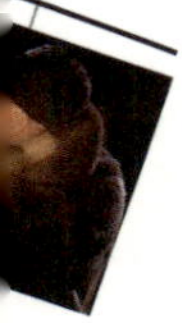

Extras

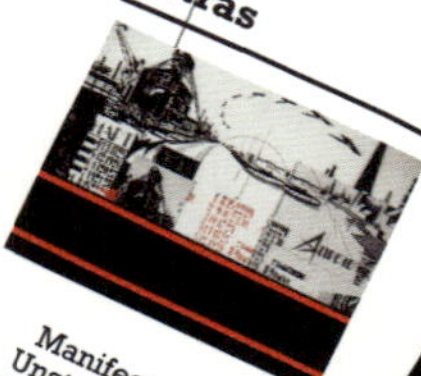

Manifeste der Unsterblichkeit.
Boris Groys über biopolitische Utopien in Rußland - vor und nach 1917
(15')

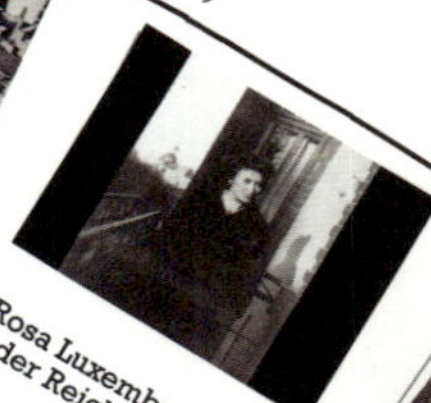

Rosa Luxemburg und der Reichskanzler
(8')

Lesen: «Sinnlichkeit des Habens. Geschichten für Ma[...]

»Wie würde das Geld, wenn es sprechen könnte, sich e[...]

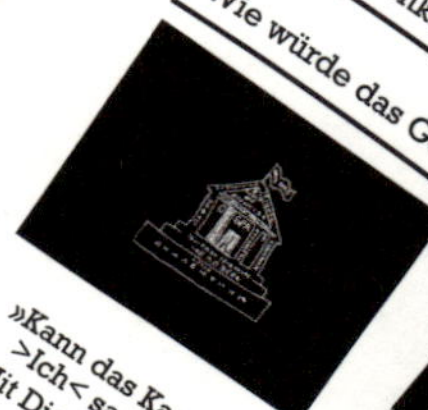

»Kann das Kapital >Ich< sagen?«
Mit Dietmar Dath
(45'00")

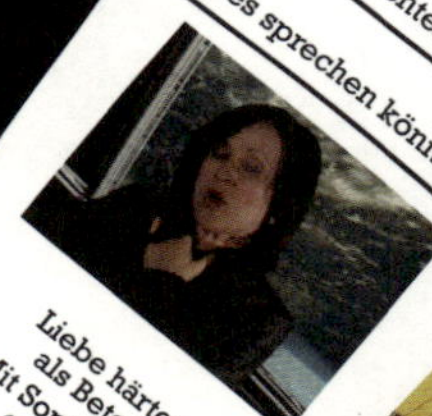

Liebe härter als Beton.
Mit Sophie Rois
(15'00")

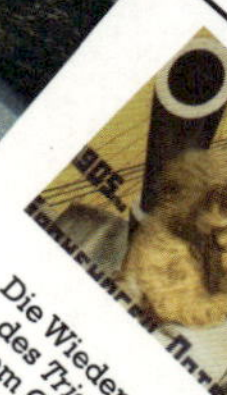

Die Wiedergeburt des Tristan aus dem Geiste des Panzerkreuzers Potemkin.
Mit Werner Schroeter
(12')

Lesen: «Glückliche und unglückliche Tage sind nicht tauschbar. Geschichten für Marx-[...]

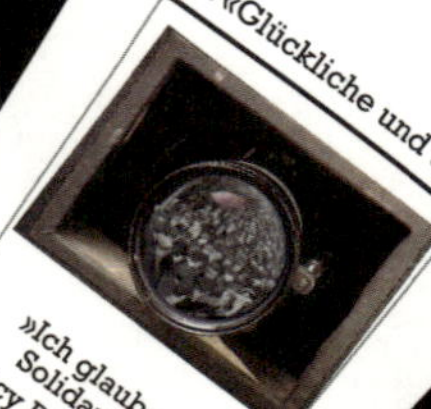

»Ich glaube an Solidarität!«
Lucy Redler über politischen Streik und soziale Gegenwehr
(15')

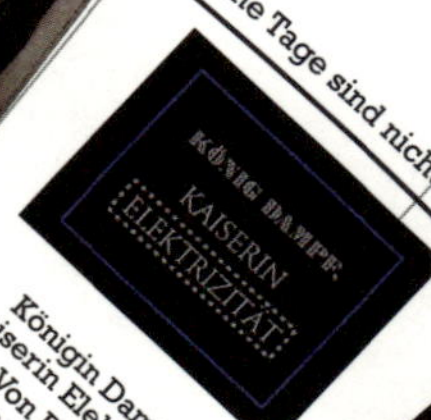

Königin Dampf, Kaiserin Elektrizität.
Von Rudolf Kersting und Agnes Ganseforth
(6')

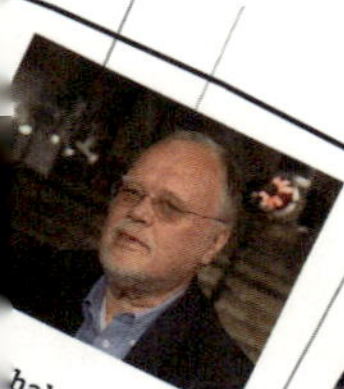

[...]habe noch
[...]ei Hunde
[...]Knochen
[...]sehen.«
[...]llmann
[...]schwert

Lesen: »Warencharakter von Liebe, Theorie und Revolution. Geschichten für Marx-Interessierte II« (PDF-Datei)

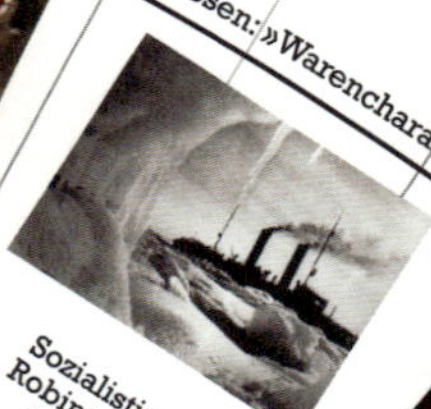

Sozialistische Robinsonisten von 1942
(16')

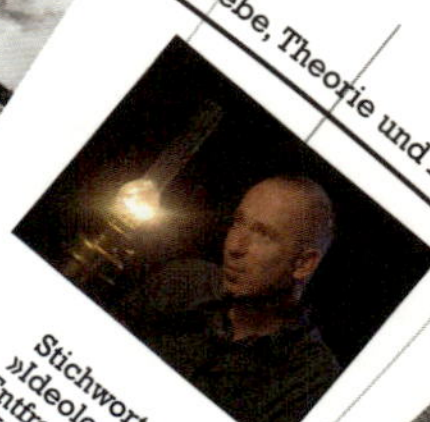

Stichworte: »Ideologie«, »Entfremdung«, »Vitalität der Dinge?«, »Gibt es ein Menschenrecht der Dinge?«
Mit Joseph Vogl
(28')

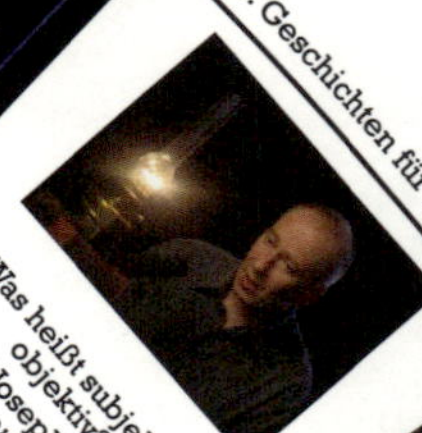

Was heißt subjektiv-objektiv?
Mit Joseph Vogl
(12'49")

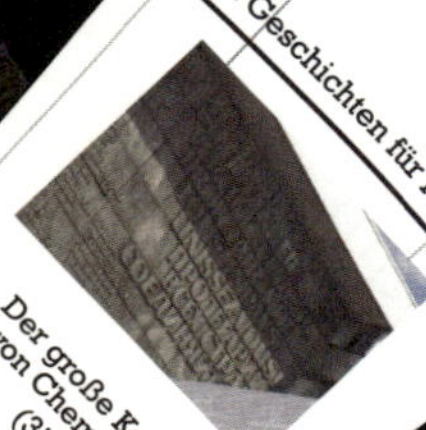

Der große Kopf von Chemnitz
(3')

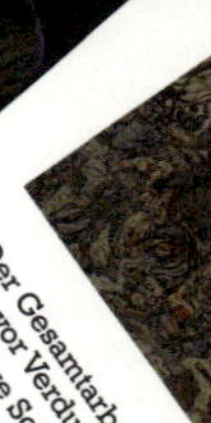

Der Gesamtarbeiter vor Verdun.
Mit Helge Schneider
(17')

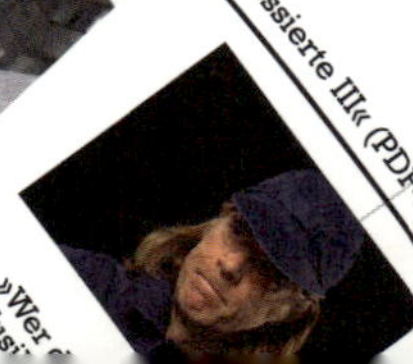

»Wer [...]
Musi[...]
der[...]
Mit [...]

Ein Gemeinwesen war »gedächtnislos« nicht zu begründen. Das archivische Erinnerungsvermögen vermochte den »Funken der Solidarität« zu registrieren, anschließend aber nicht wiederzubeleben. So war das Elementarteilchen dieser Physik, das Irina als Zeitzeugin auf unwissenschaftliche Weise beobachtet hatte, nicht dokumentierbar.

Die Archive des Lebens, die der Geophysik, liegen in der Erdkruste verborgen. Das war Irina bekannt. Sie zeugen vom Leben auf diesem Blauen Planeten, aber sie erzeugen es nicht. So nützte es Irina nichts, daß sie der Tochter ihre Erfahrung (die Erfahrung sehr kurzer Momente, die nur verständlich im Kontext waren) mitzuteilen suchte. Ein hoher, zeitlich unabkömmlicher Funktionär hatte Irina geschwängert, wollte von seiner Tat später nichts mehr wissen. Zwischen Tochter und Mutter viel Transfer persönlicher Sympathie, wenig Übertragung von Fakten. Wie soll Irina eine Situation, die im Dämmerlicht von St. Petersburg im Jahre 1917 stattfand (und mit der Aufnahme von Stenogrammen verknüpft war, also Druck von Fingern und Hand auf ein Schreibwerkzeug im Gespür, ein »revolutionärer« Rhythmus), in Worten ihrer Tochter mitteilen, die jene Dämmerstunde nicht kennt und auch die Stenographie nicht beherrscht? Jetzt tritt noch die Enkelin Natascha hinzu. Es wäre wichtig, wenigstens ihr über die »politisch-physikalischen Elemente«, die Irina entdeckt zu haben glaubte, zu berichten. Die Enkelin hört nicht zu, wenn die Sprache darauf kommt. Irina, alt geworden, von niemandem befragt, wäre in steter Rückerinnerung immer noch bereit, allerlei zu vollbringen, was sie für Geld oder auf Anweisung ihrer Eltern nie tun würde. An Umzügen der Veteranen nimmt sie nicht teil.

*Lange Zeit hielt sie dies, aufgrund eines textlichen Mißverständnisses, für den Begriff des MEHRWERTS bei Karl Marx. Gibt es einen SOZIALISTISCHEN MEHRWERT?

Alexander Kluge, *Die Lücke, die der Teufel läßt*, Frankfurt am Main, 2003

***

Nach dieser kurzen Tour durch die Ausstellungsformate, die vom *Archivo F.X.* im Hinblick auf Stadt, Ökonomie und Gewalt entwickelt wurden, konzentrieren wir uns nun auf die Präsentation von *Wirtschaft, Ökonomie, Konjunktur* im Württembergischen Kunstverein Stuttgart.

Wie der Titel bereits anzeigt, ist dieses Projekt den zuvor erwähnten ökonomischen Untersuchungen eingeschrieben und benützt daher dieselbe Idee eines gedoppelten oder geteilten Displays, das sich geradewegs als Devise dieses thematischen Kapitels begreifen lässt. Doch im Gegensatz zu dem Projekt, das im Picasso-Museum in Barcelona gezeigt wurde und das sich als Replik oder Rückseite ein und derselben szenischen Operation begreifen lässt, kehrte *Wirtschaft, Ökonomie, Konjunktur* die verwendeten Begriffe so weit um, bis sich das Zentrum des Archivs gewissermaßen an einem verborgenen Ort befand, zu dem man vordringen musste.

Das für Stuttgart entworfene Display situierte die Eingeweide des *Archivo F.X.* und seinen Arbeitsraum somit nicht in einem rückwärtigen Teil, sondern in einem paradoxen »ersten Bereich«, das heißt im eigentlichen Territorium der Zirkulation und im Epitom der Sichtbarkeit.

Diese Geste ist als radikaler Gegensatz zur Enthüllung mit ihren bombastischen entlarvenden Folgen zu verstehen – und vielleicht als ein drastisches Unterfangen in der Art der Restitutionen und Resignifikationen, auf die Giorgio Agamben in seinen Überlegungen zur Profanierung verweist, wonach die ikonoklastische Geste dasjenige ins Diesseits bringt, das vom Heiligen im Jenseits gefangen gehalten wurde.

Indem das *Archivo F. X.* die Eingeweide seines eigenen Wissens ausweidet und die »Visite« wie bei dem von André Masson gezeichneten kopflosen Mann in seinen eigenen Verdauungstrakt verlegt, wurde nicht nur eine Verschiebung der Inhalte oder Verlagerung des *punctum* angezeigt, sondern auch eine völlige Neubewertung der Potenziale, die durch Arbeit dort aktiviert werden, wo die Differenz zwischen Preis und Wert, um zwei ökonomische und symbolische Termini zu verwenden, entsteht.

Dieser Raum, der so zerfleischt war wie die von dem Philosophen Georges Didi-Huberman ausführlich analysierte *Venus* von Clemente Susini, wurde von drei Ausstellungen unterbrochen, die ihrerseits ebenfalls unterbrochen waren. Es handelte sich dabei um drei Prototypen von gewissermaßen unvollständigen Ausstellungen, die einen neuen paradoxen Sinn mit sich brachten und eine neue Diskontinuität in die letztendliche Präsentation einführten.

Über ihren paradigmatischen Charakter und ihre theoretischen Implikationen hinaus bildeten der White Cube, die Black Box und der Salón d'Or eine Art Handbuch, einen Thesaurus unter Thesauren zur Evolution des Konsums zeitgenössischer Ausstellungsräume.

In diesem Sinn fügten die drei hypothetischen und zugleich begehbaren Ausstellungen, die in diesen Bereichen präsentiert wurden – Joseph Beuys, Alexander Kluge und Dada – eine chronologische, anachronistische oder futuristische Dimension hinzu, die der Erwartung an Sinnproduktion und der Vorstellung von Produktivität selbst einen zusätzlichen Bruch verliehen.

Das Betreten und Verlassen dieser Ausstellungen nach und während des Rundgangs durch die Eingeweide des *Archivo F.X.* verlieh der Arbeit des Archivs eine neue Bewegung, brachte es dazu, zu rotieren, sich anzuhören und zu räkeln wie eine Maschine in vollem Betrieb.

Die Überlagerung dieser drei Ausstellungen – die man als Stereotypen, Parodien, Szenarien und Realitäten auffassen könnte, die in den großen operativen, sich in einer ähnlich ungestümen Art und Weise bewegenden

Hub des *Archivo F.X.* eingefügt wurden – lud zu kakophonen Parallelitäten, geräuschvollen Gerüsten und abrupten Szenenwechseln ein.

Wenn man sich aber an der rousselschen Vorstellung des Archivs orientiert, an dessen Charakter als Spielmaschine oder Dispositiv zur Transformation von Bedeutungen, dann wird diese dissonante Symphonie, diese apokalyptische Musik, die wie Fabriklärm oder wie ein onomatopoetisches Gedicht von Hugo Ball klingt, dennoch »logisch«.

In Pedro G. Romeros Text für das Bulletin zur Ausstellung *Wirtschaft, Ökonomie, Konjunktur* stellt er die Frage nach der Schwierigkeit, einen Tonfall oder die Stimmung eines Werks zu übersetzen, und gibt zu bedenken, dass beim Entflechten des Labyrinths von Sprache, Ökonomie und Leben berücksichtigt werden muss, inwieweit der eigentliche Sinn eines Zeichens in seiner absoluten Arbitrarität liegt: ein *nonsense*, sagt der Künstler. Ein umgekehrter Sinn, ließe sich hinzufügen, eine Entziehung, die nicht nur den vom *Archivo F.X.* systematisch abgelehnten Kategorien von Klarheit und Geschlossenheit entspräche, sondern insbesondere die Vorstellung negiert, dass offenbaren oder widerlegen, verehren oder bejubeln die einzig möglichen Dynamiken oder die einzig möglichen Horizonte sind, um abzuwägen, was unter den Dingen der Welt aufgeteilt ist.

Ausstellungsplan / Exhibition map (Details) [S. / pp. 81, 82, 85, 86, 93, 94, 97, 98]

ECONOMICS, ECONOMICS, AND ECONOMICS[1]

Valentín Roma

The operations undertaken by *Archivo F.X.* resist being understood as a unidirectional method or a set of tactic strategies. And yet since the year 2005, three large areas of work have opened up, tracing the road map of the archive itself and of some of its possible surplases.

These three episodes are thematically articulated around the city, the economy, and violence, and we could say that each has had precedents and exaltations, that is, a set of proposals that heralded them and a project that explored them, both encyclopedically and critically.

The first episode—investigations into the political construction of the modern city—began to unfold in a range of very different works.[2] Those particularly warranting mention include: *Recorrido F.X. nº 1: Guía de la marcha antiglobalización convocada por el Foro Social de Sevilla* (Route F.X. No. 1: Guide to the Anti-Globalism March Organized by the Seville Social Forum), *La Setmana Tràgica* (The Tragic Week), and *Laboratorio blanco / Laboratorio rojo* (White Laboratory / Red Laboratory), all produced in 2002, as well as the presentation of *Sacer: la ciudad* (Sacer: The City), also of 2002, and the exhibition project *Lo nuevo y lo viejo: ¿Qué hay de nuevo, viejo?* (The New and The Old: What's New, Old Man?) of 2004.[3]

Nevertheless, it was not until the project entitled *Archivo F.X.: La ciudad vacía* (Archivo F.X.: The Empty City) was staged at the Fundació Antoni Tàpies in Barcelona in 2005 and 2006[4] that the tools generated around iconoclasm, sacred spaces, and their profanation were applied to the present in conflictive urban environments. They became "a set of instruments with which to urbanize the province of nihilism," as explained in some of the descriptive texts offered to the public.

Besides usual activities, such as the organization of seminars and lectures, adjacent lines of research, and free-circulation publications, *Archivo*

[1] In Spanish, the word "economics" has at least three meanings: the branch of knowledge that deals with the relations of material production, wealth, and exchanges of labor—the management of resources, their operations in specific worlds; the ordering of the sensitive, the laws of love, or the sphere of social relations; an austere functioning of things, a basic expression of complexity, the sparing, simple, and cheap presentation of material things.

[2] For a reconstruction of the materials triggered and the context of each of these works, see http://fxysudoble.com/es/archivo/cronologia/2013/ (all URLs cited here were accessed in May 2014).

[3] See http://manueldelgadoruiz.blogspot.com.es/2011/12/proposit-de-la-fascinacio-dels.html and http://elpais.com/diario/2004/07/30/catalunya/1091149641_850215.html

[4] http://www.fundaciotapies.org/site/spip.php?rubrique540

F.X.: La ciudad vacía included a museographical device based on systems of frameworks. This was indeed another form of "urbanizing" the *modernista* building that houses the Fundació Antoni Tàpies.

In this sense, from an artistic point of view at least, the show seemed to evoke the industrial skeleton of a machine, an operating system in which texts, images, and documents displayed their respective mechanisms simultaneously. Nonetheless, the interface of the frameworks added the dimension of distance, of the movement between architectonic planes and informative layers, so to speak, in which visitors circulated through the ups and downs of the proposals compiled there, penetrating materials and announcing journeys through an area full of shocks and spatial interruptions.

The second episode, dedicated to economics and which we shall study in detail later, began with *Silo,* a proposal for Madrid's Museo Nacional Centro de Arte Reina Sofía,[5] and with the artist's participation in the project entitled *La comunitat inconfessable* (The Unavowable Community)[6] in the first Catalan Pavilion at the 53rd Venice Biennale.

In spite of their differences, these two projects developed in 2009 used the same museographical display—a large wall that seemed to have been taken from exhibition centers removed from the codes of contemporary art, which concealed several *Archivo F.X.* works that explored the notions of money, community, and knowledge.

All this investigation into what has been called political economy and its shifts between iconoclasm and secularization came together in *Archivo F.X.: De economía cero* (Archivo F.X.: Economy Zero, 2012), presented at Barcelona's Museu Picasso. This somehow intensified the aforementioned museographical exercise to the point of creating a double or divided itinerary, antagonistic even, where two different shows with their respective presentation codes seemed to be replicated in the same exhibition space.

Thus the "natural" visit to *Archivo F.X.: De economía cero* offered a broad rereading of some of the works by Pablo Picasso and their sphere of relations in this economic vein, creating fugues, dialogues, and resonances with artists as unforeseen as Mark Tansey, Hans Haacke, Mark Lombardi, and Orson Welles, to name but a few. The area behind this itinerary (that deliberately recreated the settings of nineteenth-century museums) welcomed a series of museographical interludes, a set of backcloths that revealed the spectral condition of this display and its props, welcoming the works made by the *Archivo F.X.* specifically for this exhibition.[7]

[5] http://www.museoreinasofia.es/exposiciones/silo-archivo-fx-proyecto-pedro-g-romero
[6] http://www.lacomunitatinconfessable.cat
[7] For a detailed description of this project, see http://www.bcn.cat/museupicasso/es/exposiciones/archivo-fx.html

WHITE CUBE

hite Cube como el espacio idóneo, dado para el arte
e marcada por distintos avatares, a menudo contra-
rcas arquitectónicas se señalan por igual, y en abi-
s de Joseph Maria Olbrich en la Secesión vienesa o
und Verbrechen, en tanto referencias vernáculas del
rbusier o su ensayo sobre *La nueva decoración*. La
Barr del *Gabinete de Arte Abstracto* de El Lissitzky
sición del arte moderno es el gesto político que le dio
ratificaría el Staatliche Museum de Amsterdam, cu-
pintó por completo de blanco sus viejas paredes de
spositivo blanco, frío y geométrico, iluminado artificial-
os y uniformes, silencioso y aislado, configuró desde

era la metáfora del arte convertido en fetiche sagrado e inmortal, e
tiendas capitalistas, coronando la intuición de Walter Benjamin de
funcionaba como una religión, no es menos cierto que su ruptur
"modelo de modelos", tiene que más que ver con los nuevos dispos
del capital en la era de la información que con la refutación de la
positivo. En cierto sentido el modelo económico del White Cube no
extenderse en forma de Windows y los dispositivos físicos de la em
no hace sino dar cuenta de esto. Es curioso que una cierta necesid
la presencia política del arte en los contextos sociales reclame aho
White Cube como espacio de enunciación de sus propuestas. E
White Cube hace un diferendo necesario entre la obra de arte y su
siderado, a menudo, como el único signo que diferencia y revaloriz
obras de arte. Por eso, la necesidad de enunciación del discurso p
la legitimidad del White Cube simplemente para producirse. Si el

WHITE CUBE

Der für die moderne und zeitgenössische Kunst scheinbar geeignete White Cube wird als ein kontextfreier Ort begriffen, von dem angenommen wird, dass dort die soziale Zeit und der gesellschaftliche Raum aus der Kunsterfahrung ausgeschlossen sind. Damit wird der White Cube letztlich zu einem politischen Maßstab erhoben, der die Ökonomie der Kunst seit Mitte des 20. Jahrhunderts zur Gänze bestimmt.

In gewisser Hinsicht hat das ökonomische Modell des White Cube nichts anderes getan, als sich in Form von Windows auszubreiten, und die physischen Geräte des globalen Unternehmens Apple haben dem lediglich Rechnung getragen.

Es ist kurios, dass derzeit ein bestimmtes Bedürfnis danach, die politische Präsenz der Kunst in sozialen Kontexten wirksam zu machen, dazu führt, dass die Autonomie des White Cube als Raum zur Artikulation dieser Ansätze eingefordert wird.

Der White Cube ist nicht nur das Monument par excellence des Kulturkapitalismus, er ist auch sein wertvollstes kritisches Dispositiv. Im Spannungsverhältnis dieser beiden Faktoren funktioniert die Erschütterung seiner scheinbaren Neutralität nicht als idealisiertes und betäubendes Außen, sondern als Motor der Beziehungen zwischen dem Kunstwerk und seinem Kontext im Zeitalter des kulturellen Kapitalismus.

Die museale Rückeroberung des White Cube als solchem, seine obszöne Reproduktion und die Offenlegung seiner Funktionsmechanismen bilden den ersten Schritt zu einer politischen Ökonomie der Künste von größerer Tragweite. Die Inszenierung des White Cube als musealer Raum einer antiquierten Ökonomie der Kunst, der begrenzt und gefährdet ist wie jeder andere Raum auch, stellt immer noch den Versuch dar, den politischen und ökonomischen Raum, in dem man arbeitet, bewusst zu machen.

BLACK BOX

Die Auffassung des Ausstellungsraums als einer Black Box entsteht etwa zeitgleich mit der Infragestellung des weißen Raums, der seit den 1950er-Jahren bis heute die Präsentation von Kunst beherrscht. Das Aufkommen der Kritik sowie der neuen Technologien, vom Video bis zum Videospiel, einschließlich aller Formen einer Kultur der Informatik, sei es in Form von Monitoren, Bildschirmen oder Projektionen, brachte eine Anpassung des traditionellen Kunstraums mit sich, der sich allem Anschein nach verdunkelte, um „ein Licht von außen" hereinzulassen.

Seit die Black Box im Kunstraum angekommen ist, wird das ursprüngliche und stabile Dispositiv Kino dekonstruiert, in Bewegung gesetzt und vergegenständlicht,

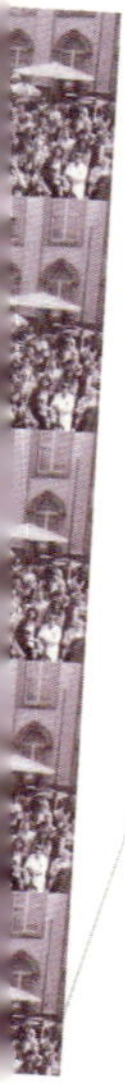

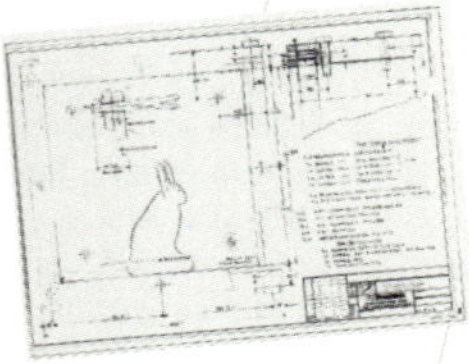

Joseph Beuys, *Konstruktionszeichnung zum Safe für »Friedenshase« in der Staatsgalerie Stuttgart*, 1984, Sammlung Froehlich, Stuttgart

DADA: OSTERGELÄCHTER: HUGO BALL, EMMY HENN

HUGO BALL

Hugo Ball, *Die Nase des Michelangelo. Tragikomödie in vier Auftritten*, Erstausgabe, Leipzig 1911, Deutsches Literaturarchiv Marbach

Veröffentlichungen

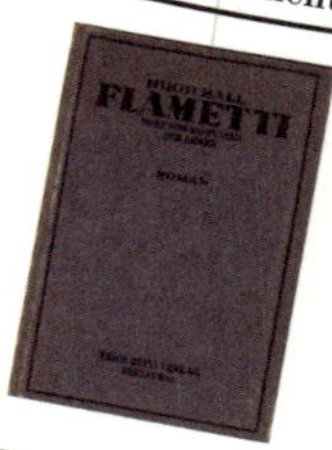

Hugo Ball, *Flametti oder vom Dandysmus der Armen. Roman*, Erstausgabe, Berlin 1918, Deutsches Literaturarchiv Marbach

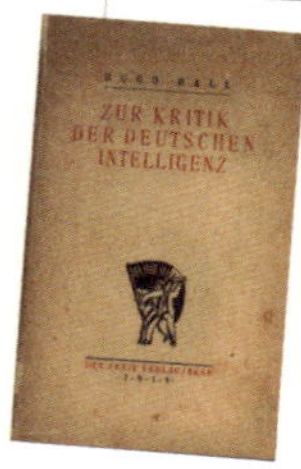

Hugo Ball, *Zur Kritik der deutschen Intelligenz*, Erstausgabe, Bern 1919, Deutsches Literaturarchiv Marbach

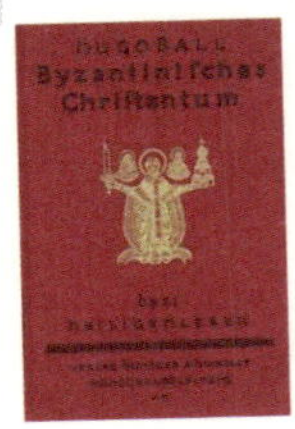

Hugo Ball, *Byzantinisches Christentum. Drei Heiligenleben*, Erstausgabe, München/Leipzig 1923, Deutsches Literaturarchiv Marbach

Hugo Bal[l] *der Ref*[…] Erstausga[be] [u.a.] 192[…] Litera[…] M[…]

Veröffentlichungen

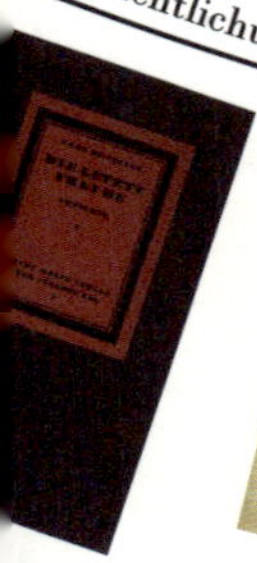

[…]ings, […]de, […]ipzig […]es

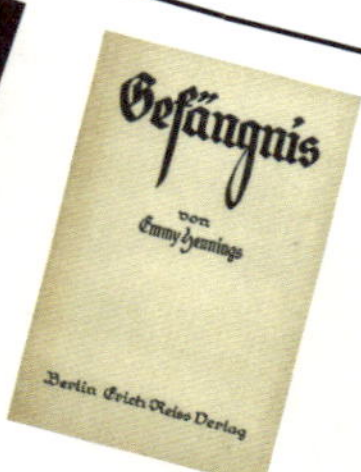

Emmy Hennings, *Gefängnis*, Roman, Erstausgabe, Berlin 1919, Württembergischer Kunstverein Stuttgart

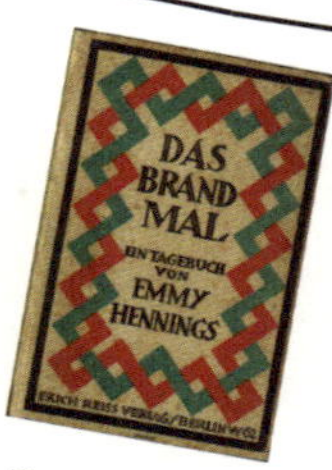

Emmy Hennings, *Das Brandmal. Ein Tagebuch*, Erstausgabe, Berlin 1920, Deutsches Literaturarchiv Marbach

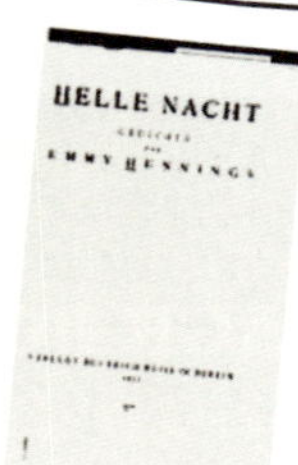

Emmy Hennings, *Helle Nacht. Gedichte*, Erstausgabe, Berlin 1922, Deutsches Literaturarchiv

Emmy Hennings, *Der Gang zur Liebe. Ein Buch von Städten, Kirchen und Heiligen*, Erstausgabe, München 1926, Deutsches Literaturarchiv Marbach

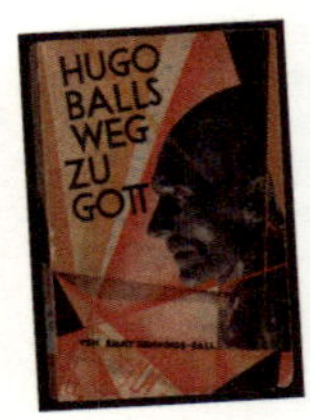

Emmy Hennings-Ball, *Hugo Balls Weg zu Gott*, Erstausgabe, München 1931, Deutsches Literaturarchiv Marbach

Finally, the third and last episode, dedicated to the social management of violence, was explored in the presentation of *Tesauro: Blasfemias* (Thesaurus: Blasphemies, 2002),[8] the reconstruction of the Psychotechnical Prison of Vallmajor Church in Barcelona (2003), with *Tesauro / Badiola / Sierra: retórica y terror, Terror y retórica* (Thesaurus / Badiola / Sierra: Rhetoric and Terror, Terror and Rhetoric, 2004),[9] *El Saco / F.X. /* (The Sack / F.X. /, 2005), *Señora Doña Memoria* (Lady Historical Memory, 2006), *Tomar partido* (Taking Sides, 2007), *La revuelta subterránea* (The Underground Revolt, 2008), *Los países* (The Countries, 2009),[10] and a long et cetera. However, it was through *Una violencia pura* (A Pure Violence), a research project still in progress that among other things unfolds in a series of exhibitions, seminars, workshops, and productions within *Tratado de Paz* (Peace Treaty), in the framework of Donostia – San Sebastian European Cultural Capital 2016, that *Archivo F.X.* has studied the history of visual culture in greater depth. It has examined the ways in which such culture has been introduced into the spheres of law, artwork, and its institutional writing. It analyzes the end (both in the sense of completion and in that of purpose) of violence, war, and crime as events that exhaust reality and prevent us from making the world inhabitable, as Pedro G. Romero explains in his curatorial presentation.

Despite being a work in progress, *Una violencia pura* also rehearses a certain counter-museographical metonymy (not only antagonistic but also "against the wall," for it is a question of being glued to the opposite) that will unite its successive displays. If we have previously spoken of the physical space of the polis as the specific space of the *political development of art*, if we have pointed out the *investigation of the laws* that allow us to exhibit, to reveal (in the double sense of the word, to display and to enlighten) art's characteristic work, then behind the exhibition décor, beneath the urban space that allows art's political work to emerge, other energy, invisible forces, diseases, anomalies in bodily behavior, magic, auras, and monstrosities also come to the surface. In other words, this is a basic sign of electricity and gas, heat and light, magnetism and waves, not esoteric but rather low materialism; simply showing the measurement of the phenomena that enable us to present them as a display, perhaps also as a device. In order to see the index cards of *Tesauro: Una violenci pura,* the audience had to put some coins into one of those machines that provide light and electricity for half an hour.

* * *

[8] http://www.cccb.org/kosmopolis/es/activitat-verbarium-23971

[9] http://www.artium.org/Castellano/Exposiciones/Exposicion/tabid/176/language/es-ES/Default.aspx?pidExposicion=119

[10] http://www.casasinfin.com/los-pases/

A YOUNG GIRL IN NOVEMBER 1917

> My age, my beast, is there anyone
> Who can peer into your eyes
> And with his own blood fuse
> Two centuries' worth of vertebrae?
> Osip Mandelstam

During prerevolutionary times, in Russian hiding places and in foreign hotels, women were held in great esteem in COMPOSITIONS AND CONSPIRATIONS. Some of this spirit inspired Irina Sverdlov, an expert stenographer who in the autumn of 1917 took down dictations at the Smolny Institute before being dispatched to Moscow with the rest of the staff. After Lenin's death, she was transferred to the position of archivist, where she remained, disdained as a revolutionary force, until 1937, after which she was glad to be able to go unnoticed. Those who are insignificant survive.

And yet, at times during those days in 1917, she discovered (she had also been told about similar fleeting impressions that dated back to 1905) that a new kind of means of exchange or transport (though "means" was not the right word; the key particle was "objective"), that is, the TACIT AGREEMENT, could mobilize extraordinary labor forces. Much more than what could be paid in money. The problem, founding a political entity on the basis of this new "gravitation," did not lie in the force of such "physical politics," but in how to preserve that "field of forces." Three months later, nothing was left of that LIGHTNING FLASH OF MUTUAL HELP* susceptible of transformation. That had been, and still was, the catastrophic assessment. A political entity couldn't be justified with no "memory." The capacity of archival memory enabled the "spark of solidarity" to be recorded, not revived subsequently. Such was the nature of the elementary particle of the physics that Irina had unscientifically observed as a witness of her times: not documentable.

The archives of life, those of geophysics, are hidden in the crust of the Earth. Irina was aware of that. They testify to the existence of life on this Blue Planet, but they don't originate it, which explains why her attempt to convey her experience to her daughter (the experience of very brief instants that could only be understood in context) was to no avail. After getting her pregnant, a temporarily indispensable high-ranking civil servant had wanted nothing more to do with her.

Mother and daughter shared great personal affection yet relayed few facts. How can Irina convey in words a situation that took

und zwar mit derselben Virulenz, mit der die neuen Technologien die Unterhaltungsindustrie veränderten. Andererseits diente das Kino – als patentes Sinnbild der Massenkultur – zur Demokratisierung, Verbreitung und Kommerzialisierung der Kunst auf populärer Ebene, indem es sich auf kulturelle Räume wie die des Proletariats oder der nicht-westlichen Kulturen ausdehnte und diese kolonisierte. Die Wirksamkeit, mit der in der Black Box jeglicher Mehrwert sichtbar gemacht wird, ist ein Werkzeug, das nur selten berücksichtigt wurde. Ihre gesamte ökonomische Wirkmacht beruht auf der Schwäche, dass derselbe Mechanismus offenlegt, was man sieht und was uns ansieht. Man lernt mehr über politische Ökonomie durch die Untersuchung der technischen Bestandteile und materiellen Mechanismen eines beliebigen Projektionssystems der Black Box als durch eine Dokumentation, die die Ausbreitung des Raubtierkapitalismus über die ganze Welt anprangert.

SALON D'OR

Die am Ende des 20. Jahrhunderts vorherrschende Krise der Ausstellungsräume, die sowohl den neutralen weißen Raum der Objekte als auch das dunkle Ambiente der Bilderprojektionen betrifft, hat eine Reihe von traditionellen Orten, die von der ästhetischen Erfahrung erneut durchdrungen werden, in einem neuen Licht erstrahlen lassen.

Das Prada-Geschäft in New York, das vom Büro Koolhaas gestaltet wurde, weist Ähnlichkeit zum Pariser Salon des 19. Jahrhunderts auf. Diese neuen Salóns d'Or, die sich zwischen Kunstsalon und Einkaufszentrum bewegen, sind das Ergebnis einer neuen Art von marktbeherrschender Ökonomie, die dazu tendiert, die undurchlässigen Grenzen zwischen verschiedenen Bereichen des Marktes aufzulösen: die Grenzen zwischen „high" und „low", der westlichen Kultur und östlichen Zivilisation, den alten Künsten und neuen Technologien.

Aufgrund seiner geringen Qualität und in Form seiner untergeordneten Ökonomie verweist der Salon d'Or nachdrücklich auf die zwanghafte Naturalisierung, mit der unsere Kultur die Ökonomie der Kunst übernommen hat. Die Sublimierung der kulturellen Auswüchse, die Verwandlung von Scheiße in Gold und der vulgären Geste in sublime Mystik, das ist die Ordnung der Dinge, mit der uns die Kultur des Exzesses immer wieder ein so obszönes Dispositiv wie den Salon d'Or beschert.

Die Gesellschaftsmaschine der Salons des 19. Jahrhunderts mit ihrer Bemühung um akademische Exzellenz funktionierte auf ähnliche Weise. Doch jetzt hat die komplexe soziale Maschinerie den Chor der Gelehrten und Professoren ersetzt: Es ist nicht mehr der König, der die Jury bestimmt, sondern die Plebs, und diese fordert häufig unseren eigenen Kopf.

lor con las que op
da imagen u obje
nos polisémicos y
cio del Cinema o
e con uno de los
se ve. Pero ademá
a asomarse a lo qu
quier valor añadi
pocas veces se ha
en que su propio
en aquellos viejo
lecadencia de su e
enseña que lo que
Una imaginería qu
economía del arte
s de cines de Dar
en mostrar estos e
Se aprende más de
necanismos físicos
n documental de c
do.

e el comercio de me
prohibía las imágen
marcas simbólicas
úa con precisión a
las leyes que rigen
En efecto, el Salo
arte como antes cu
umulación es una c
trabajos artísticos
ios está llamada a
on las leyes de la pr
ninios pasa por ha
visuales y baratija
El polimorfismo d
el mismo modo que
de los contenidos
go, no podemos pe
ositivos se acoplan,
de la moderna eco
economía, de merc
dencia la forzosa
el arte. En la subli
erda en oro y del g
ura del exceso sigu
en esa línea, tamb
antropológicamen
muerte. Y es que
muestran en el Sal
a un espacio destru

s monstruosos como Marina d'Or o la promoción de l aura dominante en la actual economía del arte y su ientos, la prueba de que el trabajo del arte moderno una economía dependiente del precio y no del valor. etencia e incluso una hostilidad entre los espacios , el cubo blanco o la caja negra, con estas degradaral, que sólo son asimilados mediantes juegos conráticas, consensos que no dejan de avalar la creación Se trata, además, de un efecto de la competencia, ización del mercado y para que el siempre frágil disn la obsolescencia. La famosa Expulsión de los Mergélico tantas veces citado para subrayar el carácter culta a menudo la disposición y complementariedad

de economía sumergida toda vez que comparten las mismas reglas. Salón d'Or debe ser combatida con la constatación de que su funci del arte es primigenia, actúa como una membrana por la que pas que no sabíamos identificar anteriormente como arte. La máquina lones del Ochocientos funcionaba con la misma labor de excelenci que ahora la compleja maquinaria social ha sustituido al coro de los fesores y no es el Rey quien nombra los jurados sino la plebe, exi nuestra propia cabeza. Cuando uno piensa que el arte abstracto de expresión Teosófica o que el dadaísmo de Hugo Ball pretendía un r giones antiguas, colabora críticamente con la asunción del Salón d'C dominante de la economía del arte de hoy, su más exacto correlato. advertencia en esta muestra, conviene señalar que la exposición de c hibición antiguos sólo puede hacerse bajo las condiciones del Salón

»Den versteinerten

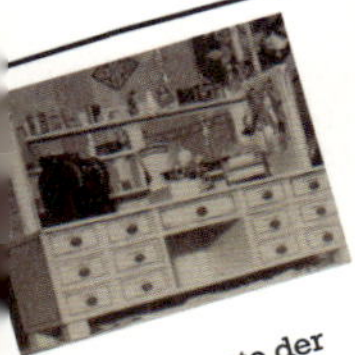

Das Lamento der liegengebliebenen Ware (3'18")

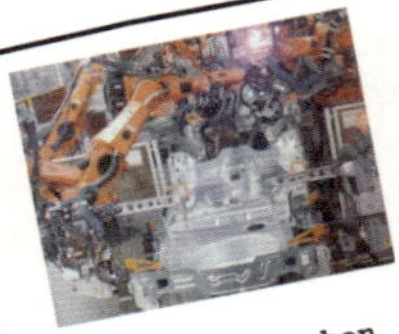

Von den Menschen verlassene Maschinen (2'11")

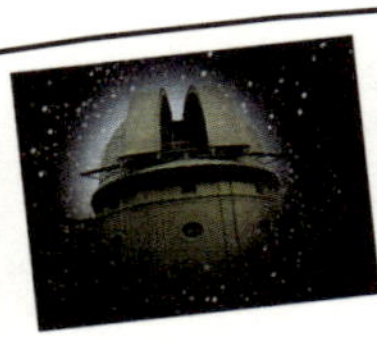

Wir Einwohner des Kosmos (3'26")

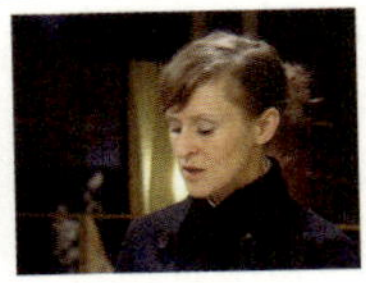

»Zauber der Antike.« Mit Sophie Rois (Sprecherin) und Jan Czaikowski (Piano); Musik: Vincenzo Bellini, *Norma* (1'22")

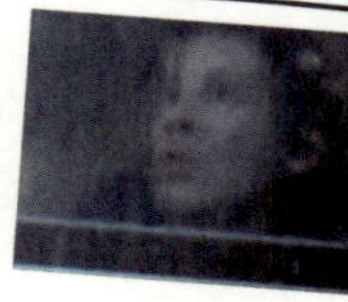

»Flüssigmachen« (3'08")

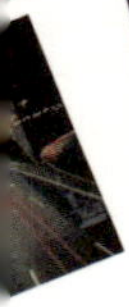

Krans
k Nr. 4
4")

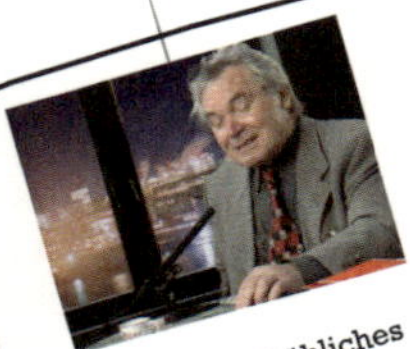

Was heißt fröhliches Scheitern in der Risikogesellschaft? Mit Oskar Negt (4'10")

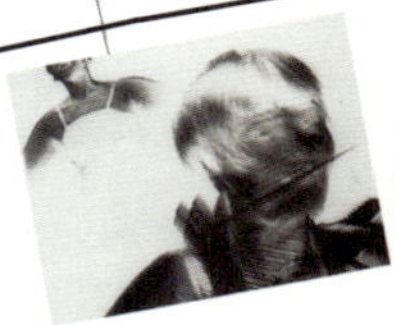

Kurze Geschichte der Bourgeoisie. Von Hans Magnus Enzensberger (3'13")

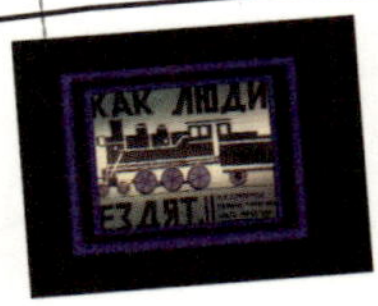

Revolutionen sind Lokomotiven der Geschichte. Mit Oskar Negt (4'15")

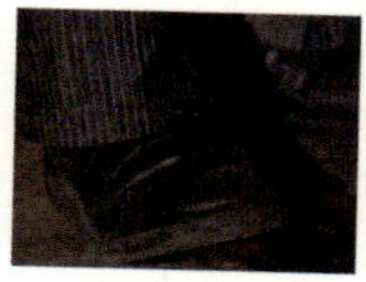

Die Vernunft ist eine Fackel. Ein Artikel von Condorcet aus der *Enzyklopädie* (1'48")

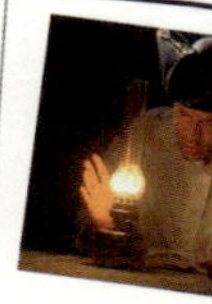

Zeitbedar
Revoluti
Eine Episod
der Französi
Revolutio
(1'50")

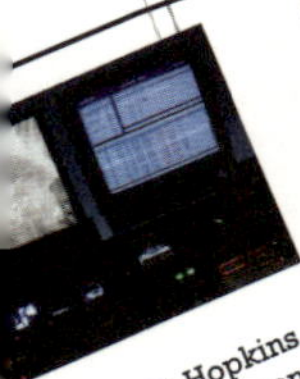

Maschinist Hopkins. Industrieoper von Max Brand aus dem Jahre 1929 (10'10")

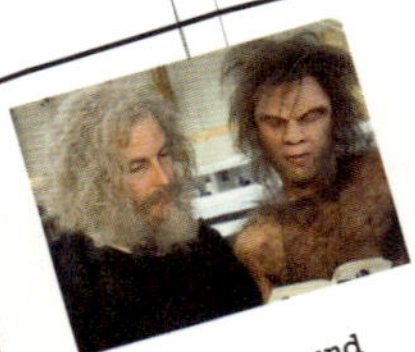

Der frühe und der späte Marx (3'36")

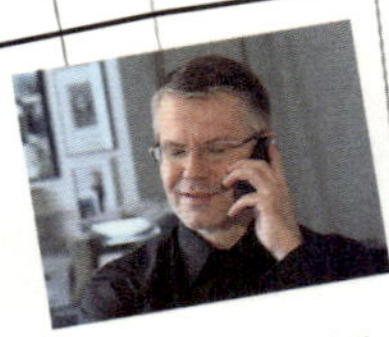

Brechts Hexameter zum *Kommunistischen Manifest.* Mit Durs Grünbein (21'30")

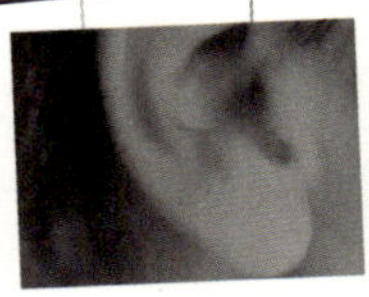

Abschied von der industriellen Revolution: Hätten die Russen das Kapital kaufen können? Eine Episode aus Anlaß des Börsenkrachs 1929 (11")

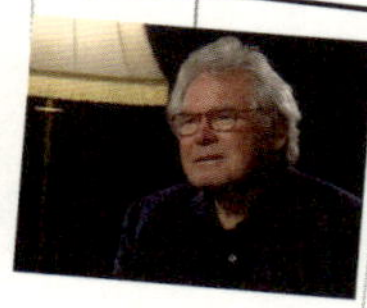

»Wie liest man im *Kapital?*« Mit Oskar Negt (nach Karl Korsch) (32'30")

place in the twilight of Saint Petersburg in 1917 (related to stenographs, that is, to the pressure of fingers and hand on a tactile writing machine at "revolutionary" speed) to a daughter who had no direct knowledge of that twilight hour and no command of stenography? To top it all, there was now the granddaughter, Natasha. It would be important to relate to her at least the "political-physical elements" that Irina believed she had discovered. Yet the granddaughter paid no attention when the subject was broached. Irina, now an old woman in whom nobody shows any interest, ever prepared to do all sorts of things, things she would never do either for money or to obey her parents, is immersed in a constant state of reminiscence. She doesn't take part in processions of veterans.

* For a long time, due to a textual misunderstanding, Irina believed that this was the notion of SURPLUS VALUE in Karl Marx. Can there be a SOCIALIST SURPLUS VALUE?

Alexander Kluge, *The Devil's Blind Spot, 2002*

***

After this brief description of the exhibition formats generated by *Archivo F.X.* apropos the city, economics, and violence, we should turn to the presentation of *Archivo F.X. Wirtschaft, Ökonomie, Konjunktur* (Business, Economics, Conjuncture) for the Württembergischer Kunstverein in Stuttgart.

As its title suggests, this project is inscribed within the previously mentioned economic investigations, and therefore it also uses the same idea of double or divided display that could now be considered a symbol of this thematic chapter. And yet, unlike the project presented at the Museu Picasso in Barcelona, which could be considered a replica or the other side of one and the same scenic operation, *Archivo F.X. Wirtschaft, Ökonomie, Konjunktur* inverted the terms previously used and placed the heart of the archive, so to speak, in a hidden space that had to be accessed.

Rather than concealing the guts of *Archivo F.X.*, its workspace, in a rear area, the exercise envisaged for Stuttgart placed it in a paradoxical close-up, that is, in the actual area of circulation, the epitome of visibility.

This gesture should be understood in terms radically opposed to unveiling, with its bombastic and revealing consequences. And it should be considered as a drastic operation, perhaps in the manner of the restitutions and resignifications pointed out by Giorgio Agamben in his idea of profanation, where the iconoclastic gesture brings what the sacred seized in the beyond to the here and now. Here, *Archivo F.X.*—ripping the entrails of its own knowledge, placing the "visit" at the core of its digestive system, like the acephalous man drawn by André Masson—wasn't just declaring a displacement of its contents or a dislocation of its puncta. It was striving for a complete reevaluation of the potentialities activated by work, and of the management of the difference between price and value, to use two economic and symbolic concepts.

In turn, this space—as disemboweled as the *Vénus anatomique* by Clemente Susini that has been exhaustively analyzed by philosopher Georges Didi-Huberman—was interrupted by three exhibitions that were also interrupted, three prototypes of incomplete shows, so to speak, that entailed a new paradoxical meaning, bringing a new discontinuity to the final presentation.

Over and above their paradigmatic quality and their theoretical implications, the White Cube, the Black Box, and the Salon d'Or configured a sort of manual, a thesaurus among thesauruses, on the evolution of the consumption of contemporary exhibition spaces. In this sense, the three hypothetical but at once accessible exhibitions presented in these areas, that is, Joseph Beuys, Alexander Kluge, and Dada, added a chronological dimension—anachronistic or futuristic—that provoked another break in the expectations of the production of meaning and in the very idea of productivity. Entering and exiting these shows during and after our passage through the entrails of *Archivo F.X.* produced new movements in the actual work of the archive, prompting it to turn around, be heard, or stretch its limbs like a piece of machinery in operation.

The combination of the three exhibitions that could be considered stereotypes, parodies, sets, and real life—inserted into the great operational hub of *Archivo F.X.* that moves in a similarly rushed manner—invited cacophonous parallels, loud frames, and jump cuts. However, if we abide by the Roussellian orientation of the archive, by its characteristics as a game machine or a device for transforming meanings, this discordant symphony, this apocalyptic music that sounds like a factory noise or an onomatopoeic poem by Hugo Ball, becomes "logical."

In the text that Pedro G. Romero wrote for the bulletin published on occasion of *Business, Economics, Conjuncture,* he pondered the difficulty of translating the tone, the tenor of a work. He also warned that in order to unravel the labyrinth of language, economy, and life, one must bear in mind the extent to which the ultimate meaning of the sign is its total arbitrariness: nonsense, to quote the artist; meaning turned inside out, we might add. It was a withdrawal that didn't only express the categories of clarity and secrecy systematically rejected by *Archivo F.X.* but that, above all, denied the fact that revealing or refuting, venerating or acclaiming, are the only dynamics possible—the only two possible horizons from which to consider what is divided among the things of the world.

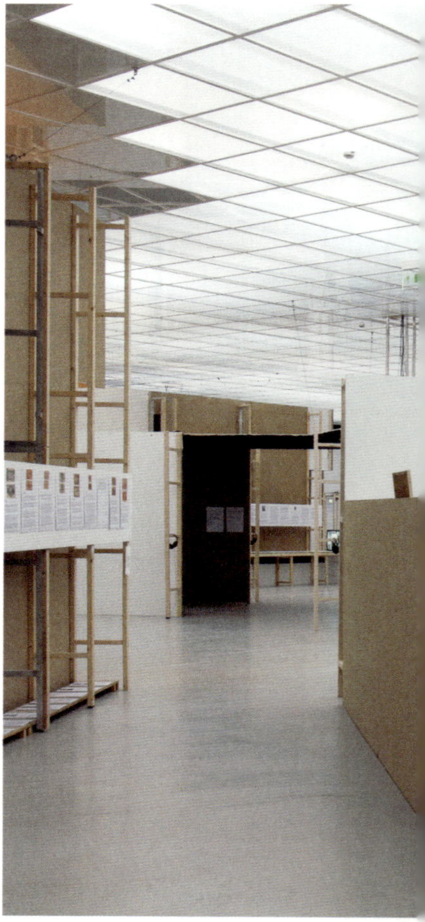

 AUSSTELLUNGSANSICHT / EXHIBITION VIEW, WKV 2012

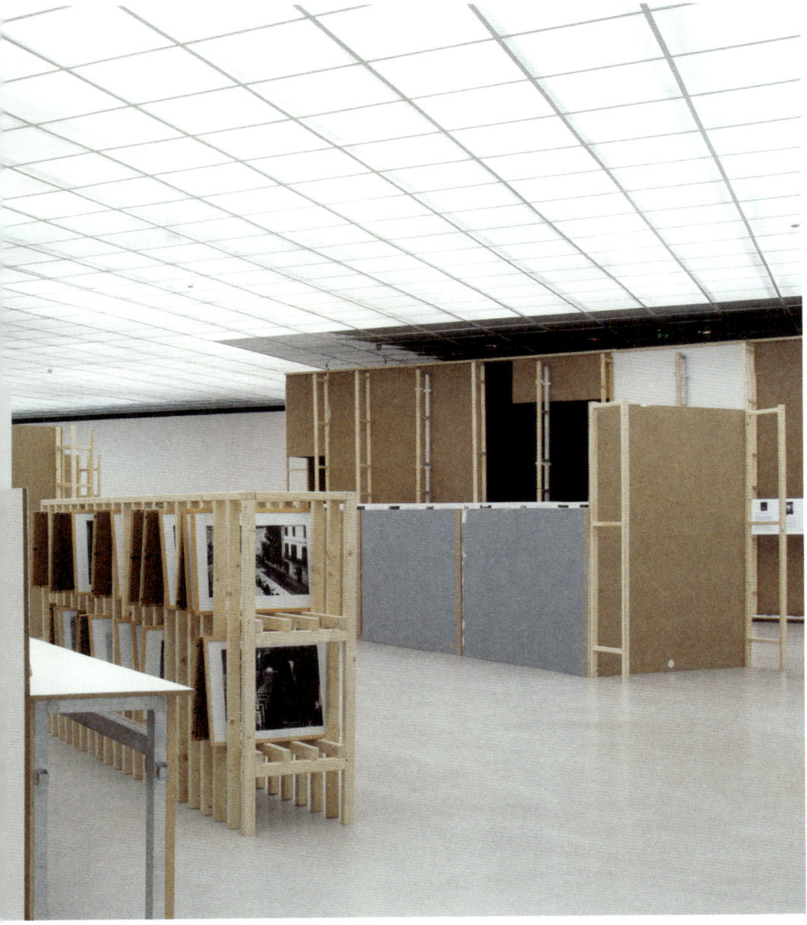

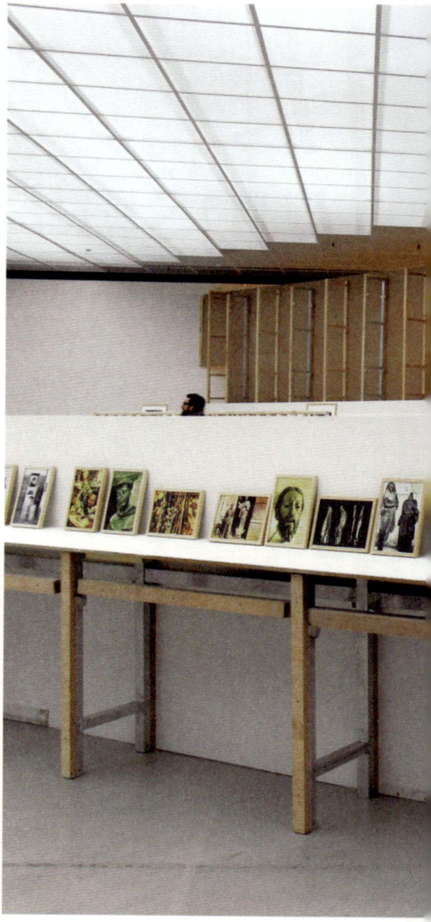

JOSEPH BEUYS

LA RIPRODUZIONE SIAMO NOI: *AKTIONEN, EDITIONEN, MULTIPLES*

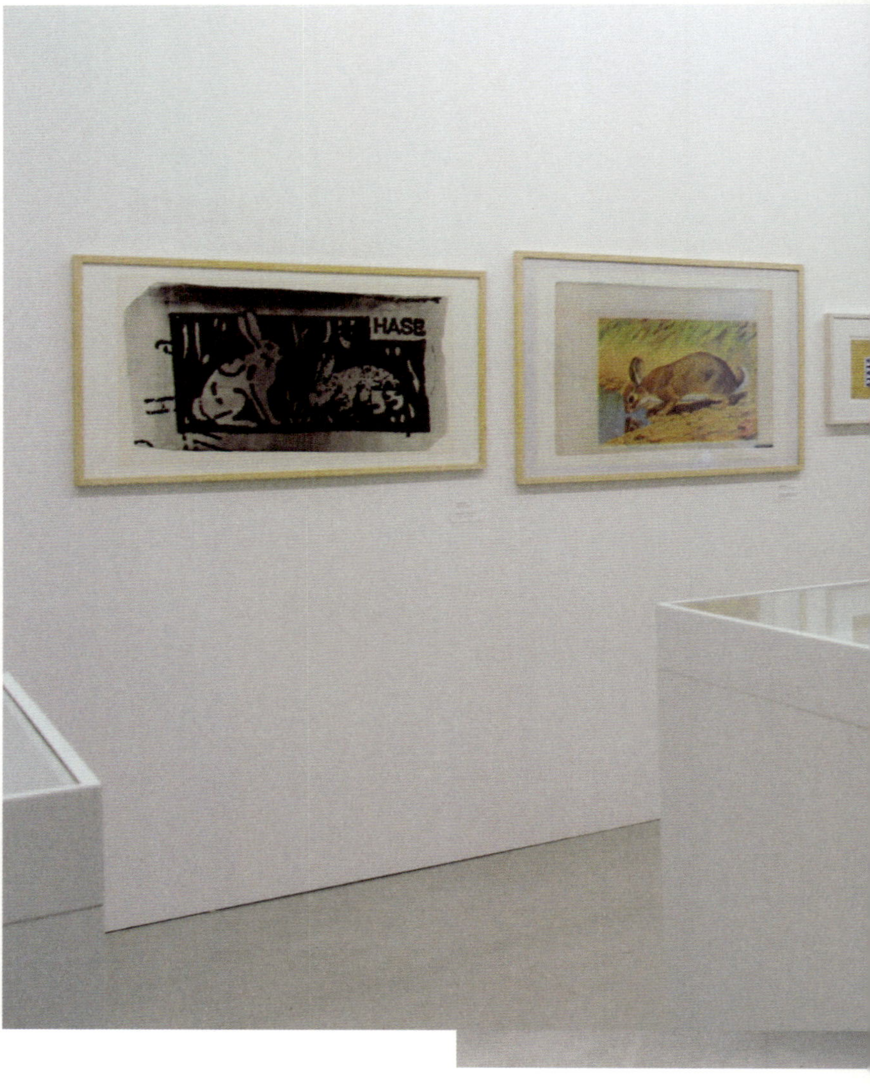
HASE

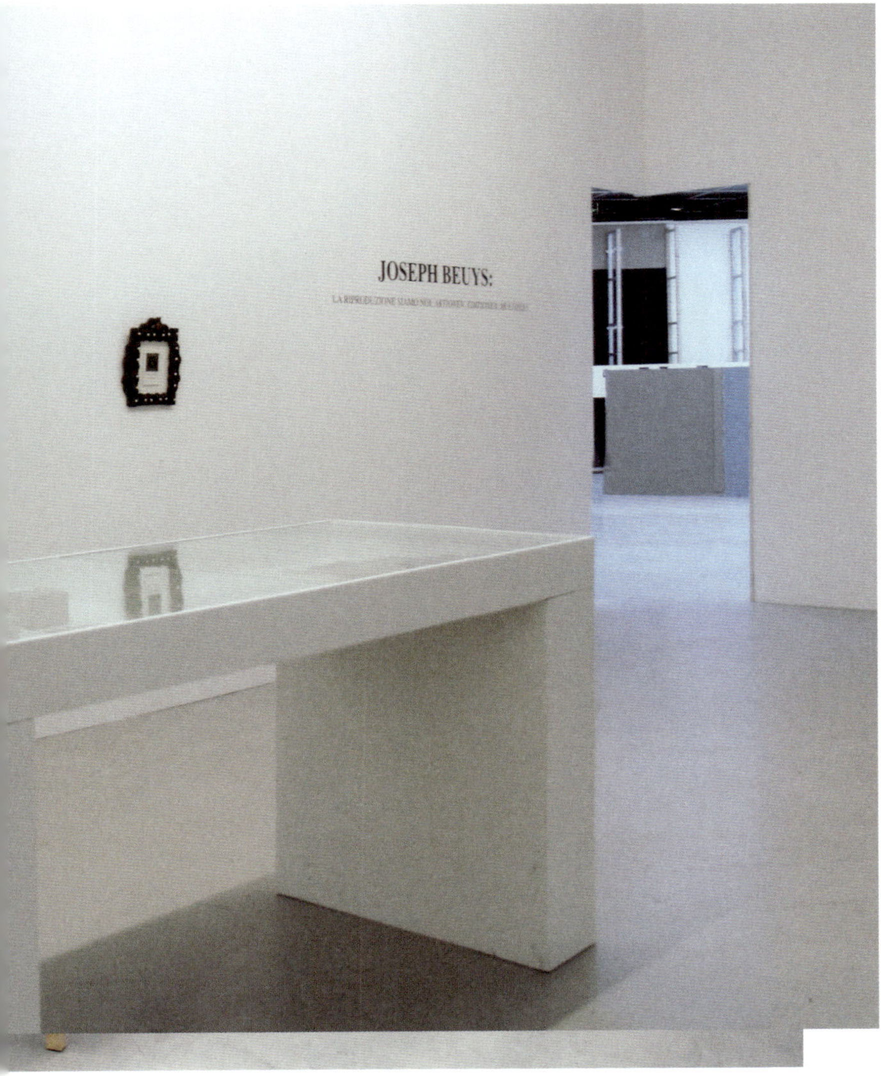
JOSEPH BEUYS:

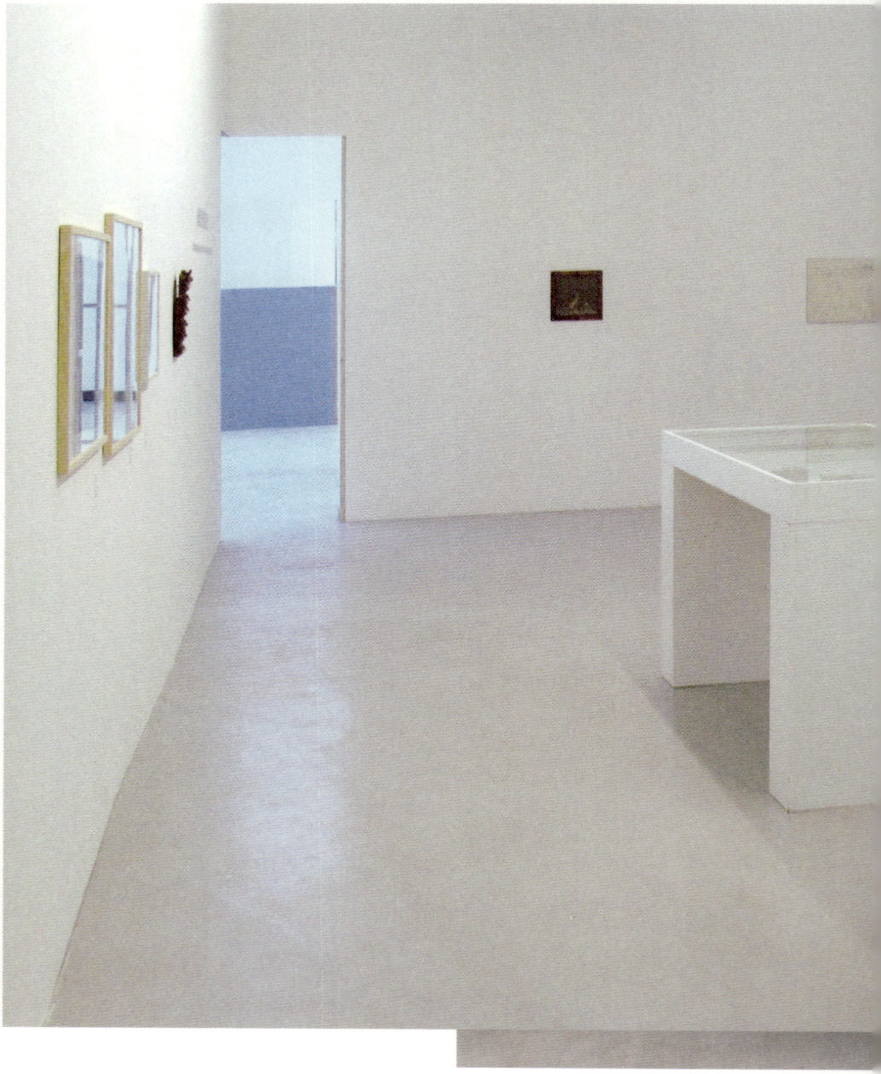

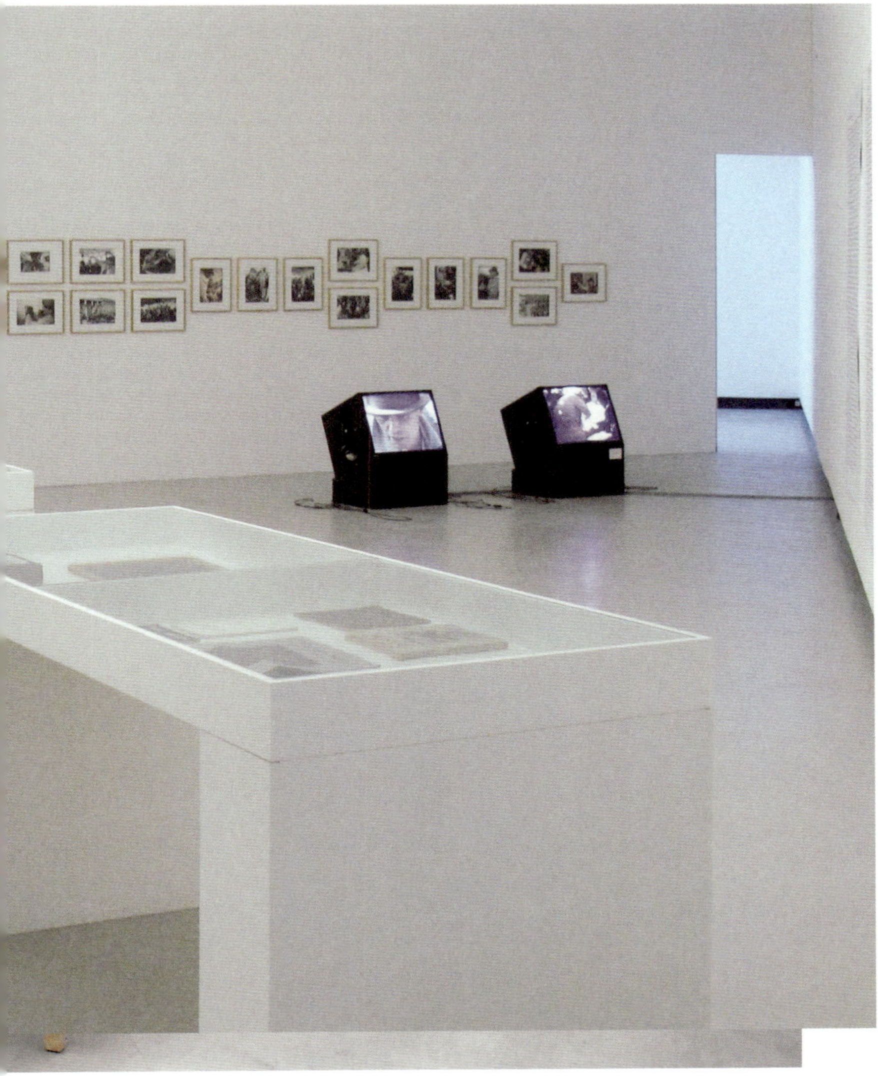

Der für die moderne und zeitgenössische Kunst scheinbar geeignete White Cube wird als ein kontextfreier Ort begriffen, von dem angenommen wird, dass dort die soziale Zeit und der gesellschaftliche Raum aus der Kunsterfahrung ausgeschlossen sind. Damit wird der White Cube letztlich zu einem politischen Maßstab erhoben, der die Ökonomie der Kunst seit Mitte des 20. Jahrhunderts zur Gänze bestimmt.

In gewisser Hinsicht hat das ökonomische Modell des White Cube nichts anderes getan, als sich in Form von Windows auszubreiten, und die physischen Geräte des globalen Unternehmens Apple haben dem lediglich Rechnung getragen.

Es ist kurios, dass derzeit ein bestimmtes Bedürfnis danach, die politische Präsenz der Kunst in sozialen Kontexten wirksam zu machen, dazu führt, dass die Autonomie des White Cube als Raum zur Artikulation dieser Ansätze eingefordert wird.

Der White Cube ist nicht nur das Monument par excellence des Kulturkapitalismus, er ist auch sein wertvollstes kritisches Dispositiv. Im Spannungsverhältnis dieser beiden Faktoren funktioniert die Erschütterung seiner scheinbaren Neutralität nicht als idealisiertes und betäubendes Außen, sondern als Motor der Beziehungen zwischen dem Kunstwerk und seinem Kontext im Zeitalter des kulturellen Kapitalismus.

Die museale Rückeroberung des White Cube als solchem, seine obszöne Reproduktion und die Offenlegung seiner Funktionsmechanismen bilden den ersten Schritt zu einer politischen Ökonomie der Künste von größerer Tragweite. Die Inszenierung des White Cube als musealer Raum einer antiquierten Ökonomie der Kunst, der begrenzt und gefährdet ist wie jeder andere Raum auch, stellt immer noch den Versuch dar, den politischen und ökonomischen Raum, in dem man arbeitet, bewusst zu machen.

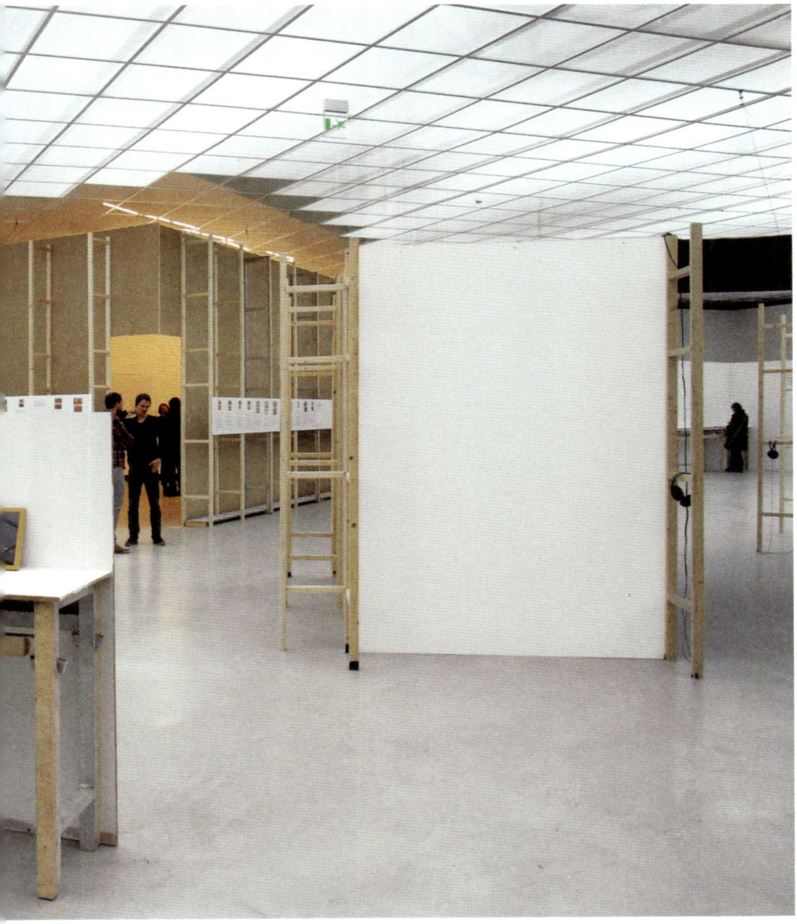

 AUSSTELLUNGSANSICHT / EXHIBITION VIEW, WKV 2012

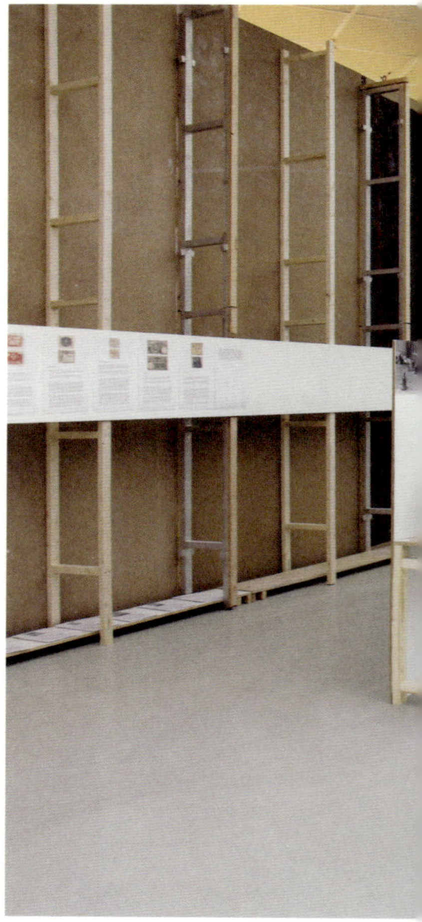

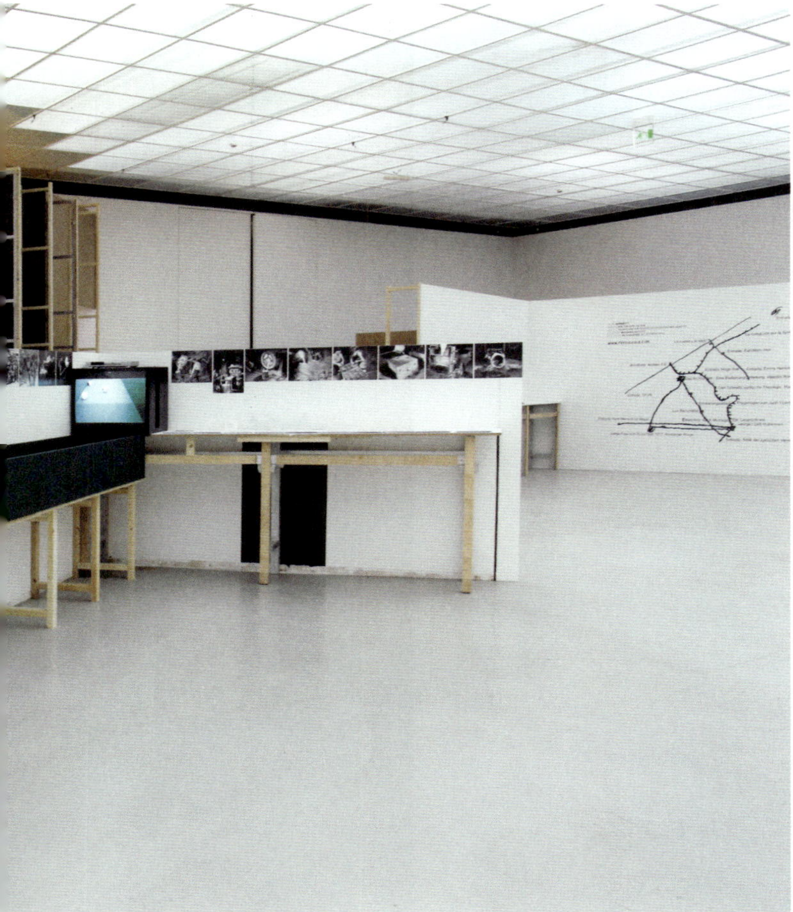

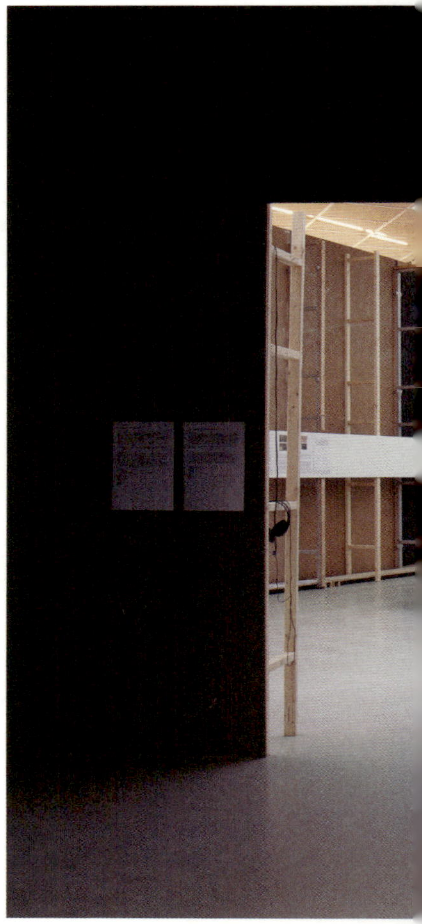

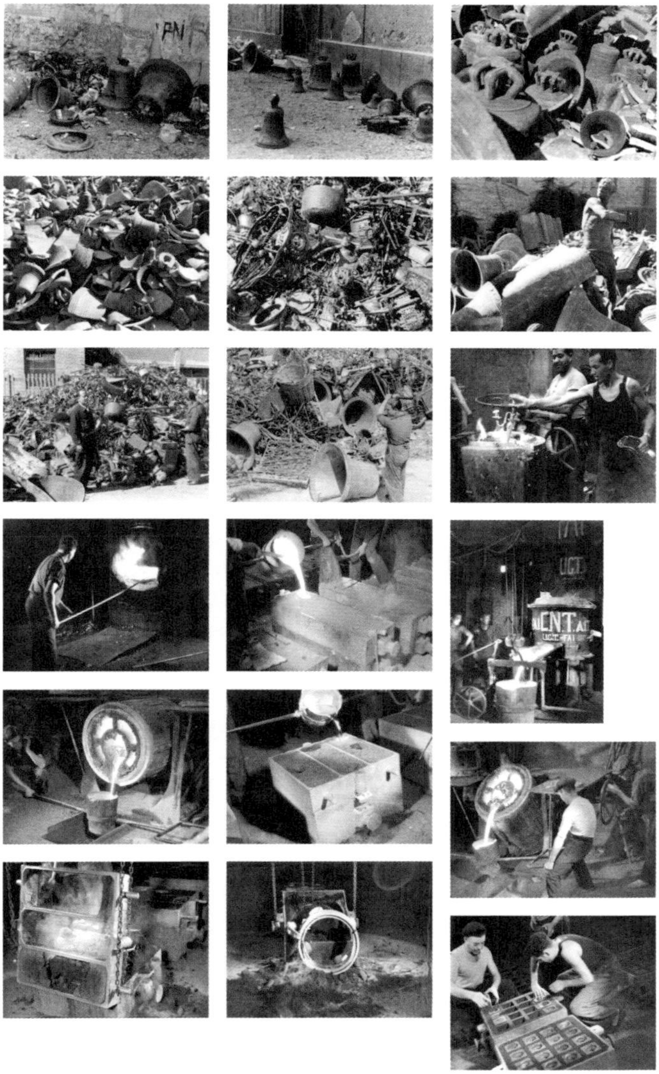

Wandlung

1936. Glocken (Industrialisierung). Kampagne. CNT-FAI. Zahlreiche Kirchen und Klöster in Terrassa, Sabadell und anderen katalanischen Ortschaften. Enteignung, Demontage, Transport und Einschmelzung von Glocken und weiteren religiösen Gegenständen für die Umwandlung ihres

Metalls in brauchbares Werkzeug für die Transport- und Kriegsindustrie. Verschiedene unbekannte Fotografen. Archiv der Anselmo-Lorenzo-Stiftung in Madrid.

1982. Wandlung. Aktion. Joseph Beuys. documenta 7. Kassel. Zerbrechen, Demontage, Einschmelzung und Umwandlung der Replik der Krone des Zaren Iwan des Schrecklichen in ein »Symbol des Friedens«, d.h. in einen aus einer Schokoladenform gezogenen silbernen Hasen. Edelsteine in Marmeladengläsern und Bonbonschachteln. Fotografien von Ute Klophaus, Hildegard Weber, Katia Rid und Günter Schott. Staatsgalerie Stuttgart.

Als wir Ende der 1990er-Jahre das Fotoarchiv durchsahen, das der spanischen C.N.T. vom Amsterdamer Institut für Sozialgeschichte zurückgegeben werden sollte, um in der Anselmo-Lorenzo-Stiftung in Madrid aufbewahrt zu werden, fanden wir diese exakt nummerierte und nach narrativer Logik geordnete Fotoserie von 20 Bildern. Sie dokumentiert die Umwandlung des Metalls einer Reihe aus verschiedenen Institutionen der katholischen Kirche enteigneter Glocken in unterschiedliche Geräte für die Transport- und Kriegsindustrie. Einige der Aufnahmen können scheinbar einer Gruppe von Glocken zugeordnet werden, die aus dem Einzugsbereich von Sabadell und Terrassa stammte. Obwohl es die Anordnung der Serie nahelegt anzunehmen, dass sie einer didaktischen oder propagandistischen Illustration dienen sollte, haben wir nichts gefunden, was tatsächlich darauf schließen lässt, denn die Bilder tauchten weder in Veröffentlichungen noch auf Plakaten oder in Filmen aus der damaligen Zeit auf.

Ich sammle Fotos der Aktionen von Beuys. Von Fotografie zu Fotografie lässt sich eine Konzentration, eine Verdichtung feststellen. In seinen Aktionen hat Joseph Beuys viele Dinge der Vergangenheit behandelt, die vor seiner Zeit und Tausende von Jahren vor der Menschheitsgeschichte lagen. Für die *documenta 7* in Kassel entwickelte Beuys ein Projekt mit dem Titel *7.000 Eichen*, ein eindeutig zukunftsorientiertes Projekt. Er trug 7.000 Basaltblöcke von 1,20 m Länge zusammen und stellte sie auf der Wiese, die sich vor dem Gebäude der *documenta* befindet, auf. Diese Steine sollten nach und nach mit je einer der 7.000 Eichen zusammengeführt werden, die es allmählich überall in der Stadt Kassel zu pflanzen galt. Alleen und Straßen erhielten so über weite Strecken hinweg eine neue Gestalt, Bürgersteige wurden erweitert und von langen Baumreihen gesäumt. Auch in so manchem Hinterhof und Schulhof wurde erstmals seit Errichtung ein Baum gepflanzt. Das Stadtbild veränderte sich. Im Herbst 1985 pflanzte man in Kassel den Baum Nummer 4.500. Zur *documenta 8* sollte das Projekt »Stadtverwaldung statt Stadtverwaltung« abgeschlossen sein. Diese Aktion wurde durch Spenden finanziert. So spendete ein Düsseldorfer Bürger für die Baumbepflanzung ein einzigartiges Objekt. Es handelte sich um eine Kopie der Krone des Zaren Iwan des Schrecklichen, die er selbst in Auftrag gegeben hatte und deren Original im Kreml gehütet wird.

Fotoserie, die sich in perfekter Ordnung in den historischen Archiven des Instituts für Sozialgeschichte in Amsterdam, und zwar im Legat der spanischen C.N.T., befand. Die Gruppe von 18 (20) Fotografien zeigt einen Ablauf, der von einem im ersten Bild dargestellten Glockenlager bis zur Abbildung eines runden, frisch gegossenen Teils für die Autoindustrie reicht, die den Zyklus des gesamten zu beobachtenden Prozesses abschließt: Man sieht, wie die Glocken demontiert und zerstört werden, wie sie mit anderen sakralen Gegenständen in die Schmelzkessel gefüllt werden, man sieht die Gussöfen und Gussformen sowie schließlich die neuen Teile, die am Ende entstehen. Es ist interessant zu sehen, welche Definition von Arbeit in dieser Fotoserie zum Ausdruck kommt: jene revolutionäre Idee des zerstörenden und schaffenden Menschen, der neuen Prägung des Homo Faber.

Die Fotografien, die wir sehen, gehören zur Aktion *Wandlung*, die am 30. Juni 1982 auf einer Holzbühne stattfand, errichtet auf den Basaltblöcken, die Beuys auf der Wiese vor dem Gebäude der berühmten Kunstausstellung von Kassel zusammengetragen hatte. Beuys zerbrach die Krone in Einzelteile (Fotos Nr. 2, 3 und 4), legte die Perlen und Edelsteine in ein Einmachglas und schmolz das Gold ein, um daraus ein »Symbol des Friedens« zu schaffen, das er *Hase mit Zubehör* nannte (Fotos Nr. 5, 6 und 7). Der Hase, ein Symbol für die Erde, repräsentiert seit ewigen Zeiten Frieden, Liebe und Fruchtbarkeit. Beuys hat dieses Symbol mit dem der Sonne verknüpft. Zusammen mit den Juwelen brachte er es in einer Wandnische unter, die wir auf der letzten Fotografie sehen können. Darunter hängt ein von Beuys geschriebenes Schild, auf dem zu lesen ist: »Es kommt auf den Wärmecharakter des Denkens an. Das ist die neue Qualität des Willens« (Fotos Nr. 8 und 9). Besagtes Objekt wird heute in der Staatsgalerie Stuttgart ausgestellt. Der gesamte Erlös aus dem Verkauf der umgewandelten Krone floss in den Fonds für das Projekt *7.000 Eichen*.

Denken Sie an all die gesetzgeberischen Anstrengungen, die unternommen wurden, um ihren Klang verstummen zu lassen, an die Gebühren und Bußgelder, mit denen viele Rathäuser versuchten, sie zum Schweigen zu bringen. Der gegen die Glocken gerichtete Ikonoklasmus geschieht nicht im Affekt, meist wird er unter dem Deckmantel der Legalität ausgeübt. Der Stadtrat von Villafranca Del Penedès reglementierte 1933 das Läuten der Glocken, indem er es nur um 12 Uhr sowie zwischen 15 und 19 Uhr gestattete. Diese Regelung erntete in der freigeistigen lokalen Zeitschrift *Fructidor* Applaus. Man konstatierte, dass »eine rein private Institution einen mit Glocken voll gehängten Turm hat, der im Dienste einer rein privaten Angelegenheit steht. Es ist nicht akzeptabel, dass die Kirche die Nachbarschaft mit aufdringlichem Schall belästigt.« In Sabadell und auch in Terrassa wurden die Klöster im Juli 1936 von der aufgebrachten Menge niedergebrannt. Die Demontage der Glocken fand jedoch erst im Oktober, ohne jegliche Spannungen, auf Initiative des Rathauses statt.

Joseph Beuys' Werk wird durch die Gegensätze zwischen Natur, Kunst und sozialem Individuum bestimmt. Durch sein gedankliches Kreisen um die Kräfte, die den Menschen von außen, aber auch von innen heraus beeinflussen, gelangte der Künstler zum Thema Kristall. Immer wieder spielt er in seiner Arbeit auf den Kampf zwischen dem Anorganischen und Organischen, dem Geistigen und Körperlichen an. Der Kristall in erstarrter Form als Symbol für Leblosigkeit entspricht nach Beuys dem »Todesprinzip«, dem einseitigen rationalen Verständnis der Wissenschaft im Gegensatz zur geistigen Wahrnehmung. Er empfand diese tote Materie als Ausdruck unserer materialistischen Gesellschaft; Erstarrung ist der Endpunkt eines jeden Prozesses von Bewusstsein und Wachstum. Ein Gegenpol muss gefunden werden: Energie- und Wärmequellen mit ihrer geistigen Substanz und sozialen Wärme könnten, laut Beuys, als solch ein Gegenpol dienen. In seiner Aktion *Wandlung* transformierte Beuys eine exakte Kopie der Krone des Zaren Iwan IV. (»Iwan der Schreckliche«) in einen Hasen und eine Sonne. Die kaiserlichen Insignien mit ihren kristallinen Edelsteinen als Ausdruck von Kälte, Macht und Gewalt werden in Symbole des Lebens und der Fruchtbarkeit umgewandelt. Die erstarrte kristalline Form wird durch soziale Wärme zum Leben erweckt.

Terrassa. 1936. 29. Juli: In den ersten Morgenstunden wird die Fahne der F.A.I. ganz oben an den Glockenturm der Kirche Santo Espíritu gehängt. 22. August: Einige Milizsoldaten waren den ganzen heutigen Tag damit beschäftigt, die Glocken der Kirche Santo Espíritu abzumontieren, und machten mit ihrem Geschrei alle Passanten auf sich aufmerksam. 24. August: Die Glocken vom Turm der Kirche San Pedro wurden abmontiert. 18. September: Die Transportgewerkschaft der C.N.T. wandelt das Gebäude der Pfarrkirche Santo Espíritu in eine Werkstatt um und hängte oben auf den Glockenturm eine Fahne der F.A.I. 3. Oktober: In einem Brombeergebüsch nahe des »Racing"-Geländes und der Landstraße von Rellinás wird eine Glocke von mittlerer Größe gefunden und dem Verteidigungskomitee übergeben. 27. Oktober: Auf Anordnung des Sicherheitsrats schreitet man zur Verhaftung von Fortián Matabosch, Gießer und Eigentümer einer Gießerei am äußersten Rand der Rambla de Egara, wo heimlich hergestellte Bomben gefunden wurden. Die genannte Person wurde dem Verteidigungsrat der Kriegsabteilung vorgeführt. 28. Oktober: Mit einem Lastwagen der Städtischen Brigade brachte man drei große Glocken und eine kleinere in unsere Stadt, die alle aus einem Glockenturm des Nachbarorts Viladecaballs stammen. Diese Glocken wurden zu einer Gießerei gebracht, um daraus Bomben herzustellen. 1. November: Die Glocken der Nachbardörfer Matadepera, Ullastrell und Castellbisbal werden abgeholt, um sie nach Barcelona zu bringen, wo sie zu Kriegsmaterial umgeschmolzen werden.

1982 hat Beuys für die *documenta 7* in Kassel die Aktion *7.000 Eichen* konzipiert. Er trug 7.000 Basaltblöcke von 1,20 m Länge zusammen und arrangierte sie auf der Wiese, die sich vor dem Gebäude der *documenta* befindet. Diese Steine sollten nach und nach mit je einer der 7.000 Eichen zusammengeführt werden, die es im Laufe einiger Jahre überall in der Stadt Kassel zu pflanzen galt. Alleen und Straßen erhielten so über weite Strecken hinweg ein neues Gesicht, Bürgersteige wurden verbreitert und lange Baumreihen gepflanzt. Auch in so manchem Hinterhof und Schulhof wurde erstmals seit Errichtung ein Baum gepflanzt. Im Herbst 1985 pflanzte man in Kassel den Baum Nummer 4.500. Zur *documenta 8* sollte das Projekt »Stadtverwaldung statt Stadtverwaltung« abgeschlossen sein. Diese Aktion wurde durch Spenden finanziert. So spendete ein Düsseldorfer Bürger für die Baumbepflanzung ein einzigartiges Objekt. Es handelte sich um eine Kopie der Krone des Zaren Iwan des Schrecklichen, die er selbst in Auftrag gegeben hatte und deren Original im Kreml gehütet wird. Es wird erzählt, dass der Düsseldorfer Bürger und ehemalige Eigentümer des Restaurants »Datscha« seinen Gästen anbot, gegen eine Zahlung von 50 DM die Krone als Trinkgefäß zu benutzen. Hier einige Angaben zur Krone: 2 Kilogramm Gold, 76 Perlen, Diamanten von bis zu 20 Karat, 9 Saphire und zahlreiche Rubine und Smaragde. Der Materialwert der Krone lag bei 300.000 DM. Während der Pressekonferenz, die anlässlich der Eröffnung der *documenta* stattfand, unterbrach Joseph Beuys das übliche Ritual der Fragen und Antworten, legte die Krone auf die Rednerbühne, und vor mehr als tausend Journalisten aus dem In- und Ausland schmolz er die Krone ein.

1937. 25. Mai: Die städtische Brigade zerstörte den Glockenturm, der die Vorderseite der Klosterkirche von San Francisco zierte. 1939. 26. Januar: Um drei Uhr nachmittags erreichten Francos Truppen die Stadt über die Landstraßen von Rellinars, Matadepera und Ruby. Die Glocken der Kirche Santa Maria waren die einzigen, die läuteten und nicht der Zerstörung anheimgefallen waren. Die Menschen stürzten sich auf die Straßen und brachen in lauten Jubel aus. Niederlassungen der C.N.T., Acción Catalana, P.S.U.C. und Fraternidad Republicana wurden überfallen, und alle wollten sich unter der nationalen Flagge zusammenschließen. Die Truppen marschierten durch die Stadt und wurden vom Volk umjubelt. Im Raval-Viertel gab es eine Demonstration, und vom Rathausbalkon grüßten die Repräsentanten der Befreier das Volk, das ihnen unter Jubelrufen applaudierte. Währenddessen sah man vertraute Gesichter, die während der Kriegsjahre von ihren Liebsten getrennt waren. Bald darauf wurden Wachposten an den Straßenecken stationiert, die für Ordnung und Sicherheit sorgen sollten. Die Nationalhymne war überall auf den Straßen und in den Häusern zu hören.

Die Aktion *Wandlung* fand am 30. Juni 1982 auf einer Holzbühne statt, errichtet auf den Basaltblöcken, die Beuys auf der Wiese vor dem Gebäude der berühmten Kunstausstellung von Kassel zusammengetragen hatte. Beuys zerbrach die Krone in Einzelteile, legte die Perlen und Edelsteine in ein Marmeladenglas und schmolz das Gold ein, um daraus ein »Symbol des Friedens« zu schaffen, das er *Hase mit Zubehör* nannte. Der Hase, ein Symbol für die Erde, repräsentiert seit ewigen Zeiten Frieden, Liebe und Fruchtbarkeit. Beuys vereinte dieses Symbol mit dem der Sonne und installierte es zusammen mit den Juwelen in einer Wandnische. Darunter hängt eine von Beuys geschriebene Karte auf der zu lesen ist: »Es kommt auf den Wärmecharakter des Denkens an. Das ist die neue Qualität des Willens.« Besagtes Kunstwerk wird heute in der Staatsgalerie Stuttgart ausgestellt. Der gesamte Erlös aus dem Verkauf der umgewandelten Krone floss in den Fonds für das Projekt *7.000 Eichen*.

Im Notizbuch finden wir den Namen der Kirche, die einige der aus Sabadell stammenden Glocken beherbergte. Weiterhin finden wir den Namen der neuen Kirche Mere De Déu de Gràcia, die am 29. Juli 1936, zweieinhalb Monate nach ihrer Weihe, in Brand gesteckt wurde: Das Dach brach ein und zerstörte das Gebäude restlos. Wir finden den Namen der Kirche Purísima Concepción und den der Pfarrkirche San Salvador, die auch erst kurz zuvor ihre Weihe für den katholischen Kult erhalten hatte, und desweiteren den vom Real Santuario de Nuestra Señora de la Salut, das geplündert und angezündet wurde. Trotz allem konnte von dort eine geschnitzte Figur der Hl. Jungfrau von Vallmitijana gerettet werden, die jedoch zwei Tage später, als die Milizsoldaten zurückkehrten, um die Glocken zu holen, entdeckt, mit Benzin übergossen und komplett vernichtet wurde. Verschiedene Glocken der Kirche Cor de Maria wurden demontiert. Die Kirche Santísima Trinidad wurde am 21. Juli 1936 brutal und in einem Klima von gotteslästerlichem Spott geplündert. Zuerst wurden die Glocken abgenommen, und anschließend riss man das Gebäude ab. Übrig blieb ein reines Baugelände, auf dem öffentliche Toiletten errichtet wurden. Wir finden den Namen der Schule Divina Pastora. Dort wurden die Orgelpfeifen herausgerissen. In der Escola Pía wurden ebenfalls die Glocken und Orgelpfeifen beschlagnahmt, außerdem beim Überfall viele religiöse Bilder und Apparate für den Physik- und Chemieunterricht zerstört. Wir finden den Namen der Katholischen Akademie, Colegio de Cultura Popular, wo religiöse Gegenstände und ein Teil des Lehrmaterials geplündert und zerstört wurden. Man beschlagnahmte außerdem die einzige kleine Glocke, deren Installation noch nicht einmal stattgefunden hatte.

Beuys konzipierte zwei Aktionen für die *documenta 7* in Kassel. Die erste sollte zu einem Langzeit-Projekt werden und sah die Pflanzung von 7.000 Eichen vor, symbolisiert durch die Aufstellung von 7.000 Basaltblökken vor dem Fridericianum. Zudem führte er parallel dazu eine polemische Aktion von eindeutig politischem Inhalt im Innenraum desselben Gebäudes durch. Er schmolz die Replik einer Zarenkrone aus Gold und Edelsteinen ein. Aus den Perlen und Edelsteinen fabrizierte er eine Art Schatz und aus dem Silber einen Hasen. Beides stellte er in einer Wandnische hinter einer Glasscheibe aus. Teure Materialien, wie etwa das Gold, das seinen Kopf bei der Aktion *Wie man dem toten Hasen die Bilder erklärt* bedeckte, tauchen selten im Werk von Beuys auf. Gold und Edelsteine stehen bei der Kasseler Aktion stellvertretend für despotische Mächte und Krieg. Das Einschmelzen der Krone kann, im Kontext der ungemein politischen Aktionen von Beuys auf der *documenta*, als Kritik an und Ablehnung von Machtdemonstrationen verstanden werden, die im Widerspruch zur direkten Demokratie stehen. Die Krone wird also in archäologische Reste und in ein Museumsstück verwandelt, Beuys zufolge in ein »Symbol des Friedens«.

Am 6. Oktober 1868 verbannte der Revolutionsausschuss von Huesca den Bischof D. Basilio Gil y Bueno und befahl, jene Glocken abzunehmen, die nicht absolut notwendig waren. Doch diesem Dekret wurde nur in Ayerbe Folge geleistet. Er befahl weiterhin drei der sechs örtlichen Nonnenklöster aufzulösen und ordnete die damit einhergehende Beschlagnahmung der Gebäude an; er ließ die Pfarrkirche San Martin niederreißen, genehmigte die freie Entscheidung für Arbeit an Feiertagen und begann mit der Zerstörung der Kirche Espíritu Santo.

Wie könnte es anders sein, das Christentum nimmt die Erde voll und ganz an! Genau das ist der Unterschied. Ganz und gar! Es akzeptiert sie. Hundertprozentig. *Was bedeutet die Christenheit in diesem Moment?* Sie bedeutet fleischgewordenes Wort, das Wort als ein Zeichen des übersinnlichen Schöpfungsprinzips im Ganzen erfasst. Das Wort. »Am Anfang war das Wort.« Erst jetzt beginnt man die Erde als solche anzunehmen. (Die Glocken der Kirchen von Kassel läuten an diesem Sonntagmorgen. Es entsteht eine kleine Pause.) Und erst jetzt, erst in diesem Moment wird man sich dessen voll und ganz bewusst, nämlich dass die Erde die einzige Möglichkeit für die Entwicklung des menschlichen Wesens darstellt.

Der Stadtrat von Valladolid verwandelte die Mostenser Kirche in einen Klub und erteilte den Auftrag, die Glocken aller Kirchen mit dem Hammer abzuschlagen oder zu zertrümmern, was nicht möglich war, ohne die Passanten einer großen Gefahr durch die vom Himmel herabfallenden Teile auszusetzen. Nur eine Glocke, welche die Gläubigen zur Heiligen Messe rufen sollte, durfte in jeder Kirche verbleiben.

Die *documenta VII* von Kassel, 1982, diente als Anlass zur Durchführung der Aktionen *Wandlung* und *7.000 Eichen*. Bei der ersten verwandelte Beuys eine Goldkrone mit ihren Edelsteinen in ein »Symbol des Friedens«, eine kleine Hasenfigur. *7.000 Eichen* ist das Wunder von Beuys: die Umwandlung von Tausenden von Steinen in ebenso viele Bäume, eine Aktion, die Jahre andauern sollte.

Man schüchterte den Bischof ein und zwang ihn, das Glockenläuten um 14 Uhr zu unterbinden, das gemeinhin als »Gebet des Königs« bezeichnet wurde. Schließlich wurde die Pfarrkirche San Jaime im Namen des Volkes besetzt. Dahinter stand die wohlüberlegte Absicht, sie abzureißen, um

Kapital aus dem Baugelände zu schlagen, da sie sich im Zentrum Barcelonas befand, ein Umstand, der darauf schließen ließ, dass für das Grundstück in privilegierter Lage höchste Preise erzielt werden konnten.

Die Umwandlung der Klänge, der spirituelle Einsatz des Klangs als ein Element, das auf entscheidende Weise den triumphierenden Materialismus anzufechten vermochte. Diese Wirkung ermöglicht es, durch Musik eine kontrapunktische Ökonomie zu denken, um mit und durch jenen Mut machenden Geist die ökonomische Spekulation zu beenden.

Am 2. Mai 1874 – ob man nun mit dem Läuten der Glocken den Triumph der Republikaner und ihren Einmarsch in Bilbao feierte oder nicht – wurden in Palencia die Kirchen überfallen und aufs Schlimmste entweiht. Das Weihwasser wurde vergossen, Gemälde aufgeschlitzt, Chorpulte zerschlagen, Messbücher zerrissen, Figuren verstümmelt, der Tabernakel aufgebrochen, die heilige Hostie verstreut und der Messwein auf dem Fußboden vergossen. All das geschah unter schrecklichen Verwünschungen und solchen Gotteslästerungen, dass es schien, als ob sich alle Teufel an diesem Tag in der friedlichen kastilischen Stadt zusammengeschlossen hätten. Auf solch einen Höllenskandal folgten gezwungenermaßen das Interdikt und die Einstellung *a divinis*.

Es ist klar, dass es sich um einen Krieg handelt, um die Verwandlung, die Metamorphose der Materie in das Geistige, um einen Krieg, den man zelebrieren muss. Wir leben Tag für Tag den Krieg von Heraklit, er macht den Alltag unserer Welt aus, die »geistige Übung«. In diesem Sinn verübt die »Miliz« Verbrechen, Massaker, Vergewaltigungen …, doch es handelt sich nur um die Zubereitung eines Aufgusses, wir machen einen Kräuteraufguss. Der Geruch, der uns berauscht, stammt direkt aus seinem Dampf.

Und ungestraft bleiben die ruchlosen Tänze in den Kirchen von Barcelona, die, nicht ganz ohne die Nachsicht der obersten Befehlshaber des Militärs, von den freiwilligen Kämpfern der Freiheit überfallen wurden. In Barcelona und in den nördlichen Provinzen hat General Nouvilas das Glockenläuten verboten. In manchen Teilen von Katalonien wurden Gemeindepfarrer ermordet. Die Gemeinden gingen vielerorts dazu über, friedliche Priesterseminare aufzulösen. In Barcelona ließen sich die Geistlichen Bärte wachsen, und es gab Tage, an denen es unmöglich war, einen religiösen Akt zu begehen, wollte man sich nicht der Gefahr des Martyriums aussetzen.

Aus diesem Blickwinkel betrachtet, richtet sich die Kirche als Institution gegen das Prinzip der Freiheit. Die Kirche beruft sich noch immer auf die mittelalterliche Prägung, die den Glauben an Pflicht, Doktrinen und Dogmen vorschreibt, als Gegenposition zum legitimen Recht auf die Freiheit in unserer Zeit, die allen Menschen wesenseigen und in ihrem Ursprung christlich ist. Wenn wir in diesem Fall vom Christentum sprechen, dann beziehen wir uns gewiss auf die Kirche, anderenfalls sprechen wir von einem möglichen Kampf gegen sie. Es geht um eine Kriegserklärung gegen diese veralteten Einrichtungen, nicht nur gegen die Kirche, sondern auch gegen den Staat. Sie richtet sich jedoch keinesfalls gegen den Menschen.

Das Rathaus von Mazarrón setzte eine Belohnung von 100 Peseten für die Familienangehörigen derer aus, die sich weltlich beerdigen ließen, während die Prämie für eine standesamtliche Heirat nur 50 Peseten betrug. Es begann der Krieg gegen das Glockenläuten und es begann die Besteuerung katholischer Begräbnisse wie auch die Umbenennung der Friedhofstraßen. Die auf das »Begräbnisläuten« erhobene Gemeindesteuer bei katholischen Beerdigungen war allgemein verbreitet. Die katholischen Begräbnisse gaben Anlass zu Beleidigungen und Spott, während die weltlichen Beerdigungen nicht nur stärker folkloristisch, sondern auch zunehmend aggressiver wurden.

Es ist ein Kampf zwischen Mensch und Ökonomie. Dieser Kampf ist falsch. Der Materialismus ist das Kind der Französischen Revolution, genauso wie der Geist das Kind der Aufklärung ist. Ökonomie ist auch Ritus, die Gabe, das Wunder, Brot und Fisch in dieser ständigen Wandlung. Es geht nicht darum, sich darüber lustig zu machen, es auf eine kindliche Erzählung zu reduzieren. Der Tod ist auch ein kindliches Spiel. Der Tod ist auch ein ökonomisches Prinzip.

Und so bekleiden sie in anderen Ortschaften wieder dreist dieselben Ämter und Stellen, die sie früher schon besetzt hatten. Aus den Reihen der Amnestierten gehen erneut die Beauftragten der Verwaltungsausschüsse und die Vorsitzenden der Rathäuser hervor. Wie diese Vertreter der Behörden auftreten, wird im Anhang zum Kapitel über die Auswirkungen ihrer

Geschäftsführung in der Diözese dokumentiert. »Wir haben beschlossen, Steuern zu erheben auf: Glockenläuten, Kirchen und Beerdigungen, die mit aufgerichtetem Kreuz und liturgisch gekleidetem Pfarrer zelebriert werden, ebenso auf die Miete der Pfarrhäuser. Es handelt sich hierbei um folgende Beträge: 25 Peseten für das Gebetsläuten; 25 Peseten für das Läuten zur ersten Messe und zur Hauptmesse; 50 Peseten für das Läuten zur Seelenmesse; 15 Peseten bei Überschlagen der Glocken; 100 Peseten für das erste Läuten zur Beerdigung; 200 Peseten für das zweites Läuten zur Beerdigung; 100 Peseten für das drittes Läuten zur Beerdigung; 50 Peseten für das Läuten bei unerwarteten Ereignissen; 100 Peseten für das Läuten bei Brand; 500 Peseten für Predigten, Taufen und Hochzeiten; 50 Peseten monatlich und im Voraus für die Miete des Pfarrhauses. Um das Wort an die Gläubigen richten zu können, muss Erlaubnis bei den Behörden eingeholt werden, und der Inhalt der Predigt muss vorab zur Einsicht vorgelegt werden. Die Behörde erteilt die Erlaubnis zur Predigt, wenn sie deren Inhalt für angemessen hält, und lässt die tatsächliche Predigt von einem Beauftragten kontrollieren. Im Falle eines Vergehens wird dies mit einer Geldstrafe geahndet, und bei Ungehorsam wird der Fall an das zuständige Gericht mit gemischten Geschworenen weitergeleitet.« Man kann der Kirche weder mehr Unverschämtheiten noch mehr Demütigungen zumuten, erreicht ihre Erniedrigung doch die unterste Stufe der gesetzlich möglichen Entwürdigungen durch die Beamten der Obrigkeit. Selbst in den Sitzungen des spanischen Parlaments mussten zwei Abgeordnete aus Toledo ihre Stimme gegen das System der Ungerechtigkeit erheben, welches in ihrer Provinz eingeführt wurde.

Die hohen Preise kamen erst viel später auf, erst jetzt tauchen die mehr oder weniger hohen Preise auf dem Markt auf, dabei sind es keine Preis, die ich 1966 als hoch eingeschätzt hätte. Es ging tatsächlich erst nach den letzten *documentas* los. Doch zu dieser Zeit war die Mehrheit meiner Werke nicht mehr mein Eigentum. Das heißt, die hohen Preise, die jetzt auf dem Markt auftauchen, entsprechen nicht der Summe, die in meine Tasche wandert, sondern es handelt sich um ein Geschäft, das die vorausgehenden Besitzer mit etwas machen, das sie oft zuvor als Geschenk erhalten haben. Eigentlich wollte ich aber etwas anderes sagen. Es ist offensichtlich, dass ein Künstler seine Werke verkaufen muss. Er hat keine andere Wahl, wenn er davon leben möchte, oder? Das ist klar. Entweder macht er es selbst, dann ist er in dem Moment, in dem er das Geschäft in seiner Werkstatt abschließt, Kunsthändler, oder er beauftragt jemand anderen, so dass der Gewinn dann aufgeteilt werden muss. Es gibt nichts dagegen einzuwenden. Wenn auf dem

Markt jedoch sehr hohe Preise erzielt werden, dann ist die Sache plötzlich nicht mehr ganz so gut. Warum? Dieses Warum wirft ein sehr seltsames Problem auf. Und fast niemand kommt auf die Lösung. Nun gut, im Grunde komme ich auch nicht darauf. Denn hinter all dem gibt es nichts, auf das man kommen könnte. Ich will damit sagen, wenn eine Briefmarke, warum auch immer, einen erstaunlichen Wert hat, dann kostet diese Nichtigkeit von Papier gelegentlich eine halbe Million. Aber nur ab dem Moment, ab dem Interesse dafür gezeigt wird, solange es Personen gibt, die sich für dieses Papierstückchen interessieren. Und auch daran kann man den Fehler nicht so ganz ohne Weiteres festmachen; denn solange es Personen gibt, für die dieses Stück Papier einen so großen Wert hat, wird es für Geld verkauft werden … Man wendet sich an die Kreativität jedes Einzelnen. Aber wenn man dies beschlossen hat, wenn man das will, dann stellt man erneut fest, dass auch das Geld kostet. Und erneut stellt man fest, dass der Markt notwendig ist, um Geld anzuziehen. Wie man es macht, das muss jeder für sich selbst bestimmen, oder? Wenn ich zum Beispiel ein Büro für Direkte Demokratie eröffne, dann weiß ich bereits, dass das Geld kosten wird. Und ich kann es nur von dort holen, wo es liegt. Wo liegt es? Fast immer, das ist klar, bei dem, der Geld hat, dort, wo Menschen mit Geld sind. Also müssen wir sie in den Prozess mit einbeziehen, so als ob es darum ginge, das Büro zu finanzieren.

Die katalanische Kirche widmete sich gelegentlich profitablen Tätigkeiten. Kann man die Ursache für die populäre Kirchenbrandschatzung in der feindlichen Gesinnung der Arbeiter suchen, für die sich die an sich schon beängstigende Lage des Arbeitsmarktes weiterhin verschlechterte? Das kirchliche Amt für gewerbliche Angelegenheiten taucht häufig in der antiklerikalen Literatur auf, und ein eifriger Priester von Sabadell ging sogar so weit, schriftlich »das religiöse Gewerbetreiben« zu verteidigen. Doch die vorhandenen Daten sind diesbezüglich wenig überzeugend und machen die Anschuldigungen praktisch zunichte. Nach der vertraulichen und allem Anschein nach sehr zuverlässigen Statistik, welche die Polizei von Barcelona dem Stadtratsvorstand im Winter 1909 zuschickte, widmeten sich nur acht Klöster der Stadt mit insgesamt 106 Nonnen Tätigkeiten dieser Art. Was kaufmännische Kompetenz anbelangt, so wurde auf der Liste nur ein Kloster mit 13 Mönchen aufgeführt. Es waren sicherlich mehr; die verschiedenen Arbeiterinnenverbände und Einrichtungen für reuige Sünderinnen hatten bessere Voraussetzungen als ihre Konkurrenz, die Wäscherinnen, Näherinnen und Stickerinnen aus ihrem Viertel. Vielleicht haben sie diese gegen sich aufgebracht: Die Teilnahme der Arbeiterinnen an den Juli-Aufständen wurde von allen Zeugen besonders hervorgehoben. Aber darin – genauso wie es im Jahr 1906 bei gewissen Antiklerikalen aus Madrid einen Skandal auslöste, weil Nonnen die Aussteuer der Königin bestickten – und auch in der Verzweiflung, die manche Antiklerikale in den Dörfern beim Klang der uralten Glocken überkam, kann man nichts anderes als den Widerschein einer Dramatisierung jener Widersprüche erkennen, deren Ursprung woanders liegt und woanders gesucht werden sollte.

Apropos *Wandlung* und wie man meine Beobachtung, dass man »lernen muss zu verstehen, dass das ökonomische Leben etwas ausgesprochen Spirituelles ist, die spirituelle Form taucht nur im ökonomischen Leben auf« verstehen sollte … Was ich damit zu umschreiben versucht habe, ist, dass man aus einem ökonomischen Leben heraustreten muss, das in Begriffen des wirtschaftlichen Ertrags denkt. Oder sagen wir, es ist meiner Meinung nach nötig, das Gewinnkonzept umzuwandeln. Heutzutage nennt man es Geld, und in der heutigen Form des Privatkapitalismus hat der Eigentümer der Produktionsmittel das Recht, einen großen Teil des Mehrwerts in die eigene Tasche zu wirtschaften; oder das Geld wird einem sinnlosen Zweck gewidmet. Wir denken, dass alles in die Ökonomie eingebracht werden sollte, so dass das im Wirtschaftsleben auftauchende Kapital, also der Gewinn, in soziale Bereiche fließt …, aber aus dem Wirtschaftsleben muss außerdem noch etwas anderes hervorgehen. Ich meine, wenn alles in diesen Bereich fließt, dann entsteht noch etwas: die zwischenmenschliche Wärme. Daran glaube ich. So entsteht das wirklich Soziale auf ökonomischer Ebene, obwohl es in jedem Fall weiterhin ein Ergebnis von intellektueller und spiritueller Tätigkeit ist. Ich weiß nicht, ob das ganz klar geworden ist. Vielleicht hängt meine Sichtweise auch damit zusammen, dass ich eine Sensibilität für diese Dinge habe, da ich mit warmen Plastiken arbeite. Ich stelle immer mehr fest, dass meine Aktionen zum Beispiel so etwas ausdrücken wollen, nicht wahr? Bei Wärme denke ich nicht an eine physische, sondern an eine bereits transzendierte, an eine zwischenmenschliche oder entwickelte Wärme. Vor allem aber wollte ich etwas Licht auf eine Frage werfen: Viele Menschen denken, dass körperliche Arbeit, wie zum Beispiel Hausfrauenarbeit, eine anti-intellektuelle und somit geistlose Tätigkeit ist. Meine zunehmende Erfahrung ist das genaue Gegenteil: Geistige Arbeit ist viel eher anti-intellektuell als körperliche.

Es scheint, dass die laizistischen Gesetzgeber der Zweiten Spanischen Republik, die zumindest dem Anschein nach weit von ikonoklastischen

Ausschreitungen entfernt sind, ihren Zorn gezielt gegen den sichtbaren Teil der religiösen Zeremonien und Riten richten. Nachdem im Jahr 1936 die ersten Monate der Verfolgung des Klerus überstanden waren und die zerstörerischsten und blutrünstigsten Auswirkungen unter Kontrolle gebracht werden konnten, wird die öffentliche katholische Zeremonie – nicht die protestantische oder jüdische – in Spanien weiterhin verboten, und erst in einer späteren Phase wird sie auf privater Ebene geduldet. Was durchgehend geächtet wird, sind die pervertierten katholischen Besonderheiten innerhalb des Christentums. Lesen Sie dazu über Fetischismus, Götzendienst und das magisch-abergläubische Auftreten, das all ihre Praktiken durchdringt: Wallfahrten, Fürbitten, Prozessionen, Messen und religiöse Folklore, des Weiteren das Zelebrieren von Sakramenten zu Begräbnissen, Hochzeiten, Kommunionen et cetera. Alles wird von der Symbolik der etablierten Religion beherrscht. Als unter antiklerikalem Druck Gesetze erlassen wurden, waren deren Hauptopfer die äußeren Erscheinungsformen der Zeremonie. So war es, als die großen Schlachten ab 1931 für die laizistische Gesellschaft und gegen die religiösen Trauerfeiern und Begräbnisse geschlagen wurden, und so war es auch in jener anderen Schlacht, die trotz ihres pittoresken Charakters nicht weniger leidenschaftlich ausgetragen wurde: die Schlacht gegen den allgegenwärtigen Glockenklang im Alltag. Auch in der mexikanischen antiklerikalen legislativen Tradition ist in der Verfassung von 1917 verankert, dass Zeremonien außerhalb der Kirche verboten sind und Priester sich nicht in ihren Soutanen auf der Straße zeigen dürfen. Noch früher, im Jahr 1791, wurde ein ähnliches Verbot von der französischen gesetzgebenden Versammlung erlassen: Man durfte sich nicht in religiöser Kleidung außerhalb der Liturgie präsentieren und keine religiösen Handlungen außerhalb der Kirche zelebrieren. Über das Spanien von 1933 – das Jahr, in dem das Gesetz der Konfessionen und religiösen Kongregationen erlassen wurde – erzählt José Maria Sánchez: »In Sevilla wurden zwei Priester verhaftet, weil sie einem Begräbnis vorstanden. Die Anklage lautete, ein Gesetz missachtet zu haben, das religiöse Zeremonien in der Öffentlichkeit verbietet. Ein anderer wurde bestraft, weil er eine Messe in einer Kirche gelesen hatte, die ein vom Blitzschlag zerstörtes Dach hatte: Es wurde ihm vorgeworfen, seine religiöse Zeremonie in der Öffentlichkeit abgehalten zu haben. Priester wurden bestraft, weil in ihrer Kirche ›monarchistische‹ Musik gespielt wurde, wenn der Liedertext ›Königreich Gottes‹ beinhaltete. Das Gleiche geschah bei allen Erwähnungen von Christus König. In manchen Ortschaften wurden Steuern auf das Glockenläuten festgesetzt, und in anderen war es verboten, Kruzifixe als Schmuck zu tragen.«

In der Zeichnung *Ritual* steht eine Figur mit erhobenem Arm einer anderen, offensichtlich passiven, gegenüber. Auch Beuys wirkte als Wegbereiter. Davon ausgehend, dass für ihn die Gedanken einen plastischen Wert hatten, widmete er sich dieser Thematik, als ob er ein Bildhauer wäre. Seine Werkzeuge waren jedoch nicht Hammer und Meißel, sondern sie wurden ersetzt durch das Ritual, was ihm erlaubte, an »lebendigen Substanzen« zu arbeiten. In Aktionen wie *Sibirische Symphonie 1. Satz, Manresa, Eurasienstab* oder *Wandlung* griff er auf spezielle Initiationsriten zurück, die in unterschiedlicher Struktur in allen Kulturen zu finden sind. In der westlichen Zivilisation werden sie von Schulen, Studentenverbänden, Kirchen, Logen und Rosenkreuzern angewandt. In Erzählungen, Romanen, Theaterstücken, Opern und Filmen tauchen junge Menschen auf, die einer Reihe von Prüfungen ausgesetzt werden, aus denen sie gestärkt und erfahren hervorgehen. Beuys suchte diese Alternative zur kognitiven Erziehung. Sein Wunsch war es, dem Menschen ein neues Leben mit anderen Mitteln einflößen zu können … »Eine Grenzsituation, in der sich überraschend etwas ändert, die von einem Stadium in das nächste wechselt, das ist natürlich eins meiner Lieblingsthemen.« »Mich interessieren die Veränderungen«, sagte er. »Jede Veränderung ist eine fundamentale Idee. Transformation, Transsubstantiation. Ich suche die Grenze des Religiös-Spirituellen.« Diese Worte sind auf die Gesamtheit seiner Werke anwendbar und vor allem auf seinen Wunsch, den Menschen »umzuwandeln«, der nur so das Schisma zwischen westlicher Kultur und östlicher Kultur überwinden könne, um dann die Aktivierung seiner innersten kreativen Kräfte zu ermöglichen. Dieses Ziel sollte durch die Anwendung des klassischen Initiationsritus erreicht werden. Aber für Beuys waren die drei Stadien der »rites de passage« (Übergangsriten) – 1909 erstmals durch den Anthropologen Arnold van Gennep als Trennung, Übergang und Wiedereingliederung definiert – in seinen Aktionen nur beschränkt anwendbar. Ein Künstler wie er übte keinen Einfluss aus, zumindest nicht auf die Wiedereingliederung in die Gesellschaft. Die Kunst kann nur als Modell eines Initiationsritus verstanden werden, von einer anderen Art als zum Beispiel ein Heiratsritual. Allerdings standen seine Rituale nie im Dienst von repressiven oder grausamen Situationen, im Gegenteil: Er zog es vor, innezuhalten, zu schweigen und wahrzunehmen. Dramatische Initiationsrituale waren ihm fremd.

Die Glocken. Romero-Maura berichtet von den Briefen der Bischöfe von Gerona und Tortosa von 1907 und 1908, von den Problemen, die in Orten wie Massanet de Cabrenys oder Vinaroz entstanden waren durch

»die plötzliche Verzweiflung, die einige Antiklerikale empfanden, als sie das Läuten der uralten Glocken hörten.« Denken Sie an all die gesetzgeberischen Anstrengungen, die unternommen wurden, um ihren Klang verstummen zu lassen, an die Gebühren und Bußgelder, mit denen viele Rathäuser versuchten, sie zum Schweigen zu bringen. In einer freigeistigen Lokalzeitschrift, *L'Hora Nova* aus Vic, schrieb man im September 1936 erleichtert: »Wenn ihr loszieht, dann werft einen Blick auf die Stadt. Sofort werdet ihr eine große Veränderung feststellen, die euch fast unmöglich erscheinen wird. Wie durch Zauberkraft ist der Glockenklang verschwunden, der jahrhundertelang der morgendliche Ruf gewesen war.« Es handelte sich um solche Dinge, die mit größter Wut zerstört wurden.

Es ist, als ob Beuys Bilder der Natur, der Energie, der Materie, der Strahlung, der Entstehung des menschlichen Wesens und des Tieres mit Hilfe der Natur in eine künstlerische Dimension überführen wollte: ganz im Sinne seiner Vorstellung von der erweiterten Plastik, mit dem Ziel, die »soziale Plastik« zu schaffen. An dieser Vision hält er sein ganzes Leben lang fest. Es ist die Aufgabe seines künstlerischen Lebens. In seinem Werk nutzt er alle Elemente, die seiner durch die Anthroposophie von Rudolf Steiner angereicherten, naturalistischen Vorstellung der Welt entsprechen. Wie seine energetischen Materialien verwendet Beuys seine mit suggestiven Titeln versehenen »Aktionen«, »Installationen«, Plastiken und Objekte ganz konkret zur Umsetzung seiner künstlerischen Ideen, die dennoch, selbst wenn er sie, wie immer, »nur« gemalt hätte, niemals »nur« Bilder gewesen wären.

Die Antiklerikalen hassten außerdem die akustische Vereinnahmung des Raumes. Renan sagte unter Hinweis auf seine römischen Erfahrungen: »Wenn die Glocken von Rom und seinen dreihundert Kirchen gleichzeitig erklingen, gilt keine Philosophie mehr, es ist, als ob sich dreihundert Nymphen mit San Antonio einließen … Oh, es ist so leicht zu verstehen, dass dieses Volk von der sinnlichen Andacht eingelullt wurde, die nichts weiter als Freude ist, die nur zum Schein Verzicht und Opfer fordert.« Marcelino Menéndez Pidal erinnert in seiner *Geschichte der heterodoxen Spanier* daran, wie die aufeinanderfolgenden Regierungen Spaniens es zwischen 1868 und 1875 unterstützten, dass Glocken mit Hammerschlägen aus den Kirchen herausgerissen wurden, eine Vorgehensweise, die sich über viele Städte ausgebreitet hatte. In Sarral, in La Conca de Barberit wurde bis zum Kriegsende gewartet, um den Glockenturm zu sprengen. Der Kampf gegen die Lärmbelästigung betraf nicht nur Glocken. In Castelló d' Empúries, an der Küste von Gerona, verboten die städtischen Behörden 1932 das Läuten der Glocken bei Prozessionen und Sterbesakramenten, und es durften keine religiösen Lieder auf den Beerdigungen außerhalb der Kirche zu hören sein. In einer lokalen freigeistigen Zeitschrift schrieb man im September 1936 erleichtert: »Wenn ihr loszieht, dann werft einen Blick auf die Stadt. Sofort werdet ihr eine große Veränderung feststellen, die euch fast unmöglich erscheinen wird. Wie durch Zauberkraft ist der Glockenklang verschwunden, der jahrhundertelang der morgendliche Ruf gewesen war. Plötzlich waren die Glockentürme verstummt. Was war geschehen? Das echte Volk, die Hand zur Faust erhoben, nahm all jenen die Scheuklappen ab, die erloschenen Geistes geblendet waren, und rief aus: Keine Glocken! Sirenen! Und dieses Volk, entflammt durch den Geist des Fortschritts, kletterte entschlossen auf über dreißig Glockentürme, um die Glocken von dort mit einem Stoß nach unten zu befördern; sie fielen klappernd durch die Luft, bis der schwere Körper taub und dumpf ihren Klang für immer verstummen ließ, diesen Klang, der bis gestern zur Feier und zur Trauer rief.«

Das Gemurmel der Zuschauer im Saal sollte in ein »erfülltes« Schweigen verwandelt werden. Das Krachen der Maschinen, das Schlagen von Schere und Hammer, die wie Glocken ertönten, die kochende Flüssigkeit, wie sie in die Form gegossen wurde, das Fauchen der Butangasflaschen, die Rufe der Zuschauer, alles sollte zum Verstummen gebracht werden. Diese Aktion suchte nicht den Applaus, so sehr sie auch wie eine Versteigerung empfunden wurde: mit ihren Geboten und Erwartungen, mit ihren Überraschungen und ihrer Spannung. Der Richter, Beuys selbst, trat als Zeremonienmeister auf, indem er vor aller Augen das Objekt schuf, für das ein Höchstgebot gemacht werden sollte. Klar! Es handelte sich um Wirtschaft! Es war nur eine Form, um Geld zu machen! Als Beuys nach Stille verlangte – es sprach die zischende Flamme der Gasflasche, man hörte Scheren, der Schmuck fiel geräuschvoll auf den Boden der Einmachgläser –, füllte sich der Saal wieder mit Gelächter und Gemurmel, das zu lauten Zurufen anschwoll. Wer waren jene Zuschauer, die von Beuys gemocht wurden wie seine Freunde, wie Mitglieder desselben Klubs, Leute wie unsereins? Die Beziehung zwischen Beuys und den Teilnehmern der Aktion war vergleichbar mit der eines Sängers und dessen Publikum. So wie er sich bewegte oder sprach, so reagierten die Leute. Zu Beginn, als er die Krone hochhob, die er umwandeln wollte, hörte man Applaus und Jubelrufe für eine Aktion, die sich als revolutionär darstellte. Zum Schluss, als das spielzeugartige Ergebnis zusammen mit der imposanten Beschilderung eingelagert wurde, auf der es hochtrabend heißt: »Es kommt auf den Wärmecharakter des Denkens an. Das ist die neue Qualität des Willens«, gingen die Leute schweigend und mit gesenktem Kopf fort. Beuys fürchtete dieses Schweigen des Publikums. Er assoziierte es mit der Ökonomie: »Das ist es, was wir fühlen, wenn wir Geld ausgegeben haben. Resignation, nicht Freude.« So begann die ganze Aktion der *7.000 Eichen*, und in der Gruppe machte sich zugleich ein Gefühl von Sicherheit und Unsicherheit breit. Nun denn, Beuys hat gelernt, dieses Gefühl der Trauer neben das der Freude zu stellen. Schließlich überzeugte er mich, Ute und die anderen, dass in dieser Situation die Stille genauso Trost spendend war wie jene, die man hinter sich lässt, nachdem man sich vom Abgrund entfernt hat.

English version at ***http://fxysudoble.com/es/tesauro/wandlung-prueba***

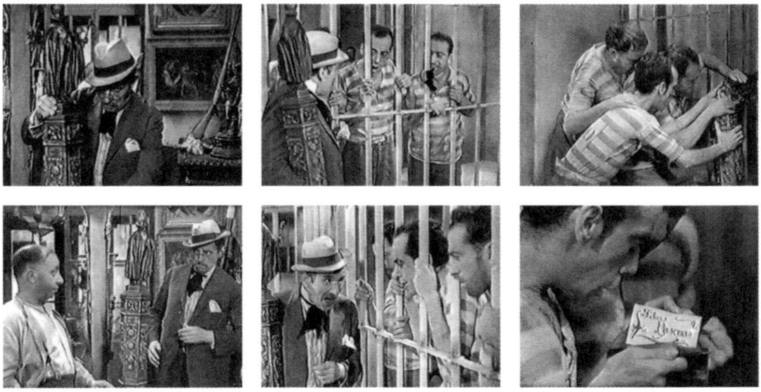

El capital

1938. ***Nuestro culpable (Unser Schuldiger).*** **Der Verkauf der heiligen Statuette und ihre Verwandlung. Ausschnitt aus dem gleichnamigen Film von Fernando Mignoni. 1937 von der CNT-FAI in Madrid produzierter Film. Filmstills der Kopie, die sich seit 1999 im Bestand der Fundación Anselmo Lorenzo (FAL) in der Filmoteca España befindet.**

1867. ***Das Kapital. Der Fetischcharakter der Ware und sein Geheimnis.*** **Projekte, die auf Karl Marx' gleichnamigem Text aus dem ersten Band von** ***Das Kapital*** **basieren. Notate von Sergei M. Eisenstein, 1927. Stills von Filmen, die damit zusammenhängen:** ***Oktjabr*** **(Oktober), 1927;** ***Generalnaja linja – Staroje i nowoje*** **(Die Generallinie – Das Alte und das Neue), 1928;** ***Beshin Lug*** **(Die Beshin-Wiese), 1937 – in der Ausgabe von FSF (Films Sans Frontières), 2002.**

Der *Motion Picture Herald* kommentierte nach Kriegsende, dass die spanischen Filmstudios während des Konflikts auch einen substanziellen Wandel erfahren hätten: Die Kameras und Vorführgeräte wurden in Parteilokale und Gewerkschaftshäuser gebracht, um sie zu »schützen«. Diebstähle oder Beschlagnahmungen gehörten zu den Feinden der Filmstudios, waren aber nicht die einzigen. Die Studios in Madrid produzierten einige wenige Spielfilme und bestanden unter größten Widersprüchen fort. Es gab keine Einschnitte hinsichtlich ihrer finanziellen Grundlage. Die ökonomische Struktur bestand weiterhin auf der Basis »kapitalistischer Elemente«, die nach wie vor Geld zur gewinnbringenden Nutzung der Studios einlegten. Der populäre Musiker Luis Patiño erklärte, dass das Kino zwangsläufig in einen Konflikt mit nicht kompatiblen Faktoren geraten würde, »von denen das erste das KAPITAL ist«. Antonio Portago, ein Schauspieler und Produzent, der in *La bien pagada* (Die gut Bezahlte, Eusebio F. Ardavín, 1935) mitgespielt hatte, stellte fest, dass sich bei Investoren erste Anzeichen für ein besseres Verständnis erkennen ließen, »wenn auch nicht im notwendigen Maße«. Die Erfolge der Filme von Filmófono oder Cifesa begannen, die Vorbehalte der Investoren zu zerstreuen. »Die spanischen Filme wurden langsam zu Kassenerfolgen, man begann Geld einzunehmen, und im Licht dieser unleugbaren Tatsache begann das spanische Kino seine gierigen Straßenkinderaugen zu öffnen. Habsüchtig und geldversessen riskierte es, aus seinem Bau zu kriechen.« Die »ökonomischen Elemente« verschwanden praktisch. Als Folge dieses Mangels produzierten die CEA Studios nur einen Film in drei Jahren: *Nuestro culpable* (Unser Schuldiger). Der Krieg hatte das Kapital verjagt.

Es war nicht möglich, das sowjetische Kino ohne die feinen Mechanismen seines Produktionssystems zu verstehen. Jegliches Material gehörte dem Staat, denn das »Studio war der Staat«. Je wichtiger ein Film und je erfolgreicher sein Regisseur waren, desto direkter und umfassender war das politische Eingreifen des Staates. Die politisch einleuchtendste Idee der Sowjets, Eisensteins Vorhaben, ein großes Filmfresko über *Das Kapital* von Marx zu schaffen, wurde mit Nachdruck sowohl vom obersten Leiter der sowjetischen Filmindustrie als auch vom Staat selbst untersagt. Es war eine interne und strukturelle Entscheidung, die das Scheitern des neuen Projektes zur Folge hatte. Kein Kapital für *Das Kapital*. Stalin empfahl Eisenstein, *Das Kapital* aufzugeben, eine Luftveränderung vorzunehmen und das Projekt zu vergessen. Er behandelte ihn wie einen Verrückten, was eindeutig im Widerspruch zur Realität stand. Eisenstein spielte mit dem Gedanken, seine Projektidee zur Verfilmung des *Kapitals* an die Amerikaner zu verkaufen. Er sei verrückt, hatte ihm Stalin vorgeworfen, und logischerweise wäre jeder Kapitalist verrückt, der sich auf sein Projekt einlassen und *Das Kapital* auf die Leinwand bringen würde. Abgesehen davon hätte das sowjetische Produktionssystem das niemals akzeptiert. »Der Staat war das Studio«, und so musste Eisenstein sich geschlagen geben und sein Projekt *Das Kapital* aufgeben.

In Anbetracht der Umstände ist es höchst ungewöhnlich, um nicht zu sagen einzigartig, dass spanische Filme wie *Aurora de esperanza* (Morgenröte der

Hoffnung), *Barrios bajos* (Armenviertel) und *¡No quiero … no quiero!* (Ich will nicht … ich will nicht!) existieren. Ähnlich erstaunlich ist das besondere Interesse am Experimentieren. Während sich der Rest der Filmbranche mehr oder weniger einmütig für den konventionellen Dokumentarfilm entschied, weil man dachte, dass es verfrüht und unangebracht sei, seine Energie auf Ziele zu verschwenden, die nicht dazu dienten, den Krieg zu gewinnen, produzierten S.I.E. Film und die F.R.I.E.P. fiktive Rekonstruktionen, statt sich an das beschränkte Format zu halten, das aus Auszügen von Nachrichten geschaffen wurde. Es war in diesen Zeiten des Krieges auch nicht üblich, dass auf den Straßen und in den Filmstudios Filme mit sozialer Thematik gedreht wurden, wie zum Beispiel *Aurora de esperanza* oder Unterhaltungsfilme wie *Nuestro culpable* (Unser Schuldiger) oder *Barrios bajos*. Das Propagandakino konnte sich nicht, so dachte man getreu der Linie der Anarchosyndikalisten, mit dem 19. Juli rechtfertigen, als Arbeiterorganisationen sich der alten und reaktionären Gesellschaft entgegenstellten. Es sei auch nötig »Kino als Kunst« zu pflegen, sagte Mateo Santos, einer der ideologischen Vertreter dieses Standpunkts. Die Praxis der Marxisten stand in radikalem Gegensatz zu jener der Anarchosyndikalisten, wodurch es bei zahlreichen Gelegenheiten zu Auseinandersetzungen kam, besonders wenn es um Fragen der Vorführung und des Boykotts bestimmter Filme ging. Eben jene politischen Widersprüche, die ihren dramatischen Höhepunkt in den Ereignissen vom Mai 1937 erreichten, existierten auch im Kontext der Filmindustrie. Als die Kommunisten schließlich ihre eigene Produktions- und Vertriebsfirma gegründet hatten, die sich in das breite Spektrum der bereits existierenden Filmunternehmen einreihte, kreiste ihr Diskurs während der Kriegsjahre immer um dieselben Themen: zum Beispiel die Einheit und zentrale Führung »mit einer geeinten politischen und ideologischen Ausrichtung, die die antifaschistischen Massen verbindet«, so wie es von Juan M. Plaza, dem Organisator des Propagandaapparats der Volksarmee, gefordert wurde.

In seinem Artikel *Jenseits der Interpretation und des Nicht-Interpretierbaren,* der 1928 in der Zeitschrift *Kino* veröffentlicht wurde, kündigte Eisenstein sein neues Filmprojekt an, das auf dem *Kapital* von Karl Marx basieren sollte. »Da wir uns der totalen Unermesslichkeit dieses Themas bewusst sind, werden wir zunächst die Aspekte auswählen, die man filmisch umsetzen kann. Dies wird in Zusammenarbeit mit dem Historiker A. Efimov geschehen, der uns auch beim Schreiben des Drehbuchs für *Oktober* beraten hat.« Eisenstein verkündete 1930 an der Sorbonne: »Es wird keine Geschichte sein, die sich entwickelt, sondern ein Essay, durch den das analphabetische und ungebildete Publikum die Möglichkeit erhält, dialektisches Denken zu lernen und zu verstehen.« Ihm zufolge war das die Richtung, die der Film in Zukunft einschlagen sollte. »Ein rein intellektuelles Kino, das, frei von traditionellen Reglementierungen, direkte Formen einsetzt, um Gedanken, Systeme und Konzepte ohne Überleitungen und Umschreibungen auszudrücken. Und das sich auf diese Weise zu einer Synthese von Kunst und Wissenschaft entwickeln kann.« »Ich glaube, dass nur der Film zu solch einer Synthese fähig ist, das intellektuelle Element zusammen mit seinen revitalisierenden Quellen – die so spezifisch wie emotional sind – anzubieten. Das ist unsere Aufgabe, und das ist der Weg, dem wir folgen müssen.«

Die Methoden, durch Unterhaltung zu unterrichten oder Ideen zu vermitteln, ohne den Sinn für Humor zu unterdrücken, scheinen neuere Entdeckungen zu sein. Sie fallen zusammen mit der Wiederaufwertung der Komödie: einer Gattung, die bis vor kurzem zu Unrecht unterschätzt wurde, obwohl sie, aufgrund der großen Offenheit der Zuschauer gegenüber diesem Genre, in Wahrheit immer das effizienteste Genre gewesen ist, Veränderungen der gesellschaftlichen Gewohnheiten einzuleiten.

Ich glaube, dass nur das Kino zu dieser Synthese fähig ist, indem es das intellektuelle Element zu seinen spezifischen und emotionalen Ursprüngen zurückbringt. Hier liegt unsere Aufgabe, und das ist der Weg, den wir eingeschlagen haben. Das ist der Ausgangspunkt des nächsten Films, den ich zu realisieren gedenke, der unseren Arbeitern und Bauern das dialektische Denken vermitteln soll. Dieser Film wird den Titel *Das Kapital von Marx* haben.

Ich denke, dass die F.R.I.E.P. klüger war als die S.I.E., denn während die Produktionsfirma aus Barcelona versuchte, den Zuschauer auf dem sentimentalen Weg und über ideologische Zweideutigkeit zu erreichen, war die Umsetzung des Madrider Studios direkter, indem sie das Genre der volkstümlichen Komödie, eine simple Operette, einsetzte, um auf die Menschen einzuwirken. Dem regionalen Bund der C.N.T. war es ziemlich egal, dass ihre Produkte von niedrigerer kinematographischer Qualität waren als die der S.I.E.; entscheidend war, eine Sprache zu verwenden, die der Zuschauer jener Zeit verstehen konnte und die ihm vertraut war. Dies ist die Ansicht von zeitgenössischen Filmhistorikern in Bezug auf *Nuestro culpable.* Der englische Kritiker Roger Mortimore beispielsweise machte folgende scharfsinnige Beobachtung: »Die Produktion von Filmen der Volksfront in Spanien musste so lange auf sich warten lassen, bis der Bürgerkrieg ausbrach und die C.N.T. in Zusammenarbeit mit zwei weiteren Produktionsfirmen den Film *Nuestro culpable* (Fernando Mignoni, 1938) produzierte: eine Anarchokomödie im Stil René Clairs … Diese Filme stellen vielleicht das Bindeglied zwischen den Arbeiterfilmen von Chaplin, Keaton und Clair und dem italienischen Neorealismus dar.«

Dies ist der Ausgangspunkt für das Ausbrechen aus den klassischen Theorien der Montage (Griffith, Kuleschow, Pudowkin) im Sinne einer bloßen »Aneinanderreihung« von Einzelaufnahmen – als wären es, in Kuleschows Worten, Backsteine, die aufeinandergestapelt werden, um eine Mauer zu errichten. Eisenstein dagegen verstand die Montage als »Aufeinanderprallen«, »Konflikt« und »Zusammenstoß« von zwei Aufnahmen, die eine neue, nicht abbildbare oder abstrakte Idee im Geiste des Zuschauers entstehen lassen. Das ist natürlich der Ausgangspunkt des sogenannten »intellektuellen Kinos« (oder Konzeptkinos), das sich auf die Verfilmung solch schwieriger Werke wie *Das Kapital* von Marx und *Ulysses* von Joyce konzentrierte.

Der entscheidende Einfluss des US-amerikanischen Kinos, des Kinos der Unterhaltung, war der Überzeugung zu verdanken, dass die Erzeugung von Gefühlen und die Unterhaltung des Zuschauers die effektivsten Waffen zur Indoktrination ideologischer Standpunkte seien. Diese Methode wurde im Dienste des Films und im Dienste des Zuschauers immer dann angewandt, wenn beide auf dem Höhepunkt der Handlung und der filmischen Montage ihre Abwehrmechanismen drosselten und so den Weg ebneten für die Ideen der freien Liebe, der Gleichberechtigung der Arbeiter oder des Rechts auf angemessene Entlohnung. Aus diesem Grund konnte Fernando Mignoni seine Kollegen bei der C.N.T., die als Produzenten in einer semiprofessionellen und semipolitisierten Filmindustrie arbeiteten, mit dem Drehbuch in der Hand überzeugen, während der Bürgerkrieg seinen Höhepunkt erreichte (und die republikanische Sache ihre niederschmetterndsten Momente erlebte). Ein Kino der Gefühle widerspricht nicht zwangsläufig einem Kino der Ideen. Emotionen dienen als Vehikel, und wie Mateo Santos bemerkte: »Emotionen sind vergleichbar mit der Filmmusik, mit der Beleuchtung, mit den Bühnenbildern, nie aber mit der Idee oder mit der Handlung.«

Ohne sich einschüchtern zu lassen, begann Eisenstein sich für die Idee eines kinematographischen Diskurses zu begeistern, der Argumente und ganze

Gedankensysteme zum Ausdruck bringen könnte. Er dachte darüber nach, die Montage nicht nur zur Erzeugung von Gefühlen, sondern auch zur Vermittlung abstrakter Ideen einzusetzen: »Vom Bild zum Gefühl, vom Gefühl zum intellektuellen Argument« (1930). Er begann, über ein Filmkonzept für *Das Kapital* von Marx nachzudenken. Ausgangspunkt war dabei die Sequenz »Für Gott und Vaterland« aus seinem Film *Oktober*, in der er versucht hatte, die Idee einer Existenz Gottes durch die bloße Nebeneinanderstellung von Bildern zu kritisieren. Der Film würde einen »intellektuellen Anreiz« schaffen, durch den es gelänge, »den Arbeiter das dialektische Denken zu lehren« (1927). Zur selben Zeit hatte er begonnen, *Ulysses* von Joyce zu lesen, und sah darin die Möglichkeit sowohl zu einem Film frei von Anekdoten als auch zum Einsatz präziser und lebendiger Einzelheiten, die auf eine »physiologische« Art und Weise allgemeingültige Schlussfolgerungen auslösen würden (1928). *Das Kapital* würde von der Zweiten Internationalen handeln, doch »der formale Aspekt würde Joyce zu verdanken sein« (1927). Der Film wurde nie verwirklicht; Stalin lehnte die Idee ab.

Nuestro culpable hat ein Ende, das nur als ein *deus ex machina* beschrieben werden kann, eine Art künstliches Ende, das angehängt wurde, nachdem der Regisseur die Kontrolle über die Widersprüche verloren hatte, die in der Geschichte lagen. Die Handlungsstränge waren so verworren, dass es unmöglich geworden war, ein natürliches Ende zu finden, und somit wurde dem Film ein Ende aufgezwungen. Mignoni setzt seinen *deus ex machina* genau so ein, wie es Jardiel Poncela in seinen Komödien tat: statt eines logischen Endes tritt ein abruptes Ende ein. El Randa konstatiert, dass er im Gefängnis besser aufgehoben sei als an jedem anderen Ort. Daraufhin lassen sie ihn im Büro des Richters mit dem Koffer und zwei Millionen Dollar allein, was ihm die Zeit für einen kleinen Scherz auf Kosten der Justiz gibt: er zieht sich Hut und Mantel des Richters an, nimmt dessen Pfeife und befreit in einer symbolischen Geste einen Vogel aus seinem Käfig. Er steigt aus dem Fenster des Büros, das sich zufälligerweise im Erdgeschoss befindet, und als er sich davonmacht, fährt zufälligerweise die Geliebte von Urquina im Auto vorbei, sie hält an und nimmt ihn mit. Sie tauschen lächelnd einen Gruß und fahren los. Die *El Sol* schrieb, *Nuestro culpable* sei »… ein echter Unglücksfall. Er weist den Weg in Richtung einer leeren und sinnlosen Frivolität, die das spanische Kino nur ins Scheitern führen kann.« Das Publikum hingegen mochte den Film, und gleichzeitig erreichte seine anarchistische Botschaft eine breitere Öffentlichkeit.

Eisensteins Schriften aus den 1920er-Jahren vermitteln eine einzigartige Sichtweise auf Form und Wirkungsweise des Films. Der Film sollte auf der Basis von Stimuli zusammengesetzt werden (»montiert« – wie bei einer Maschine). Innerhalb der einzelnen Aufnahmen und zwischen ihnen umfassen diese Stimuli alles – vom Takt und Rhythmus über das Dominante bis zum Harmonischen – und lassen dabei stets Raum für die Möglichkeit eines Widerspruchs. Diese formalen Möglichkeiten werden durch die Reaktion, die sie beim Zuschauer auslösen können, Gestalt annehmen – eine Reaktion, die Wahrnehmung, Emotion und einen gewissen Grad an kognitivem Bewusstsein beinhaltet. Die Auffassung dieser Stimuli als »Attraktionen« führt zu einer Betonung der rein sinnlichen und emotionalen Dimensionen. Sie als »Zeichen« zu begreifen, verschiebt die Betonung auf ihre intellektuellen Aspekte. In beiden Fällen führt der Film den Zuschauer hin zu einer Erfahrung, die auf ideologische Schlussfolgerungen weist. Soziale Agitation, Propaganda oder sogar abstrakte Manifestation lassen sich auf diese Art und Weise transportieren, so wie es das Projekt über *Das Kapital* beabsichtigte. Insgesamt drängte Eisenstein darauf, dass der perzeptive und emotionale Aspekt selbst in den intellektuellsten Formen des filmischen Diskurses präsent sein müsse.

Die meisten dieser Filme hatten das Leitmotiv »Arbeite und kämpfe für die Revolution«. *Nuestro culpable* zum Beispiel ist eine musikalische Komödie, die auf ironische Art und Weise das Verhältnis zwischen Justiz und bürgerlicher Gesellschaft behandelt.

In einem Brief an Léon Moussinac schrieb Eisenstein: »Die Ankündigung, ich würde einen Film über *Das Kapital* von Karl Marx drehen, ist kein Werbegag. Ich bin überzeugt davon, dass dies die Richtung ist, die das Kino der Zukunft einschlagen wird.«

Lässt man die zahlreichen Gemeinplätze unbeachtet und betrachtet *Nuestro culpable* mit Aufmerksamkeit, dann wird man mit einer Reihe von Konnotationen belohnt, in denen sich – trotz der vermeintlich frivolen Erzählung – die Ideologie, die hier zur Diskussion steht, entlang der gesamte Handlung offenbart. Dies geschieht in Form kleiner, jedoch signifikanter Details: wenn beispielsweise das Foto eines Schweins in einem Silberrahmen ausgestellt wird, wenn der Hauptdarsteller spöttisch ein respektloses Geräusch, begleitet von einer anarchistischen Geste, in Richtung Gefängnis ausstößt oder wenn in der Betrugsszene statt Geldscheinen eine Weihnachtskarte aus der Brieftasche herausfällt. Noch wichtiger jedoch ist die Sequenz, in der die drei Häftlinge mit El Randa gleichgestellt werden wollen und sagen »Wir sind die Bosse« sowie jene im Kabarett, in der in einem Lied ein Trinkspruch auf Diebe ausgesprochen wird.

Man könnte fragen, inwieweit der Film eine marxistische Inszenierung darstellt. Das hauptsächliche Mittel des emotionalen Aufbaus ist ein anhaltendes Gefühl von Rausch, von Kommen und Gehen, das Springen von einem Register zum anderen bei jedem einzelnen Element oder bei jedem charakteristischen Zeichen des Werkes. Und das in einem Maß, das die Intensität des emotionalen Gehalts unaufhörlich steigert, der Sequenz, der Episode, der Szene, des vollständigen Werkes.

Ein weiteres Mal vereinigen sich die repressiven Kräfte von Polizei, Justiz, Bank und Pöbel, um den verstoßenen El Randa zu bestrafen und die Frau, Greta, sexuell auszubeuten. Obwohl die Protagonisten letztendlich als Sieger hervorgehen, ist die Botschaft des Films die, dass man die bürgerliche Ordnung nur durch schelmenhafte Taten oder mittels eines glücklichen Zufalls verhöhnen kann. Daher auch die Bedeutung, die einem Hufeisen beigemessen wird. Mit diesem »magischen Gegenstand« verteidigt der Film die wenig revolutionäre Auffassung, das Glück sei vom Zufall und nicht vom Handeln des Menschen abhängig. Genauso unorthodox ist der offenkundige Dollar- und Luxusfetischismus im Film. Insgesamt vermischt *Nuestro culpable* Anarchie mit Anarchismus und die Vernichtung der Ordnung mit anarchistischer Ordnung.

Wie ich schon sagte: Polizisten richten ihre Stiefel her, dazu Kapitalisten – sie gleichen sich ganz außerordentlich, sind gleich dick, gleich gekleidet und alle ohne Hals –, vereint bei einem Treffen mit dem Minister und gewillt, den Bestrebungen der Arbeiterklasse ein Ende zu bereiten. Und ebenso gewillt, sich zu amüsieren. Der Minister entfernt das Arbeitermanifest vom Tisch, um den sie versammelt sind, und bittet mit einer Geste um Aufmerksamkeit: Der Tisch öffnet sich, spaltet sich in der Mitte, so wie die Brücken von Sankt Petersburg, und aus seinem Inneren tauchen Likörflaschen und volle Gläser auf, bereitgestellt, um ausgetrunken zu werden. Diese Apparatur, die den Übergang von der Arbeit zum Genuss ankündigt, hat etwas Obszönes an sich (die Gesichter der Kapitalisten drücken es ohne Scham aus). Kaum wird das Papier weggenommen – der Diskurs –, wird das Verborgene enthüllt und erscheint genau an der richtigen Stelle. Man muss die Einstellung nur genau betrachten, um ihre latente Sexualität zu erkennen.

Eine kleine Heiligenfigur, die am großen Schwindel in der Geschichte beteiligt ist, wird von einem Darsteller zum anderen gereicht, und, als sie schließlich geöffnet und ihr Inneres zerstört ist, stellt man fest, dass darin kein Schatz verborgen ist. Es war ein großer Betrug, wie sich in den verblüfften Grimassen, in die sich die Gesichter der Gefangenen verwandelt haben, zeigt.

Ein heiliger Zylinder geht von Hand zu Hand. Ein phallisches Objekt, das Erlösung verspricht. Eine Zeit lang gibt es am Zylinder nichts zu erkennen, wir können ihn nicht identifizieren. Wir wissen noch nicht, ob er der Kirche dient oder der Fabrik. Sein Zweck bleibt derselbe. Er trägt ein Heilsversprechen in sich.

Auch hier entschied sich Antonio Polo wieder einmal für Professionalität: »Ich entschloss mich dazu, den Film zu drehen, und begann die Dreharbeiten mit den besten zur Verfügung stehenden Schauspielern und Technikern, unabhängig von der Gewerkschaftskarte, die jeder von ihnen haben mochte.« Dennoch mussten die Dreharbeiten einem Kontrollausschuss unterstellt werden, der Einsicht in das täglich produzierte Material erhielt und in dessen Macht es lag, das Drehbuch abzuändern oder die Aufnahmen zu stoppen. Mignoni beispielsweise, ein angesehener Szenenbildner – dem auch die Ausstattung von Aznars Filmen zu verdanken war –, verweigerte laut Polo »die erzwungene Zusammenarbeit mit ungeeigneten Kollegen«. Doch schließlich gelangte man zu einem Einverständnis und der Film kam mit seiner Premiere zu einem guten Abschluss. Polo jedoch kosteten die Diskussionen und Auseinandersetzungen mit dem Kontrollkomitee seinen Arbeitsplatz.

Stalin gab Eisenstein und seinen beiden Kollegen Anregungen dazu, wie man den Schwerpunkt von *Sturm über La Sarraz* verändern könnte, und es blieb ihnen nichts anderes übrig, als seine Vorschläge anzunehmen. Eisenstein bat Stalin damals um die Erlaubnis, mit Alexandrow und Tissé ins Ausland reisen zu dürfen, hauptsächlich um sich mit der westlichen Tontechnik zu befassen. Er teilte ihm mit, dass er dort einen Film über

Das Kapital drehen wolle. Stalin antwortete ihm: »Du bist wahnsinnig«, und weiter sagte er nichts, obwohl er andeutete, dass er über die Reiseerlaubnis nachdenken wolle.

Es war Rodiño, der Geschäftsführer der CEA, der anregte, eine Komödie von Fernando Mignoni zu adaptieren, die ihnen bereits in der Vergangenheit angeboten worden war. Die Leseprobe vor der Beratungskommission der Gewerkschaft verlief problemlos – das Thema war in keiner Weise ideologisch fragwürdig –, und so wurde die Umsetzung des Films vereinbart. Anfangs gab es die eine oder andere Reiberei, denn das Produktionsteam war ein bunt zusammengewürfelter Haufen. Mit *Nuestro culpable* passierte das gleiche wie mit *¡No quiero … no quiero!*, der von Francisco Elías für die katalanische C.N.T. in einem Prozess gedreht worden war, der beachtliche Kehrtwenden im Hinblick auf die anfängliche Produktionsausstattung (finanziell, künstlerisch et cetera) erfuhr, und der das letzte bedeutsame Projekt des Gewerkschaftsbunds sein sollte.

Lasky schlug einige Themen vor, unter anderem *Die Dreyfus-Affäre*, einen Film über Émile Zola und die Verfilmung von Vicki Baums Bestseller *Grand Hotel* (Menschen im Hotel). Keiner dieser Vorschläge stieß bei Eisenstein auf großes Interesse. Er schlug drei andere Werke vor, die den Vorteil hatten, dass sie ihm persönlich von deren jeweiligen Autoren angeboten worden waren: *The War of the Worlds* (Krieg der Welten) von H. G. Wells, *Ulysses* von James Joyce und *The Devil's Disciple* (Der Teufelsschüler) von George Bernard Shaw. (Letztendlich wurden Filmversionen aller drei Werke produziert, jedoch nicht von Eisenstein.) Lasky hatte schon viel riskiert, indem er einen »gefährlichen« Bolschewisten nach Hollywood eingeladen hatte, wo Eisenstein jedoch klugerweise darauf verzichtete, seinem Wunsch nach einer Verfilmung des *Kapitals* Ausdruck zu verleihen.

Die Rezensionen und Kritiken betonten einheitlich die Probleme, die für einen Abschluss des Films hatten überwunden werden müssen: »Es war, ist und wird eine Heldentat sein« (*Super-Filme,* 10. April 1938). Während die einen sich wohlwollend über die Anstrengung äußerten, die es gekostet hatte, den Film mitten in Kriegszeiten in einem Studio in Madrid zu drehen, stellten andere den Verdienst einer Komödie infrage, die gedreht worden war, während Soldaten an der Front von Teruel bei 18° C unter null kämpften, und bezeichneten gleichzeitig Mignoni verächtlich als Lehrling von Perojo. Fernando Mignoni, ein italienischer Theaterbühnenbildner, der in Spanien lebte, konzentrierte sich normalerweise auf seine Kernkompetenzen (speziell wenn er im eingespielten Team von Benito Perojo arbeitete), außer bei besonderen Gelegenheiten, wie bei *Nuestro culpable*. Er kann als dessen Haupturheber gelten, da Handlung, Drehbuch, Dialoge, Szenenbild und die Regie seine Handschrift tragen. Die Handlung des Films spielt ausschließlich in Madrid, vermutlich vor dem Bürgerkrieg, und es überrascht, wie es einem Ausländer gelingt, so viele Details des volkstümlichen Lebens einzufangen, einschließlich sprachlicher Akzente und lokaler Redewendungen. Es gibt vier Hauptdarsteller und weitere Schauspieler, die bestimmten Sequenzen Nuancen hinzufügen. Schematisch gesehen ist der Film wie ein Dreieck aufgebaut, dessen Eckpunkte der Arme, der Reiche und der Richter bilden – ein jeder der ihm gesellschaftlich zugewiesenen Rolle sowie der Maxime »Stiehl wenig und sie stecken dich ins Gefängnis, stiehl viel und dir wird Ehre zuteil werden« treu ergeben. Doch ein unvorhersehbarer externer Faktor – die Geliebte des Bankiers – bricht das etablierte Gleichgewicht auf, indem sie sich gegen ihren Herrn und Meister auflehnt und sich plötzlich in die Aristokratie des Verbrechens einreiht, um an einem spektakulären Raub teilzunehmen, der sich, im Interesse aller Beteiligten, niemals aufklären soll. Von diesem Augenblick an sind alle Betroffenen dazu gezwungen, Lügen zu erzählen, was die Entwicklung des Films hin zur humoristischen Komödie potenziert und es erlaubt, Lieder mit beißend ironischen Texten einzubauen, während der Regisseur seinem Hang zu optischen Experimenten durch den Einsatz von Doppelbelichtungen freien Lauf lässt. Wenn deren technische Auflösung zu Wünschen übrig lässt, so liegt es daran, dass er keine ästhetischen Ambitionen hegte, sondern an dem vorgefassten Konzept der filmischen Syntax festhielt.

Wie so oft in Eisensteins Laufbahn entwickelte sich die theoretische Fragestellung aus einem Filmprojekt heraus. Mit der Produktion von *Oktober* (1928) testete er die Möglichkeiten eines »intellektuellen Kinos« aus. Indem er Szenen von Schlachtfeldern mit denen der inneren Front verwob, schuf er eine visuelle Form für Metaphern: der zaristische Adler, der auf die Truppen herabstürzt, das Dokument eines Lakaien, das einen Bombenangriff auslöst, ein Panzer, der aus seiner Kettenhalterung rutscht und Soldaten in den Schützengräben »zermalmt«. Er zeigte Kerenski, wie er in seinem Büro umherspaziert und zugleich in der Skala offizieller Titel emporsteigt, während in der denkwürdigsten Sequenz, »Für Gott und Vaterland«, Eisenstein eine Ansammlung von Statuen in Symbole unvereinbarer

Ideen über die Existenz Gottes verwandelt. Die Bearbeitung von *Oktober* löste bei Eisenstein sowohl den Wunsch aus, einen Film über *Das Kapital* zu drehen, als auch theoretisch zu erklären, wie man sich das Kino zunutze machen könnte, um Ideen zu generieren. Als eigene Kategorie vereinte das »Kino ohne Handlung« Filme, die keine romantische Geschichte erzählten und auf eine Hauptfigur ausgerichtet waren. Doch Eisenstein ging weiter und dachte über die Idee nach, das Kino völlig ohne Handlung auskommen zu lassen. »Die Handlung ist nur eines der Mittel, ohne das wir noch nicht wissen, wie wir dem Zuschauer etwas mitteilen können.« Sein Film über *Das Kapital* müsste ein Essay sein, in dem die Entwicklung von Ideen die zentrale Position einnähme. Dieses Kino des intellektuellen Diskurses würde, laut Eisenstein, die Unterscheidung zwischen Dokumentarfilm und Fiktion überwinden. Durch die Inszenierung nicht-fiktiver Ereignisse und die Behandlung von Geschichte entstünde eine Art poetischer Erörterung über die abstrakten Gesetze des gesellschaftlichen Wandels.

Nuestro culpable bekam jedoch auch gute Kritiken. Luis Gómez Mesa sagte über den Film von Mignoni, dass er »der fotogenste unter den populären Filmen« sei (das heißt Filme wie *Aurora de esperanza, Barrios bajos* und *¡No quiero … no quiero!*). Er bemerkte, dass der Film nicht wie das Werk eines Anfängers wirkte, dass er von der Anmut und dem Humor eines René Clair sei, »jedoch übertragen auf die Kultur der Arbeiterklasse Madrids«. Die Zeitschrift *Mi Revista* ihrerseits betonte »die hohe Qualität des neuen spanischen Kinos«, wie sie in *Nuestro culpable* sowie in *En busca de una canción* (Auf der Suche nach einem Lied) von Eusebio Fernández Ardavín veranschaulicht sei. Es kann nicht bestritten werden, dass Mignoni – abgesehen von gewissen Unregelmäßigkeiten im zum Teil etwas ungestümen Rhythmus, der einen oder anderen Schwierigkeit in der Verknüpfung der Episoden und einigen missglückten Gags – ein beachtliches Talent im Umgang mit der Komödie beweist. Der frivole Ton, der im Film vorherrscht, findet seinen glanzvollen Höhepunkt in einem »glücklichen« Ende, dessen Art zu jener Zeit (in Spanien sowie im Ausland) recht ungewöhnlich war. Es geschieht nicht mehr und nicht weniger, als dass El Randa und die Ex-Geliebte des Millionärs, von dem sie sich die zwei Millionen Dollar unter den Nagel gerissen haben, gemeinsam mit der Beute fliehen, und das ohne allzu viele moralisierende Entschuldigungen.

Was könnte von einem Regisseur, der davon träumte, *Das Kapital* zu verfilmen, weiter entfernt sein als diese kinematographisch geduldige

Darstellung einer einheitlichen theatralischen Handlung? Das Konzept der Einheitlichkeit des Schnitts zeigt eine wichtige Veränderung in der Praxis eines Filmemachers auf, dessen Stil im Stummfilmkino berühmt war für die gewagte Nebeneinanderstellung von Aufnahmen und die inkohärenten Wechsel in der Montage. Die neue Methode sollte vielleicht besser als ein Versuch Eisensteins angesehen werden, einen rigorosen Stil innerhalb der Bedingungen des Sozialistischen Realismus zu finden, der auf kohärenten Bühnenszenen und der Konzentration auf einzelne Darsteller basiert, vereint in Raum und Zeit der Handlung, befreit von den »intellektuellen« und »monumentalen« Dimensionen eines Kinos »ohne Handlung«.

Von Ricardo Núñez sehr präzise gespielt, gefielen die als Komödie gefassten Abenteuer von El Randa – einem unbedeutenden Kleinkriminellen, der in das Verschwinden von zwei Millionen Dollar verwickelt wird – nicht jedem. Einige Kritiker verurteilten die Tatsache aufs Schärfste, dass diese Form von »humoristischer Thematik« nur wenige Meter von der Kampffront entfernt aufgegriffen wurde. Das *Nuevo Cinema* (das mehr oder weniger offizielle Sprachrohr der Kommunisten) betonte diese Unangemessenheit in seiner Rezension: »Ein in Madrid produzierter Film – nur einen Kilometer von den Schützengräben entfernt. Unter Maschinengewehrfeuer fiel Fernando Mignoni, dem äußerst bemerkenswerten Bühnenbildner und Künstler, von dem das spanische Kino viel zu erwarten hat, nichts anderes ein, als auf eine stark von Benito Perojo (dessen tüchtiger Mitarbeiter er war) geprägte Art und Weise ein humoristisches Thema zu produzieren, ganz auf der Linie von René Clair, Lubitsch und einer grotesken Farce von Willy Forts, an deren Titel wir uns im Augenblick nicht erinnern können. *Nuestro culpable* leistet keinen lobenswerten Beitrag zum spanischen Kino. Vor dem 18. Juli wäre der Film akzeptabel gewesen, aber heute nicht mehr.« Trotz allem gestand der Rezensent von *Nuevo Cinema* ein, dass der Film auch »einige geglückte Einsichten« biete.

Wie immer bestand das Ziel darin, dem Zuschauer durch die emotionale Wirkung Ideen einzuflößen. Nun wird jedoch von Eisenstein sogar eben jene Vorstellung von »Idee« in Frage gestellt. In seiner »intellektuellen Montage« war die Idee ein Schlagwort oder Lehrsatz. Die Sequenz über die Götter in *Oktober* könnte man zum Beispiel folgendermaßen wiedergeben: »Die Idee der Existenz Gottes ist kulturell relativ und sozial rückläufig.« Nach Eisensteins Rückkehr in die Sowjetunion und unter einer Flut von Kritik wandte er sich von dieser Auffassung eines intellektuellen

Kinos ab. Nun sollte das Kunstwerk Ideen vermitteln, die sehr viel tendenziöser waren. Wir sind wieder in der Welt der Bilderzeugung, der Schöpfung einer »expressiven Abstraktion«: von emotionalen Eigenschaften, zum Beispiel, die eine Handlung oder Situation symbolisieren. Die Schriften von Eisenstein aus den 1930er-Jahren basieren auf drei schematischen Vorstellungen von der Bildung von Konzepten, die immer wieder auftauchen. Die erste Vorstellung ist die des inneren Monologs, die zweite die des sinnlichen Denkens und die dritte die der Darstellung und der Abbildung. Der innere Monolog hat seinen Ursprung in *Ulysses*. Als Eisenstein den Roman von Joyce 1928 las, sah er in ihm ein Beispiel für das Potenzial eines Textes, abstrakte Rückschlüsse mit »psychologischen« Methoden zu erzeugen. Die Ablehnung des Anekdotischen im Roman erschien ihm als eine Parallele zu seinem eigenen Konzept für *Das Kapital*. Doch zu Beginn der 1930er-Jahre, möglicherweise unter dem Einfluss von Edmund Wilsons *Axel's Castle* (Axels Schloss, 1931) und *James Joyce's Ulysses* (1932) von Stuart Gilbert, begann Eisenstein *Ulysses* als Modell für seine Anwendung des Bewusstseinsstroms in Betracht zuziehen.

Es liegt jedoch auch eine spezielle Betonung in dem vom Richter ausgesprochenen Satz, dem der Filmtitel entstammt und in dem die Haltung des Filmemachers zu erkennen ist: »Wir haben ja bereits unseren Schuldigen, warum brauchen wir einen anderen?«, sagt der Richter zu der jungen Frau, als diese gesteht, die Urheberin der Straftat zu sein. Exakt in diesem Augenblick fügen sich alle Elemente zusammen, die zuvor über den Film verstreut waren, und der Diskurs wird geordnet und formuliert. Denn nun sehen wir uns nicht mehr mit einer Reihe von Individuen konfrontiert, die aus persönlichem Interesse heraus handeln (ein Bankier, der einen Skandal vertuschen muss; öffentliche Angestellte, die ihre Effizienz unter Beweis stellen müssen usw.), sondern mit einer dominanten Klasse, die sich durch das institutionelle System selbst schützt, um ihre eigene privilegierte Position zu halten, und die nicht die geringsten Bedenken hat, eine Reihe von Opfern der Ungerechtigkeit (auch als Pech bezeichnet) der Gosse zu überlassen. So ist letztlich alles nur eine Frage von Glück oder Pech, außer für diejenigen, die sich alles erkaufen können. Nur so erklärt es sich, dass der arme Kleinganove – Hauptdarsteller des Films, wenn auch passives Vehikel der Ereignisse – triumphierend aus dem ganzen Durcheinander hervorgeht: Er hat sein Glückshufeisen und sein Mädchen gefunden, das übrigens die Person ist, die die Handlung bestimmt. Sie ist die Aufständische, die Rebellin, diejenige, die mit Geschäftssinn ausgestattet ist.

Sie wählt ihren Gefährten aus, verwickelt ihn zunächst in ihre Angelegenheiten und plant dann seine Befreiung. Ihr Verhalten wird im Übrigen mit einer vollkommenen Selbstverständlichkeit präsentiert, die darauf schließen lässt, dass es im Spanien von 1937 eine Gegebenheit war, dass die Frau ihre gesellschaftliche Stellung längst errungen und die kämpferische Haltung hinter sich gelassen hatte, um nun uneingeschränkt mitzubestimmen. Obwohl der Film nur für kurze Zeit in den Kinos zu sehen war, hat *Nuestro culpable* seine Funktion erfüllt und besteht nun als Zeugnis einer Epoche des spanischen Lebens fort, die so lebendig und komplex war wie dieses Filmwerk selbst, das – im Großen und Ganzen – eigentlich nur als Unterhaltungsprodukt gedacht gewesen war. Und genau aus diesem Grund behält der Film seine volle Überzeugungskraft.

Die Zeichen des Eingriffs sind eindeutig. Die Montage zerlegt die Rede der Darsteller in Slogans. Die Zwischentitel betonen, provozieren oder verhöhnen die dazugehörigen Bilder. Selbst wenn die Andeutung rein visueller Natur ist, gebraucht Eisenstein oft einen verbalen Hinweis als Kommentar zur Erzählung. Der Zwischentitel mit dem Satz »Die Wahrheit wird ertränkt« erscheint, als ein Exemplar der *Prawda* untergeht. Kerenskis Machtgier wird dargestellt, indem er inmitten von endlosen Treppenfluchten gezeigt wird, ein Wortspiel mit dem russischen Begriff *lesnitsa,* der »die Erfolgsleiter« nach oben steigen meint. Die Soldaten, die sich in Schützengräben »unter« die Kanone kauern, werden vom Krieg der Übergangsregierung wortwörtlich »unterdrückt«. Diese auf der Sprache basierenden Abstraktionen sind typisch für die sowjetische Propagandakunst: Auf Plakaten und bei Paraden tauchten Bilder von Spekulanten auf, die von Scheren zerschnitten werden, oder von Weißen Soldaten, die sich winden, während sie in einer Pfanne gebraten werden. Sein Filmprojekt über *Das Kapital*, so versprach es Eisenstein, würde diese Art von Wortspielen als Sprungbrett für didaktische Verallgemeinerungen benutzen.

Es war nicht üblich, dass während des Krieges in den Städten und Filmstudios Sozialdramen wie *Aurora de esperanza* oder Unterhaltungsfilme wie *Nuestro culpable* oder *Barrios bajos* gedreht wurden. Nach Ansicht der Anarchosyndikalisten konnte Propaganda allein die Revolution nicht rechtfertigen, als Arbeiterorganisationen sich einer alten und reaktionären Gesellschaft entgegenstellten. Das Kino als Kunst musste auch kultiviert werden. Die Erfahrung der Kommunisten unterschied sich von jener der Anarchosyndikalisten, so dass es bei verschiedenen Gelegenheiten zur offenen Konfrontation kam, vor allem, wenn es um Fragen in Bezug auf die Filmindustrie ging, wie etwa um den Vertrieb von Filmen oder das Verbot von bestimmten Titeln. Die Ereignisse im Mai 37 brachten mit der Auferlegung kommunistischer Leitsätze vergleichbare Spannungen und gewalttätige Auseinandersetzungen in die Welt des Films. Und obwohl die Kommunisten schließlich ihre eigene Produktionsfirma und einen eigenen Vertrieb aufgebaut hatten, etablierten sie während der Kriegsjahre den Diskurs einer absoluten Geschlossenheit und zentralisierten Führung mit einem einheitlichen politischen und ideologischen Maßstab für alle antifaschistischen Massen, so wie es Juan Plaza, der führende militärische Propagandist, forderte.

Scheinbar war sich Eisenstein mit seinen Kritikern darüber einig, dass es *Oktober* nicht gelungen war, sein offizielles Ziel mit seinen experimentellen Bestrebungen zu vereinen. Er gab zu, dass der Film »eine unbeholfene, vulgäre und sogar peinliche Symbolik« enthalte, aber gleichzeitig dachte er, dass eine Sequenz wie »Für Gott und Vaterland« genauso wie »die Löwen in *Panzerkreuzer Potemkin* als Zugang zur Idee des völlig anderen Kinos dient«. Diese Idee würde sich, wie er andeutete, in *Das Alte und das Neue* Popularität verschaffen und ihren Höhepunkt in *Das Kapital* erreichen. Ironischerweise wurde der stärkste Einfluss, den der Film auf das sowjetische Kino ausübte, aus dessen »realistischstem« Aspekt abgeleitet. Dadurch dass sie ein historisches Bild des bolschewistischen Aufstands gefestigt hatte, nahm die revolutionäre Romantik von *Oktober* später Einfluss auf die Darstellungen der Ereignisse im Oktober. Tatsächlich haben unzählige Dokumentarfilme Aufnahmen der Sequenzen der Julitage und des Angriffs auf den Palast genutzt, als ob es sich dabei um dokumentarisches Nachrichtenmaterial handelte.

Wir können die Aspekte des Films nicht übergehen, die die soziale und rechtliche Situation der Zweiten Republik und den Entstehungskontext des Films reflektieren, wie die explizite Anspielung auf die Scheidung des Bankiers und seiner Frau in einem der Gespräche oder den Traum von El Randa, in dem er das Mädchen in einer standesamtlichen Zeremonie heiratet, welche vom Richter abgehalten wird. Hier handelt es sich eindeutig um säkulare zivilgesellschaftliche Institutionen, die Schauplätze für politische und religiöse Kämpfe zwischen den Aufständischen und der Zweiten Republik waren. Ebenso augenscheinlich ist die völlige Abwesenheit von religiösen Symbolen oder Symbolen des Staates im Büro des Richters im Amtsgericht

Nummer 12, denn das Recht wurde nicht mehr im Namen Gottes oder des Staatsoberhaupts gesprochen, sondern im Namen des Volkes.

Im Bezug auf das Projekt *Das Kapital* schrieb Eisenstein auf eine Postkarte von Aga Khan: »Über das Gottestum: ein unersetzliches Material – der ›Aga Khan‹, der das Schamanentum bis zur Grenze des Zynismus gebracht hat. Ein Gott, der die Oxforder Universität absolviert hat. Der Rugby und Pingpong spielt und sich von seinen Gläubigen anbeten läßt. Im Hintergrund aber rascheln die Rechnungen der ›göttlichen‹ Buchhaltung, die Geschenke und Opfergaben in Empfang nimmt. Die allerbeste Entlarvung von Priestertum und Kultus.«

Antonio Polo ging weiter in der Rechtfertigung des Films: »Als wir daran dachten, *Nuestro culpable* zu drehen, wollten wir nichts anderes als einen kommerziellen Film produzieren, unterhaltsam und ohne moralische Botschaft, immer davon ausgehend, dass seine Handlung in keiner Weise reaktionär wäre. Und das erreichten wir voll und ganz.« Und er fügte hinzu: »Als wir Ende 1937 den Film drehten, war das Publikum übersättigt von Propaganda und einem Triumphalismus, dem die Meldungen des Krieges leider widersprachen, und man suchte in den Kinos nur eine Flucht aus einer Atmosphäre, die sich für die einen immer pessimistischer und die anderen zunehmend hoffnungsvoller darstellte. Dass sie uns zensierten, weil wir keinen Film gemacht hatten, der die Stimmung hob, war für solche Journalisten logisch, die die offiziellen Berichte nicht zu lesen schienen. Doch unsere Absicht bestand darin, einer Branche Arbeit zu geben, was wir leider aufgrund fehlender Mittel nicht fortsetzen konnten.« Diese Auffassung wurde im Allgemeinen vom zweiten Produktionskomitee der C.N.T. in Barcelona geteilt und von den anderen politischen und gewerkschaftlichen Organisationen, die die anarchosyndikalistischen Erfahrungen hinter einer Mauer von Unverständnis und Kritik isolierten, abgelehnt. Dieser Umstand beschleunigte möglicherweise ihre ultimative Rückwendung hin zu Zielen, die in erster Linie im Bereich der kommerziellen Rentabilität verstanden wurden.

Es wurde an einem neuen Eisenstein gearbeitet. Die Artikel aus den *Cahiers du Cinéma* wurden in allen westlichen Ländern übersetzt. Die Einsicht in Eisensteins Notizen zu einem Film über *Das Kapital*, die 1973 in Russland veröffentlicht und kurz danach in anderen Sprachen zugänglich gemacht worden waren, bestätigte die Vorstellung, dass es sich um einen

Filmemacher handelte, der es anstrebte, linkes Engagement mit experimenteller Technik zu verbinden. Ein Vortrag in Italien im gleichen Jahr widmete dem Marxismus beachtlich viel Zeit, während die linke deutsche Zeitschrift *Alternative* den politischen Implikationen der Montagetheorie von Eisenstein eine ganze Ausgabe widmete. Als der Einfluss der revolutionären Politik abklang, begann Eisensteins Werk zum ironischen Referenzpunkt zu werden. Der Protagonist von Makavejevs *Sweet Movie* (1974) trägt dieselbe Mütze wie die Matrosen in *Panzerkreuzer Potemkin*. In Markers Film *Le fond de l'air est rouge* (1977), einer polemischen Meditation über das Scheitern der linken Bewegungen, wird die Sequenz der Treppe von Odessa mit Nachrichtenmaterial von 1968 gegengeschnitten.

English version at *http://fxysudoble.com/es/tesauro/el-capital-el-caracter-fetichista-de-la-mercancia-y-su-secreto/*

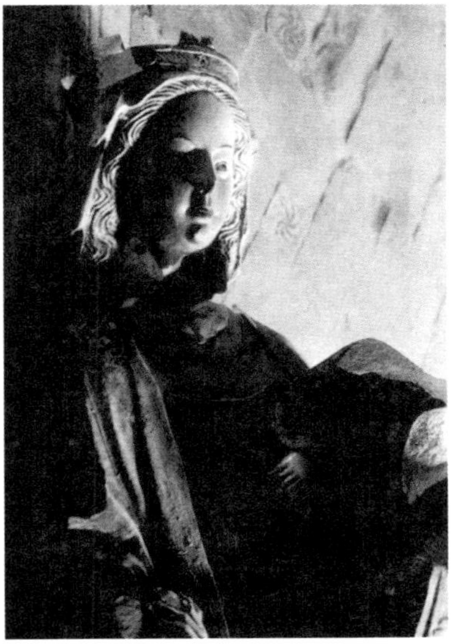

Emmy Hennings

25. Juli 1936. Heilige Jungfrau Maria. Heiligenfigur aus mehrfarbigem Alabaster. Aus einem Fenster in einen Garten geworfen. Die Figur zerbrach beim Aufprall. Die auf dem Boden liegenden Reste wurden mit mehrfachen Hammerschlägen zerschmettert. Bei diesem Unfall ging das Kind in ihrem Schoß verloren. Ein von den Milizsoldaten unter den Initialen C.N.T.-F.A.I. besetztes Gebäude. Unteres Chorgestühl. Kapelle de las Mercedes. (Yllescas?) Kloster de la Concepción. Toledo.

29. Februar 1916. Emmy Hennings. Sie erscheint mit einer Maske ihres eigenen Gesichts. Zerschlagen wir unser Gesicht. Wilder Tanz von Schatten und Larven. Die Masken sprechen. Tanz der Marionetten. Geburtsschreie. Theater, Klub und Kunstgalerie. Von Emmy Hennings und Hugo Ball gegründeter Künstlertreffpunkt. Cabaret Voltaire. Spiegelgasse. Zürich. Schweiz.

Im Kloster de la Concepción von Toledo häuften sich die Gotteslästerungen und Entweihungen der Innenhöfe und Kreuzgänge. Die Beleidigungen hallten in Echos von den Wänden. Man sah mumifizierte Leichen von

Klosterschwestern auf dem Altar und Fußboden der Kirche in den respektlosesten Stellungen liegen und Särge, die aus ihren dortigen Grabstätten gerissen wurden.

Emmy Hennings, von Hugo Ball an der Gitarre begleitet, gab ein Konzert von expressionistischen Liedern im reinsten Stil des Berliner Kabaretts. Totentanz. »So sterben wir, so sterben wir. / Wir sterben alle Tage. / Weil es so gemütlich sich sterben lässt. / Morgens noch in Schlaf und Traum / Mittags schon dahin. / Abends schon zuunterst im Grabe drin.« Die tränende Kerze wirft ihr Licht auf unseren so dunklen Morgen. Ohne es zu verdienen, fühlen wir uns von der Reinheit dieses Mädchens erleuchtet. Ein Licht erwartet uns blinkend im Tor.

Die Soldaten der Heiligen Jungfrau haben die Straße überquert und eine leuchtende Spur hinterlassen, um unsere Schritte zu leiten. Die Sünderinnen erwarten die Soldaten an den Straßenecken, doch wir können ihnen nur Trost in ihrer Buße spenden und einen Kamm für ihr zerzaustes Haar reichen. Es ist kalt, und wir empfehlen uns Gott. Ich gehe morgens früh nach Haus. / Die Uhr schlägt fünf, es wird schon hell, / Doch brennt das Licht noch im Hotel. / Das Kabarett ist endlich aus. / In einer Ecke Kinder kauern, / Zum Markte fahren schon die Bauern, / Zur Kirche geht man still und alt. / Vom Turme läuten ernst die Glocken, / Und eine Dirne mit wilden Locken / Irrt noch umher, übernächtigt und kalt.

Erweckt sie auch die herbstliche Leidenschaft von Don Juan II von Kastilien? Er plaudert gerne mit ihr, er umwirbt sie, er ehrt sie, und überall preist er die Schönheit dieser Dame, auch vor seiner Frau. Beatriz da Silva weiß es nicht, und wenn sie es dennoch bemerkt, dann schreitet sie im Schutz ihrer Gleichgültigkeit an den Flammen vorbei. Doch die verärgerten Verehrer – diejenigen, die die Verachtung dieser jungen Portugiesin, deren sechsundzwanzig Lenze mit dem ganzen Glanz der Schönheit und der Jugend strahlen, nicht bezwingen konnten –, sie beginnen, ein Netz von Verleumdungen um Beatriz da Silva zu weben. In diesen Verleumdungen taucht der Name des Monarchen auf. Seine Frau, die stolze und hochmütige Königin Isabella von Portugal, ist wachsam. Sie wurde von den hungrigen Zähnen der Eifersucht gebissen, und hartherzig, überheblich und rachsüchtig, wie sie ist, erfindet sie für die verleumdete Jungfrau die raffiniertesten Qualen. Zuerst macht sie ihr, von rasender Eifersucht geplagt, mit Worten blinder Wut riesige Vorwürfe. In Beatriz da Silva spiegeln sich süße Gelassenheit und tiefe Sittsamkeit mit unantastbarer Würde als Gegenpol zu all diesen Verleumdungen.

Ist es nicht bloß Leidenschaft, was ich für sie fühle, und ist es doch nicht Lob oder Ruhm, was meine Worte offenbaren? Ihre Zeit bestraft sie und belohnt sie gleichzeitig mit dem Hass und der Wärme der anderen. Ein Interesse an Emmys Roman *Gefängnis* breitet sich aus. Das Buch beschreibt die Epoche und ihre Leiden. Ein Berliner Rezensent nennt es »moderne Memoiren des Leichenhauses«, und er kann den Eindruck, den es bei ihm hinterließ, nur mit dem vergleichen, den er beim Lesen von Hamsuns *Hunger* gewonnen hatte. Eine Münchner Zeitschrift schreibt: »Ein Drittel Mädchen, ein Drittel Frau, ein Drittel Dirne: Was sie in diesem Buch geschrieben hat, wird viele, die ihr gleichen, übertreffen, weil sich das angeborene Menschliche mitleidig in den zarten Händen entflammt, mit dem roten und lebendigen Glanz eines Rubins, neben dem alles andere in graue Asche zerfällt.« Stilistisch betrachtet ist das Buch zu vergleichen mit einem stetigen Feilen und Abwetzen von eisernen Gittern. Es kennt weder Kapitulation noch Kompromiss. Es ist unerschütterlich in seiner genauen Geradlinigkeit. Es erträgt jede Eifersucht und jeden Neid der Zeit, in der die Autorin leben muss: »Oh, Herr, all mein Glaube, all die Sehnsucht meiner Existenz ist heute eines gewaltsamen Todes gestorben … heute habe ich Dich gezeugt …!«

Das erbittert Königin Isabella, und sie denkt darüber nach, sich ihrer vermeintlichen Rivalin auf verbrecherische Weise zu entledigen. So schließt sie die unglückliche Dame in eine Truhe oder einen Sarg, den sie bauen lässt. Das erzwungene Versteck ist so eng, dass Hunger und Sauerstoffmangel dem blühenden Leben der schönen Beatriz nach drei Tagen ein Ende setzen würden. Die Eingesperrte wimmert, allein ihre Unschuld ist ihre Begleiterin. Sie richtet ihre Fürbitten an die Heilige Jungfrau und legt ihr Schicksal in deren Hände. Und plötzlich hört sie in der Finsternis des Sarges eine himmlische Stimme, die ihr Kraft und Lebensmut spendet. Die Stimme gehört einer Frau mit göttlichem Antlitz, das im Licht erstrahlt. Beatriz da Silva sieht sie in schneeweißer Tunika und bläulichem Umhang. Ihre Stimme ist unbeschreiblich. Und diese Stimme tröstet und erfreut die Seele der reinen Jungfrau, die ihr daraufhin für alle Zeiten ihre Keuschheit anvertraut. Als Königin Isabella dem Onkel von Beatriz da Silva, Don Juan Meneses, auf seine inständigen Bitten hin den Leichnam seiner Nichte zeigen will und den Sarg öffnet, ist die Königin erstaunt und verwundert. Das Leben triumphiert, die Jungfrau, schöner denn je, atmet, als ob ihre Gesundheit verdoppelt worden wäre. Aus dem Sarg strömt ein Duft von Lilien, ein jungfräulich reiner Duft. Und die Königin ist verwirrt und beschämt, doch Beatriz da Silva geht fort nach Toledo und dankt der Heiligen Jungfrau für ihre Fürsorge durch die Gründung eines Klosters, das der Divina Concepción, der göttlichen Empfängnis, gewidmet wird. Sie schmückt die Tracht der Novizinnen mit einem weißen Gewand und einem blauen Umhang, so wie ihr die Heilige Mutter Gottes erschienen war in den Stunden der höchsten Bedrängnis.

Eine Welt der Gespenster, in der Könige und Königinnen mit Verbrechern und Aussätzigen zusammenlebten. Es wurde unter der Notwendigkeit gelebt, die Macht zu demütigen und sich von der Macht demütigen zu lassen. Es konnte nicht gelebt werden, ohne zu denken, dass das persönliche Schicksal an das Schicksal der ganzen Nation gebunden war. »Totenkopf: Das ist der Name, den die Apachen in ihrer Sprache einem Mädchen gegeben haben. Über seine ausgemergelten Züge zeichnet sich das Skelett ab.« Lange bevor das Cabaret Voltaire eröffnet wurde, schrieb er ein obszönes Gedicht über die Jungfrau Maria: *Der Henker.* Er wollte sie vögeln, sagte er. Doch das war auch, bevor er mit seinem Tagebuch begann, in dem er Zeugnis ablegte, dass dies gar nichts bedeutete: »Ich trug einmal früher von Stadt zu Stadt einen Totenkopf mit mir herum, den ich in einer alten Kapelle gefunden habe. Man hatte Gräber umgeschaufelt und dabei hundertjährige Skelette bloßgelegt. Auf die Schädeldecke schrieb man die Namen der Verstorbenen und den Geburtsort dazu. Die Backenknochen wurden mit Rosen und Vergissmeinnicht bemalt. Das caput mortuum, das ich so jahrelang mit mir führte, war der Kopf eines mit 22 Jahren anno 1811 verstorbenen Mädchens. Ich war in die 133-Jährige recht vernarrt und konnte mich schwer von ihr trennen.«

Die Milizsoldaten verwandeln das Kloster und die Kirche in eine Kaserne. Es beginnt das gotteslästerliche Gelage. Vandalenhände greifen nach dem Heiligsten, zerschlagen Figuren, zerreißen Bilder, zerstören Altäre, all diese Blasphemien geschehen unter dem schallenden Gelächter von Verrückten. Große Messer reißen der Heiligen Jungfrau und dem Kinde die Augen heraus. Sie beschmutzen die Gesichter der Figuren mit schrecklichem Geschmiere. Sie brechen ein in die Klausur und führen dort ihr ikonoklastisches Werk fort. Sie werfen alles um und beschmutzen alles. Sie plündern den Chor, zerschlagen die Orgeln und Schränke, und auf dem Boden liegt ein formloser Haufen mehrfarbiger steinerner Scherben und kaputter Gliedmaßen. Es sind die Überreste von Christus, der mit Schlägen und Hieben zerstört wurde.

In einem kunterbunten überfüllten Lokal sind einige wunderliche Fantasten auf der Bühne zu sehen: Tzara, Janco, Ball, Huelsenbeck, Emmy Hennings und meine Wenigkeit. Wir vollführen einen Höllenlärm. Das Publikum um uns schreit, lacht und schlägt die Hände über dem Kopf zusammen. Wir antworten darauf mit Liebesseufzern, mit Rülpsen, mit Gedichten, mit dem »Muh, Muh« und »Miau, Miau« mittelalterlicher Bruitisten. Tzara lässt sein Hinterteil hüpfen wie den Bauch einer orientalischen Tänzerin. Frau Hennings mit einem Madonnengesicht versucht Spagat.

Wie schmerzhaft, das Schicksal der Heiligenfiguren! Im sogenannten unteren Chorgestühl wurde eine kostbare Figur der Heiligen Jungfrau (aus dem 15. Jahrhundert?), das Jesuskind in ihrem Schoße wiegend, enthauptet. Vom Jesuskind fehlt jede Spur. Und dabei handelte es sich um ein ausgesprochen wertvolles Kunstwerk aus mehrfarbigem Stein, geschmückt mit reichlich bestickten Seidenstoffen. Zweifellos eine Antiquität, die auf das 15. Jahrhundert datiert wurde, obwohl es Expertenstimmen gibt, die sie sogar für ein Meisterwerk aus dem 13. Jahrhundert halten.

Die seltsame und destruktive Schönheit, die seine Dichtkunst ausstrahlt, entspringt einem klaren Anachronismus, da nicht jene düsteren Gedichte aus der expressionistischen Zeit die nihilistischsten sind, sondern die Negation in den religiösen Gedichten seiner späten Jahre mit größtem Nachdruck glänzt. Der Mut seiner Aussage bringt die Chronologie und die Einschätzung seiner Epoche durcheinander, je weiter wir in der Zeit fortschreiten, desto archaischer, desto ausgeprägter ist die Dichtkunst.

Die Ungeheuer haben ihren gotteslästerlichen Hunger noch nicht gesättigt, denn nun schreiten sie fort zu den Begräbnissen, reißen Grabsteine nieder, legen Leichname frei, führen mit ihnen makabre Tänze auf, werfen die Knochen umher, und zwischen ihnen sehen wir die sterblichen Überreste der Santa Fundadora, dort auf dem Boden. Nicht einmal ihre Grabstätte wurde respektiert und somit ein letzter Funke menschlicher Sittsamkeit bewahrt. Entehrt wird der heilige Körper. Aufgedunsen zurückgelassen, wund durch die Unzucht und den Missbrauch, verübt durch die Pranken und Krallen der wollüstigen Milizsoldaten. Sie gestatteten es dem jungfräulichen Körper nicht, in Frieden zu ruhen. Währenddessen plätschert die Quelle des kleinen Hofes immer noch sanft, bis der Tag dämmert, und in ihrem Wasser spiegelt sie jene Totenköpfe wider, die ihre Ufer säumen und langsam den Staub der Vernichtung zur Ruhe kommen lassen.

Sie erschien mitten im Kabarett, mit Bändern um den Hals und wächsernem Gesicht. Mit dem sehr kurzen gelben Haar und einem knappen dunklen Samtkleid mit steifen Rüschen hob sie sich komplett vom Rest der Menschheit ab … alt und verbraucht … Eine Frau verfügt über unendlich viele Schattierungen, meine Herren, aber man darf die Erotik nicht mit der Prostitution verwechseln … Wer kann verhindern, dass dieses Mädchen, das die Hysterie selbst ist, … anschwillt, bis sie zu einer Lawine wird? Mit Schminke bedeckt, hypnotisiert durch Morphium, Absinth und die blutrote Flamme ihrer elektrischen Version von »Glorie«. Eine extreme Verzerrung des Gotischen. Ihre Stimme hüpft über die Leichen, macht sich über sie lustig und zwitschert ergreifend wie ein Kanarienvogel.

Ein Arzt aus Toledo überreicht mir die Bleikugel, die er aus meinem Körper herausgeholt hat. Im Krankenhaus ist es sehr kalt. Ich beobachte, wie meine Knochen und mein Fleisch das Metall geformt haben, und die Form des Geschosses entspricht der der Heiligen Jungfrau. Das Feuer, das in meiner Brust gebrannt hat, hat nun sein gerechtes Gegenstück bekommen. In unserer Kindheit, als kleine Soldaten der Heiligen Jungfrau, ahnten wir nicht, wie viel Schmerz es bedeuten würde, einer Mutter, die wir als unbekannt empfanden, ewige Liebe und Ehrfurcht zu erweisen.

Mein Leib schmerzt, irgendwo in einem fremden Land, / Ich fühle meinen Körper längst nicht mehr, / Die Füße sind wie Blei so schwer, / Die Brust ist hohl und ausgebrannt. / Mir tut nichts weh und bin doch voller Schmerzen, / Ich seh in deine Augen wie gebannt. / Ich fall in Schlaf, es flammen Kerzen / Sie leuchten mir ins unbekannte Land.

Roy Campbell erzählt, dass er bei seinem Aufenthalt in Toledo auf zahlreiche Frauen aus Fleisch und Blut traf, die auf perfekte Art und Weise seiner hohen Vorstellung von der Heiligen Jungfrau entsprochen haben, so wie sie in seinen Gedichten beschrieben wird. Es handelt sich nicht um Profanisierung oder Mystifizierung des Menschlichen. Es dreht sich vielmehr darum, was in einem Theaterstück – in einem alten und klassischen Mysterienspiel – geschieht, in dem die Schauspielerinnen, die die Mutter Gottes verkörpern, beispielhafte Frauen von reinster Tugend waren, und das in einer Zeit, in der viele dieser Theaterrollen von Männern besetzt wurden. Campbell führt den Fall einer Nonne des Ordens der Concepcionistas auf, die von den roten Milizsoldaten geschändet wurde, die gegen ihren Willen und mit tierischer Brutalität entehrt wurde. Sie hatte dann als Krankenschwester Platz in den Reihen der Miliz gefunden, wo sie als echte Soldaten-Frau an der Front wirkte. Die spanische literarische Tradition der Soldaten-Nonne tritt in seinen Schriften zutage, doch die Kraft ihrer Bilder macht deutlich, dass es sich um einen lebendigen Körper handelt, dass es jemanden gibt, der tatsächlich diese Buchstaben verkörpert. Wir finden das bestätigt in den Versen von *Flowering Rifle* von 1939, wenn unser aufmerksames Gehör die schöne Stimme der Soldaten-Nonne wahrnimmt: »Die Jungfrau des Tales wacht über die Stadt, / geneigt über den strömenden Fluss / bebt auf dessen Wasser der Engel Widerschein, / um in Flammen aus Blut das reiche Nass zu streifen, / wo Schwalben jene Himmel küssen, / den ihre Flügel nur gemeinsam erklimmen können, / doch steige ich nieder zu ihm, um sie anzubeten …« Die Beziehung zwischen Campbell und der Nonne aus dem Orden der Concepcionistas hat einen eigenartigen biografischen Verlauf. Monate, nachdem er zum ersten Mal von ihr gehört hatte, kam ihm an der Front der Sierra de Gredos zu Ohren, dass die Geschichte eines tapferen Soldaten erzählt wurde, der jeden Tag sein Leben in vorderster Reihe beim Kampf aufs Spiel setze. Das beharrliche Gerücht sagte, dass dieser Soldat die Erscheinung der Mutter Gottes sei, und zwar in Form einer Frau, einer Krankenschwester, die in einem nahen Lager ihre Dienste verrichte. Um diese Geschichte wissend, wollte Campbell ein Treffen herbeiführen, vermutete er doch, dass es sich um dieselbe Frau handelte, die er in Toledo kennengelernt hatte. Er fand den Ort, und er fand auch seine Freundin, um gleichzeitig traurig festzustellen zu müssen, dass sie schon tot war. Ein Bajonett hatte ihr den Bauch zerfetzt.

John Elderfield erzählt, dass sie damals, als Ball sie kennenlernte, eine tingelnde Schauspielerin »mit einer sehr unorthodoxen Vergangenheit« war und in Kabaretts auftrat. Ich weiß nicht, welche Bedeutung diese Aussagen hatten, auch wenn er weiterhin sagte, dass sie durch Russland und Ungarn gereist war, ihre Ehe beendet hatte, eine Zeit lang im Gefängnis saß und unter Mordverdacht gestanden hatte. Sie war es, die eine Arbeit als

Sängerin in einer Schenke fand, die später Cabaret Voltaire genannt wurde. Und sie war es, die den Besitzer davon überzeugte, dass er auch Ball als Pianisten anstellen sollte. Zu Beginn wurde ihr keine große Bedeutung beigemessen, weder ihr noch ihrem Beitrag zur Entstehung des Dadaismus, der hauptsächlich eine männliche Bewegung war. Doch mit Sicherheit war sie eine der wenigen Frauen, die in den Dadaismus eingebunden waren. Die *Züricher Post* erinnerte 1916 an ihre Zeit als Berliner Sängerin, die »sich an einer rauschend gelben Gardine festhielt, die Hände auf ihre üppigen Hüften gelegt, wie auf einen blühenden Strauß«. Und weiter hieß es im Text: »Heute sehen wir sie in derselben herausfordernden Pose dieselben Lieder mit einem Körper singen, der seither nur sehr leicht vom Schmerz geprägt wurde.« Hans Arp beschrieb sie uns als »singend mit dem Gesicht einer Madonna …, während Ball sie kreidebleich wie ein gediegenes Gespenst am Klavier begleitet«. Wir werden zurückkehren zu diesem Bild der singenden Madonna, besonders in Bezug auf den Dada-Menschen als Gespenst. Es ist ein besonders interessantes Bild, schon allein deshalb, weil man Emmy Hennings später vorwirft, dass sie das Image von Ball nach seinem Tod 1927 verbessern wollte und den Dadaismus als kaum mehr als einen jugendlichen Exzess auf dem geraden Weg hin zur Konversion zum Katholizismus bezeichnete. Und in ihren eigenen Memoiren hat sich Hennings selbst, wie wir es später sehen werden, auf die Madonna als den Ursprung und das Schicksal von Ball bezogen. Gemäß einem von Hans Richter geschriebenen Brief ist Emmy Hennings 1949 in einem kleinen Zimmer gestorben, das über einer Lagerhalle in Magliaso (Tessin) lag. Sie muss gut 50 Jahre alt gewesen sein, und um zu überleben, arbeitete sie in einer Fabrik.

Es wurde bereits gesagt, in welchem Zustand die Figur der Heiligen Jungfrau war, die im 13. oder 15. Jahrhundert aus weißem Stein gemeißelt wurde und in der Kapelle de las Mercedes, Toledo, stand und die im Volksmund »Jungfrau des Gesteins« genannt wurde.

Brief eines Leichnams, den Emmy an Leonhard Frank schreibt. Darin geht es auf bissige Art und Weise und ohne Scherzhaftigkeit um den Selbsterhaltungstrieb der Leiche, um ihre Fähigkeit, sich selbst zu versteinern.

English version at *http://fxysudoble.com/es/tesauro/emmy-hennings/*

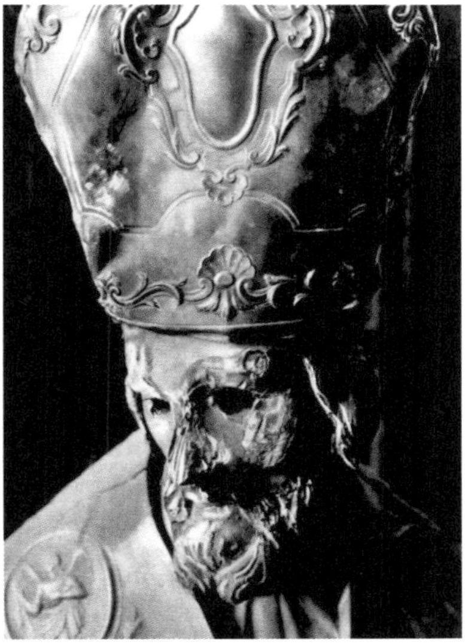

Hugo Ball

21. Juli 1936. San Isidoro. Geschnitzte versilberte Holzfigur aus dem 17. Jahrhundert, getragen bei den Prozessionen der Karwoche. Maske des Bischofs. Völlig verstümmeltes Kunstwerk, dem die Augen ausgestochen wurden. Die Heiligenfigur wurde aufgehängt. Man hat darauf geschossen, und danach wurde sie angezündet. Kirche San Miguel el Grande. Morón de la Frontera. Provinz Sevilla.

29. Februar 1916. Hugo Ball. Er erscheint mit einer Maske seines eigenen Gesichts. Die Prozession geht weiter. Wilder Tanz von Schatten und Larven. Die verstümmelten Masken. Schüsse! Die Marionetten brennen! Theater, Klub und Kunstgalerie, von Emmy Hennings und Hugo Ball gegründeter Künstlertreffpunkt. Cabaret Voltaire. Spiegelgasse. Zürich. Schweiz.

Ausstellung:
Don. M.A. // Marca de plata MM.AA. // 1806–1813 // Mide 0,32 // Rev de Morón y Bet. // 75% onza. // Ext. Año VII-1920, 101. UHP // OBISP. Medía 2,37 // Rev. ESP. IX, núm. 419 // Tumba de Plata // E.I.A. // Policía

núm.112467. // Atest. 30-7-1936. // CNT-FAI. // Requis. Ord. 3004 // Matricul. SE-003021.

Karawane:
Jolifanto bambla ô falli bambla // Grossiga m'pfa habla horem // Égiga goramen // Higo bloiko russula huju // Hollaka hollala // Anlogo bung // Blago bung // Blago bung // Bosso fataka // Ü üü ü // Schampa wulla wussa ólobo // Hej tatta gôrem // Eschige zunbada // Wulubu ssubudu uluw ssubudu // Tumba ba- umf // Kusagauma // Ba–umf.

Die Inschrift, die man in der Kirche San Miguel entdeckte, entspricht keiner Legende aus der Barockzeit, durch die üblicherweise irgendein bedeutender Name oder ein religiöses oder historisches Ereignis einen feierlichen Rahmen erhielt. Es handelt sich hierbei vielmehr um die Reste einer unvollständigen politischen Wandkritzelei, die nach dem Bürgerkrieg übermalt wurde.

»Wenn wir ganz genau hinsehen, stellen wir fest, dass der Dichter Góngora der Erste war, der den schönen Satz zunichte machte, mit der Absicht, den Wörtern ihre Freiheit zurückzugeben.« Diese Aussage stammt nicht von mir, sie ist von Raoul Hausmann und bezieht sich auf die Erfindung der phonetischen Dichtkunst durch Hugo Ball und ihn selbst.

Während des Spanischen Bürgerkriegs hat die republikanische Partei die Pfarrkirche von San Miguel zerstört: die berühmte Silbermonstranz (deren künstlerischer Wert den drei kostbarsten aus ganz Spanien zuzuordnen war) sowie den Altar des Allerheiligsten, alles aus demselben Metall gefertigt. Diese Zerstörung der Schätze ist der einzige Beitrag der Republik zum kulturellen Erbe der Bewohner von Morón.

Er weiß, dass die Welt der Systeme in Trümmer ging, und dass die auf Barzahlung drängende Zeit einen Ramschausverkauf der entgötterten Philosophien eröffnet hat. Wo für die Budenbesitzer der Schreck und das schlechte Gewissen beginnt, da beginnt für den Dadaisten ein helles Gelächter und eine milde Begütigung.

Dann schickte er Leute, um sie auszuräumen und in ein Haus des Volkes zu verwandeln, in ein Asyl für all diejenigen, die sich dort einquartieren wollten. Und die Leichtesten unter ihnen stiegen mit Beilen und Spitzhacken in den

Händen auf die Altäre, wo sie die alten und kostbaren Figuren zerstörten, vor denen ihre Ahnen inbrünstig und flehend Gebete gesprochen hatten. Und so wirbelten Verzierungen und Gesimse und Scherben durch die Luft, die einst dem Opfer zur Feier der heiligen Messe gedient hatten. Zu ihr lief er, der ordinärste Pöbel, um sich mit seinen schmutzigen und zerlumpten Strohsäcken dort niederzulassen, um die Beichtstühle in Toiletten zu verwandeln und unzählige unerhörte Entweihungen zu begehen. San Miguel war der Resonanzboden, der die Gebete von Jahrhunderten unter den starken und tauben Schlägen und dem starken Lärm verbarg, jenem Lärm, der von Axtschlägen gegen Altäre und Heiligenfiguren, gegen den Boden, die Säulen und Leisten der Altaraufsätze erzeugt wurde. Und die Grausamkeiten nahmen solch extreme Formen an, wie sie die vergangenen Jahrhunderte nicht erblickt hatten. Es wurden die Brüste der schwangeren Frauen gespalten; es wurden Kindern die Augen ausgestochen. Ohren und Nasen der Erwachsenen wurden abgeschnitten und als Pfand unter den Gesetzesflüchtigen, den feschen jungen Frauen und den noch nicht geschlechtsreifen Mädchen verteilt. Und als Gipfel der Verderbtheit und Entweihung – es weigert sich die Feder, dies niederzuschreiben – erfuhr man, dass eine Frau der roten Milizen dem Allerheiligsten eine unbefleckte Hostie entnahm und sie einem traurigen Esel zu essen gab. Oh, abscheuliche Tat, dem Menschen unwürdig! Oh, das abstoßendste und verwerflichste Zeugnis des barbarischen Triebs, der seine Schatten auf die Welt wirft! Und letztendlich wurde die Kirche angezündet, und es möge dieses Feuer so viel Entweihung heiligen!

Ich habe eine neue Gattung von Versen erfunden, »Verse ohne Worte« oder Lautgedichte, in denen das Balancement der Vokale nur nach dem Wert der Ansatzreihe erwogen und ausgeteilt wird. Die ersten dieser Verse habe ich heute Abend vorgelesen. Ich hatte mir dazu ein eigenes Kostüm entworfen. Meine Beine standen in einem Säulenrund aus blauglänzendem Karton, der mir schlank bis zur Hüfte reichte, so dass ich bis dahin wie ein Obelisk aussah. Darüber trug ich einen riesigen, aus Pappe geschnittenen Mantelkragen, der, innen mit Scharlach und außen mit Gold beklebt, am Halse derart zusammengehalten war, dass ich ihn durch ein Heben und Senken der Ellbogen flügelartig bewegen konnte. Dazu einen zylinderartigen, hohen, weiß und blau gestreiften Schamanenhut. Ich hatte an allen drei Seiten des Podiums gegen das Publikum Notenständer errichtet und stellte darauf mein mit Rotstift gemaltes Manuskript, bald am einen, bald am andern Notenständer zelebrierend. Da Tzara von meinen Vorbereitungen wusste, gab es eine richtige kleine Premiere. Alle waren neugierig. Also ließ ich mich, da ich als Säule nicht gehen konnte, in der Verfinsterung auf das Podest tragen und begann langsam und feierlich:

gadji beri bimba
glandridi lauli lonni cadori
gadjama bim beri glassala
glandridi glassala tuffm i zimbrabim
blassa galassasa tuffm i zimbrabim …

Die Akzente wurden schwerer, der Ausdruck steigerte sich in der Verschärfung der Konsonanten. Ich merkte sehr bald, dass meine Ausdrucksmittel, wenn ich ernst bleiben wollte (und das wollte ich um jeden Preis), dem Pomp meiner Inszenierung nicht würden gewachsen sein.

Zur festgelegten Stunde kamen der Truppenverband, die Obrigkeiten, einige Ortsansässige, die noch in Freiheit waren, und einige Streuner zum Platz, um der Zeremonie beizuwohnen, und nahmen dort ihre entsprechenden Plätze ein. Es flatterten Nationalflaggen in der Luft, und die Winde bahnten sich einen Weg zwischen den Raketen, der patriotischen Seele zur Freude und die Sinne ergötzend. Und der Herr Erzpriester, der sich nun wieder bewegen konnte, nachdem er die heiligen Ornate angelegt hatte, begann die Zeremonie damit, eine öffentliche und feierliche Wiedergutmachung vom geweihten San Isidoro zu erbitten: für all die Schändungen und Beleidigungen, deren Opfer er durch die Hand der roten Horden mit ihrem unersättlichen Hunger nach Sakrilegen und Entweihungen geworden war. Dann begann er die heilige Messe zu lesen, unterstützt vom Küster, den ehemaligen Ministranten und der Musikkapelle. Alle Anwesenden trugen ihre Gottergebenheit ergriffen und gerührt zur Schau, besonders in dem Augenblick, als die heilige Hostie vom Priester erhoben wurde.

Im Publikum sah ich Brupbacher, Jelmoli, Laban, Frau Wigman. Ich fürchtete eine Blamage und nahm mich zusammen. Ich hatte jetzt rechts am Notenständer »Labadas Gesang an die Wolken« und links die »Elefantenkarawane« absolviert und wandte mich wieder zur mittleren Staffelei, fleißig mit den Flügeln schlagend. Die schweren Vokalreihen und der schleppende Rhythmus der Elefanten hatten mir eben noch eine letzte Steigerung erlaubt. Wie sollte ich's aber zu Ende führen? Da bemerkte ich, dass meine Stimme, der kein anderer Weg mehr blieb, die uralte Kadenz der priesterlichen Lamentation annahm, jenen Stil des Messgesangs, wie er durch die katholischen Kirchen des Morgen- und Abendlandes wehklagt.

Die Inschrift aus der Kirche San Isidoro stammt aus seinen berühmten *Etymologien* (Isidoro de Sevilla, Enzyklopädie *Etymologiarum sive originum libri XX*, um 600 n. Chr.). Das doppelte S. und das doppelte I. weisen von vornherein auf Sapiencia (Weisheit) und Intelecto (Intellekt) im Plural hin. Sogar unter Berücksichtigung der göttlichen Inspiration haben die *Etymologien*, abgesehen von der Abhängigkeit der Wörter untereinander, etwas Fantastisches an sich.

Als ich das Wort »Dada« gefunden habe, wurde ich zweimal Dionysius Aeropagita genannt. D.A.-D.A. Über diese mystische Geburt schrieben Huelsenbeck und auch ich selbst in früheren Anmerkungen. Damals widmete ich mich der Alchemie der Buchstaben und Wörter.

San Isidoro de Sevilla (Cartagena, 560–Sevilla, 636), eine der wichtigsten Figuren der universalen Geisteswissenschaften, ein mittelalterlicher Verwahrer der Weisheiten aus der Antike, war Hauptgegenstand eines Seminars der Universität von Sevilla, das im Herbstsemester vom 1. bis zum 30. September stattfand. Diese Kurse werden seit über 30 Jahren von den Fakultäten der Philologie, Geografie und Geschichte (ehemalige Fakultät für Philosophie und Geisteswissenschaften) organisiert und richten sich gleichermaßen an spanische wie an ausländische Studenten. Sie zielen darauf ab, das kulturelle Angebot der Stadt durch eine Reihe von Vorträgen und anderen Aktivitäten zu erweitern. »Es handelt sich nicht um spezifische Kurse für Studenten der Philologie oder Geschichte. Ohne die wissenschaftliche Seriosität und den akademischen Rahmen aufzugeben, richten sie sich an jeden Studenten, Akademiker oder interessierten Forscher«, erläutert Manuel García, Leiter des Geschichtsseminars. Neben dem Kurs *San Isidoro de Sevilla. Der erste Europäer* wurden drei weitere durchgeführt: zwei zur Literatur und einer zur Geschichte (*Der Spanische Bürgerkrieg, 60 Jahre danach. Bilanz und Perspektiven*; *Die spanische Dichtkunst am Ende des Jahrtausends* und *Bibliotheken und Bücher: vom Papyrus zur CD-ROM*). Das von Professor Leandro Álvarez Rey geleitete Seminar zum Bürgerkrieg befasst sich 60 Jahre nach dem Konflikt mit den Ursachen und der Entwicklung des Krieges, und zwar aus einer dreifachen Perspektive: derjenigen Spaniens, Andalusiens und Sevillas.

Hugo Ball, eine entscheidende Figur bei der Gründung des Dadaismus, war außerdem der erste Deserteur der Bewegung, und seine Äußerungen über den Zeitraum von 1914 bis 1921 bilden ein außerordentlich wertvolles Dokument ab. Das Original von *Die Flucht aus der Zeit* wurde 1927 in Deutschland, also kurz vor dem Tode Balls, der im Alter von 41 Jahren an Magenkrebs starb, veröffentlicht. Die Publikation setzt sich aus Passagen, die der Autor seinen Tagebüchern entnommen hat, zusammen und ist von einer klaren und polemischen, retrospektiven Sichtweise geprägt. Hugo Ball war ein Mensch seiner Zeit, und sein Leben scheint die Leidenschaften und Widersprüche der europäischen Gesellschaft des ersten Viertels des 20. Jahrhunderts in außerordentlicher Art und Weise zu verkörpern. Student der Werke von Nietzsche; Regisseur und expressionistischer Dramatiker; linksorientierter Journalist; Dichter; Romanschriftsteller; Autor von Werken über Bakunin, die deutsche Intelligenz, das alte Christentum und die Schriften von Hermann Hesse; konvertierter Katholik: Es schien, dass er in unterschiedlichen Momenten praktisch mit allen politischen und künstlerischen Belangen seiner Zeit in Berührung gekommen war. Im Vorwort von *Die Flucht aus der Zeit* bietet Ball dem Leser eine kulturelle Autopsie an, die die Richtschnur von allem Folgenden vorgibt: »So ist das Erscheinungsbild der Welt und der Gesellschaft von 1913: Das Leben ist fest an ein Flechtwerk gekettet, das es gefangen hält. Die ultimative Frage, die sich Tag und Nacht wiederholt, lautet: Existiert irgendwo eine starke Macht, und vor allem, hat sie genügend Kraft, um dieser Lage ein Ende zu bereiten?« An anderer Stelle bringt er seine Ideen in einem Vortrag von 1917 über Kandinsky mit sogar noch größerem Nachdruck vor, und im Schatten des Ersten Weltkrieges veranschaulicht er seine Worte folgendermaßen: »Eine tausendjährige Kultur zerfällt. Schon gibt es weder Säulen noch Pfeiler noch Grundmauern … Sie sind eingestürzt … Der Sinn der Welt ist verschwunden.«

In der von der national-katholischen Partei produzierten Propagandaliteratur, in ihrer faschistischen Virulenz und krankhaft sadistischen Akribie finden wir die wahren ikonoklastischen Ereignisse, die sich während der Revolution und den Kriegsjahren von 1936 zugetragen haben. Das Phänomen der Zerstörung von Bildnissen und sakralen Gegenständen, das Niederbrennen und die Besetzung von religiösen Gebäuden, sogar die Suche, Festnahme und Ermordung von Priestern und Nonnen sind eine Reaktion auf verschiedene politische und polizeiliche Motive. Die meisten sind strafbar und verwerflich, führen aber zu keiner wesentlichen Änderung des religiösen Lebens. Die Propagandaschrift dagegen schon, sogar im höchsten

Maße, bis zu dem Punkt, dass sie selbst von der spanischen Kirche bei ihren öffentlichen Aktivitäten nicht mehr empfohlen wird.

Vor den Versen hatte ich einige programmatische Worte verlesen. Man verzichte mit dieser Art Klanggedichte in Bausch und Bogen auf die durch den Journalismus verdorbene und unmöglich gewordene Sprache. Man ziehe sich in die innerste Alchimie des Wortes zurück, man gebe auch das Wort noch preis, und bewahre so der Dichtung ihren letzten heiligsten Bezirk. Man verzichte darauf, aus zweiter Hand zu dichten: nämlich Worte zu übernehmen (von Sätzen ganz zu schweigen), die man nicht funkelnagelneu für den eigenen Gebrauch erfunden habe. Man wolle den poetischen Effekt nicht länger durch Maßnahmen erzielen, die schließlich nichts weiter seien als reflektierte Eingebungen oder Arrangements verstohlen angebotener Geist-, nein Bildreichigkeiten.

Ohne Zweifel handelt es sich um eine der größten Sammlungen von prächtiger und ornamentaler Kunst, die sich im Besitz des Erzbistums von Sevilla befindet. Wir werden nun unter Berücksichtigung des Alten und Neuen ihre Besonderheiten untersuchen, das, was gerettet werden konnte, und das, was für immer verloren ging. Zweifellos handelt es sich um die beiden wichtigsten Stücke der sakralen Goldschmiedekunst, die uns hier beschäftigen: die große Prozessions-Monstranz und der herrliche Silberaltar zur Ehrung des heiligsten Sakraments. Der künstlerische Wert des Silberaltars könnte mit dem leider verloren gegangenen Altar aus der Pfarrkirche Santa Ana in Sevilla verglichen werden. Die Vorderseite hat in der Mitte ein Basrelief aus vergoldetem Silber, das den heiligen Michael darstellt. An den Seiten gab es die Darstellung von zwei silbernen Engeln, die das Allerheiligste anbeteten. Später, 1791, wurden zwei große Silberkonsolen mit goldenen Verzierungen angebracht, auf denen zwei überlebensgroße, mit Silber überzogene Holzfiguren errichtet wurden, die die Erzbischöfe San Leandro und San Isidoro repräsentierten. Bei diesem prächtigen Kunstwerk ist der Verlust der Figur von San Leandro zu beklagen, ebenso der einiger Verzierungen an der Vorderseite des Altars. Die Figur von San Isidoro befindet sich in sehr schlechtem Zustand. Zudem haben wir die Monstranz, ein perfekt ausgearbeitetes Exemplar der in Sevilla typischen Goldschmiedekunst des 18. Jahrhunderts. Es war die wichtigste Prozessions-Monstranz ganz Spaniens. Sie beherbergte in ihrem Innersten einen tempelförmigen gläsernen Schrein zur Aufbewahrung des Allerheiligsten, datiert auf die erste Hälfte des 18. Jahrhunderts und aus reinem Silber gemeißelt. Des Weiteren wurden die vier Kirchenväter und die vier Evangelisten darauf abgebildet. Die ganze Anordnung der Verzierung der Monstranz stand im Zusammenhang mit der allgemeinen damaligen Sichtweise, inspiriert von asymmetrischen Ausdrucksformen, deren charakteristisches Element kleine Steinreliefs waren. In der Mitte befand sich eine kleine Figur von der unbefleckten Mutter Gottes. Dieses höchst interessante Stück unserer Goldschmiedearbeit war völlig vom Feuer zerstört worden.

Hier wurde unsere Kritik seit Jahren eingedämmt, so als ob sie gegen eine Steinmauer geprallt wäre, und wir wissen nicht, was wir mit dieser fremden und manchmal gewalttätigen Macht anfangen sollen. So wurde sie jedenfalls einmal identifiziert (und, merke wohl, sie wurde lange vor unserer jetzigen Generation so identifiziert, poststrukturalistisch, wie zum Beispiel in der Auffassung von Durkheim vom »sozialen Tatbestand« und in der Konzeptualisierung des Wertes von Marx und infolgedessen vom Kapital selbst). Die »Arbitrarität sprachlicher Zeichen« befindet sich ständig zwischen den Alternativen des Essenzialismus und der Anarchie und hängt von ihnen ab, und deshalb können wir einen Dadaisten wie Ball auf beide Arten lesen. Seine rituelle Vorstellung vom magischen Bischof, heute eine Legende des Dadaismus, wies auf eine Rückkehr zu den Ursprüngen hin, unter anderem durch den Gebrauch des Schamanenhuts und der Engelsflügel. Er selbst erzählt (in seinem Tagebuch, man beachte den Titel *Die Flucht aus der Zeit*) von dem dramatischen Höhepunkt seines Versuchs, den logisch konstruierten Satz aufzubrechen. Er schritt zurück und integrierte sich in die Kirche. Später brach er mit dem Dadaismus, um der irrationalen Leidenschaft seiner Kindheitstage wieder zu begegnen: der katholischen Kirche. Beim Nachdenken über den Grund, weshalb sich das Scheitern des Dadaismus zu so einem mächtigen Mythos entwickelt hat (es existieren alle möglichen Gründe, um an seiner Wahrhaftigkeit zu zweifeln, zumindest als Mythos), können wir nicht nur auf die Anziehung der tragischen Verzweiflung hinweisen, sondern auch auf die Art, wie die Mutter Gottes benutzt wurde, um das Bildnis des auf der Flucht verstorbenen Menschen zu stützen: nicht außerhalb der Zeit, sondern zurückgekehrt an den Beginn der Zeit.

Diese Heiligenfiguren wurden von Don Manuel Azcona, Silberschmied aus Córdoba, geschaffen. Ein prächtiges Meisterwerk der Goldschmiedekunst ist die Darstellung von San Isidoro.

Die spätere Konversion Hugo Balls zum Katholizismus wird durch ein Meisterwerk angekündigt: durch die Schrift *Zur Kritik der deutschen Intelligenz.*

English version at *http://fxysudoble.com/es/tesauro/hugo-ball/*

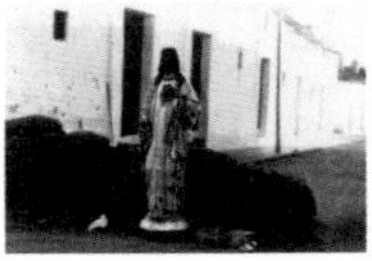

Cercle Communiste Démocratique

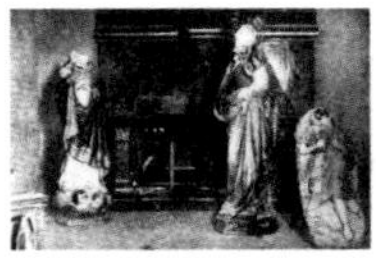

Contre-attaque

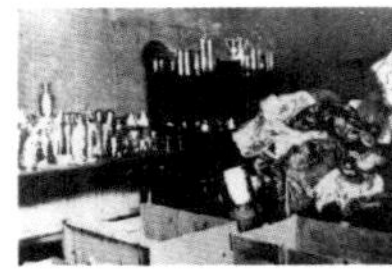

Critique

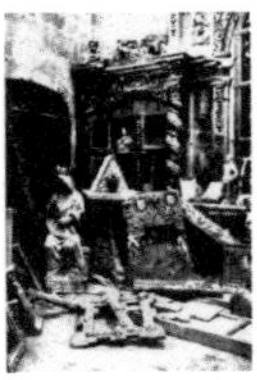

La critique sociale

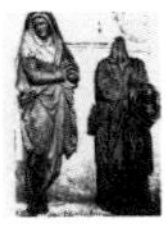

Pierre Klossowski

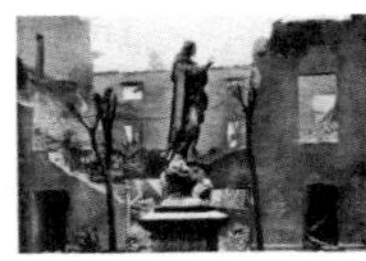

Alexander Kojève

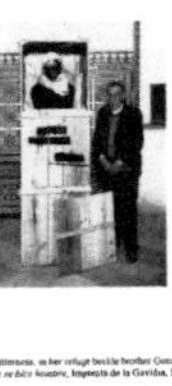

Michel Leiris

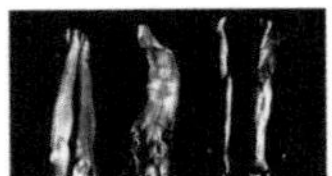

Eli Lotar

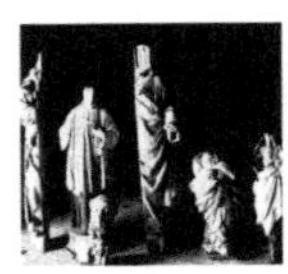

Marcel Mauss

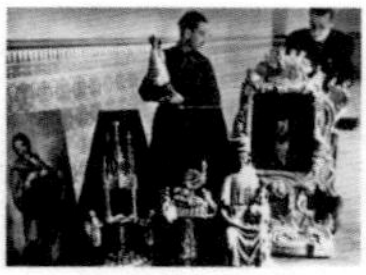

La part maudite

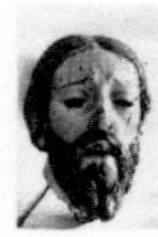

Aloïse

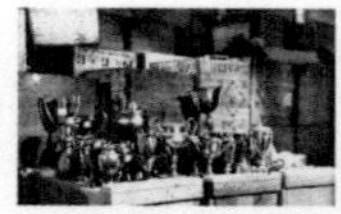

Arethuse

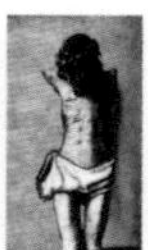

Jacques-André Boiffard

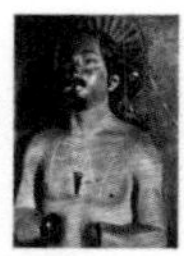

Brassaï

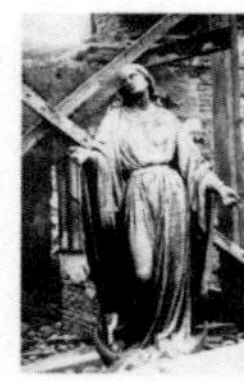

Roger Caillois

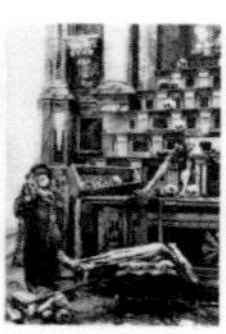

Colegio de Sociología Sagrada

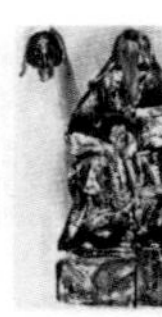

Salvador Dalí

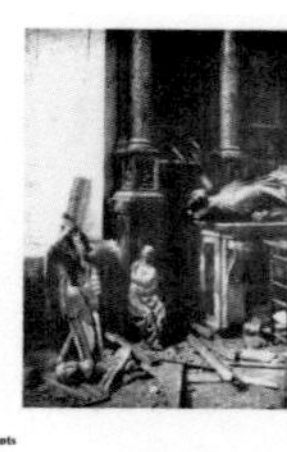

Documents

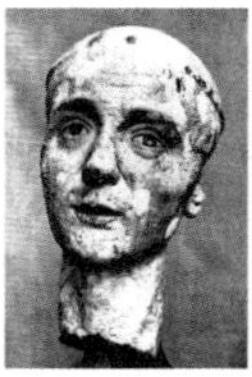

Miguel Hernández

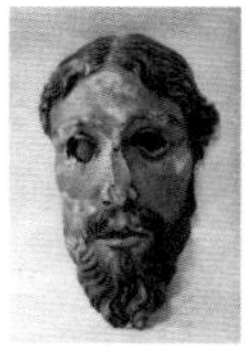

Marcel Janco

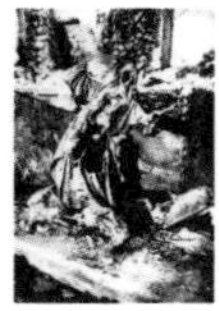

André Masson

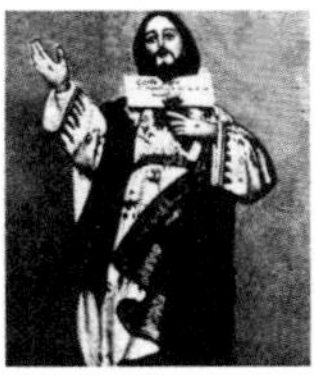

La Révolution Surréaliste

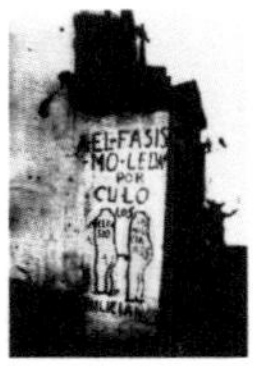

Louis Soutter

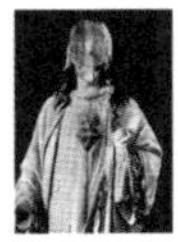

Eva Wipf

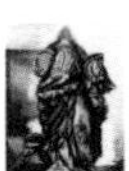

Acéphale

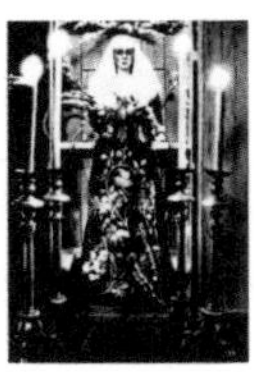

Georges Bataille

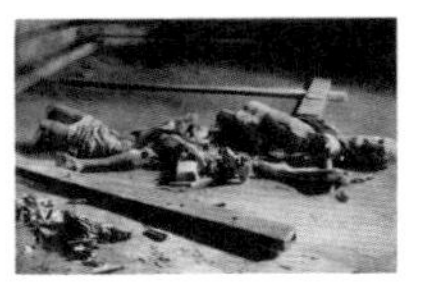

Hans Bellmer

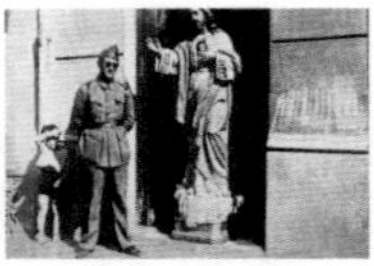

André Breton

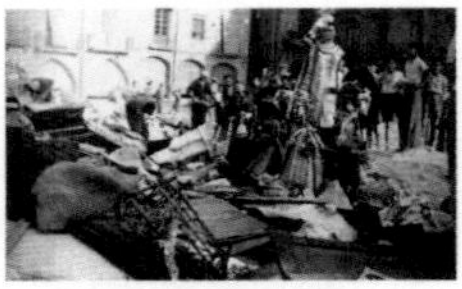

Otto Dix

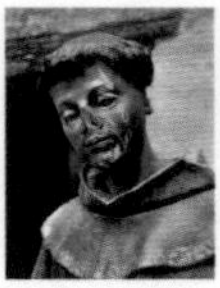

George Grosz

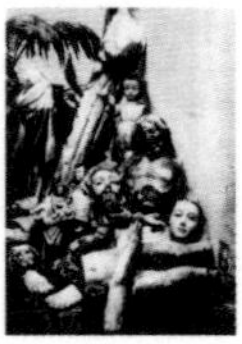

Raoul Hausmann

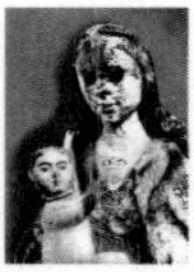

Hannah Höch

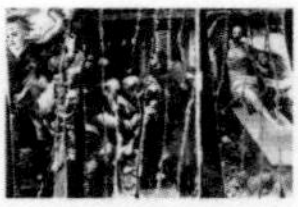

Adolf Wölfli

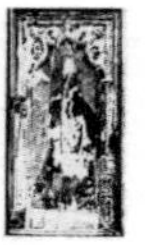

Wols

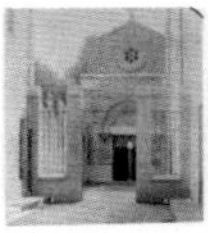

Crematorio

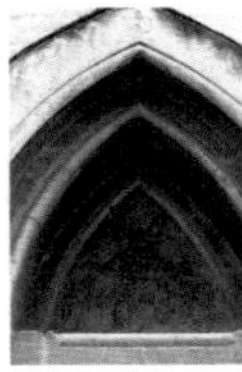

Alfred Kubin

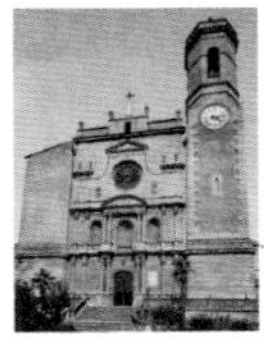

Zur Kritik der Deutschen Intelligenz

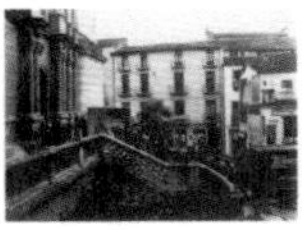

Kein Mensch ist Illegal

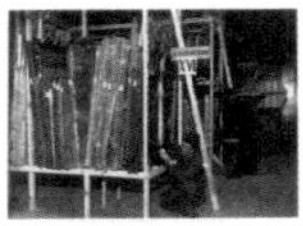

Kritik der zynischen Vernunft

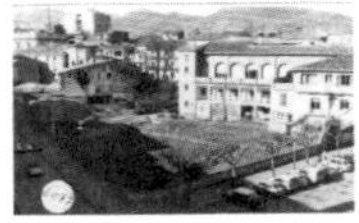

Karl-Marx-Hof

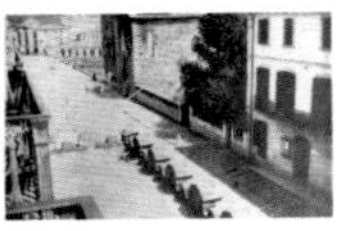

Masse und Macht

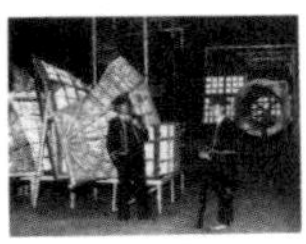

a.f.r.i.k.a. gruppe

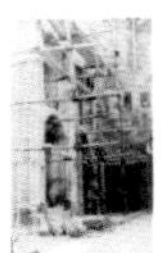

Arquitectos de Vorarlberg

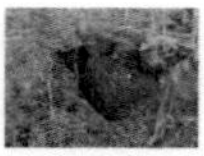

Frantisek Lesak

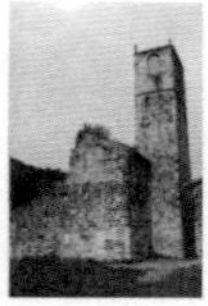

Fritz Wotruba

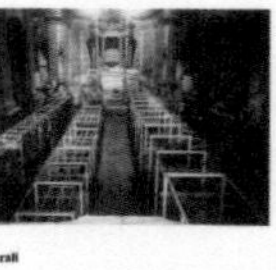

Fundación General

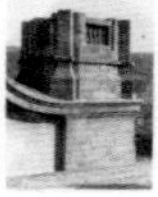

GucklHupf

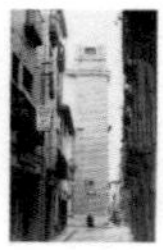

Haus-Rucker-Co

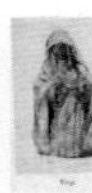

Heinrich Hoerle

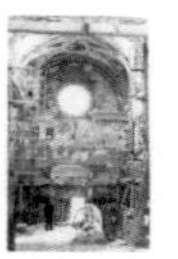

Joseph Maria Olbrich

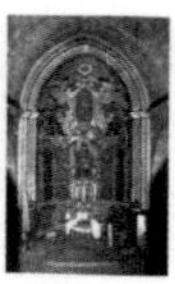

Otto Wagner

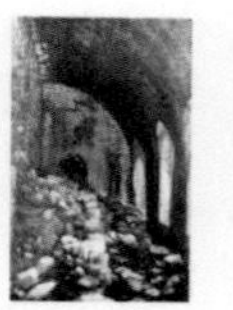

Residencia Mutznergasse

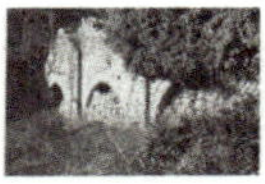

Salzburg Superpolis

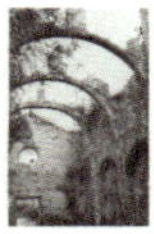

Spirale

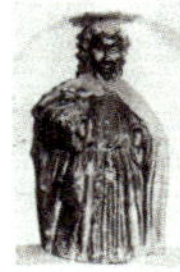

Sprayer von Zürich

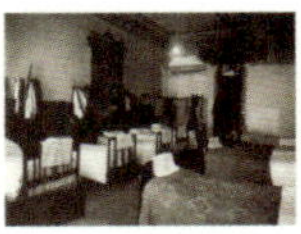

SPUR

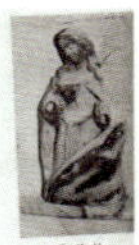

Valie Export

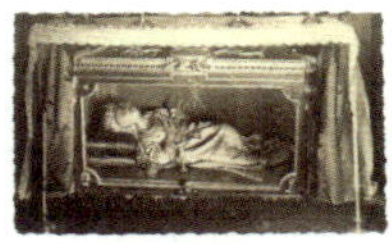

Wiener Aktionsgruppe

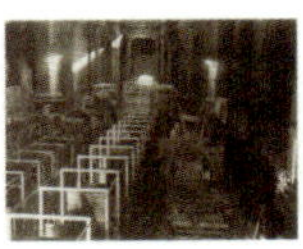

ZKM

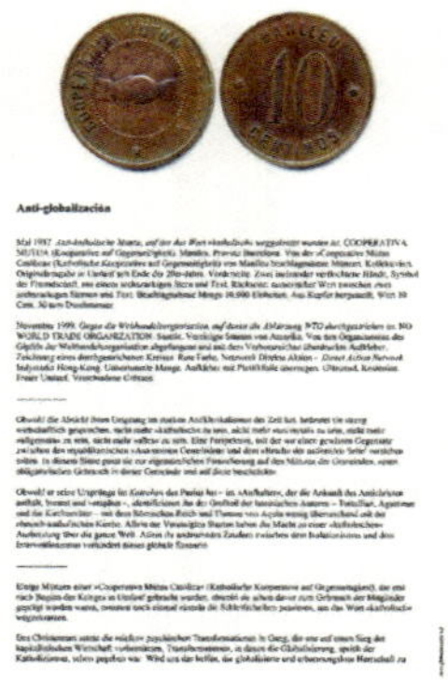

Anti-globalización

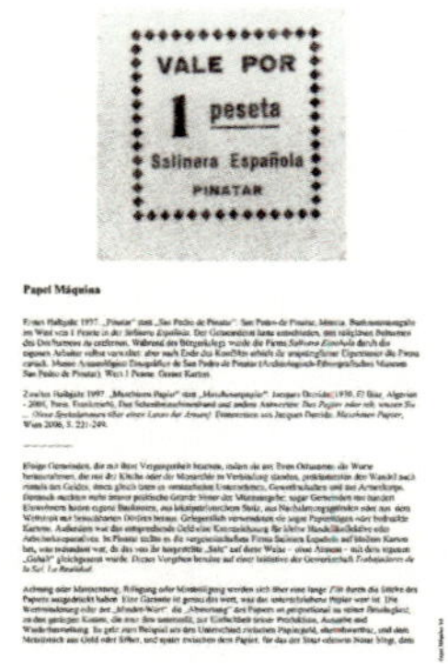

Papel Máquina

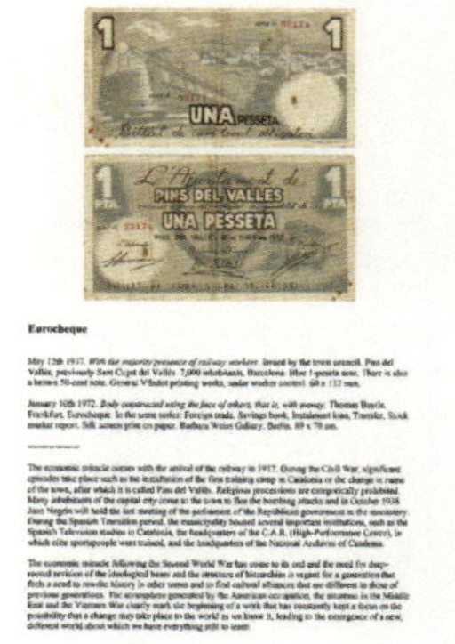

Eurocheque

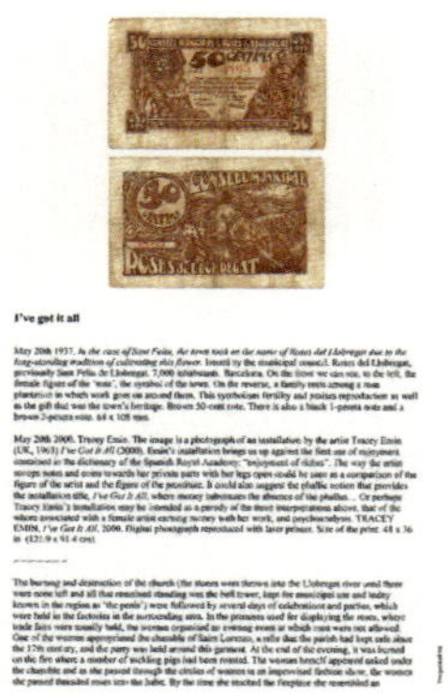

I've got it all

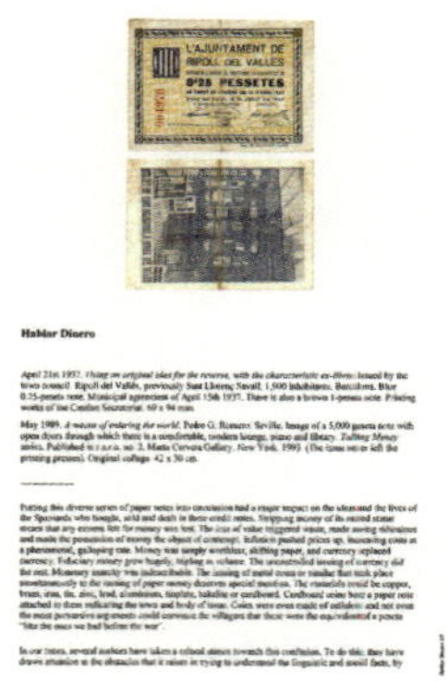

Hablar Dinero

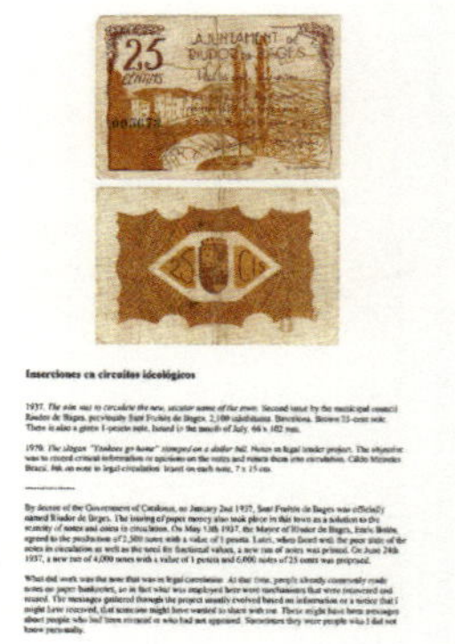

Inserciones en circuitos ideológicos

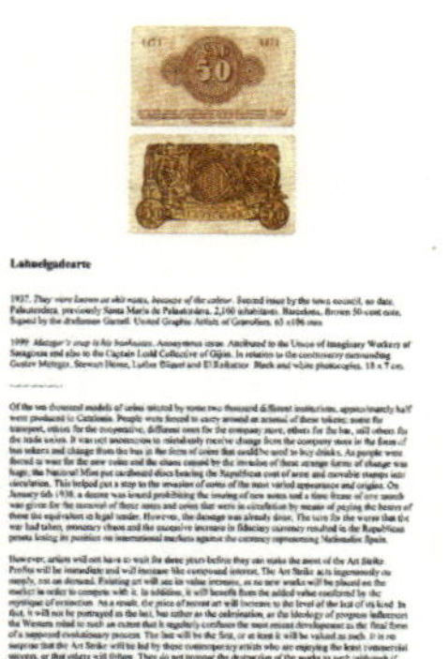

Lohnelgeldcurte

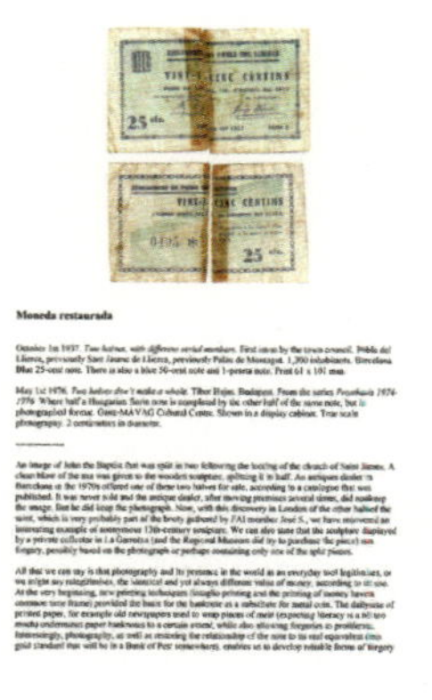

Moneda restaurada

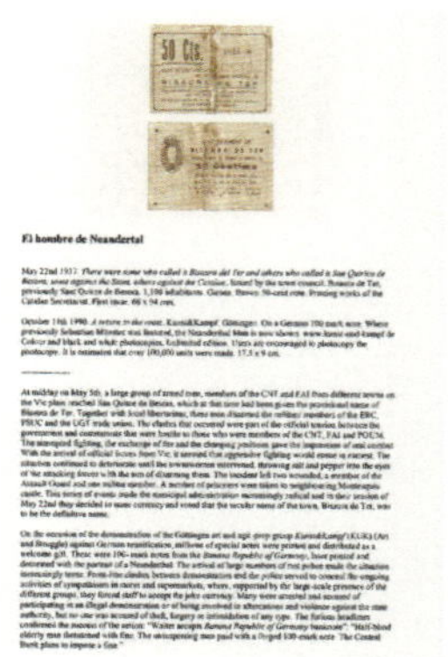

El hombre de Neandertal

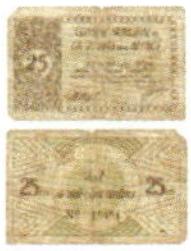

Nein

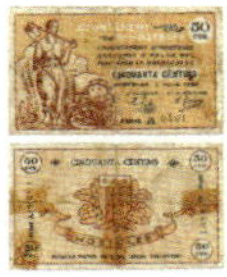

Notice to Guests

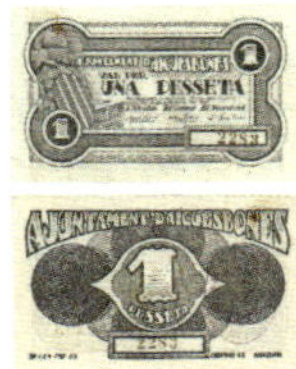

One Dollar Bills

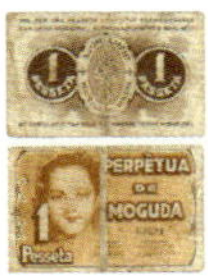

Sin título

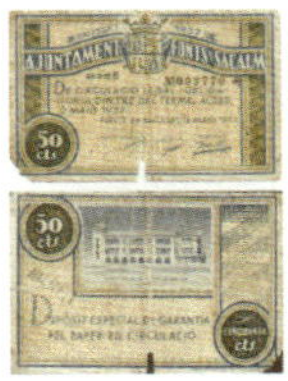

The White House

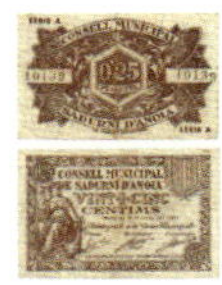

Avida Dollars

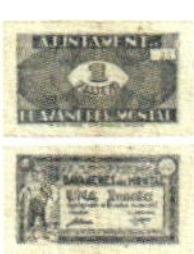

Billete

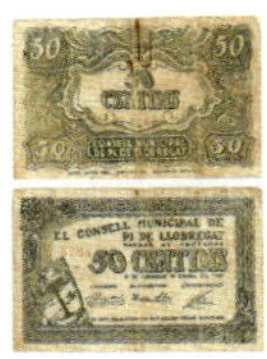

Merry Christmas from Chris Burden

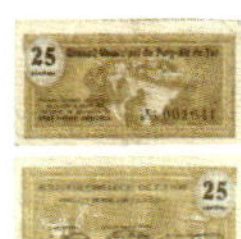

Cargo (bis)

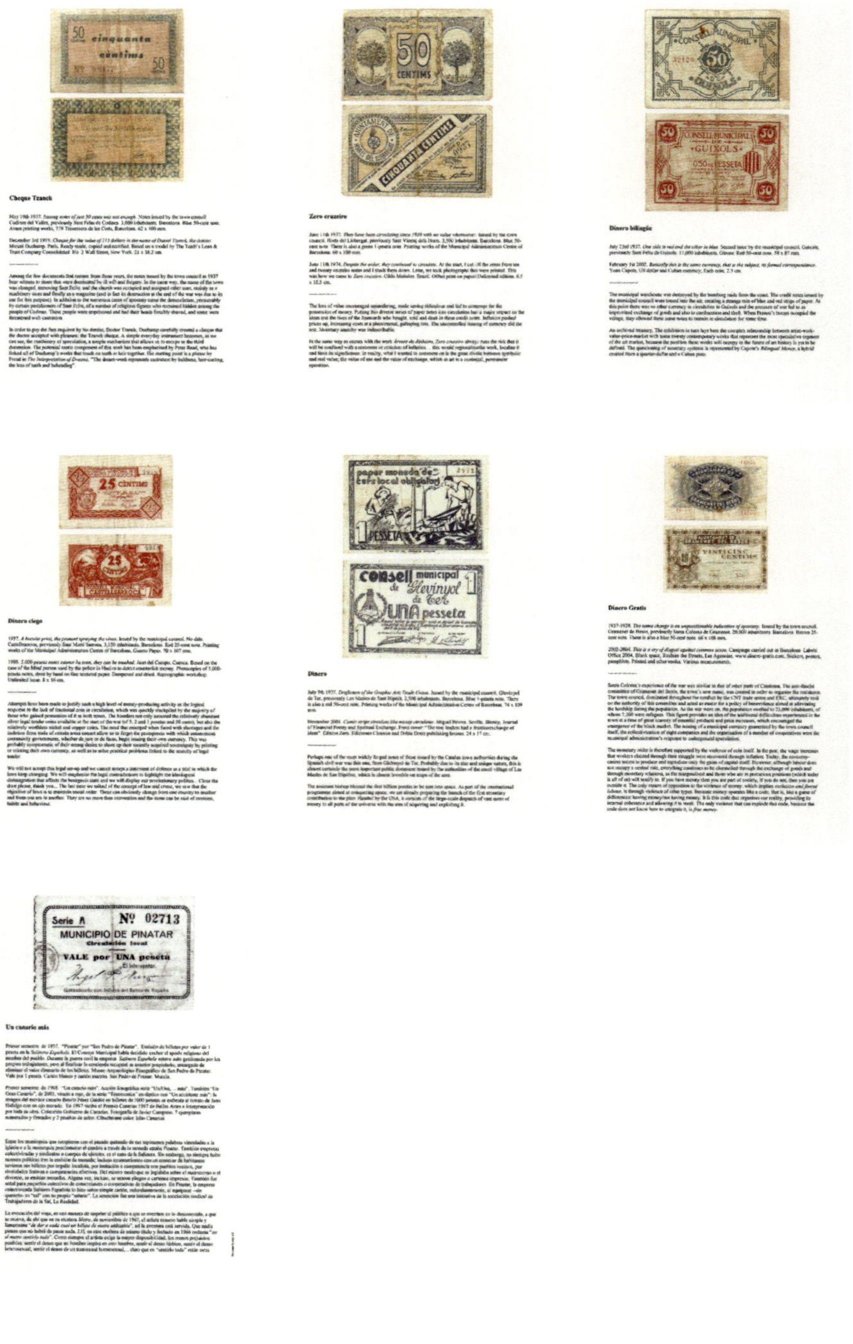
Cheque Tzanck
Zero cruzeiro
Dinero bilingüe
Dinero ciego
Dinero
Dinero Gratis
Un canario más

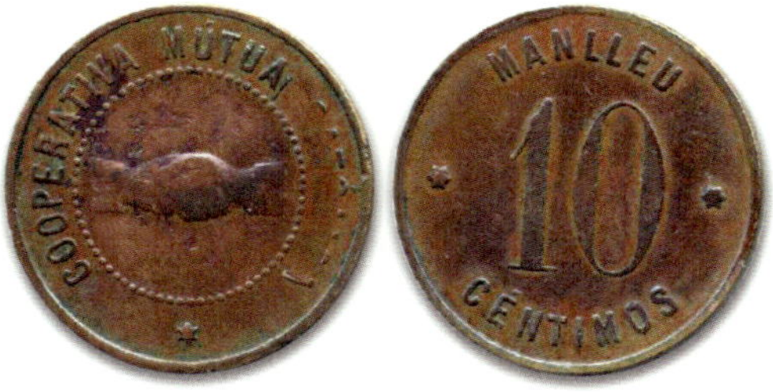

Anti-globalización

Mai 1937. *Anti-katholische Münze, auf der das Wort »katholisch« entfernt worden ist.* COOPERATIVA MUTUA (Genossenschaftliche Vereinigung). Manlleu. Provinz Barcelona. In Manlleu beschlagnahmte Münzen der »Cooperativa Mútua Católica«. Kollektiviert. Originalausgabe seit Ende der 1920er-Jahre in Umlauf. Vorderseite: Zwei ineinandergelegte Hände, Symbol der Freundschaft, mit einem sechszackigen Stern und Text. Rückseite: numerischer Wert zwischen zwei sechszackigen Sternen und Text. Beschlagnahmte Menge 10.000 Einheiten. Aus Kupfer hergestellt. Wert 10 Centimos. 30 mm Durchmesser.

November 1999. *Gegen die Welthandelsorganisation, deren Abkürzung WTO durchgestrichen ist.* NO WORLD TRADE ORGANIZATION. Seattle. Vereinigte Staaten von Amerika. Aufkleber der Organisatoren des Gipfels der Welthandelsorganisation, die abgefangen und mit dem Verbotszeichen überdruckt wurden. Zeichen eines durchgestrichenen Kreises. Rote Farbe. *Direct Action Network.* Indymedia Hong-Kong. Unbestimmte Menge. Mit Plastikfolie überzogener Aufkleber. Glänzend. Kostenlos. Freier Umlauf. Verschiedene Größen.

Obwohl das Beabsichtigte seinen Ursprung im starken Antiklerikalismus der Zeit hatte, sollte damit eigentlich im wirtschaftlichen Sinne ausgedrückt werden, nicht mehr »katholisch« zu sein, nicht mehr »universal« zu sein, nicht mehr »allgemein« zu sein, nicht mehr »alles« zu sein. Eine Perspektive, mit der wir einen gewissen Gegensatz zwischen den republikanischen »Autonomen Gemeinden« und dem »Reich« der nationalen Seite verstehen sollen. Insofern passt sie zur eigentümlichen Formulierung auf den

Münzen der Gemeinden, wo es heißt: »zum obligatorischen Gebrauch in dieser Gemeinde und auf diese beschränkt«.

Obwohl er seine Ursprünge im *Katechon* des Paulus hat – dem »Aufhalter«, der die Ankunft des Antichristen aufhält, bremst und verspätet –, identifizieren ihn der Großteil der lateinischen Autoren – Tertullian, Augustinus und die Kirchenväter – mit dem Römischen Reich und Thomas von Aquin eindeutig mit der römisch-katholischen Kirche. Nur die Vereinigten Staaten haben die Macht zu einer »katholischen« Ausbreitung über die ganze Welt. Doch ihr ständiges Schwanken zwischen Isolationismus und Interventionismus verhindert dieses globale Szenario.

Einige Münzen einer »Cooperativa Mútua Católica« (Katholische Genossenschaftliche Vereinigung), die erst nach Beginn des Krieges in Umlauf gebracht wurden, obwohl sie schon davor zum Gebrauch der Mitglieder geprägt worden waren, mussten noch einmal einzeln die Schleifscheiben passieren, um von ihnen das Wort »katholisch« zu entfernen.

Das Christentum setzte die »tiefen« psychischen Transformationen in Gang, die uns auf einen Sieg der kapitalistischen Wirtschaft vorbereiteten, Transformationen, in denen die Globalisierung, sprich der Katholizismus, schon gegeben war. Wird uns das helfen, die globalisierte und erbarmungslose Herrschaft zu verstehen, die über uns alle noch immer ausgeübt wird?

Das republikanische Wirtschaftschaos ist auf das Entstehen unzähliger Genossenschaften, kollektivierter Unternehmen und autonomer Fabriken zurückzuführen, die, mit dem zaghaften Einverständnis der föderalen Behörden und mit offensichtlicher Verärgerung der spanischen Nationalbank, entschieden hatten, ihre eigene Währung herauszugeben. Der Krieg war nicht der richtige Moment, um mit Alternativen zum Kapitalismus zu experimentieren, aber die Entscheidung, auferlegt durch die von den Anarchisten aufgezwungene revolutionäre Wirklichkeit, war weder freiwillig noch praktisch, da die wirtschaftlichen Misserfolge, die sich überall wiederholten, nicht sachlich analysiert werden konnten. Oftmals verdeckte der Krieg all das, was in Wahrheit nicht mehr als die bloße Inkompetenz und das Unvermögen der Unternehmensführung war. Die aberwitzige Herausgabe eigener Münzen ist eines der drastischsten Beispiele. Nehmen Sie folgenden Kommentar von Rafael Abella: »Zu den kuriosesten Münzen zählten die des Kaufhauses Jorba, die des eleganten barcelonischen Cafés La Maison Doré und die des Psychiatrischen Instituts Pedro Mata in Reus, mit denen die Geisteskranken ihre Einkäufe tätigen konnten. Die Münzen des Wirtschaftsrats der barcelonischen Hunderennbahnen zeigten, als sehr charakteristisches Kennzeichen, einen Köter, der durch zwei miteinander verschlungene Ringe sprang …«, und für jene Münzen, die von der »Cooperativa Mútua Católica« (Katholische Genossenschaftliche Vereinigung) in Manlleu beschlagnahmt worden waren, betrieb man den zusätzlichen Aufwand – die Verschwendung, würde ich sagen –, die Aufschrift »katholisch«, Metallstück für Metallstück, zu beseitigen.

Die Genossenschaft basiert auf dem Modell der Produktionsgesellschaft und übernimmt dieses als Kern der wirtschaftlichen Tätigkeit. Dies kann zuweilen so verstanden werden, dass die Genossenschaft eine Alternative innerhalb des Kapitalismus darstellt – da ja angenommen wird, dass das Unternehmen eine dem Kapitalismus immanente wirtschaftliche Organisationsform ist –, obwohl sie eigentlich große Unterschiede zu dessen Unternehmensmodell aufweist, besonders zu den Aktiengesellschaften, die charakteristisch für private Unternehmen sind. Das Modell des genossenschaftlichen Unternehmens ist umso radikaler, desto mehr es sich mit dem Modell der Selbstverwaltung verbindet. Mehrere politische Bewegungen, wie beispielsweise weite Bereiche innerhalb des Anarchismus, betrachten das Unternehmen als Kern der wirtschaftlichen Tätigkeit, aber – in Übereinstimmung mit dem Genossenschaftstum – in Größe und Organisation so verstanden, dass es angemessen erscheint. Auf diese Weise sieht man die Genossenschaft nicht als Alternative »im«, sondern als Alternative »zum« Kapitalismus. In diesem Kontext waren die in der Zeit der Spanischen Revolution von 1936 entstandenen Genossenschaften eine wichtige Erfahrung für eine gemeinschaftlich organisierte und selbstverwaltete Gesellschaft. Heutzutage haben sich auch die Municipios Autónomos Zapatistas (Zapatistische Autonome Gemeinden) dafür entschieden, dieses unternehmerische Modell zu fördern, um eine gerechte Gesellschaft zu schaffen.

Schon vor dem Ganzen wirkten sich Spaniens Abflüsse aus den Rücklagen der Notenbank auf das Metallgeld aus. Als am 13. Oktober 1936 beschlossen wurde, die Silbermünzen aus dem Umlauf zu nehmen, wurde dies mit der »Zweckmäßigkeit« begründet, »die Silbermünzen der Monarchie vom Markt zu entfernen und sie durch andere zu ersetzen, deren neues Gepräge ein treuer Ausdruck des republikanischen Ideals sei. Dadurch würde das Volk über ein Tauschmittel verfügen, das bequemer und besser an seine Bedürfnisse angepasst sei, ohne dafür die Goldreserven als Garantie für die 25-Peseten-Scheine, welche der Markt in zunehmenden Tempo verlangte, erhöhen zu müssen.« Nichtsdestotrotz zwang die schwache Durchsetzungskraft des Münzamts – das über keine allgemeinen Kommunikationsmittel verfügte, wenig Kontrolle über seine internen Aufträge und Informationen besaß und dem ein nationales Netzwerk fehlte, das seine Aktionen hätte gewährleisten können – dazu, die Münzen durch Silber-Zertifikate im Wert von fünf und zehn Peseten mit derselben schuldbefreienden Wirkung der Münzen mit identischem Nominalwert zu ersetzen. Es war praktisch unmöglich, eine allgemeine Wirtschaft für das ganze Land zu betreiben, nicht einmal für den vom republikanischen Spanien kontrollierten Teil.

In der zweiten Sphäre, dem Ort der Zweiten Katholischen Ökumene, wird es keine Sphäre aller Sphären geben: weder eine informatische noch eine staatlich-universale und schon gar keine religiöse (denn wer heute noch mit Habermas [1] und Ratzinger auf die versöhnende Kraft der Religion wettet, der bräuchte eine weit größere Standhaftigkeit gegenüber Enttäuschungen, als es sie heute gibt). Sogar das Internet, trotz seiner vielfältigen Möglichkeiten, schafft als System der Super-Inklusion unvermeidbar eine komplementäre Super-Exklusivität. Diejenige Sphäre, die allein aus Oberfläche besteht, ist nicht ein Haus für alle, sondern ein Prototyp von Märkten, in denen niemand »bei sich« sein kann; niemand sollte versuchen zu Hause zu sein, wo Geld, Ware und Fiktionen ihren Besitzer wechseln. Weltmarkt ist ein Begriff zur Feststellung (und Forderung), dass alle Anbieter und Kunden sich in einer allgemeinen Formalität befinden. Solange es den Weltmarkt oder Weltmärkte gibt, werden alle Mutmaßungen über die Wiedergewinnung eines Überblicks scheitern, sei es eines häuslichen oder eines großstädtischen, innerhalb eines ganzheitlichen Raumes, genannt Menschheit.

Wenn in vielen revolutionären Gemeinden die Münzausgabe einen Akt der politischen Bestätigung darstellte, dann war diese Dimension noch offensichtlicher im Falle der Generalitat de Catalunya (autonome Landesregierung Kataloniens), die in der Münzausgabe ein Instrument des nationalen Aufbaus sah. Die Generalitat gab Scheine gemäß einem Dekret vom 21. September 1936 aus, was der Finanzrat Josep Tarradellas mit der Pleite der staatlichen Währung rechtfertigte. Aber der Beschluss fiel mit anderen Maßnahmen zusammen, die dem Zweck dienten, staatliche Amtsbefugnisse im monetären Bereich zu übernehmen, wie zum Beispiel die Intervention der Delegationen der Spanischen Nationalbank und des Finanzministeriums in Katalonien sowie die Beschlagnahmung der Gold- und Devisenreserven. Die Scheine wurden vom Künstler Josep Obiols entworfen, ein Illustrator und Fresken-Maler, der auf religiöse Themen spezialisiert war. Die Scheine mit einem Zwangskurs waren bloß in Katalonien gültig.

Die These des Eusebius – hier fallen der erste römisch-kaiserliche Zensus und die Geburt Christi zusammen – über die Gleichzeitigkeit der Ankunft einer einzigen Weltmacht, des Endes der Polyarchie und des Sieges des einzig wahren Gottes weist Analogien zur These Negri-Hardts auf, nach der die Überwindung der Nationalstaaten hin zu einem einzigen globalen kapitalistischen Staat den Weg zum Sieg des Kommunismus ebnet. Während jedoch die Lehre des »Friseurs der theologischen Perücke Kaiser Konstantins« einen offensichtlich taktischen Zweck hatte und nicht von einem Antagonismus, sondern vom Bündnis zwischen der globalen Macht Konstantins und der Kirche abhängig war, so kann die These Negri-Hardts hinsichtlich ihrer Bedeutung nicht in derselben Weise gelesen werden und ist demzufolge zumindest rätselhaft.

Die Idee einer Neuen Sozialwirtschaft bedeutet nicht die sofortige Beseitigung des internationalen Systems und der Sicherheiten, die die Arbeiter mit ihrem Beitrag zum Sozialprodukt gebildet haben. Unser Bestreben ist internationalistisch – noch breitet sich die Revolution nur in Katalonien und Aragon aus – unser kleines System schafft ein größeres, das ist sein Triumph. Auf diese Weise wird die Ausgabe einer Konsumwährung, die eine minimale ökonomische Macht für alle garantiert, indem sie den Kauf, die Zahlung und den Ertrag in einem flexiblen und gestreuten System ermöglicht (so ist die Münzausgabe der Genossenschaften, Gemeinden, Landkreise et cetera zu verstehen), durch die Ausgabe einer Produktionswährung ergänzt: exklusiv für die großen Handels-, Industrie- und Banktransaktionen, absolut ohne jegliche Ausnahme, mit einem totalisierenden Bestreben, aber ohne sichtbare Geldzirkulation, ohne Möglichkeit für irgendeinen symbolischen oder spekulativen Gebrauch. Diese beiden Systeme gleichzeitig kompatibel zu machen, ist unsere Mission.

Der Brief zählt zu den ersten, die nach alter Tradition als »katholisch« bezeichnet wurden. Diese Bezeichnung steht ursprünglich nicht für eine besondere Folgsamkeit dieser Texte gegenüber der katholischen Kirche, sondern vielmehr, wie auch der ursprüngliche Ausdruck *katholike ekklesia*, für ihre allgemeine oder, wenn man so möchte, universale Gültigkeit: insofern, als sie nicht an eine bestimmte Gemeinde, Synagoge oder Kirche (wie die Episteln des Paulus) gebunden sind, sondern an eine größere Gemeinschaft, die unter die *Diaspora* fällt. Dass Katholizismus und Diaspora im Prinzip Themen sind, die wie füreinander geschaffen sind, verdient folgende Überlegung: Bringen das »Ganze« und die »Verstreuung« ein ganzes Verstreutes, eine totale Verstreuung oder ein verstreutes Ganzes? In einem gewissen Sinne verbirgt sich hier die ganze Frage: ich meine, die ganze Frage des Abendlandes als Ganzheit und / oder Verstreuung.

English version at *http://fxysudoble.com/es/tesauro/a/anti-globalizacion/*

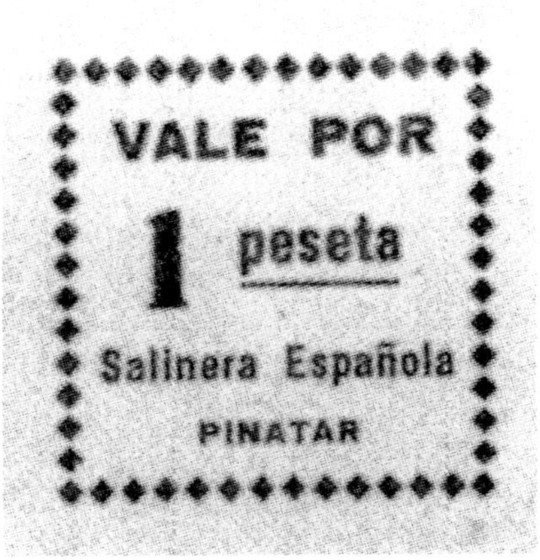

Papel máquina

Erstes Halbjahr 1937. »Pinatar« statt »San Pedro de Pinatar«. San Pedro de Pinatar, Murcia. Ausgabe von Banknoten im Wert von 1 Pesete in der *Salinera Española*. Der Gemeinderat hatte entschieden, den religiösen Beinamen des Dorfnamens fortzulassen. Während des Bürgerkriegs wurde die Firma *Salinera Española* durch die Arbeiter selbst verwaltet; aber nach Ende des Konflikts erhielt ihr ursprünglicher Eigentümer die Firma zurück. Museo Arqueológico Etnográfico de San Pedro de Pinatar (Archäologisch-Ethnografisches Museum San Pedro de Pinatar). Wert 1 Pesete. Grauer Karton.

Zweites Halbjahr 1997. »Maschinen Papier« statt »Maschinenpapier«. Jacques Derrida (1930, El Biar, Algerien – 2004, Paris, Frankreich), Das Schreibmaschinenband und andere Antworten: *Das Papier oder ich, wissen Sie … (Neue Spekulationen über einen Luxus der Armen)*. Entnommen aus Jacques Derrida, *Maschinen Papier*, Wien 2006, S. 221-249.

Einige Gemeinden, die mit ihrer Vergangenheit brachen, indem sie aus ihren Ortsnamen die Worte strichen, die mit der Kirche oder Monarchie in Verbindung standen, verkündeten den Wandel auch mit Hilfe von Geld. Ihnen taten es verstaatlichte Unternehmen, Gewerkschaften und das Armeekorps gleich. Dennoch steckten nicht immer politische Gründe hinter der Geldausgabe; sogar Gemeinden mit hundert Einwohnern hatten eigene Banknoten, aus lokalpatriotischem Stolz, aus Nachahmungsgründen oder aus dem Wettstreit mit benachbarten Dörfern heraus. Gelegentlich verwendeten sie sogar Papierbögen oder bedruckte Kartons. Außerdem war das entsprechende Geld ein Kennzeichen für kleine Handelskollektive oder Arbeiterkooperativen. In Pinatar stellte es die vergesellschaftete Firma Salinera Española im Überfluss aus bloßem Karton her, als würde sie ihr »Salz« (sal) unwillentlich mit dem eigenen »Salär« (salario) gleichsetzen. Dieses Vorgehen beruhte auf einer Initiative der Gewerkschaft Trabajadores de la Sal, La Realidad.

Kredit oder Diskreditierung, Legitimation oder Delegitimierung werden für lange Zeit durch den Körper / Korpus des Papiers bezeichnet worden sein. Eine Garantie ist soviel wert wie ein unterzeichnetes Papier. Die Entwertung oder der »Minderwert«, die »Abwertung« des Papiers verläuft proportional zu seiner Fragilität, zu seinen mutmaßlich geringen Kosten, zur Leichtigkeit seiner Produktion, seiner Versendung oder seiner Reproduktion. Das ist zum Beispiel der Unterschied zwischen dem Papiergeld, das der Abwertung stärker ausgesetzt ist, und dem metallischen Geld aus Gold oder Silber, sowie zwischen dem von einem Staat oder einem Notar garantierten Papier, dem »mit einer Wertmarke versehenen Papier« (*»papier timbrée«*) und dem »freien Papier« (eine sehr lange Reihe damit verbundener Sujets: Das Kapital, und so weiter).

Man hat versucht, eine Rechtfertigung für dieses Ausmaß an Geldproduktion in der logischen Antwort auf den Mangel an Scheidemünzen zu finden. Es stellte sich bald heraus, dass diese Münzen vom Großteil ihrer Besitzer in beiden Zonen aufgekauft worden waren, und zwar nicht nur die relativ üppig vorhandenen Münzen aus Silber zum gesetzlichen Kurs bei Ausbruch des Krieges, sondern auch die weniger wertvollen aus Nickel oder Kupfer. Die Notwendigkeit angesichts des Mangels und die wirtschaftliche Isolation bestimmter Zonen kann uns die Eile nicht vergessen machen, mit der die autonomen Regierungen, *de iure* oder *de facto*, die Ausgabe von eigenen Münzen begannen, wahrscheinlich aus dem Wunsch heraus, ihre erst kürzlich erlangte Souveränität zu bekräftigen.

Die Photokopie, das Fak-simile (Fax) oder mechanische Reproduktionen besitzen keinen authentifizierenden oder beglaubigenden Wert, es sei denn im Falle von Unterschriften, deren Reproduktion durch Konvention autorisiert ist – etwa bei Banknoten oder Schecks –, und zwar ausgehend von einem Prototyp, der seinerseits gemäß einem klassischen Verfahren authentifizierbar ist, das heißt der als möglich vorausgesetzten Bestätigung (durch sich selbst und durch den Anderen) der handschriftlichen Unterschrift (»auf Papier«, das konform sein muß) eines Unterzeichners, von dem angenommen wird, daß er verantwortlich und in seiner eigenen Unterschrift anwesend, sowie in der Lage ist, mit lebendiger Stimme zu bekräftigen: »Hier bin ich, dies ist mein Körper, seht diese Unterschrift auf diesem Papier, das bin ich, das ist meine, das bin ich, der und der, ich unterzeichne vor euch, ich präsentiere mich hier, dieses Papier, das bleibt, repräsentiert mich.«

Die Idee einer Neuen Sozialwirtschaft entsteht nicht durch die sofortige Beseitigung des internationalen Systems und der Sicherheiten, die die Arbeiter mit ihrem Beitrag zum Sozialprodukt geleistet haben. Unser Bestreben ist internationalistisch – noch breitet sich die Revolution nur in Katalonien und Aragon aus –, und unser kleines System schafft ein größeres System, das ist sein Triumph. Auf diese Weise wird die Ausgabe von Konsummünzen, die eine minimale ökonomische Macht für alle garantieren soll, indem sie den Kauf, die Zahlung und den Ertrag in einem flexiblen, weit gestreuten System ermöglicht – nur so ist die Ausgabe von Münzen durch die Kooperativen, Gemeinden, Landkreise et cetera zu verstehen –, durch die Ausgabe von Produktionsmünzen ergänzt. Diese sind ausnahmslos den großen Handels-, Industrie- und Banktransaktionen vorbehalten, mit einem Bestreben zu totalisieren, aber ohne sichtbare Geldzirkulation, ohne Möglichkeit für irgendeinen symbolischen oder spekulativen Gebrauch. Diese beiden Systeme gleichzeitig kompatibel zu machen, ist unsere Mission.

Die »Depaperisierung« des Trägers, wenn man so sagen kann, ist zunächst die ökonomische Rationalität eines Gewinns: Vereinfachung und Beschleunigung aller Verfahren, Zeit- und Raumgewinn also, über die sozialen und nationalen Grenzen hinaus erweiterte Lagerung, Archivierung, Kommunikation und Debatten, überaktivierte Zirkulation von Ideen, Bildern, Stimmen, Demokratisierung, Homogenisierung und Universalisierung, unmittelbare oder transparente »Globalisierung« – folglich, so denkt man, eine zunehmende Teilung von Rechten, Zeichen, Wissen und so weiter. Aber gleichzeitig ebensoviele Katastrophen: Inflation und Deregulierung im Zeichenhandel, unsichtbare Hegemonien und Aneignungen, sei es von Sprachen oder von Orten. Daß die Aneignungsweisen spektral oder gespenstisch werden und sich »entmaterialisieren« (ein ziemlich trügerisches Wort, das sagen will, daß sie in Wahrheit von einer Materie zur anderen übergehen und sogar in dem Sinne umso materieller werden, als sie an potentieller *dynamis* gewinnen), daß sie virtuell oder »phantasmatisch« werden, daß sie einen Abstraktionsprozeß durchmachen, das ist an sich weder neu noch eine Veränderung; man könnte zeigen, daß es schon immer so war, selbst innerhalb einer Kultur des Papiers.

Das Emittieren dieser vielfältigen Papierserie hatte eine enorme Bedeutung für die Ideen und das Leben der Spanier, die kauften, verkauften und mit den genannten Bonds handelten. Die Desakralisierung des Geldes führte zum völligen Verlust von dessen Wertschätzung. Der Wertverlust beschleunigte die Verschwendung, machte Ersparnisse lächerlich und unterbewertete den Besitz. Die Inflation ließ die Preise wachsen und die Ausgaben steigen, und das alles in einem atemberaubenden, galoppierenden Tempo. Das Geld wurde flatterhaft und wertlos, eine Notenausgabe folgte auf die andere. Der Geldumlauf durch Treuhänder erlebte ein gigantisches Wachstum bis hin zur Verdreifachung. Die unkontrollierten Notenausgaben besorgten den Rest. Die Geldanarchie war unbeschreiblich. Ein eigenes Kapitel wäre jeweils die Ausgabe von Metallstücken oder Ähnlichem, die parallel zu der des Papiers durchgeführt wurde, wert. Die Materialien waren Kupfer, Messing, Eisen, Zinn, Zink, Blei, Aluminium, Blech, Bakelit und Karton. Auf jenen aus Karton war Papier mit der Angabe des jeweiligen Dorfs und der Ausgabestelle aufgeklebt. Sie wurden schließlich sogar aus Zelluloid produziert, und nicht einmal die überzeugendste Rhetorik war in der Lage, einen Dorfbewohner davon zu überzeugen, dass sie einer Pesete »wie denen vor dem Krieg« entsprechen sollten.

Bei Freud steht dieses »Modell« in Konkurrenz zu anderen (einer optischen Vorrichtung zum Beispiel, aber auch anderen) oder wird durch die photographische Schrift kompliziert (die andere Träger aus Quasi-Papier voraussetzt, die Beschichtung des Films und das Abzugspapier). Das Papier ist dort bereits »reduziert“ oder »zurückgezogen«, *auf dem Rückzug*, jedenfalls das Papier im eigentlichen Sinne, wenn man noch so sagen kann. Aber können wir hier von Papier *selbst* sprechen, von der »Sache selbst«, die »Papier« genannt wird, oder nur von ihren Figuren? War der »Rückzug« beziehungsweise »Entzug« nicht stets die Seinsweise, der Prozeß und die Bewegung selbst dessen, was wir »Papier« nennen? Wäre nicht der wesentliche Zug des Papiers der Entzug dessen, was sich *unter* dem, was ein mutmaßlicher Träger angeblich tragen, empfangen oder aufnehmen soll, ausstreicht oder entzieht? Ist das Papier nicht immer, immer schon im

Zuge zu »verschwinden«? Tragen wir nicht in genau dem Moment Trauer über dieses Verschwundene, da wir ihm seine nostalgischen Zeichen anvertrauen und es unter der Tinte, den Tränen und dem Schweiß dieser Arbeit verschwinden lassen, einer Arbeit des Schreibens, die immer Trauerarbeit und Verlust des Körpers ist? *Was ist* das Papier selbst, im eigentlichen Sinne? Befindet sich die Geschichte der »Was ist?«-Frage nicht immer »am Rande«, im Vorfeld oder in der Nachfolge einer Geschichte des Papiers?

Außerstande, das überaus schwierige Problem sofort zu lösen, hatte die Republikanische Regierung kein anderes Mittel, als die Gemeinden zur Geldausgabe zu ermächtigen. Und von den Gemeinden ging man über zu einer Duldung von Münzprägungen in den Fabriken, die Kriegsgüter produzierten, in den Genossenschaften und Gewerkschaften. Und von hier sprang sie über zu den Unternehmen, dem Transportwesen, den Konsumvereinen und den Lagern. Und obwohl das aufgetauchte Geld nur für die interne Zirkulation bestimmt war, wurde es mit der Zeit von fremden Stellen akzeptiert, die es nicht selbst herausgegeben hatten. Nach den Ausgaben in Metallform – die eingezogen wurden, um sie in Projektile für den Krieg umzuwandeln! – musste man zum Papiergeld übergehen. Die Wahrheit war, dass sich die republikanische Zone im Laufe des Jahres 1937 in ein veritables Musterbuch konventioneller Geldstücke verwandelte, die es ermöglichten, die dringendsten Notwendigkeiten des Überlebens in einer Gesellschaft zu bewältigen, die weiterhin auf Geldtransaktionen als Norm und Kaufvehikel eingestellt war. Aber der Verlust der ehrenwerten Bedeutung des Geldes war grauenhaft. Die wenigen geprägten Münzen waren zum Gespött der Leute geworden. Die Kinder sammelten sie ein, sie tauschten sie aus, als wären sie Kronkorken der Limonade »El Rayo« oder des Bieres »El Águila«. Durch den absoluten Wertverlust der Münze nahm der Drang zu, Silber zu hamstern.

Ich gehöre zu denen, die für das Leben und das Überleben der Bücher, ihre Weiterentwicklung, ihre Verbreitung, auch ihr Geteilt-Werden wirken möchte. Denn die »Ungleichheiten«, von denen wir weiter oben sprachen, trennen auch Arm und Reich, und eines der Indizien dafür ist »unser« Verhältnis zur Produktion, zum Verbrauch, zur »Verschwendung« des Papiers. Es gibt da eine Korrelation oder Disproportion, über die wir ebenfalls nachdenken sollten. Zu den Gewinnen – seien sie sekundär oder nicht, paradox oder nicht – einer hypothetischen Papier-Ebbe müßte man übrigens auch die »ökologische« Wohltat zählen (wenn zum Beispiel weniger

Bäume dem Papier-Werden geopfert werden) sowie die »ökonomische« oder technisch-ökonomisch-politische Wohltat: Des Papiers und der ganzen, mit ihm untrennbar verbundenen Maschinerie beraubt, könnten Individuen oder soziale Gruppen über den Computer dennoch Zugang zum Fernsehen und zum *WWWeb* haben, zu einem weltweiten Netz der Information, der Kommunikation, der Pädagogik und der Debatte. So teuer sie auch immer bleiben mögen, diese Maschinen dringen bisweilen leichter durch, sind leichter anzueignen als Bücher. Darüber hinaus können sie sich – und zwar in einem massiven Mißverhältnis – des »Markts« im eigentlichen Sinne (Kauf, Verkauf, Werbung), an dem sie ebenfalls teilhaben, viel schneller bemächtigen als der Welt der »wissenschaftlichen« Kommunikation oder, in noch geringerem und ferneren Maße, der Welt der »Geisteswissenschaften« (*»arts et lettres«*) in ihrer widerständigeren Bindung an Nationalsprachen, und folglich häufig an die Traditionen des Papiers.

English version at *http://fxysudoble.com/es/tesauro/p/papel-maquina/*

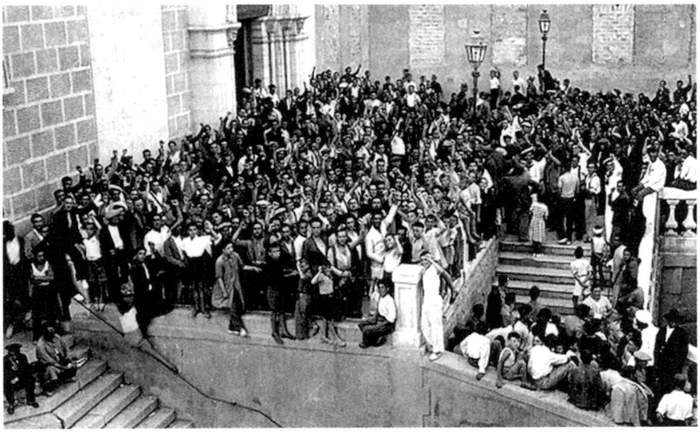

SIC (Suite Improvisée Conseilliste)

Aschermittwoch 1936. Nahe der Kirche Santa María, Cartagena, Murcia. Mitglieder der »Milicias Populares« (Volksmilizen) kreisten ein Jahr zuvor die Musikgruppe ein, die die Feierlichkeiten zur Semana Santa (Karwoche) mit den Klängen des Marsches *La Micaela* einleitete, und brachten sie mit einer choralen Interpretation der *Internationalen* zum Schweigen. Im Bild sind Mitglieder der Volksmilizen vor der Kirche San Diego zu sehen, die sie 1937 zu ihrem Hauptquartier erklärten. CEHIFORM (Fotografisches Geschichtszentrum der Region Murcia).

Frühjahr 1965. Interpretation von Mustapha Khayati mit dem François-Tusques-Trio. Die Interpretation der Suite Consejista, improvisiert von Mustapha Khayati mit den Künstlern des Tusques-Trios, ein Duell zwischen dem algerischen Aktivisten und den französischen Jazzmusikern, wurde 1965 in Eigenproduktion veröffentlicht. Im Titelbild, Khayati sitzend; ein Fragment eines Fotos der Pariser Gruppe der Situationistischen Internationalen, auf welchem er gemeinsam mit Alice Becker-Ho zu sehen ist. IN SITU. 1987. CD.

Das lodernde Antlitz der Menschenmenge hatte sich in das schäbige Horn verwandelt, wahrhaftiger Höllenmund, welcher in unserer Karwoche widerhallt. Hingegen schien die fröhliche Musikgruppe den *Pasodoble* in einen himmlischen Engelschor zu verwandeln. Das Schauspiel wurde so grotesk, dass es nicht einmal mehr Bestürzung, Fassungslosigkeit oder Unruhe hervorrief! Ekel, nur noch Ekel konnten wir fühlen.

Die erste 7"-Single von Mustapha Khayati und dem François-Tusques-Trio, mit dem Titel *SIC* beziehungsweise *Suite Improvisée Conseilliste*, war mit einem Cartoon illustriert. Das Bild eines jungen Burschen, der als Kriegsdienstverweigerer die Trompete bläst und mit einem lautmalerischen *Tuut! Tu!* zum Angriff, Alarm oder zur Wachsamkeit ruft. Die Zeichnung war einem Comicstrip entnommen und hatte jene Merkmale, die später die Pop-Art annehmen würde.

Die bestürzte Stimmung in Cartagena hob sich, als man sich den Gedenkfeiern der Karwoche näherte. Die Prozessionen dieser Stadt sind in ganz Spanien berühmt: mit ihnen begeht die Stadt feierlich den Leidensweg Christi. Die schönen Gottesbilder defilieren in der Menschenmasse, die diese mit Ehrfurcht bestaunt. Die Stille wird manchmal durch eine Stimme unterbrochen, die bekümmert aufseufzt. Das zusammengedrängte Volk überschwemmt die sauberen Straßen, und für ein paar Tage wird das Mysterium der Erlösung heraufbeschworen, erleben Fremde und Bewohner Cartagenas andächtig und vergnügt die Ankunft des Frühlings. Aufgrund jahrhundertealter Tradition kommen die beiden Bruderschaften »Nuestro Padre Jesús del Prendimiento« (Unser Vater Jesus von der Verhaftung) und »Nuestro Padre Jesús Nazareno« (Unser Vater Jesus von Nazareth) am Aschermittwoch im Kapitel in Cartagena zusammen und führen zahlreiche Prozessionen durch. Die Zusammenkunft findet aufgrund eines statutengemäßen Gebots statt. Ziel und Zweck des Kapitels ist es, die Durchführung oder Nicht-Durchführung der Prozessionen zu beschließen. Im ersten Fall läuft eine Musikgruppe, als Zeichen der Freude, durch die Straßen von Cartagena und spielt dabei typische Märsche, die dem Volk fröhlich die bevorstehenden Feierlichkeiten ankündigen. Die Situation 1936 war bedenklich. Zaudern, Verlegenheit, besonnene Abwägung; auf der einen Seite der Wunsch, die Prozession stattfinden zu lassen, auf der anderen Seite die unsicheren Umstände. Schließlich eine offiziöse Verhandlung, die schwerer wiegt als der Wunsch der Brüder und diesen beugt, um auch in jenem Jahr mit den frommen Sitten nicht zu brechen. Die Musikgruppe überbringt die frohe Kunde schon in Form eines Volksmarsches. Er nimmt Tausenden von Sorgen belasteten Stadtbewohnern den Kummer; er ist ein Zeichen dafür, dass das Leben harmonisch auf alle Ewigkeit dieselben ausgetretenen Pfade beschreitet, trotz so vieler gerechtfertigter Befürchtungen, die alles überschatteten … Aber die Freude ist zu vergänglich, kaum hat die Kapelle ihren Lauf begonnen, sind schon karibische Gruppen zur Stelle und kreisen sie ein, während sie *Die Internationale* schreien bis zum schrillen Ersticken der alten Akkorde. Es kommt zu Zusammenstößen, und es gibt Verletzte – die Kapelle verstummt, ohne Einschreiten der Autoritäten.

»Diese Bewegung gegen die gesamte Organisation der alten Welt ist längst zu Ende« und gescheitert. Mit der Niederlage der proletarischen Revolution in Spanien (Barcelona im Mai 1937) ist sie zum letzten Mal geschichtlich in Erscheinung getreten. Ihre offiziellen »Niederlagen« oder »Siege« müssen jedoch im Licht ihrer Verlängerungen beurteilt und ihre Wahrheit wiederhergestellt werden. So können wir behaupten, dass »es Niederlagen gibt, die Siege sind, und Siege, die beschämender sind als Niederlagen« (Karl Liebknecht am Vortage seiner Ermordung). Die erste große »Niederlage« der proletarischen Macht, die Pariser Kommune, stellt in Wirklichkeit ihren ersten großen Sieg dar, denn zum ersten Mal hat das »primitive« Proletariat seine geschichtliche Fähigkeit behauptet, frei alle Aspekte des öffentlichen Lebens zu gestalten. Entsprechend war ihr erster großer »Sieg«, die bolschewistische Revolution, letzten Endes nur ihre folgenschwerste Niederlage. Der Triumph der bolschewistischen Ordnung fällt mit der Bewegung der internationalen Konterrevolution zusammen, die mit der Zerschlagung der Spartakisten durch die deutsche »Sozialdemokratie« ihren Anfang nahm. Ihr gemeinsamer Triumph war tiefer als ihr scheinbarer Gegensatz, und diese bolschewistische Ordnung stellte schließlich nur eine neue Verkleidung und eine besondere Gestalt der alten Ordnung dar. Die Ergebnisse der russischen Konterrevolution waren im Innern die Einführung und Entwicklung einer neuen Ausbeutungsweise, des bürokratischen Staatskapitalismus, und im Äußeren die Vervielfachung der Sektionen der sog. Kommunistischen Internationale als Zweigstellen für die Verteidigung und Ausweitung seines Modells. Damit blühte der Kapitalismus in seinen bürokratischen und bürgerlichen Varianten von Neuem auf den Gräbern der Kronstädter Matrosen und der ukrainischen Bauern, der Arbeiter aus Berlin, Kiel, Turin, Shanghai und später Barcelona.

Der heftigste Groll, das virulenteste Fieber der Zerstörung wuchsen in allen Demonstrationen der Volksfront. Wenn man den Hass mit physischen Merkmalen charakterisieren könnte, würden wir sagen, dass der Hass der Menschenmasse in Cartagena schwarz war, und wenn man seine Herkunft verbildlichen wollte, müsste man sich schmutzige, Eiter ausstoßende Latrinen vorstellen. Unter russischem Einfluss, zwischen satanischen Liedern, in denen sie Gott, ihre Heimat und ihre Väter verfluchten, trichterten sie den Hass den Kindern ein; Lehrer und Lehrerinnen steuerten ihn und trichterten ihn auf den Straßen ein. Manchmal artete das Spektakel in gewaltsame Auseinandersetzungen aus. Und seitdem die Amnestie die Strafanstalten geleert hatte, wiederholten sich die Angriffe und Raubüberfälle in Cartagena mit einer nie dagewesenen Häufigkeit.

Im kulturellen Spektakel findet der Student ganz natürlich seinen Platz als respektvoller Schüler wieder. Nahe am Ort der Produktion, aber ohne ihn jemals zu betreten – das Heiligtum bleibt ihm untersagt – entdeckt der Student die »moderne Kultur« als bewundernder Zuschauer. In einer Epoche, wo die Kunst tot ist, bleibt er nahezu allein den Theatern und Filmklubs treu und der gierigste Konsument ihres Leichnams, der tiefgekühlt und zellophanumhüllt in den Supermärkten an die Hausfrauen des Überflusses verteilt wird. Sobald die »Götter«, die sein kulturelles Spektakel produzieren und organisieren, auf der Bühne leibhaftig werden, ist er ihnen ein treues Publikum, wie sie es sich erträumt haben. So nimmt er massenhaft an ihren obszönsten Darstellungen teil; wer, wenn nicht er, würde die Säle füllen, wenn z.B. die Pfaffen der verschiedenen Kirchen ihre uferlosen Dialoge öffentlich vortragen (Wochen des sog. marxistischen Denkens, Tagungen katholischer Intellektueller) oder wenn die Überreste der Literatur ihre Unfähigkeit feststellen.

Die Prozessionen sollten nicht stattfinden. Vorsichtig hat die Volksfront Garantien angeboten, damit diese nicht abgesagt würden. Sie waren aber übermäßig verdächtig. Wenige Tage nach dem Vorfall mit *»Der Internationalen«* kündigte die Kommunistische Partei öffentlich an, eine Demonstration am Gründonnerstag zu veranstalten. Und die Demonstration fand statt, um die heiligen Mysterien zu verhöhnen, derer das Christentum gedenkt. Es gab Zusammenstöße und Krawalle, und das Unbehagen wuchs beträchtlich. Die kommunistische Demonstration erfüllte ihre Mission, und diejenigen, die sich stolz dagegenstellten, brauchten nicht lange, um Opfer der schlimmsten Ausschreitungen zu werden.

Die bewusste Beherrschung der Geschichte durch die Menschen, die sie machen, das ist das revolutionäre Projekt. Die Geschichte ist heute wie in der Vergangenheit das Produkt der gesellschaftlichen Praxis, das

– unbewusste – Ergebnis aller menschlichen Tätigkeiten. Der Kapitalismus hat in der Epoche seiner totalitären Herrschaft seine neue Religion erzeugt: das Spektakel. Das Spektakel ist die irdische Verwirklichung der *Ideologie*. Noch nie ist die Welt so gut auf dem Kopf gegangen. »Und so wie die ›Kritik der Religion‹ ist heute die Kritik des Spektakels Vorbedingung jeder Kritik.«

Die Demonstration, die ohne gravierende Zwischenfälle ablief, war der erste Schritt. Ein Wettlauf von Ausschreitungen hatte begonnen, ohne andere Hindernisse als die natürlichen Widerstände in den nicht vergifteten und ehrlichen Gruppierungen. Die marxistischen Parteien und die Republikaner rivalisierten in revolutionärem Diensteifer. Man fuhr über alles drüber, um den ersehnten Sieg der Revolution zu beschleunigen. Eile gab's, lebhafte Ungeduld; man wollte schnell die Schleusen öffnen, um eine unaufhaltsame Flut hervorzurufen, in der nur die Interessen »des Volkes schwimmen würden wie die Arche im Wasser der Sintflut«. Hierfür war es unerlässlich, die Führung in unverdächtige Hände zu legen. Der General Don José López Pinto, Militärgouverneur der Region, war nicht gerade ein Freund Russlands; die Abscheu, mit der er den Triumph der Volksfront sah, seine militärische Würde und sein Sinn für Disziplin bildeten sicherlich keine achtbaren Qualitäten. López Pinto wurde durch Don Toribio Martínez Cabrera ersetzt. Freimaurer, ein konfuser Verstand, herablassend, keineswegs ein diensteifriger Verteidiger des gebührenden Respekts vor dem, was er verkörperte und repräsentierte. Martínez Cabrera war ein sehr geeignetes Instrument, um den Interessen der herrschenden politischen Klasse zu dienen. Man sagte ihm nach, ein enger Freund von Indalecio Prieto zu sein. Sicher ist, dass, im Laufe der Zeit, sein Verhalten während des Krieges diesen Eindruck nur bestätigen würde. Und vorläufig zeigte sich der General, so wie man es erwartet hatte, sehr zugänglich für die Schmeicheleien der bedeutenden Führer der Volksfront, die ihn mit Lob überhäuften und besonders seinen verständigen Geist rühmten: »Gäbe es nur viele wie Sie…!«, sagten sie.

Nur noch in den berühmten unterentwickelten Ländern können sie Illusionen über sich aufrechterhalten [Über ihre Rolle in Algerien vgl. Les luttes de classes en Algérie, Internationale Situationniste, n° 10], wodurch sie selbst deren theoretische Unterentwicklung bestätigen. Von »Partisans« (dem Organ der stalino-trotzkistischen Versöhnung) bis zu allen Tendenzen oder Halbtendenzen, die sich innerhalb und außerhalb der IV. Internationale um »Trotzki« streiten, herrscht dieselbe revolutionaristische Ideologie und dieselbe praktische Unfähigkeit, die Probleme der modernen Welt zu begreifen. 40 Jahre konterrevolutionäre Geschichte trennen sie von der Revolution. Sie haben Unrecht, denn sie sind nicht mehr im Jahr 1920, und schon 1920 hatten sie Unrecht. Die Auflösung der »ultra-linken« Gruppe Socialisme ou Barbarie nach ihrer Spaltung in zwei Fraktionen – des »modernistischen Cardan-« und des »alt-marxistischen« (Pouvoir-Ouvrier-) Flügels – beweist, falls es noch notwendig ist, dass es keine Revolution außerhalb des Modernen und kein modernes Denken außerhalb der neu zu erfindenden revolutionären Kritik gibt. Sie ist insoweit bedeutungsvoll, als jede Trennung zwischen diesen beiden Aspekten unvermeidlich entweder ins Museum der beendeten revolutionären Vorgeschichte zurückfällt oder in die Modernität der Macht, d.h. in die herrschende Konterrevolution: Voix Ouvriere oder Arguments.

English version at *http://fxysudoble.com/es/tesauro/903/*

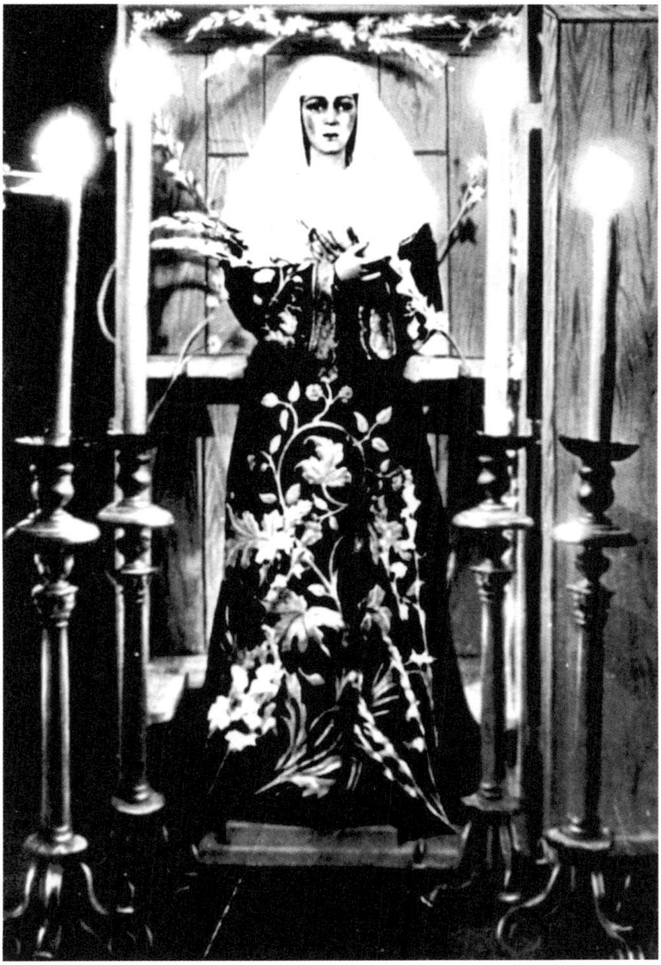

Georges Bataille

12. Februar bis 4. Oktober 1936. Die *Virgen de la Esperanza Macarena* in ihrer Zufluchtsstätte in der Calle Orfila 6 in Sevilla. Diese Abbildung zeigt das Bildnis der Jungfrau in der Holzkiste, in der es versteckt wurde. Eine Kiste der Banco Español de Crédito. Archiv der Bruderschaft der *Virgen de la Esperanza Macarena*. Später wurde sie in die Universitätskapelle gebracht. [1942] Fotograf unbekannt.

1. bis 7. Oktober 1944. Georges Bataille, im Hintergrund, im Saal der Nationalbibliothek zwischen zwei Bücherschränke gezwängt, während der Präsentation der in Sevilla erschienenen Ausgabe von Lord Auchs *Histoire de l'œil* [Die Geschichte des Auges]. Paris. Limitierte Auflage von 199 Exemplaren. Illustriert mit 6 Abbildungen von Hans Bellmer. 136 Seiten. Séville [Paris]. 1940 [1944]. Nouvelle Version.

Der Februar 1936 brachte den Wahlsieg der Volksfront und somit praktisch das Verschwinden der Zweiten Spanischen Republik. Die Macht war bereits auf der Straße. Die Kommunistische Internationale spannte ihr Netz um Spanien, und »Sevilla la Roja« (»das rote Sevilla«), wie es stolz von der Linken genannt wurde, sollte wieder einmal der Schlüssel sein: zunächst für den überwältigenden Triumph der Volksfront und später für die ersten Erfolge des militärischen Aufstands. Einige Tage vor dem Triumph der Volksfront, als man bereits das Schlimmste befürchtete, verständigte sich die Regierung darauf, dass nur drei Personen den geheimen Ort kennen sollten, an dem die verehrte Heiligenfigur versteckt würde. Noch das geringste Risiko sollte vermieden werden. Während der frühen Morgenstunden des 12. Februar wurde die Heiligenfigur in einem Lieferwagen der Banco Español de Crédito von José Ruiz Ternero, dem verantwortlichen Ordensoberen, zu ihrem neuen, geheimen Zufluchtsort gebracht. Außerdem im Lieferwagen befand sich Domingo De La Torre, der auf die Holzkiste aufpasste, in der die Figur aufbewahrt wurde, während Antonio Román Villa am zuvor abgesprochenen Ort wartete; es war seine eigene Wohnung in der Calle Orfila 6, wo sich auch seine Tierarztpraxis befand. Diesen Ort sollte die Heilige Jungfrau nur während der Morgenstunden und unter größter Geheimhaltung verlassen, um an religiösen Veranstaltungen und Prozessionen teilzunehmen. So kehrte sie am 15. März zurück nach San Gil, um am 23. des gleichen Monats sofort wieder in ihr Versteck gebracht zu werden, als die Feierlichkeiten zur Fastenzeit beendet waren. Am Palmsonntag tauchte sie erneut auf, um schließlich am Ostersamstag, dem 11. April, wieder in der Calle Orfila versteckt zu werden. Währenddessen wurde der Platz, den die *Virgen de la Esperanza Macarena* normalerweise in der Kirche einnahm, von einem großen Gemälde eingenommen, das sie abbildete. Selbstverständlich wurde die Heilige Jungfrau während ihrer kurzen Aufenthalte in San Gil rund um die Uhr von Mitgliedern der

Bruderschaft bewacht, um das Risiko möglicher Anschläge zu vermeiden. Es muss hinzugefügt werden, dass die Aufenthaltsorte bei vorangegangenen Anlässen, aufgrund deren die *Macarena* bereits versteckt werden musste, zum Teil bekannt geworden waren, was ein Risiko für deren Bewohner mit sich brachte. Doch bei diesem letzten Mal war die Geheimhaltung absolut. Niemand, absolut niemand, erfuhr aus dem Mund der drei Geheimnisträger, wo die Heilige Jungfrau ihre Zuflucht gefunden hatte.

Der Eingriff in öffentliche Angelegenheiten ist für sämtliche Organisationen dieser Art sogar normal. Es erscheint mir daher notwendig, den Namen »Komplottgesellschaft« solchen Geheimgesellschaften vorzubehalten, die sich ausdrücklich bilden, um Handlungen zu planen, die von ihrer Existenz als solcher verschieden sind: mit anderen Worten, die sich bilden, um zu agieren und nicht um zu *existieren*. Es ist in ihr unvorstellbar geworden, daß man etwas anderes ins Auge faßt als Pflichten, Arbeiten, Aufgaben, die man erfüllen *muß*. Und es erscheint in dieser Welt absurd, daß Menschen beanspruchen, sich in ihr vornehmlich um der menschlichen Existenz willen zusammenzuschließen. Nun besteht die tiefe Kraft des Prinzips der »Geheimgesellschaft« genau darin, daß es die einzige radikale und wirksame, nicht nur aus Phrasen bestehende Negation jenes Prinzips der Notwendigkeit darstellt, in dessen Namen die Gesamtheit der heutigen Menschen an der Vergeudung der Existenz mitwirkt. Dadurch und nur dadurch entgehen die menschlichen Sehnsüchte kompromißlos den Verrätereien und Betrügereien der politischen Formationen, die eine natürliche Neigung zum gewaltsamen Ausbruch nutzen, um schließlich bei irgendeiner brutalen Negation dieser Neigung zur Explosion zu enden – und dabei ebenso verfahren wie die militärische Organisation –, indem sie das Reich der Notwendigkeit vertiefen und erweitern. Zum Schluß erinnere ich an das, was Caillois von der »Geheimgesellschaft« gesagt hat: daß sie mit einem Sakralen verbunden ist, das in einer überschwenglichen Verletzung der Lebensregeln besteht, mit einem Sakralen, das verausgabt, das sich verausgabt. Ich erinnere zugleich daran, daß die Tragödie aus dionyschen Bruderschaften hervorgegangen ist und daß die Welt der Tragödie die Welt der Bacchanten ist. Caillois sagt weiter, daß eines der Ziele der »Geheimgesellschaft« die kollektive Ekstase und der paroxystische Tod ist. Das Reich der Tragödie kann keine trübselige und deprimierte Welt sein. Es ist klar, daß die Macht nicht von den Schwätzern eingedämmt wird. Nur von der vollständigen *Existenz*, zu der der Wirbel, die Glut und ein Wille zum explosiven Ausbruch gehören, der sich von keiner Todesdrohung aufhalten läßt, kann man annehmen, daß sie sich niemals unterjochen läßt und daß sie sich notwendig alles unterjocht, was bereitwillig für die anderen arbeitet: Zuletzt wird das Reich denen gehören, deren Leben in solchem Maße überschwenglich ist, daß sie den Tod lieben.

English version at ***http://fxysudoble.com/es/tesauro/georges-bataille/***

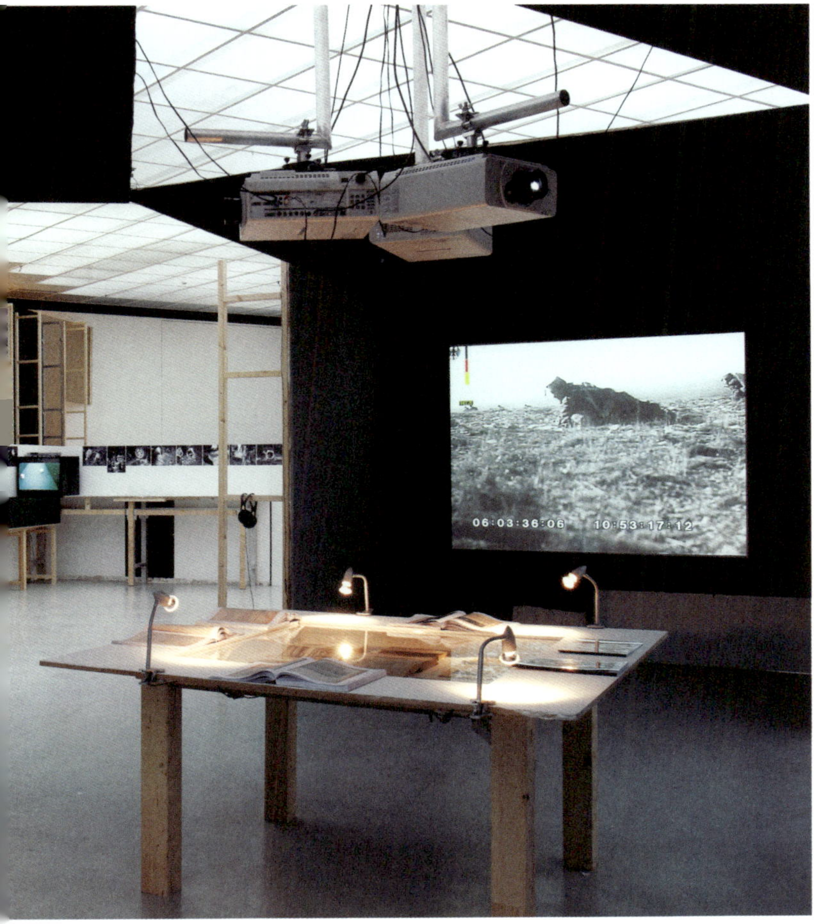
06:03:36:06
10:53:17:12

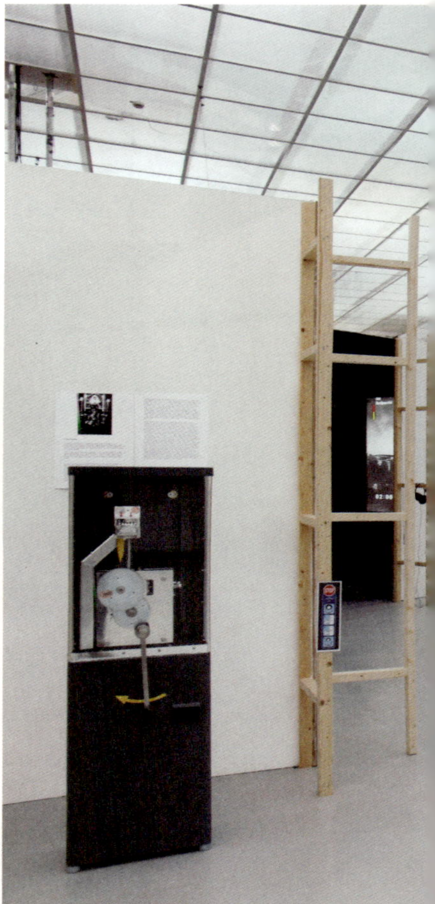

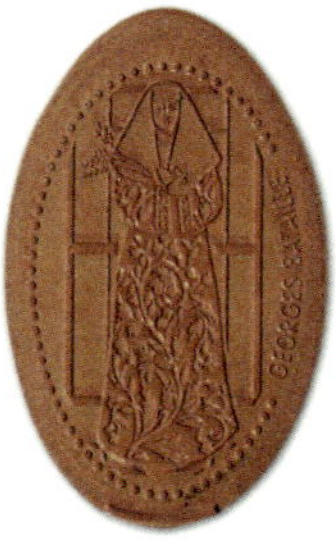
GEORGES BATAILLE

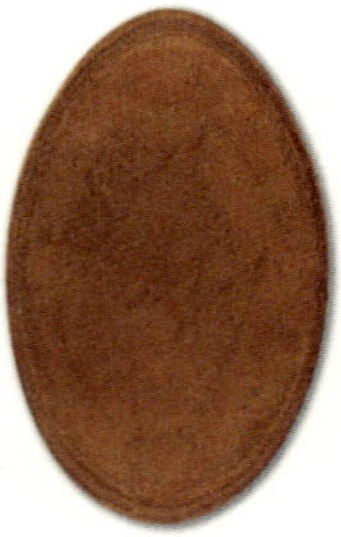

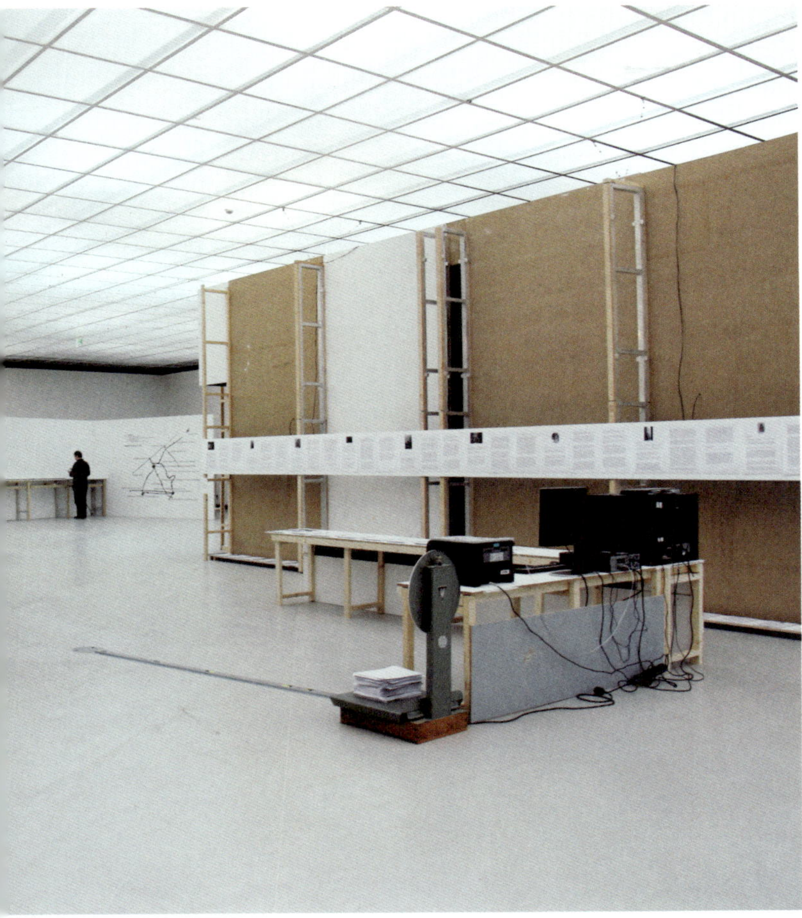

 AUSSTELLUNGSANSICHT / EXHIBITION VIEW, WKV 2012

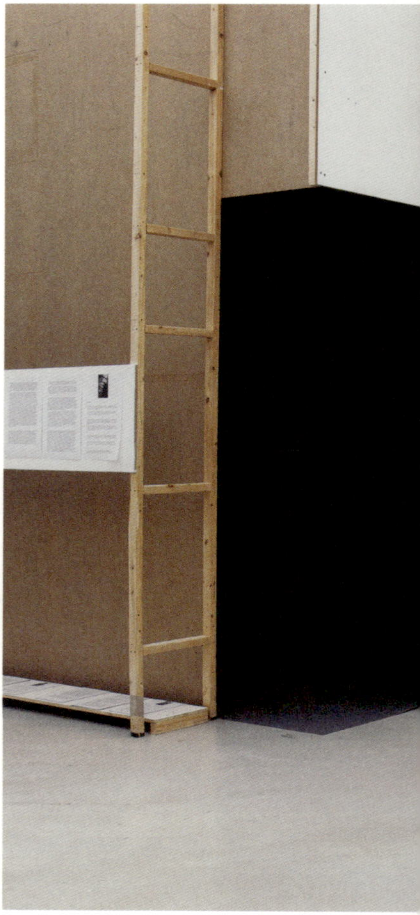

 AUSSTELLUNGSANSICHT / EXHIBITION VIEW, WKV 2012

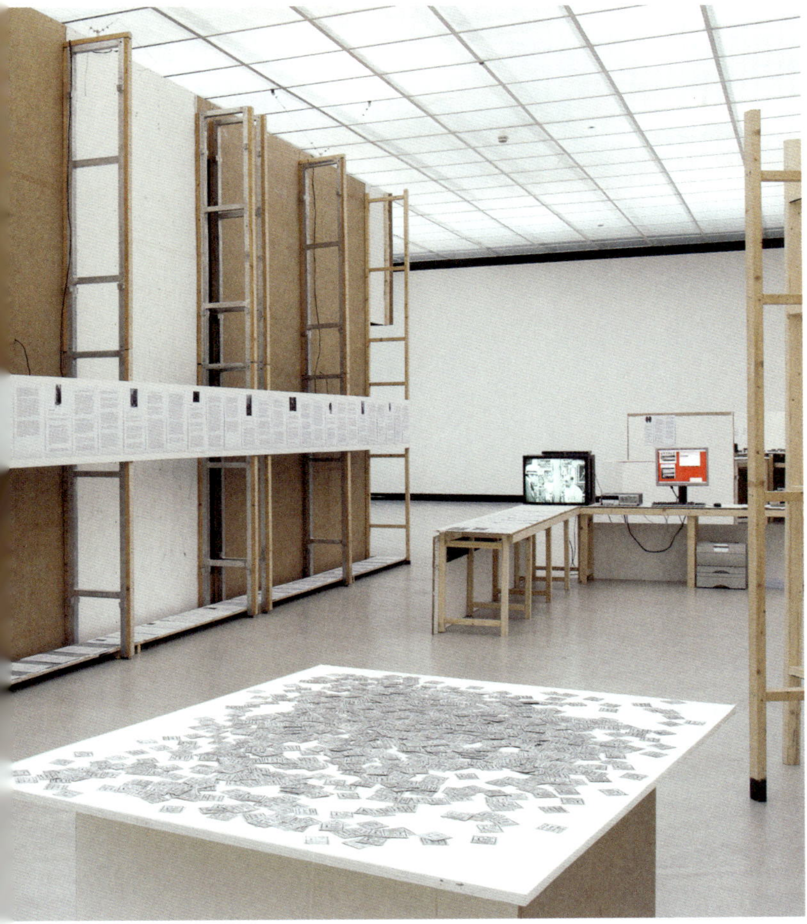

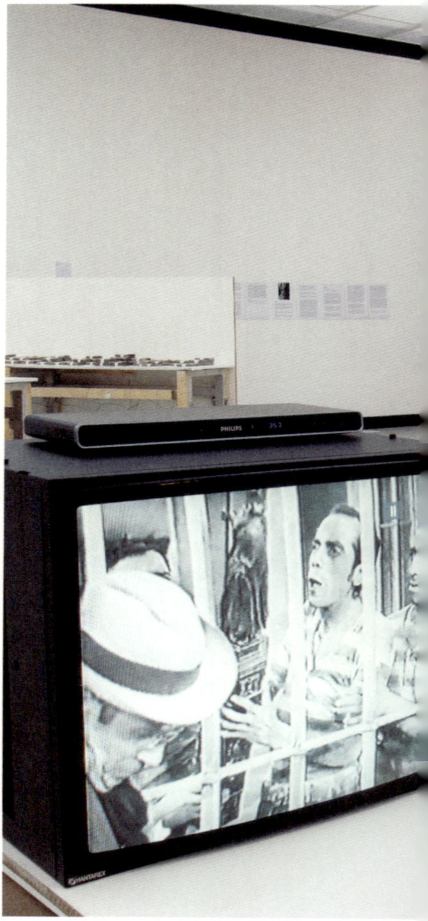

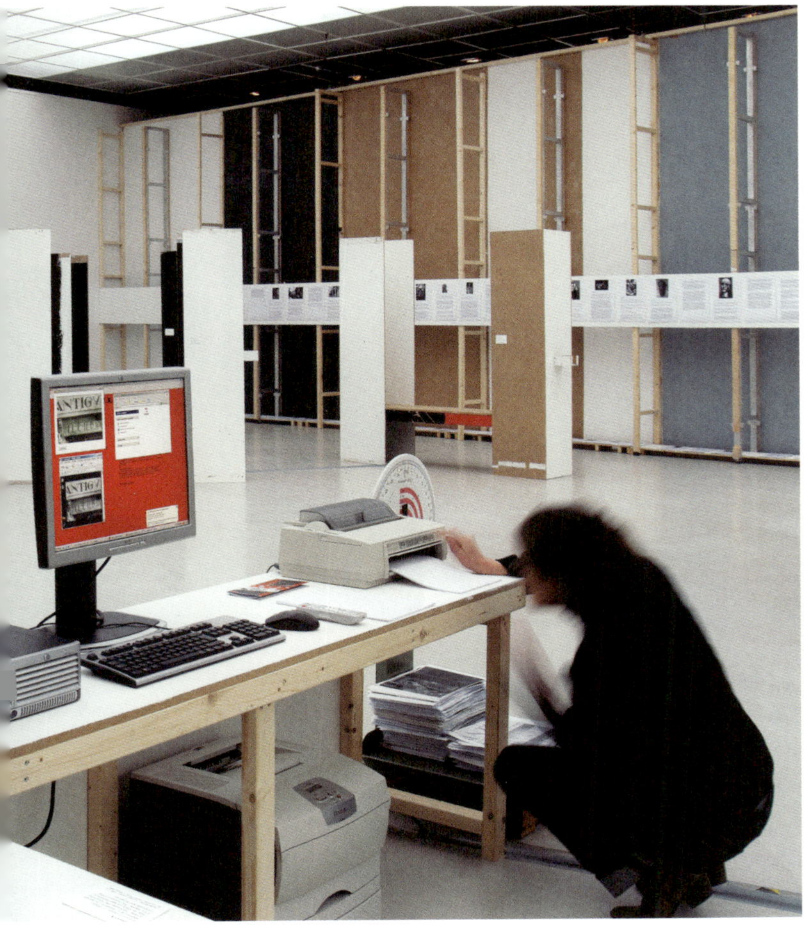

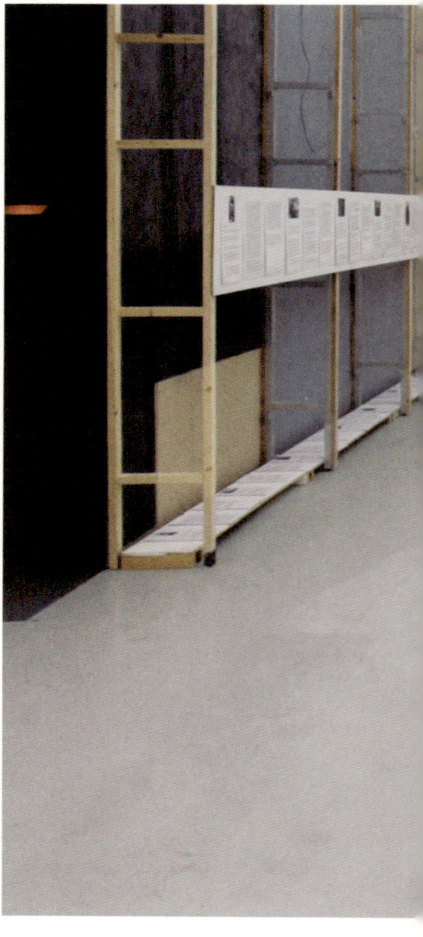

 AUSSTELLUNGSANSICHT / EXHIBITION VIEW, WKV 2012

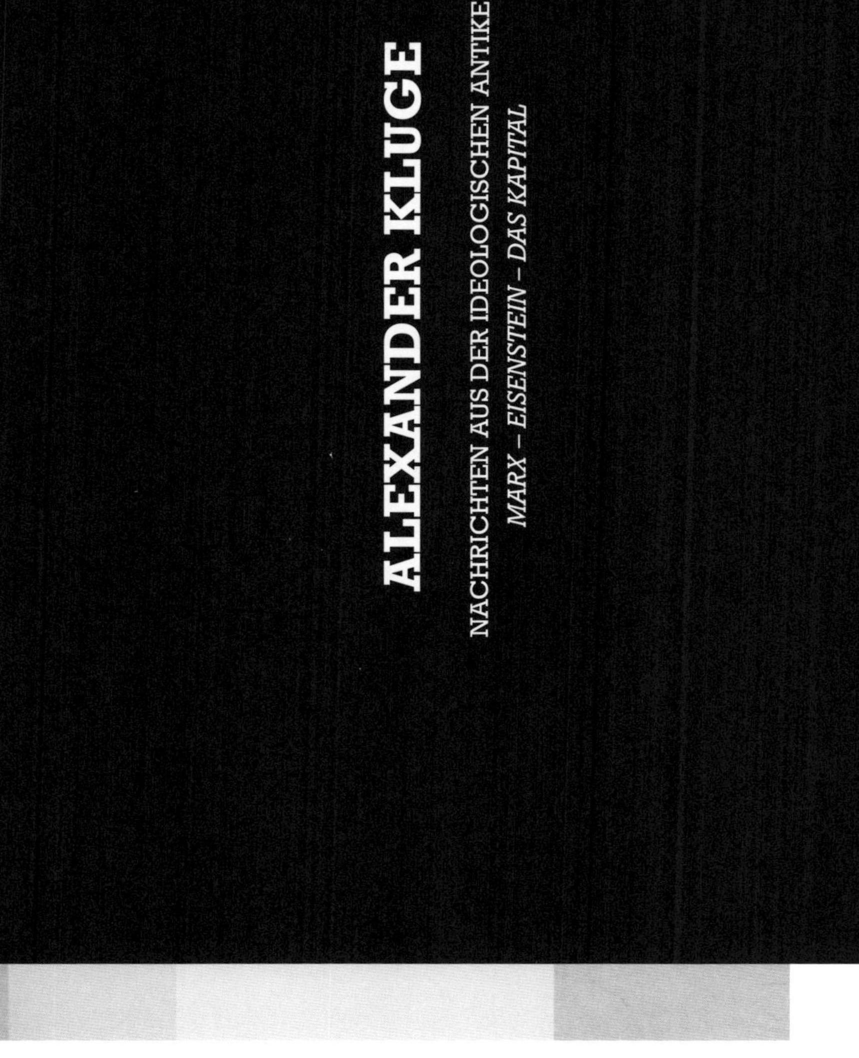

209 BLACK BOX

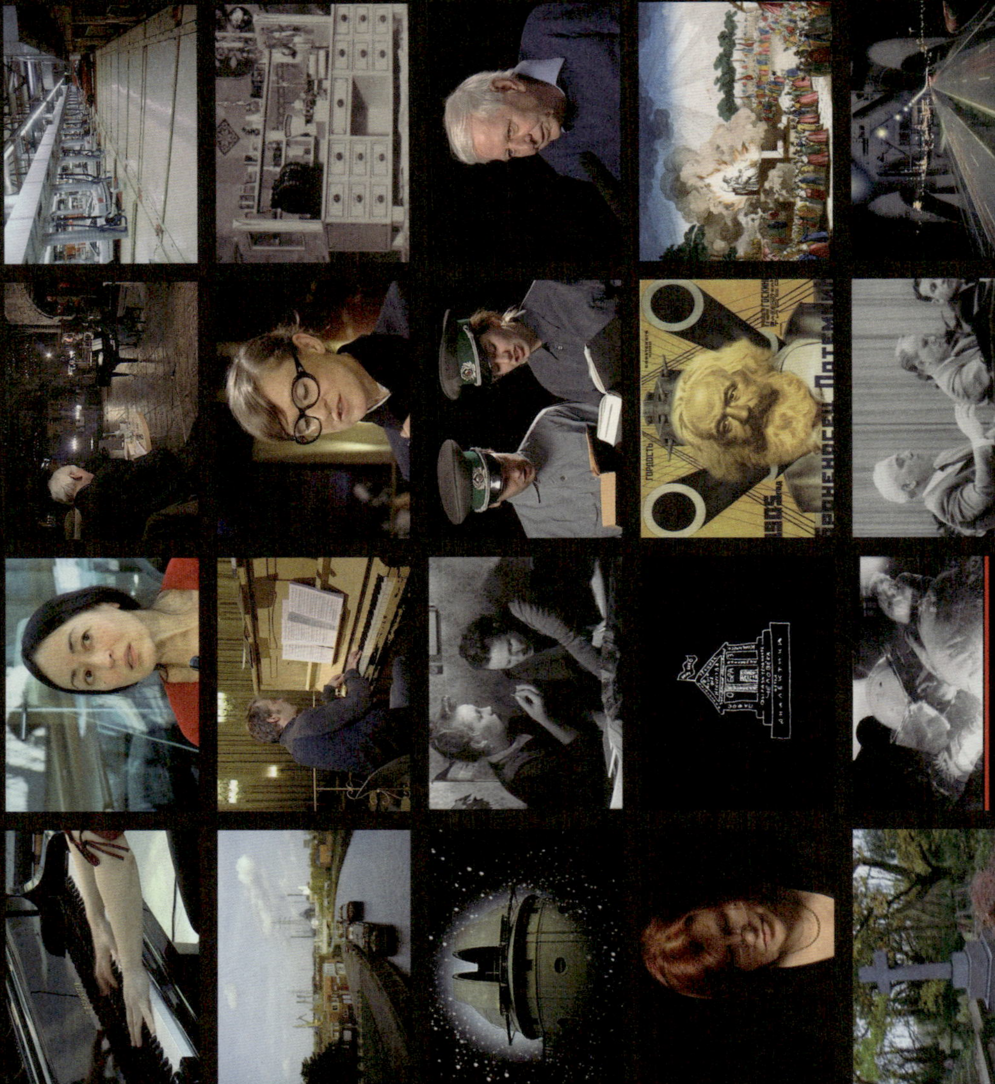

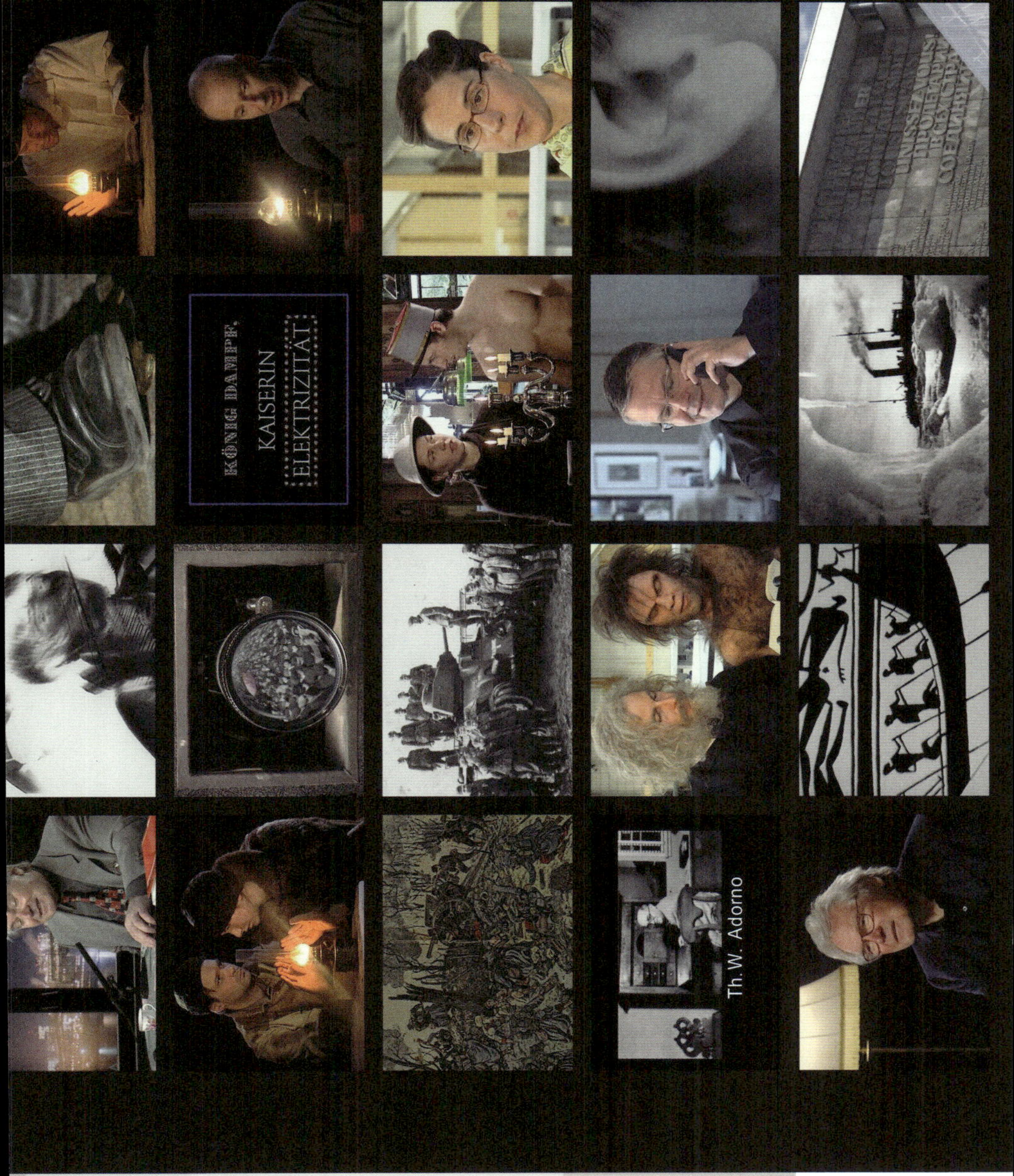
KÖNIG DAMPF,
KAISERIN
ELEKTRIZITÄT
Th.W. Adorno

Die Arbeit des Cineasten Alexander Kluge ist von besonderer Bedeutung für die Beziehungen zwischen kinematografischer Bewegung und Ausstellungsraum, da das Kino, wie er selbst erwähnt, nur eine Randbemerkung zur langen Geschichte der bewegten Bilder darstellt, die mit dem Leben selbst ihren Ausgang nimmt.

Die Ausstellung zeigt den Film *Nachrichten aus der ideologischen Antike: Marx – Eisenstein – Das Kapital* in seiner vollen Länge von 9 Stunden und 50 Minuten. Dabei ist es wichtig zu erwähnen, dass dieser zeitliche Exzess in Bezug dazu steht, wie die Ausstellung selbst Zeit verhandelt. Die Präsentation folgt strikt den drei DVDs, in die das Werk aufgeteilt ist: DVD 1: Marx und Eisenstein im gleichen Haus; DVD 2: Alle Dinge sind verzauberte Menschen; DVD 3: Paradoxe der Tauschgesellschaft. Im Licht der Vielschichtigkeit der Montage- und Narrationssysteme dieses Werks, zeigt der Raum ansonsten eine Geschichte des Kinos von Alexander Kluge unter dem Regime jener Ökonomie von *Das Kapital*.

Die Präsentation versucht zu zeigen, dass auch die Dispositive zur Ausstrahlung von Bildern etwas zum Ausdruck bringen, etwas das zunächst dechiffriert und danach bestätigt oder widerlegt werden muss. Genau darin besteht die Hauptarbeit des Historikers Kluge. Und Kluge ist mehr als ein Regisseur, er übernimmt die Rolle eines Gastgebers, die Rolle dessen, der einen Raum organisiert, der die Karten verteilt, das Spiel anordnet und geduldig darauf wartet, dass sich die Kräfte, die er in Bewegung gesetzt hat, aneinander reiben und Früchte tragen.

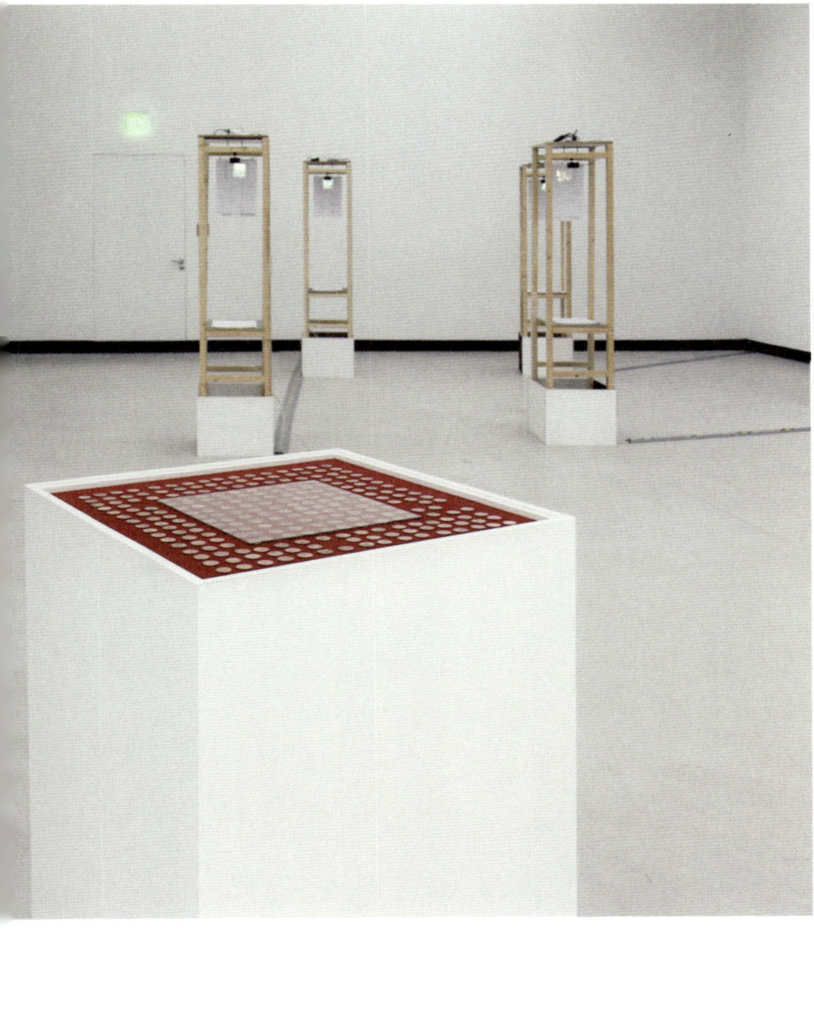

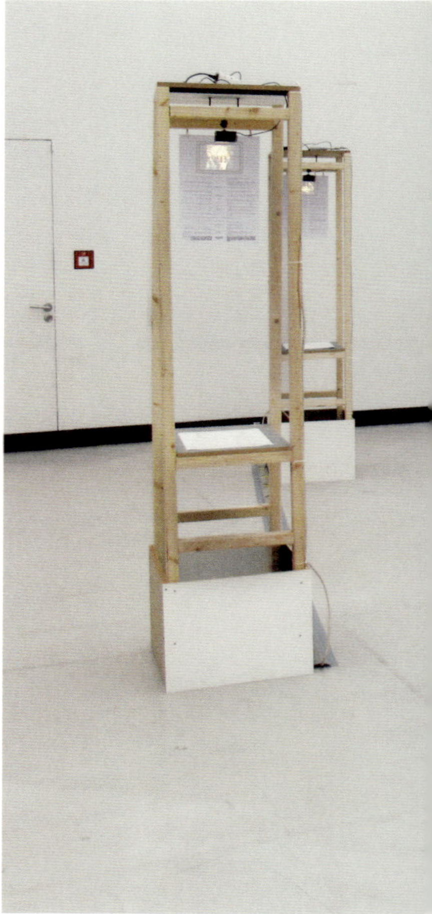

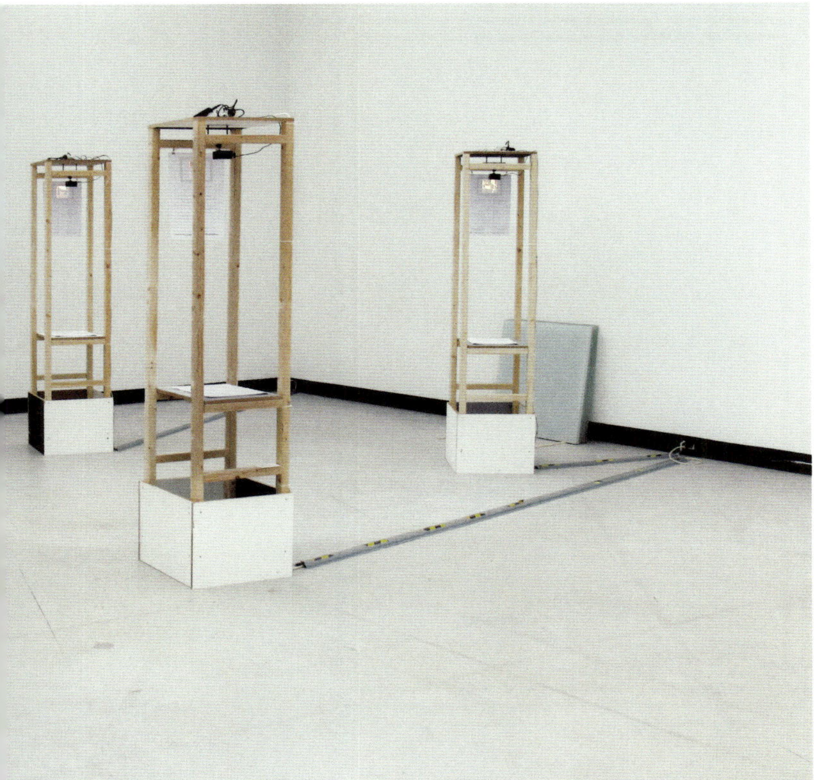

Donde Cristo comió polvo.	Spät und Tief.	Wir schwören bei Christus dem Neuen, den Staub zu vermählen dem Staube,
A mal Cristo, mucha sangre.	Tenebrae.	Das Blut und das Bild, das im Blut war, Herr.
Palabrota de Dios.	Zürich, zum Storchen.	Von deinem Gott war die Rede, ich sprach/ gegen ihn,…
Oración de perro no va al cielo.	Die Schleuse.	An/ die Vielgöttrei/ verlor ich ein Wort, das mich suchte:/*Kaddisch*.

Abre la boca y cómete el cipote de Cristo.	Aus Engelsmaterie…	Aus Engelsmaterie, am Tag/ der Beseelung, phallisch/ vereint im Einen.
Mear y cagar antes de la Misa el gallo.	Die Entsprungenen…	Graupapageien/ lesen die Messe/ in deinem Mund.// Du horsts regnen/und meinst, auch dismal/ sei´s Gott.
¡Ojo! cada domingo tiene su disanto y su pedrada.	Rebleute…	die Offenen tragen/ den Stein hinterm Aug,/ der erkennt dich,/ am Sabbath.
Para que la blasfemia sea válida hay que poner la saliva mirando al cielo.	Lästerwort.	Gib mir den Schaum der Nacht-ich wars, der schäumte.
Una diarrea más larga que el día del Juicio Final.	Erstiegene Stille:	das Jüngste Gericht/ verdammt/ seine Posaunem.
Si quieres convertir a un Judío llévalo a Roma.	Das Geissblatt Blökt:	eine neue gemeinde/ verheidet die Juden,
Métete en el culo la luz divina.	Limbisch,	der Herr,subkutan,/ampelt.
¡Ni Dios ni deicida ni el puto condivinato!	Ich Kenne dein Höher.	Ein Präfekt/ steht sich Verordnungen ab,/ ein Gott/ Mitgötterisches,
Me cago en Satanás y le pongo todas las letritas en latín.	Und wie die Gewalt	Myschkin/ Küßt dem Baal-Schem/ den Saum seiner Mantel-/Andacht.
Me cago en el dedo de Dios./// Ich scheiß auf den Finger Gottes.	**Paul Celan.**	**Gottes-/ gemächt, dem/schilpenden Menschlein./// Dios/el homúnculo pipiante.**

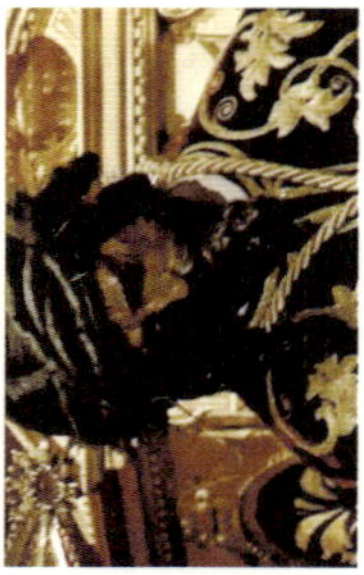
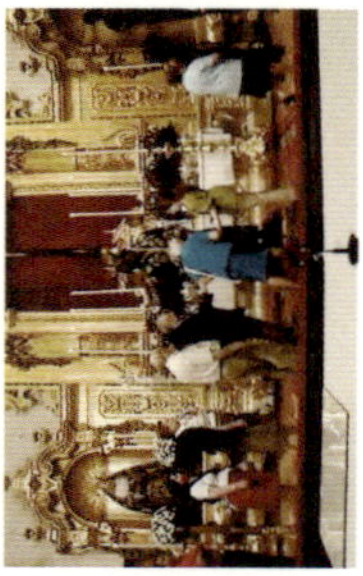
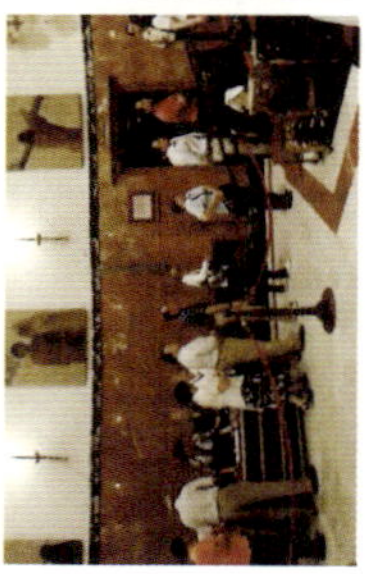
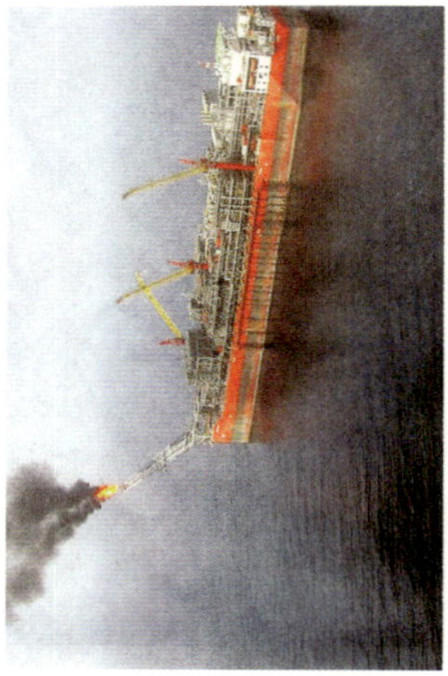
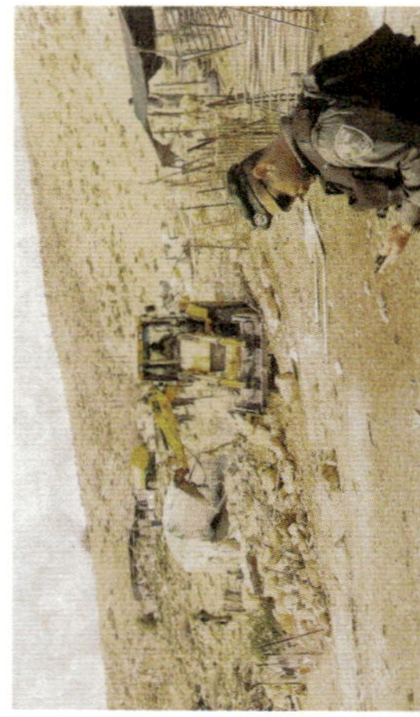
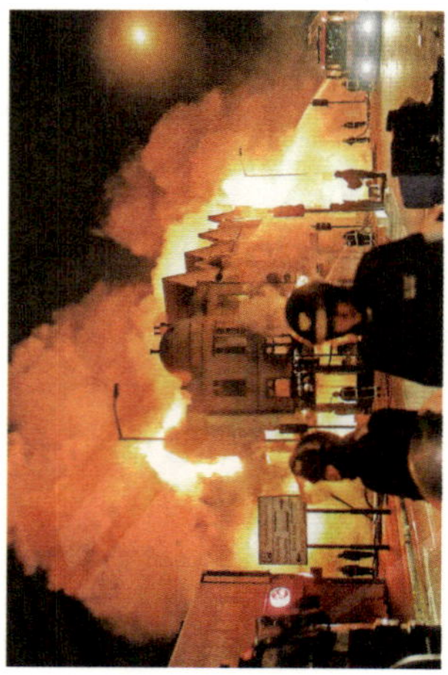
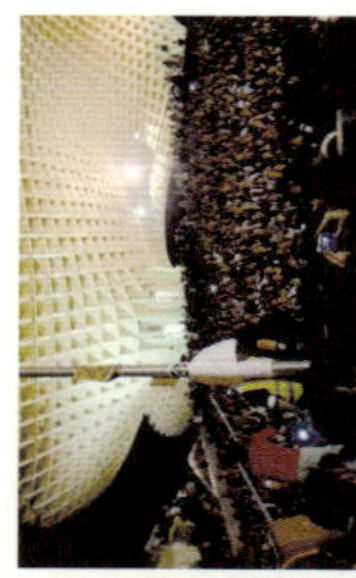
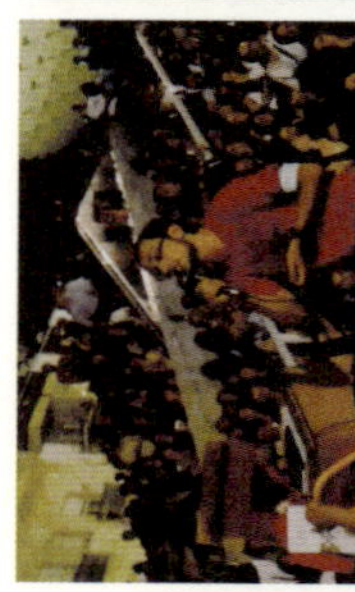
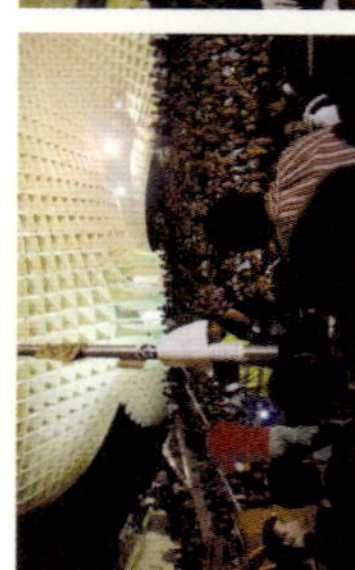
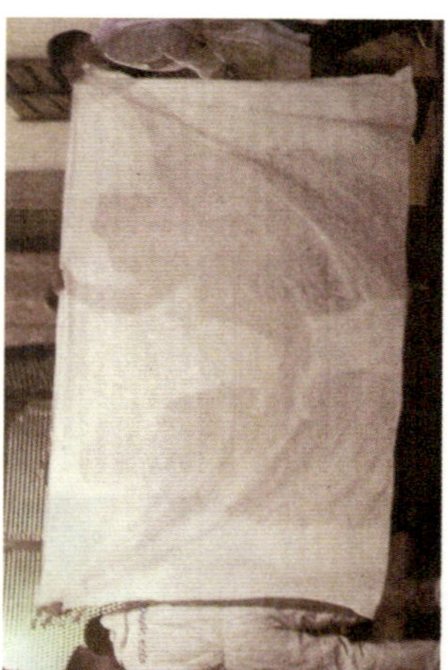
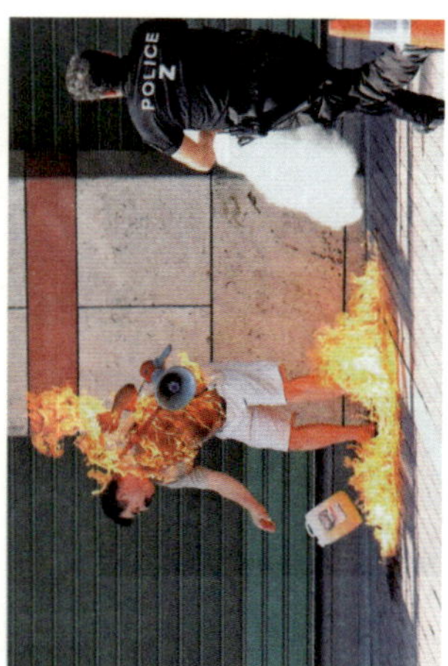
POLICE

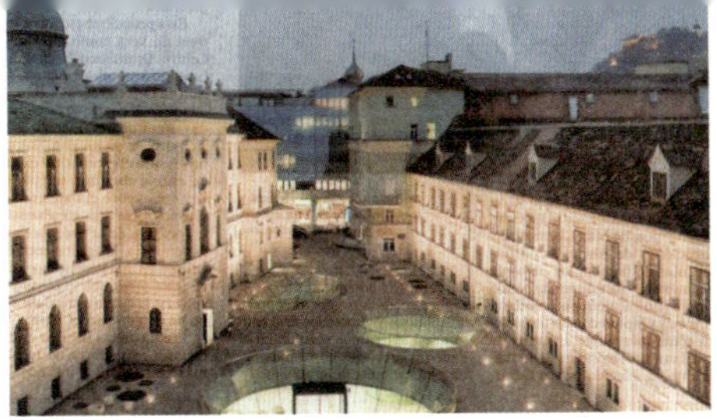

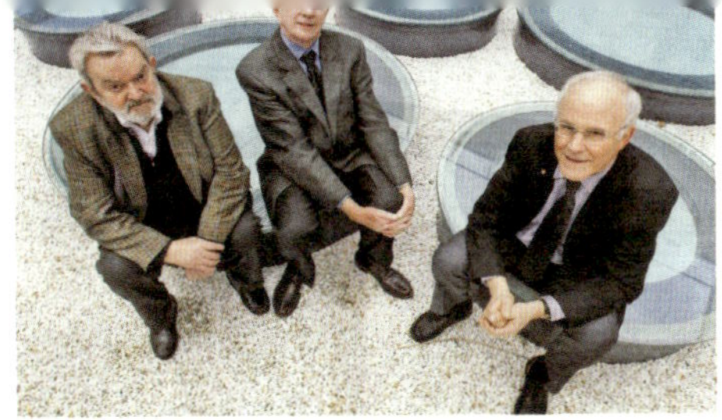

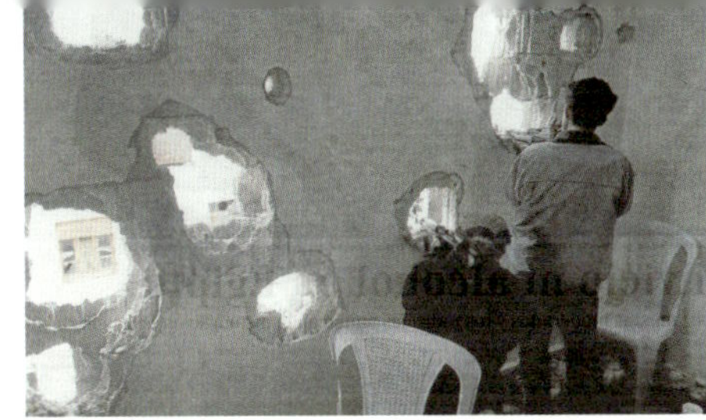

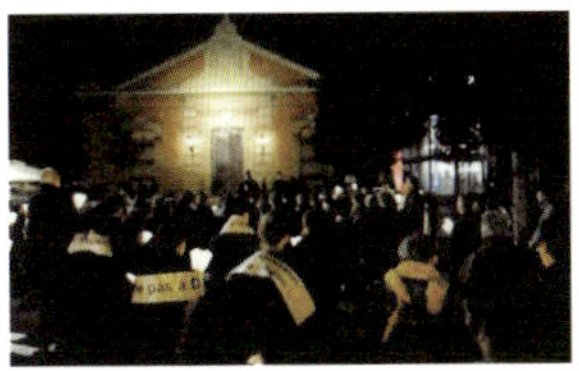

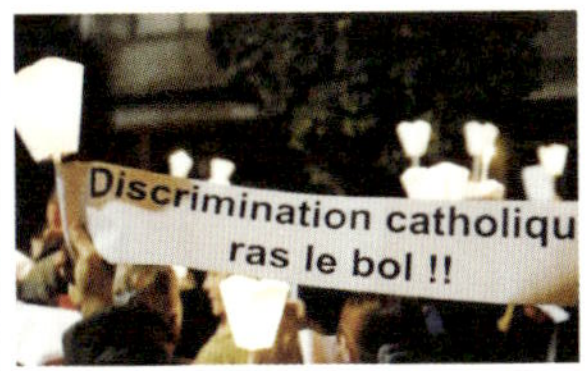
Discrimination catholiqu
ras le bol !!

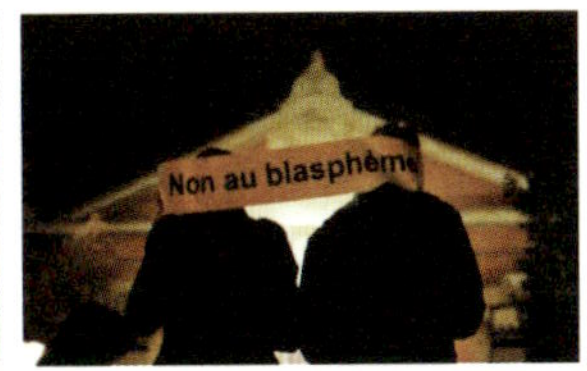
Non au blasphème

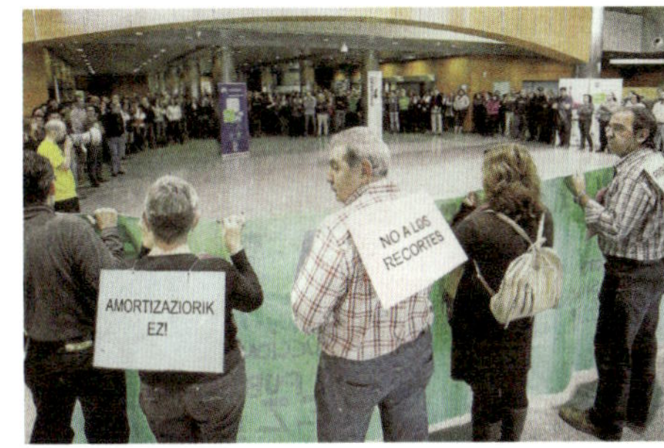
NO A LOS RECORTES
AMORTIZAZIORIK EZ!

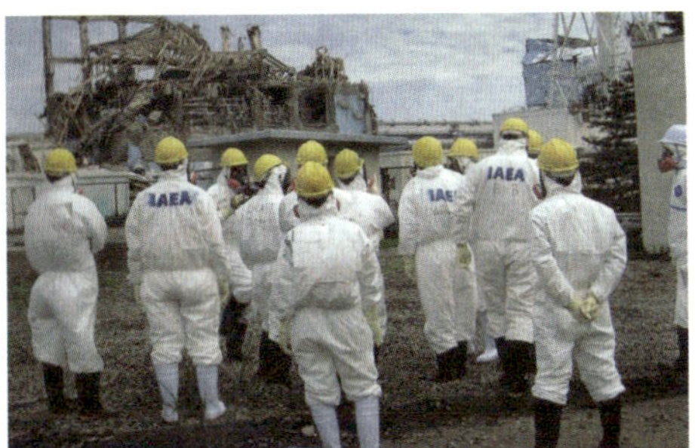
IAEA

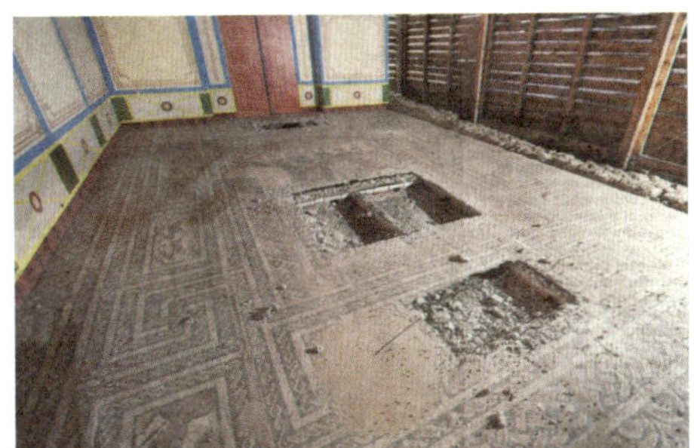

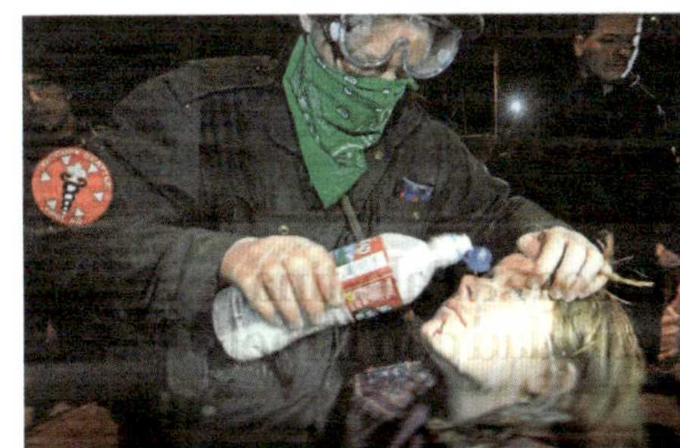

La misa del gallo: Kikiriki, kikiriki.	Paul Scheerbart.	Ipastta ih fúo./Kikakoku proklinthe petéh.
Hostia y rehostia y requetehostia y la requetehostia puta.	Christian Morgenstern.	Hontraruru miromente/ Zasku zes rú rú?/ Entepente, lelolente/ klekwapufzi lú?
Dios es glande, glande; la Virgen puta, puta y salió sarasa el Jesusito que parieron los dos.	Hugo Ball.	Glandradi glassa tuffm i imbrabim/ blassa galassasa tuffm i zimbrabim.
Inriquito, para más INRI.	Raoul Hausmann.	rreeeeeEEErreeeee A oapderree mglepadonou mt nou tnoumt

(San Pedro quiere roscas) S P Q R.	André Breton.	P S S T.
Hique, heque,hoque (hic, haec, hoc) Pan tostado con arrope.	Kurt Schwitters.	Lanke trr gll p p p p p oka oka oka oka lanke trr gll.
Trisagio: Santo Dios, Santo Fuerte, Santo Inmortal, líbranos de todo mal. San Antonio bendito, que en los cielos estás inscrito guarda pan, guarda vino, a los que andan por los caminos.	Tristan Tzara.	ka tangi te kivi kivi ka tangi te mojo mojo ka tangi te tike
Urbi et orbi, Obispum, zas, zas, zas! los mata bien muertos.	Adon Lacroix.	not so PN DA DI ME ZAZZ OMA DO RE TE O Ma QU
Latiniparla, latinajo, latinete.	Walter Mehring.	Su-tling hoêpi-pi
Poner la mierda en cantaergallo	Ribemont-Dessaignes.	Ki KI KI KI KI KI Ki ----
Un padrenuestro para cocer un huevo, sale la pollica en un santiamén.	George Grosz.	Bilderdykstraat. Eveybody jimmist now…
Kirieleisón, kirieleisón daca la oblada y quita quistion.	Julius Evola.	Garagàdara, krounkrounganam glan glan blaga
¡La Virgen! Viva la Virgen que es virgen y la virgen que no lo es.	Man Ray.	MERDELAMERDELAMERDELAMERDELAMERDELAMERDELA De la Amerique!
el Arzobispo de Constantinopla se quiere desarzobipodeconstantinopolitanizar el desarzobipodesconstantinopolitanizador que lo desarzobipodescontatinopolitanice buen desarzobispodescontatinopolitanizador será.	Christian Schad.	¡¡¡¡¡¡¡¡¡¡¡¡¡¡¡¡¡¡¡ ¡¡¡¡¡¡ ¡¡¡¡¡¡ ¡¡¡¡¡¡ °°° ººººººººººººº ATTENTION A LA PEINTURE!!!!!!!!! ºººººººººº,,,,,,,,,,,,,,,,,,,,ººººººººººººººººº ººººººººººººººººº 77777777777777777777777777777777 ???????????????????????????????? ?????????
Cago en diez./// Ich scheiß auf die Zehn(Gott.	**DADÁ.**	**Ni Dios ni dadá/// Weder Gott noch Dada.**

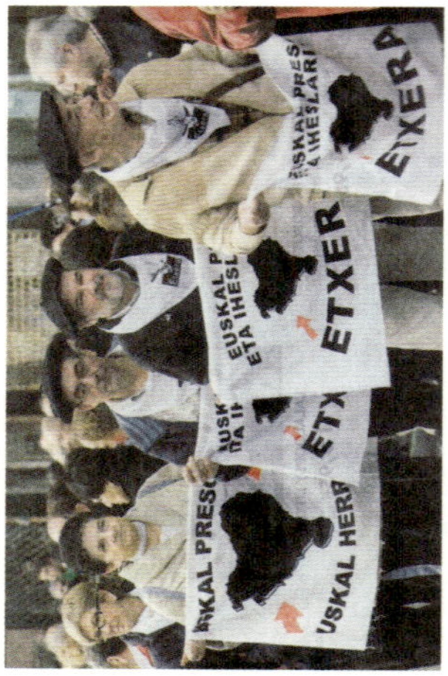

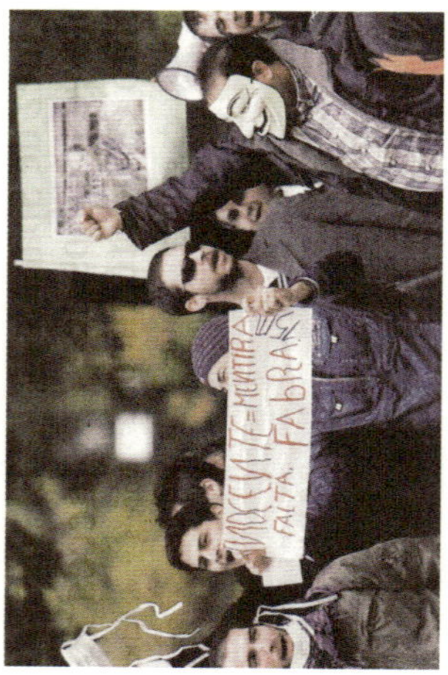

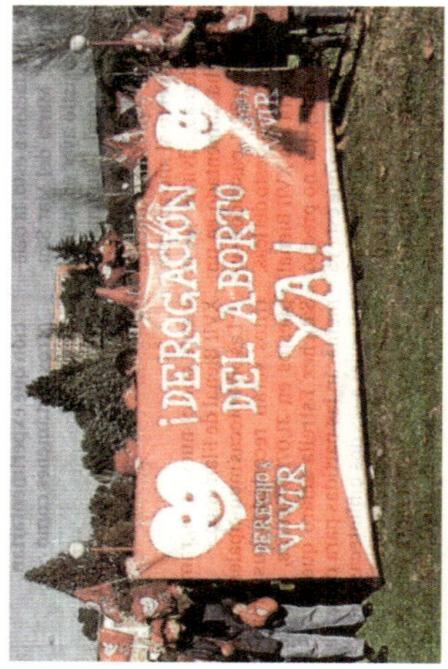
¡DEROGACIÓN DEL ABORTO YA!
DERECHO A VIVIR

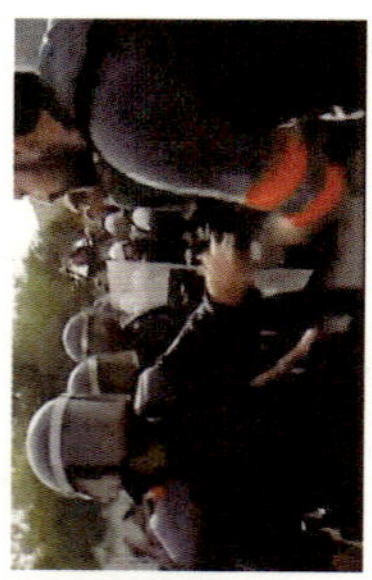

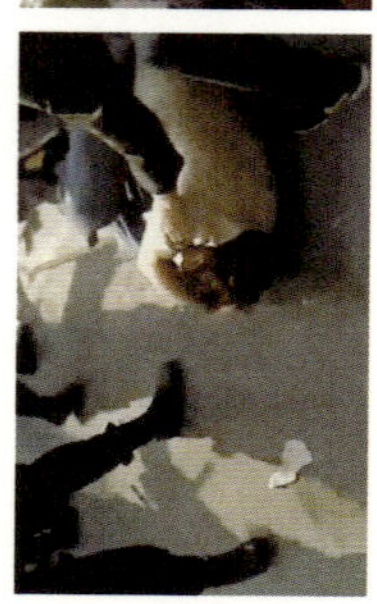

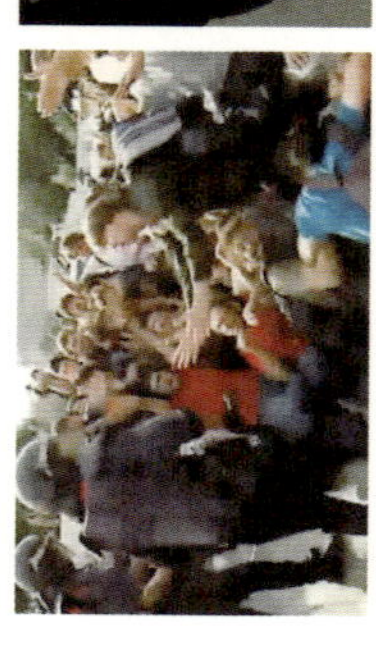

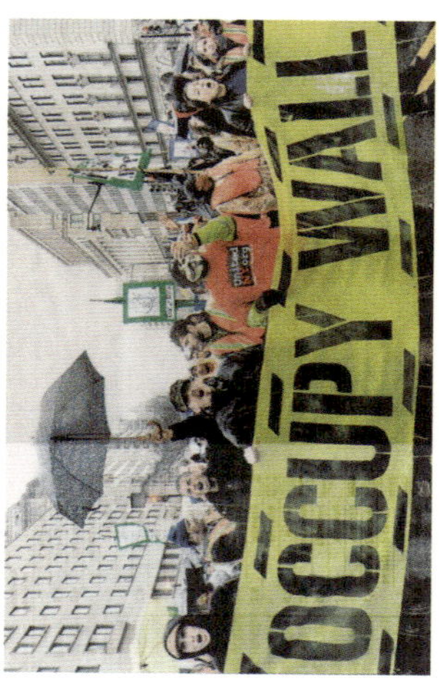
OCCUPY WALL

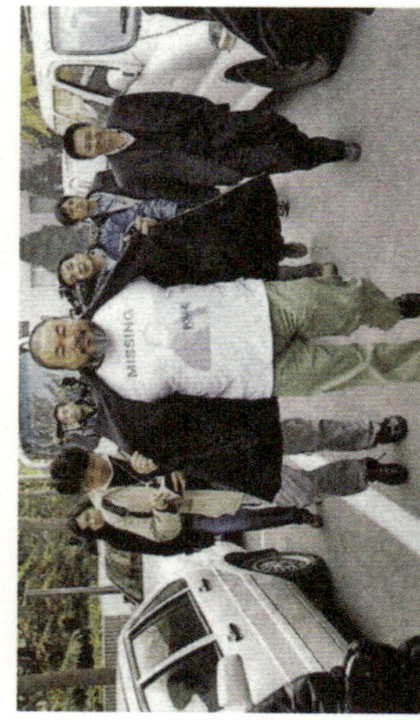

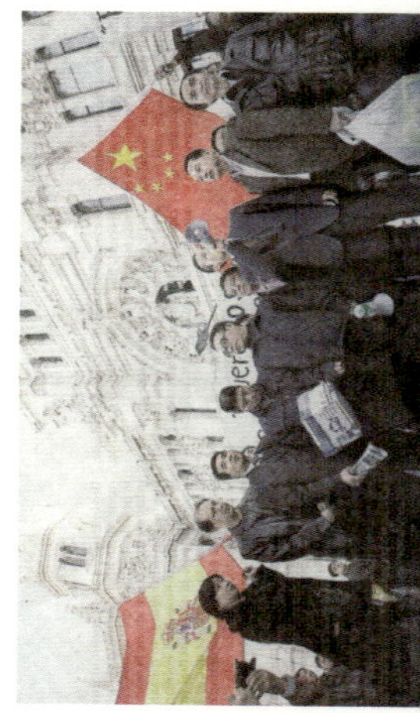

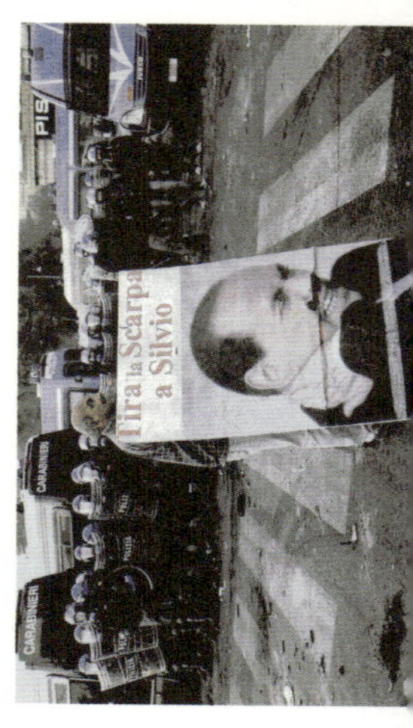
Tira la Scarpa a Silvio

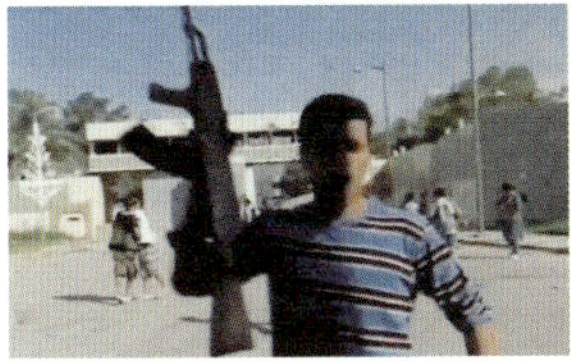
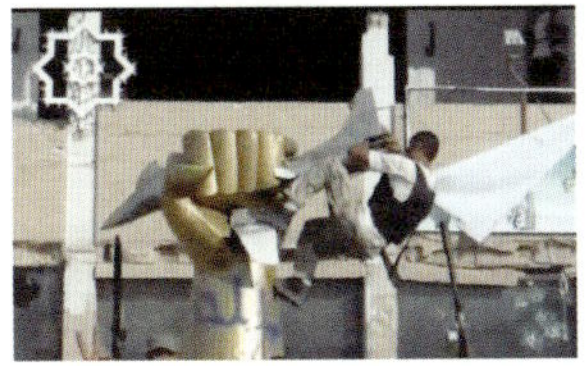
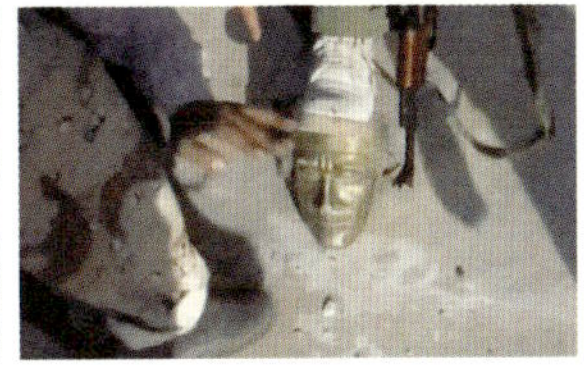
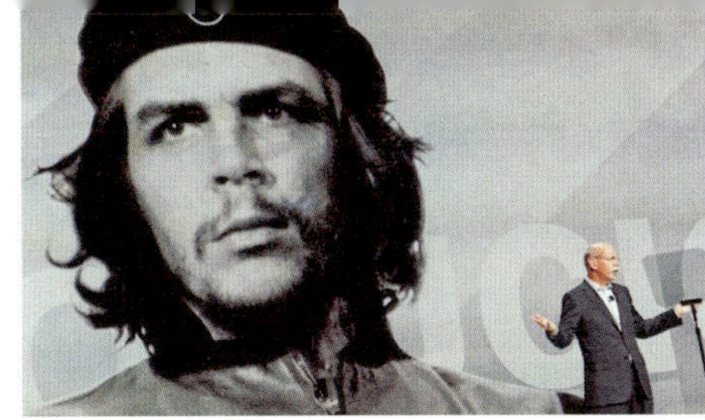
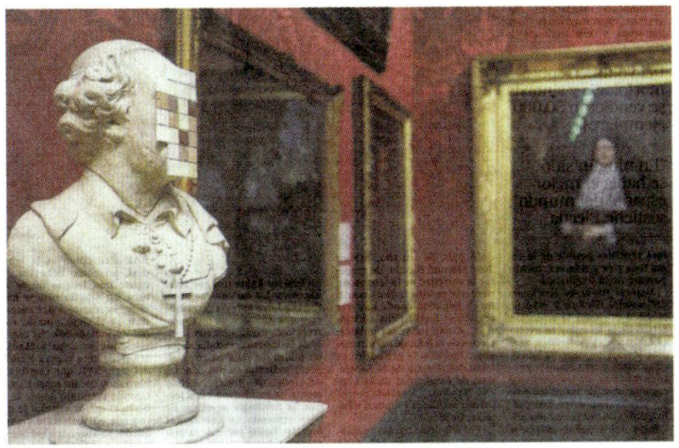
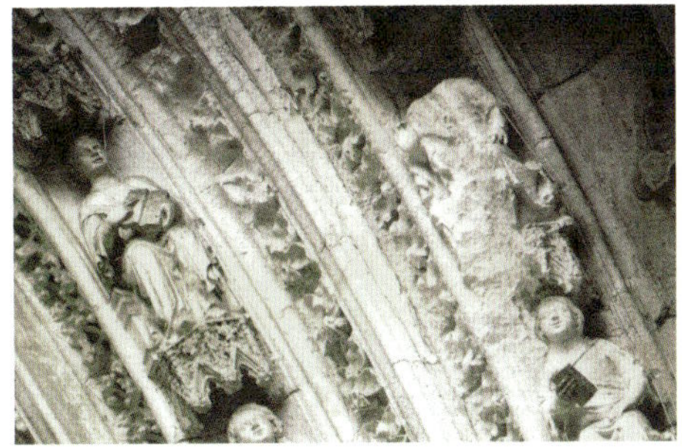
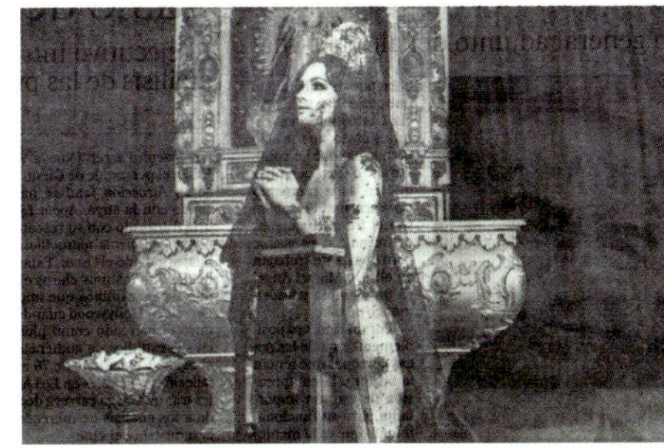
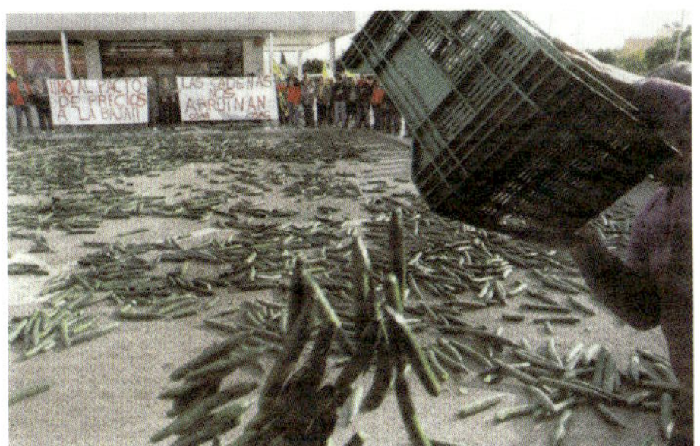
NO AL PACTO DE PRECIOS A LA BAJA!!
LAS CADENAS NOS ARRUINAN
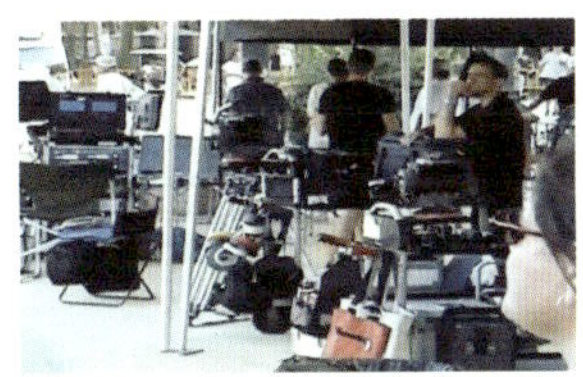
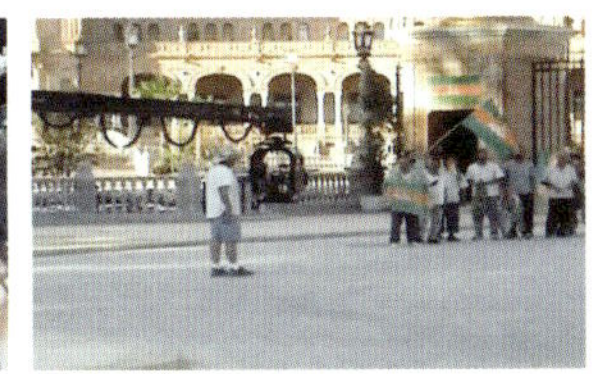
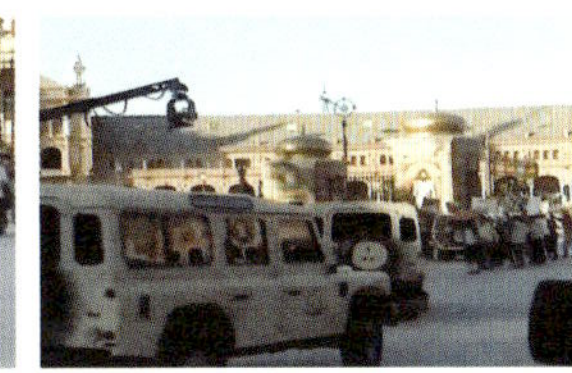

¡A tomar por culo los dos ladrones y el resto de la procesión!	Prozession.	Nur del Kirschendieb sitzt wie ein Gott/ in excelsis und spuckt vom Geäst/ dem apokalyptischen Aas
Me gago en el puto Dios, la Hostia santa, el Copón consagrado y la mierda de vajilla en la Santa Cena.	La forza del destino.	Es werden Oblaten gereicht: Kugellager/ lindern den Lauf der Gebetsturbinen: traurig/ sitz der Fischerköning am Konferenztisch/ und erwarter verdrossen den rettenden Frager.
¡Métele a dios las bolitas por el culo a ver si revienta!	Socialpartner in der Rüstungsindustrie.	…auf den Golfplätzen/ sich erholend von Mast und Diebstahl,/ die Lieblinge Gottes.

Me cago en los teólogos y en los Padres de la Iglesia.	Genial.	Ferner der Gottesgelehrte,/ der auf die Idee kam,/zwischen contritio und attritio/ Sei reinlich zu unterscheiden./Auch nicht ohne!
Me cago en los piojos del Cristo y en la blanca Paloma que los picotea.	Zuhlungsmittel.	…Drahtlos/ wie der Heilige Geist,/ kann es nicht schlafen.
Que dios nos deje en paz y Cristo no nos de por culo.	Tagesordnung.	Rätseln, warum e∏1=-1/ warum Gott die Menschen niemals/ in Ruhe läßt, umgekehrt auch nicht.
Me cago en el niño Jesús dormido y en sus sueños.	Wissensechaftliche Theologie.	…Eine Novität, nur leider/ nicht sehr halthar, unhemerkt,/ weil er anderweitig beschäftigt war,/dieser Gott. Er hat uns verschlafen.
Mosén, calientabragas, mete las hostias en el frigorífico	Profane Offenbarung.	Altar oder Kühlchrank:/vor die Walh gestell,/ so mancher frommer Glaube,/ glaubt mir, geriete ins Wanken.
Me cago en Dios, en Cristo, en el Espíritu Santo y en la Santa Trinidad, y en todos montados en un coche.	Tiefe Töne in Liepãja.	Sankt Trinitatis hat úberlebt,/ die größte mechanische Orgel der Welt.
Me cago en Dios con la boca abierta.	Kleine Theodizee.	Jetzt seid ihr beleidigt,/ nur weil Gott gähnt/ und von euch absieht.
Me cago en Dios en todos los idiomas del mundo.	Soviel zur Völkerverständigung.	Chinook, Belutschi, Rapankaka:/ Da ist kein Pfingstwunder in Sicht.
El yerro del médico, la tierra lo tapa, el del letrado, el dinero lo asaca; el del teólogo, el fuego lo apaga.	Creditur.	Auch den Gottesgelehrten/ war nicht wohl dabei./ Blendwerk, hieß es,/ eine Versuchung des Teufels.
Me cago en la tierra que dio la yerba que comió la vaca que dio el engorde al hijo puta del cura que te bautizó y te puso de nombre Inmaculada Concepción.	Gewimmer und Firmament.	…den Fortschritt,/ den Schaukelstuhl, loben Gott/ der am Werktag frißt und am Sonntag gefressen wird/ und, ggebenenfalles, den Beischlaf.
Me cago en la comunión católica, tradicionalista y de las jons./// Ich scheiße auf die (Gemeinschaft) Kommunion der Katholiken, der Traditionalisten und der Volksfront.	**Hans Magnus Enzensberger**.	**Wer hat Sie dazu angestiftet/Mohren, Säufer und Clowns/an den Tisch Unseres Herrn zu laden?///¿Quién le metió en la cabeza la idea/de sentar moros, borrachos y payasos/ a la mesa de Nuestro Señor?**

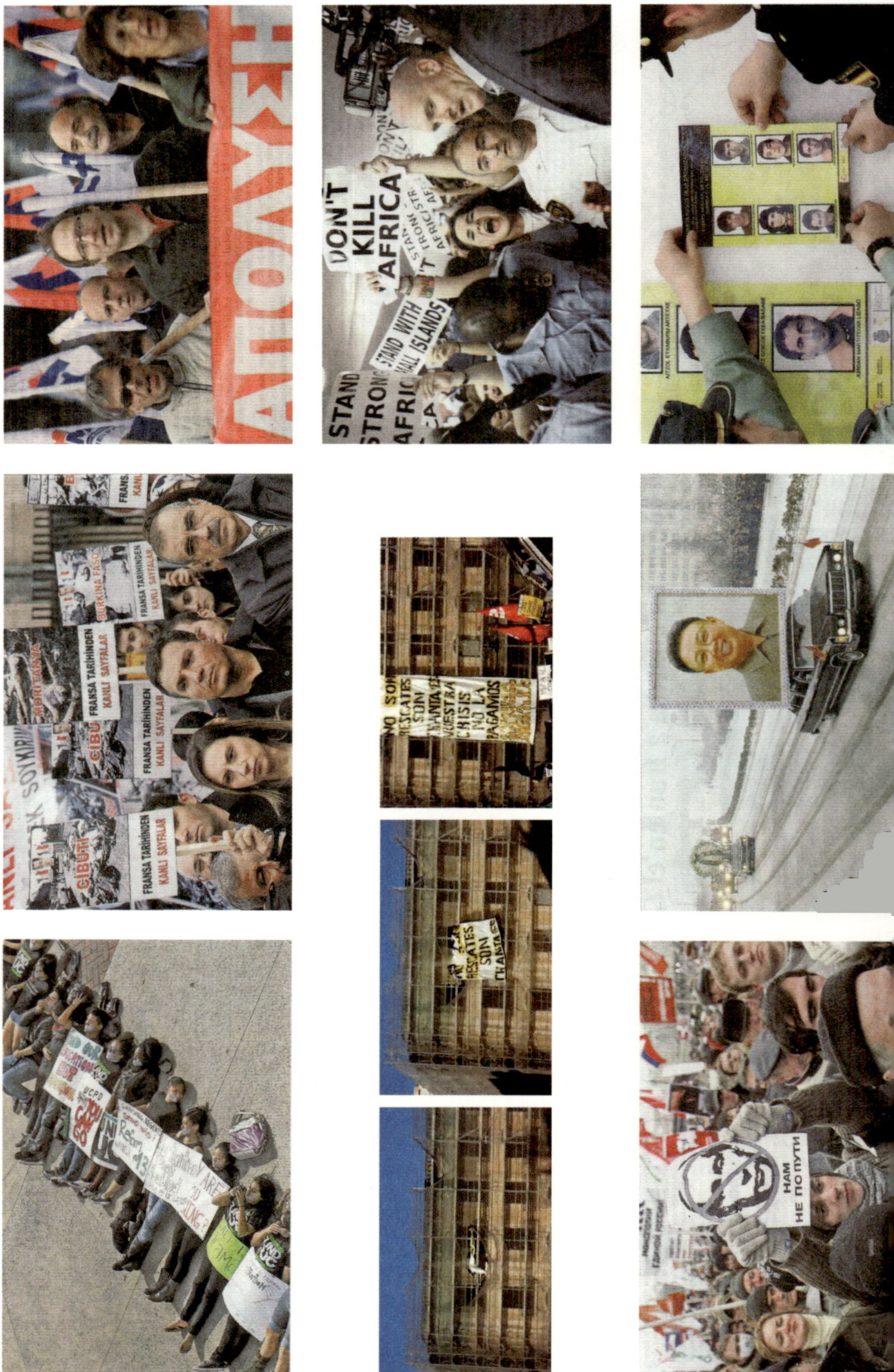
ΑΠΟΛΥΣΗ
DON'T KILL AFRICA
STAND WITH MARSHALL ISLANDS
FRANSA TARİHİNDEN KANLI SAYFALAR
CİBUTİ
MORİTANYA
BURKİNA FASO
RESCATES SON
NO SON RESCATES SON TRAMPAS VUESTRA CRISIS NO LA PAGAMOS
НАМ НЕ ПО ПУТИ

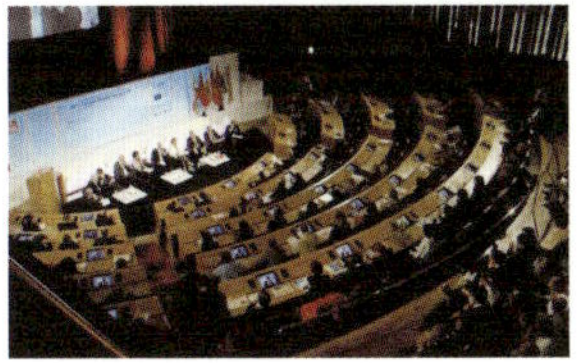

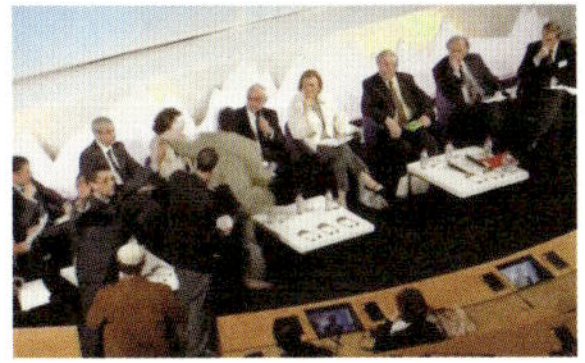

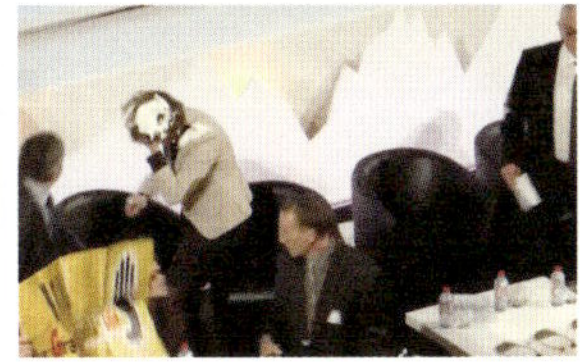

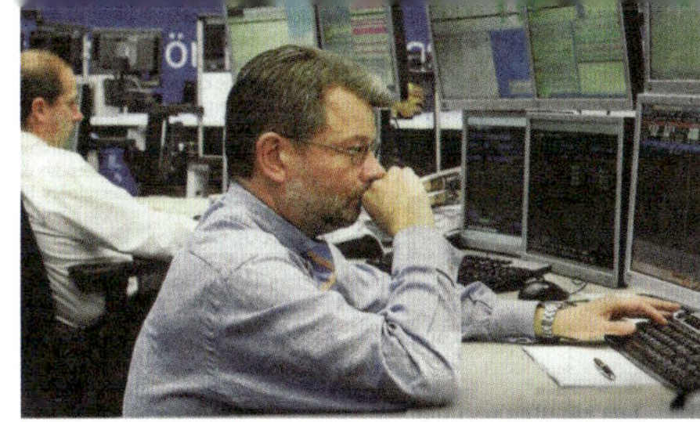

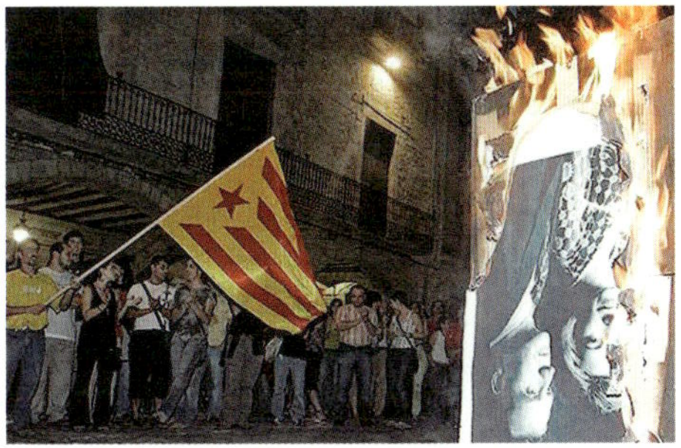

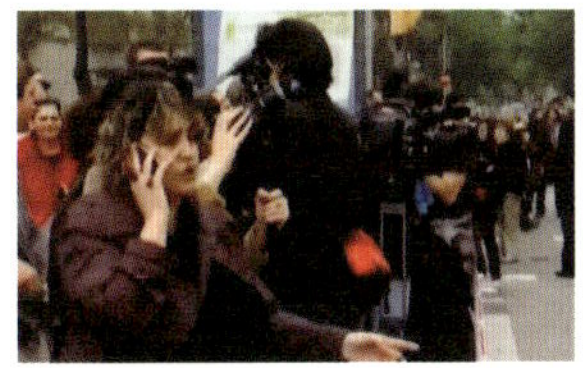

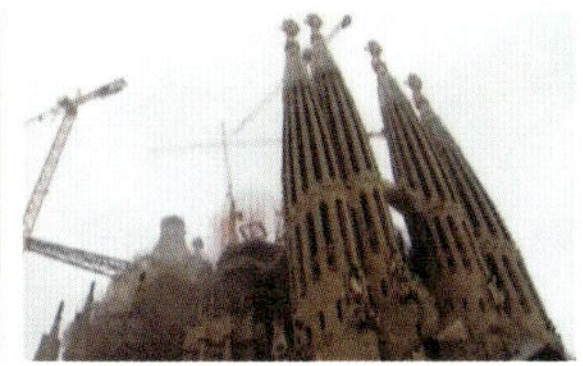

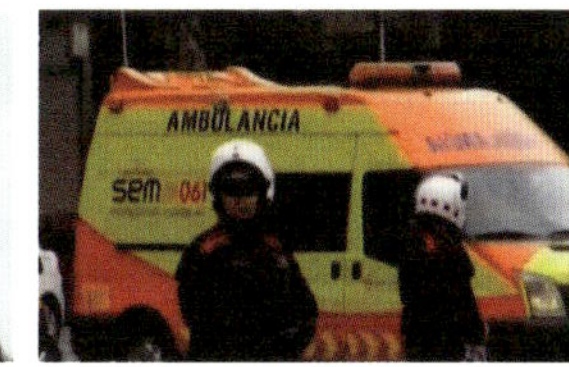

AMBULANCIA

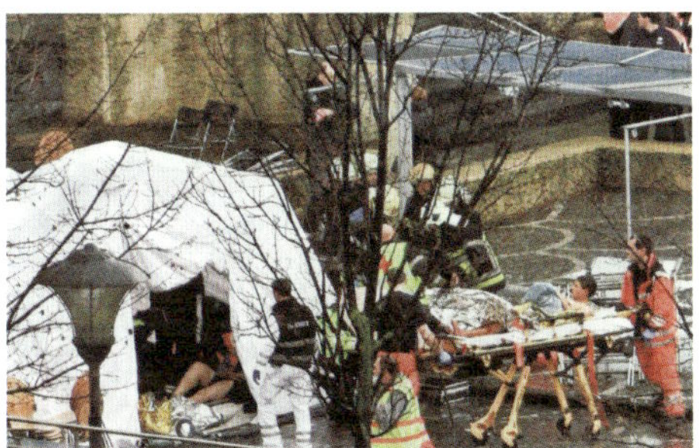

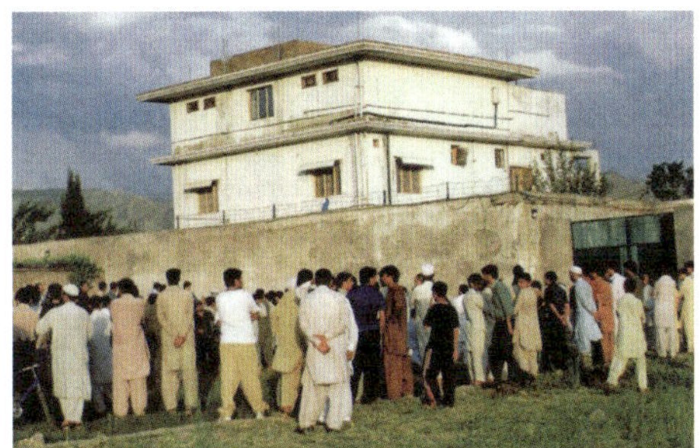

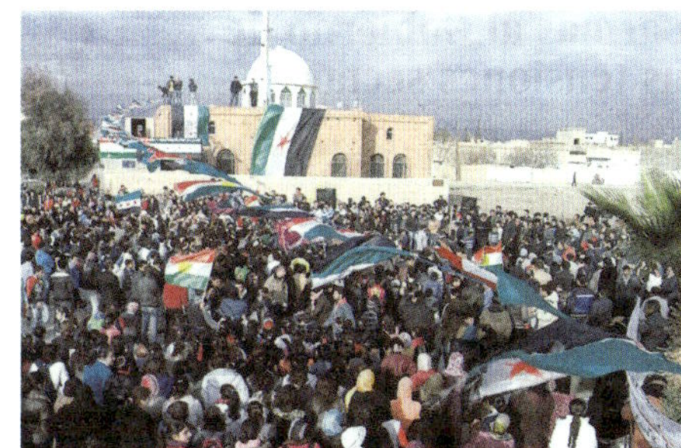

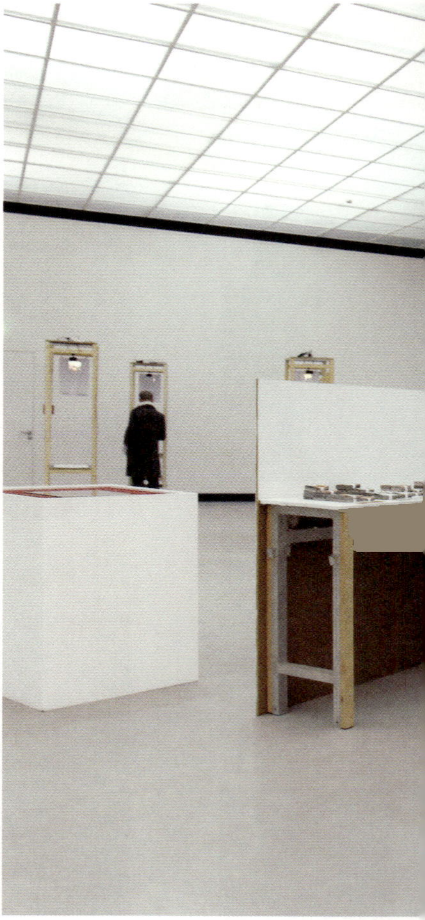

 BILLETES CON LA PRENSA. FALSIFICACIONES, WKV 2012

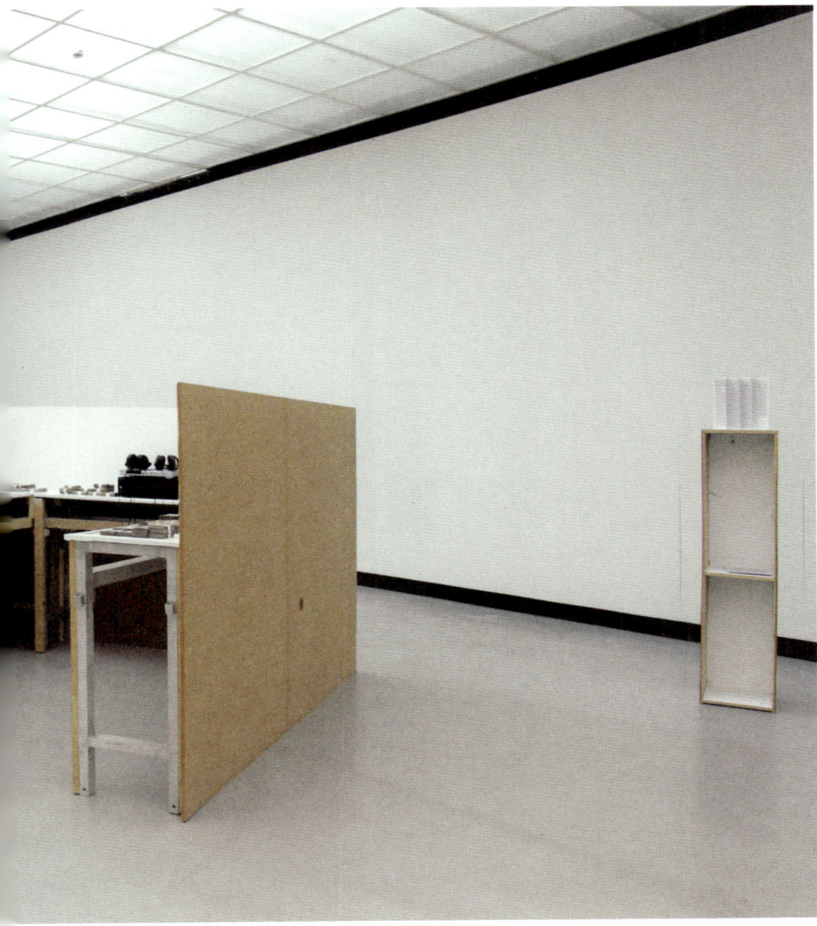

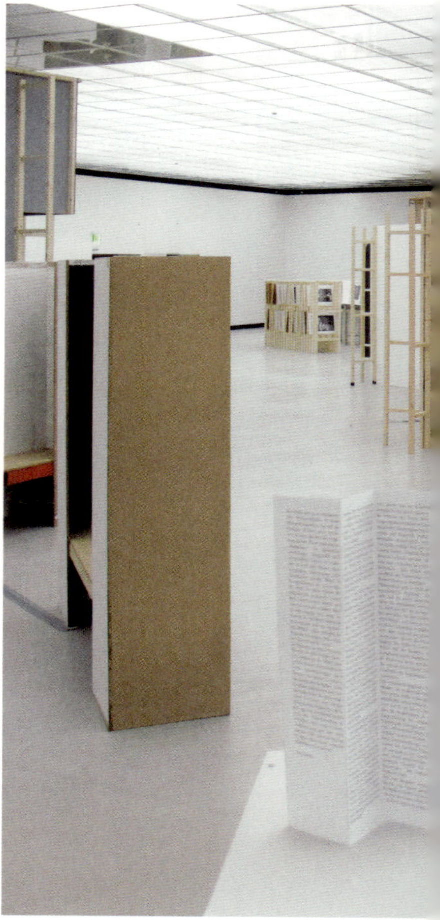

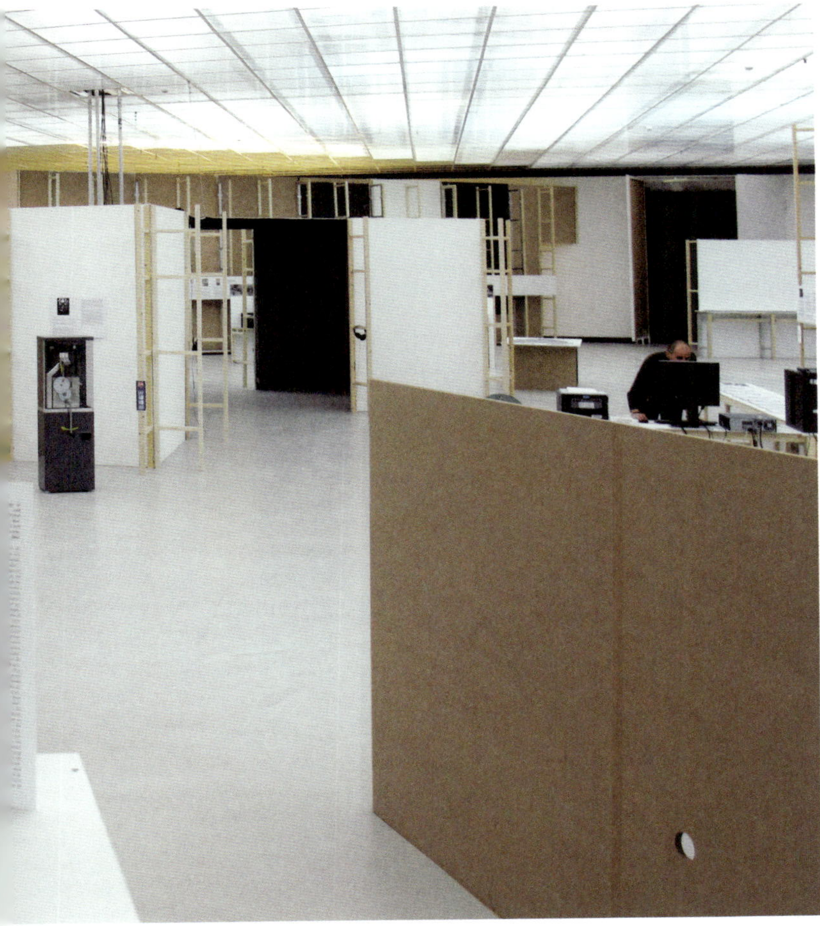

ICONOCLASH.
***Jenseits der Bilderkriege in Wissenschaft, Religion und Kunst*, hrsg. von Peter Weibel und Bruno Latour, Ausst.-Kat. ZKM, Zentrum für Kunst und Medientechnologie, Karlsruhe, Massachusetts, MIT Press 2002.**

Iconoclash präsentiert sich als Oxymoron im Zeitalter des Triumphs der Bilder. Es ging darum, die Repräsentation der Bilder – man möge mir die Redundanz in diesem Fall verzeihen – als ein weiteres Opfer des Siegeszugs der Wissenschaft im 20. Jahrhundert vorzustellen: die geballte Technik gegen das Wesen der Repräsentation, eine mehr oder weniger geglückte Sammlung der Errungenschaften der Modernen Kunst in Form von monochromen Leinwänden, zerstückelten Statuen, ausradierten Bildern, Assemblagen aus alten Möbeln, Müllbergen, zerfetzten Papieren, pornografischen und eschatologischen Aktionen, absurden Lebensprojekten und Verherrlichungen der Sodomie, Pädophilie und Koprophilie, abseitigen politischen Programmen und Lobeshymnen auf das Leben der Verrückten, Mörder und der Terroristen – also die gesamt Landschaft des Nihilismus.
Kurator der Ausstellung ist Peter Weibel und Bruno Latour übernimmt den reflexiven Part, die diskursive Annäherung. Beide verbindet ein tiefes Interesse an der Komplexität der Welt – als Alibi, wenn es um die eigene Positionierung geht und darum, jedweder politischen Lektüre der Dinge Gewichtigkeit beizumessen. So wird dieser Bilderkrieg scheinbar aus der Perspektive der Wissenschaften, Künste und religiösen Prophetie betrachtet, doch ragt der Aberglaube an die Technik – als unser Sinn und Zweck auf Erden – über alles hinaus. Es gibt keine Kontraste zwischen den Positionen, sondern eher die Unterwerfung eines Standpunkts unter den anderen. Und so wird der künstlerische Umbruch – der Raum, in dem die Lektüre der Bilder vielleicht die größte Komplexität erreicht – in diesem Projekt banalisiert, ein Projekt, dessen Abstraktion wissenschaftlicher Erkenntnis ein wirkliches Zusammenleben mit den mimetischen Bildern verhindern würde. Wenn man bedenkt, dass die Wege, die Kandinsky, Mondrian oder Malevitsch beschritten haben, direkt auf das theosophische Wissen zurückzuführen sind, dann reduziert sich die hier angestrebte Synthese auf das Simpelste. Darüber hinaus wird der künstlerische Ikonoklasmus dem Aktuellen untergeordnet. Und dass nicht nur auf Gund der Leidenschaft beider Kuratoren für Pixel – ein moderner Aberglaube, den die Wissenschaft offensichtlich nicht austreiben kann –, sondern auch, um uns auf Linie mit jener künstlerischen Modalität, jener Mode zu bringen, die verstanden hat, dass Ikonoklasmus nicht so sehr die Zerstörung von Bildern betrifft, sondern vielmehr die öffentliche Zurschaustellung des Zerstörungsaktes selbst, um so die einstige Obszönität erneut ins Bild zu setzen. Und so verarmt der schillernde enzyklopädische Fundus, sobald man herausfindet, dass am Ende dieser Archäologie die Witze von Maurizio Cattelan stehen. Es scheint also, als ob diese fortwährende Befragung des Ikonoklasmus dessen kritischen Sinn paralysiert hätte. In diesem Nacheilen einer schöpferischen Genealogie wurde die erlösende Pflicht einer Exkursion folgender Art vergessen: Das Mosaik ist nicht nur ein Bild, das sich aus den Wrackteilen unterschiedlicher Zerstörungen, aus versprengten und wiedergefundenen Teilen zusammensetzt, sondern auch ein eisernes, geradezu mosaisches Gesetz – so wenig uns die Etymologie hier auch weiterhelfen mag –, das die verschiedenen Fragmente, die gegensätzlichen Materialien zusammenhält.
Die Rechtfertigung der Zerstörung der Buddha-Statuen von Bamiyan durch das Taliban-Regime hat den beiden Kuratoren die von ihnen so bewunderten Verschiebungen des Orients auf einem Silbertablett serviert, zumindest aus der Sicht des *Eurotaoismus* eines Peter Sloterdijk. Es ist schade, dass man sich nicht genauer mit der Wiederaneignung nihilistischer ikonoklastischer Gesten durch die künstlerische Moderne befasst hat, das heißt mit jenen Expressionismus und Dada hinter sich lassenden Gesten, die auf einer von der radikalen amerikanischen Avantgarde betriebenen, anachronistischen Anpassung östlicher Weisheiten von Tao bis Zen-Buddhismus an das westliche Denken beruhten.
Das Schweigen von Cage ist nicht dasselbe wie das von Duchamp, so sehr die beiden auch dasselbe halbherzige Grinsen teilen. Nichtsdestotrotz wird sowohl auf theoretischer Ebene als auch im Ausstellungsraum die gleiche historische Kontinuität vorgeführt. Auschwitz und Hiroshima vermischen sich im kontinuierlichen Fortschritt der Geschichte. Dabei ist bezeichnend, dass der Luddismus – der des Captain Ludd, es geht nicht um das [mit einem d geschriebene] mentale Leiden aus der Kultur der Videospiele – zur simplen Anekdote reduziert wird. Und auch dem Aufruf Walter Benjamins, Stöcke in die Räder des Zuges des Fortschritts zu werfen, den unaufhaltsamen Vormarsch der Geschichte zu bremsen, wird keine Bedeutung

geschossen wird. Nichts über den Konflikt zwischen *Kultur* und *Zivilisation*, der während des Ersten Weltkriegs von den Deutschen in Form barbarischer Zerstörungen französischer und belgischer Kulturdenkmäler ausgefochten wird. Und nichts zu Hugo Ball, der im Cabaret Voltaire „Vernichtung ist Mimesis" schreit; und das, obwohl man – scheinbar aus reiner Höflichkeit – dazu einlud, sich schriftlich am *Defacement* von Michael Taussig zu beteiligen.

Offensichtlich geht es nicht um konjunkturelle Probleme, die nicht auch als solche erkennbar wären. Die akademische Formel, die ZKM und MIT als Verlegerduo anwenden, hat ihre strukturellen Mängel, und wenn sie sich bei dieser Gelegenheit verschlimmert, dann aufgrund der epistemologischen Absicht des Unterfangens. Wie üblich bei Latour-Weibel sind das Bemühen um Komplexität und die Ausdehnung der Rhetoriken darauf gerichtet, den Triumph dieser Episode in der Geschichte des Kapitalismus zu verschleiern.

Das vermeintlich historische Verständnis, das in dithyrambischer Form immer wieder in den unterschiedlichen Essays auftaucht, erweist sich als ein Schirm, hinter dem der Ikonoklasmus als ein Hauptwerkzeug des modernen Kapitalismus verborgen wird.

Ganz offensichtlich drückt man sich hier vor dem Politischen, das durch Geschichtsübungen ersetzt werden soll, und durch Übungen zur Anwendung des Ikonoklasmus, dessen doppeldeutiger und paradoxer Charakter hier eine konservative und reaktionäre Funktion erhält.

Wie José Bergamín aufgezeigt hat, ist „das Paradox paradox", das heißt, es handelt sich nicht nur um eine permanent offene Frage – so wie es Latour für seinen Neologismus *Iconoclash* beansprucht –, sondern darum, dass die Notwendigkeit und Absicht der besagten Frage und ihr politischer Charakter letztendlich das sind, was sie beflügelt.

Deshalb wird das Elend der modernen Stadt durch das globale und totale enzyklopädische Projekt – Version Wiki – eher verborgen statt so gezeigt, wie es Walter Benjamin mit seiner Beschreibung von Paris am Ende des 19. Jahrhunderts tat.

Wenn es nur darum gegangen wäre, aufzuzeigen, dass Bilder kommen, gehen und wiederkommen, wäre es nicht notwendig gewesen, den Ikonoklasmus als Motor dieser Vorgänge anzuführen. Denn, wie Georges Didi-Huberman bereits richtig erwähnt hat, wissen wir zumindest seit Warburg, dass es sich mit allen Bildern so verhält, egal ob ihnen Gewalt angetan wurde oder nicht.

Diese Tarnung funktioniert also auf betrügerische Weise. Es wird ausgeführt, der Ikonoklasmus sei nur Teil eines langen Prozesses verschiedener Bewertungen der Ikone, und man verleiht dieser Regulierung einen fast natürlichen Charakter, so wie es der Finanzkapitalismus mit den Marktregeln macht.

So verwandelt sich der *Iconoclash* – die doppeldeutige Geste eines Ikonoklasmus, der gleichzeitig zerstört und errichtet – in die Lanzenspitze eines expansiven Zyklus des Kapitalismus, also in etwas völlig anderes als zum Beispiel bei jener Rückführung des Sinnlichen, die Giorgio Agamben in *Profanierungen* unternimmt: eine wirkliche Rückführung der Dinge zu ihrem allgemeinen Gebrauch, jenseits des religiösen Terrains und jenseits des Mehrwerts, wie man aus dem Kontext einer Ökonomie der Kunst hinzufügen könnte.

Im Grunde gibt es ein fundamentales Missverständnis in dieser Medienbezogenheit, mit der das Gespann Weibel-Latour normalerweise über die Idee der Umgebung spricht. Diese naturalisierte „Medialogie" (im spanischen „mediología", sinngemäß auch „Umweltlehre") kann, im Gegensatz zu Luft oder Wasser, nicht aufgehalten, unterbrochen oder verschmutzt werden. Wenn es Kommunikation ist, wovon hier die Rede ist, dann scheint die Schockwelle tatsächlich keinen Halt zwischen dem Akteur und seinem Netzwerk zu haben. Alles ist Übertragung, und wenn sie nicht da ist – hat dieses Netzwerk denn niemals auch nur irgendeinen Defekt? –, dann wird alles der Rhetorik überlassen, alles, selbst der allerschlimmste Terror.

Im Gegensatz zu Mario Perniolas Simulakrum oder Giorgio Agambens *Medios sin fin* (Mittel ohne Zweck) scheint Kommunikation weder Unterbrechungen noch Bremsen oder Brüche zu kennen. Die ikonoklastische Sphäre, in der die Bilder unterbrochen sind, verschwindet hinter der gnoseologischen Perversion einer Gruppe aufmerksamer Akademiker, die in der Lage sind, ihre Bedeutung und auch ihre Nicht-Bedeutung zu verstehen. Aber wenn es keine Unterbrechung gibt oder nicht mal eine Zäsur, welchen Sinn hat es dann, diese Geste weiterhin ikonoklastisch zu nennen?

Jota Gracián

Im Grunde gibt es ein fundamentales Missverständnis in dieser Medienbezogenheit, mit der das Gespann Weibel-Latour normalerweise über die Idee der Umgebung spricht. Diese naturalisierte „Medialogie“ (im spanischen „mediología“, sinngemäß auch „Umweltlehre“) kann, im Gegensatz zu Luft oder Wasser, nicht aufgehalten, unterbrochen oder verschmutzt werden. Wenn es Kommunikation ist, wovon hier die Rede ist, dann scheint die Schockwelle tatsächlich keinen Halt zwischen dem Akteur und seinem Netzwerk zu haben. Alles ist Übertragung, und wenn sie nicht da ist – hat dieses Netzwerk denn niemals auch nur irgendeinen Defekt? –, dann wird alles der Rhetorik überlassen, alles, selbst der allerschlimmste Terror.

Im Gegensatz zu Mario Perniolas Simulakrum oder Giorgio Agambens *Medios sin fin* (Mittel ohne Zweck) scheint Kommunikation weder Unterbrechungen noch Bremsen oder Brüche zu kennen. Die ikonoklastische Sphäre, in der die Bilder unterbrochen sind, verschwindet hinter der gnoseologischen Perversion einer Gruppe aufmerksamer Akademiker, die in der Lage sind, ihre Bedeutung und auch ihre Nicht-Bedeutung zu verstehen. Aber wenn es keine Unterbrechung gibt oder nicht mal eine Zäsur, welchen Sinn hat es dann, diese Geste weiterhin ikonoklastisch zu nennen?

Jota Gracián

gismus *Iconoclash* beansprucht –, sondern darum, dass die Notwendigkeit und Absicht der besagten Frage und ihr politischer Charakter letztendlich das sind, was sie beflügelt.

Deshalb wird das Elend der modernen Stadt durch das globale und totale enzyklopädische Projekt – Version Wiki – eher verborgen statt so gezeigt, wie es Walter Benjamin mit seiner Beschreibung von Paris am Ende des 19. Jahrhunderts tat.

Wenn es nur darum gegangen wäre, aufzuzeigen, dass Bilder kommen, gehen und wiederkommen, wäre es nicht notwendig gewesen, den Ikonoklasmus als Motor dieser Vorgänge anzuführen. Denn, wie Georges Didi-Huberman bereits richtig erwähnt hat, wissen wir zumindest seit Warburg, dass es sich mit allen Bildern so verhält, egal ob ihnen Gewalt angetan wurde oder nicht.

Diese Tarnung funktioniert also auf betrügerische Weise. Es wird ausgeführt, der Ikonoklasmus sei nur Teil eines langen Prozesses verschiedener Bewertungen der Ikone, und man verleiht dieser Regulierung einen fast natürlichen Charakter, so wie es der Finanzkapitalismus mit den Marktregeln macht.

So verwandelt sich der *Iconoclash* – die doppeldeutige Geste eines Ikonoklasmus, der gleichzeitig zerstört und errichtet – in die Lanzenspitze eines expansiven Zyklus des Kapitalismus, also in etwas völlig anderes als zum Beispiel bei jener Rückführung des Sinnlichen, die Giorgio Agamben in *Profanierungen* unternimmt: eine wirkliche Rückführung der Dinge zu ihrem allgemeinen Gebrauch, jenseits des religiösen Terrains und jenseits des Mehrwerts, wie man aus dem Kontext einer Ökonomie der Kunst hinzufügen könnte.

geschossen wird. Nichts über den Konflikt zwischen *Kultur* und *Zivilisation*, der während des Ersten Weltkriegs von den Deutschen in Form barbarischer Zerstörungen französischer und belgischer Kulturdenkmäler ausgefochten wird. Und nichts zu Hugo Ball, der im Cabaret Voltaire „Vernichtung ist Mimesis“ schreit; und das, obwohl man – scheinbar aus reiner Höflichkeit – dazu einlud, sich schriftlich am *Defacement* von Michael Taussig zu beteiligen.

Offensichtlich geht es nicht um konjunkturelle Probleme, die nicht auch als solche erkennbar wären. Die akademische Formel, die ZKM und MIT als Verlegerduo anwenden, hat ihre strukturellen Mängel, und wenn sie sich bei dieser Gelegenheit verschlimmert, dann aufgrund der epistemologischen Absicht des Unterfangens. Wie üblich bei Latour-Weibel sind das Bemühen um Komplexität und die Ausdehnung der Rhetoriken darauf gerichtet, den Triumph dieser Episode in der Geschichte des Kapitalismus zu verschleiern.

Das vermeintlich historische Verständnis, das in dithyrambischer Form immer wieder in den unterschiedlichen Essays auftaucht, erweist sich als ein Schirm, hinter dem der Ikonoklasmus als ein Hauptwerkzeug des modernen Kapitalismus verborgen wird.

Ganz offensichtlich drückt man sich hier vor dem Politischen, das durch Geschichtsübungen ersetzt werden soll, und durch Übungen zur Anwendung des Ikonoklasmus, dessen doppeldeutiger und paradoxer Charakter hier eine konservative und reaktionäre Funktion erhält.

Wie José Bergamín aufgezeigt hat, ist „das Paradox paradox“, das heißt, es handelt sich nicht nur um eine permanent offene Frage – so wie es Latour für seinen Neolo-

sprengten und wiedergefundenen Teilen zusammensetzt, sondern auch ein eisernes, geradezu mosaisches Gesetz – so wenig uns die Etymologie hier auch weiterhelfen mag –, das die verschiedenen Fragmente, die gegensätzlichen Materialien zusammenhält.

Die Rechtfertigung der Zerstörung der Buddha-Statuen von Bamiyan durch das Taliban-Regime hat den beiden Kuratoren die von ihnen so bewunderten Verschiebungen des Orients auf einem Silbertablett serviert, zumindest aus der Sicht des *Eurotaoismus* eines Peter Sloterdijk. Es ist schade, dass man sich nicht genauer mit der Wiederaneignung nihilistischer ikonoklastischer Gesten durch die künstlerische Moderne befasst hat, das heißt mit jenen Expressionismus und Dada hinter sich lassenden Gesten, die auf einer von der radikalen amerikanischen Avantgarde betriebenen, anachronistischen Anpassung östlicher Weisheiten von Tao bis Zen-Buddhismus an das westliche Denken beruhten.

Das Schweigen von Cage ist nicht dasselbe wie das von Duchamp, so sehr die beiden auch dasselbe halbherzige Grinsen teilen. Nichtsdestotrotz wird sowohl auf theoretischer Ebene als auch im Ausstellungsraum die gleiche historische Kontinuität vorgeführt. Auschwitz und Hiroshima vermischen sich im kontinuierlichen Fortschritt der Geschichte. Dabei ist bezeichnend, dass der Luddismus – der des Captain Ludd, es geht nicht um das [mit einem d geschriebene] mentale Leiden aus der Kultur der Videospiele – zur simplen Anekdote reduziert wird. Und auch dem Aufruf Walter Benjamins, Stöcke in die Räder des Zuges des Fortschritts zu werfen, den unaufhaltsamen Vormarsch der Geschichte zu bremsen, wird keine Bedeutung gibt keine Kontraste zwischen den Positionen, sondern eher die Unterwerfung eines Standpunkts unter den anderen. Und so wird der künstlerische Umbruch – der Raum, in dem die Lektüre der Bilder vielleicht die größte Komplexität erreicht – in diesem Projekt banalisiert, ein Projekt, dessen Abstraktion wissenschaftlicher Erkenntnis ein wirkliches Zusammenleben mit den mimetischen Bildern verhindern würde. Wenn man bedenkt, dass die Wege, die Kandinsky, Mondrian oder Malevitsch beschritten haben, direkt auf das theosophische Wissen zurückzuführen sind, dann reduziert sich die hier angestrebte Synthese auf das Simpelste. Darüber hinaus wird der künstlerische Ikonoklasmus dem Aktuellen untergeordnet. Und dass nicht nur auf Gund der Leidenschaft beider Kuratoren für Pixel – ein moderner Aberglaube, den die Wissenschaft offensichtlich nicht austreiben kann –, sondern auch, um uns auf Linie mit jener künstlerischen Modalität, jener Mode zu bringen, die verstanden hat, dass Ikonoklasmus nicht so sehr die Zerstörung von Bildern betrifft, sondern vielmehr die öffentliche Zurschaustellung des Zerstörungsaktes selbst, um so die einstige Obszönität erneut ins Bild zu setzen. Und so verarmt der schillernde enzyklopädische Fundus, sobald man herausfindet, dass am Ende dieser Archäologie die Witze von Maurizio Cattelan stehen. Es scheint also, als ob diese fortwährende Befragung des Ikonoklasmus dessen kritischen Sinn paralysiert hätte. In diesem Nacheilen einer schöpferischen Genealogie wurde die erlösende Pflicht einer Exkursion folgender Art vergessen: Das Mosaik ist nicht nur ein Bild, das sich aus den Wrackteilen unterschiedlicher Zerstörungen, aus ver-

ICONOCLASH.
***Jenseits der Bilderkriege in Wissenschaft, Religion und Kunst*, hrsg. von Peter Weibel und Bruno Latour, Ausst.-Kat. ZKM, Zentrum für Kunst und Medientechnologie, Karlsruhe, Massachusetts, MIT Press 2002.**

Iconoclash präsentiert sich als Oxymoron im Zeitalter des Triumphs der Bilder. Es ging darum, die Repräsentation der Bilder – man möge mir die Redundanz in diesem Fall verzeihen – als ein weiteres Opfer des Siegeszugs der Wissenschaft im 20. Jahrhundert vorzustellen: die geballte Technik gegen das Wesen der Repräsentation, eine mehr oder weniger geglückte Sammlung der Errungenschaften der Modernen Kunst in Form von monochromen Leinwänden, zerstückelten Statuen, ausradierten Bildern, Assemblagen aus alten Möbeln, Müllbergen, zerfetzten Papieren, pornografischen und eschatologischen Aktionen, absurden Lebensprojekten und Verherrlichungen der Sodomie, Pädophilie und Koprophilie, abseitigen politischen Programmen und Lobeshymnen auf das Leben der Verrückten, Mörder und der Terroristen – also die gesamt Landschaft des Nihilismus.

Kurator der Ausstellung ist Peter Weibel und Bruno Latour übernimmt den reflexiven Part, die diskursive Annäherung. Beide verbindet ein tiefes Interesse an der Komplexität der Welt – als Alibi, wenn es um die eigene Positionierung geht und darum, jedweder politischen Lektüre der Dinge Gewichtigkeit beizumessen. So wird dieser Bilderkrieg scheinbar aus der Perspektive der Wissenschaften, Künste und religiösen Prophetie betrachtet, doch ragt der Aberglaube an die Technik – als unser Sinn und Zweck auf Erden – über alles hinaus. Es

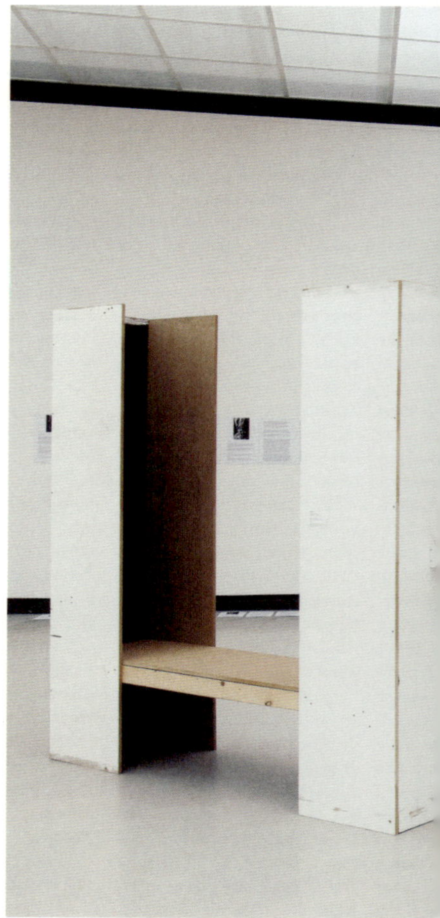

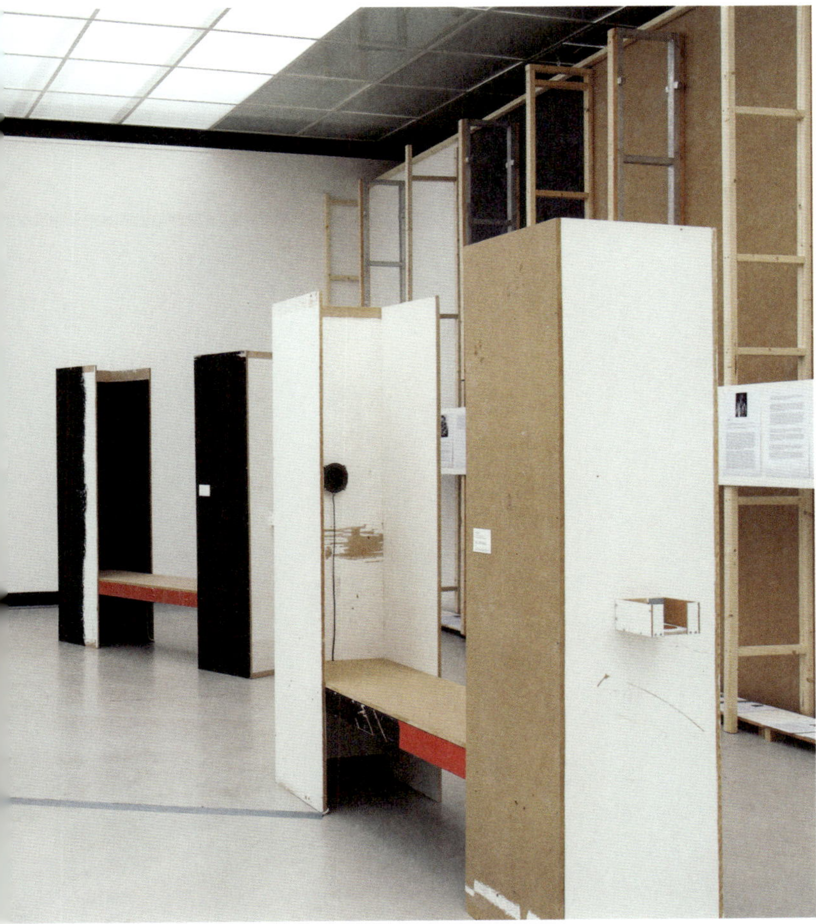

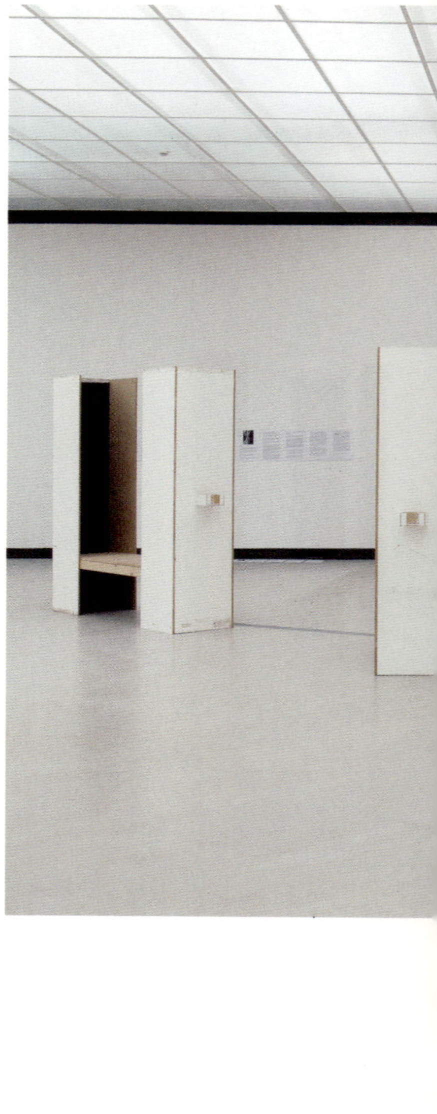

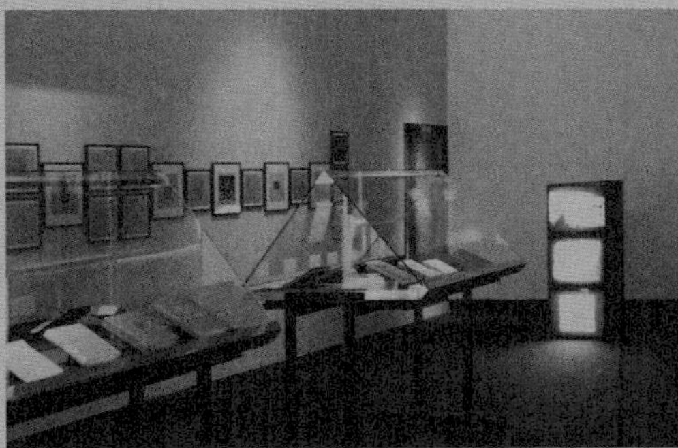

DADA:

OSTERGELÄCHTER:
HUGO BALL, EMMY HENNINGS
& CABARET VOLTAIRE

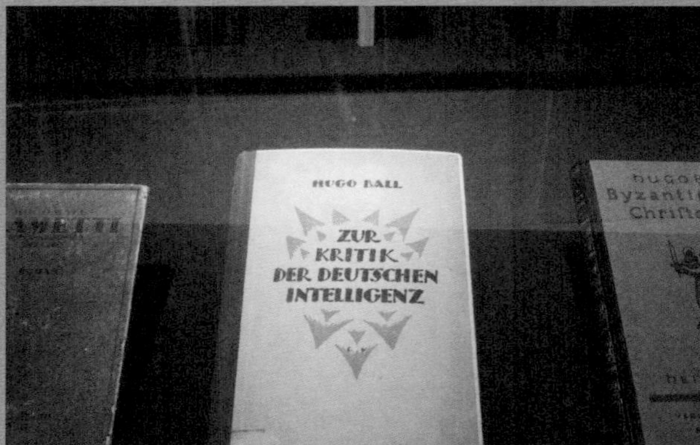
HUGO BALL
ZUR KRITIK DER DEUTSCHEN INTELLIGENZ

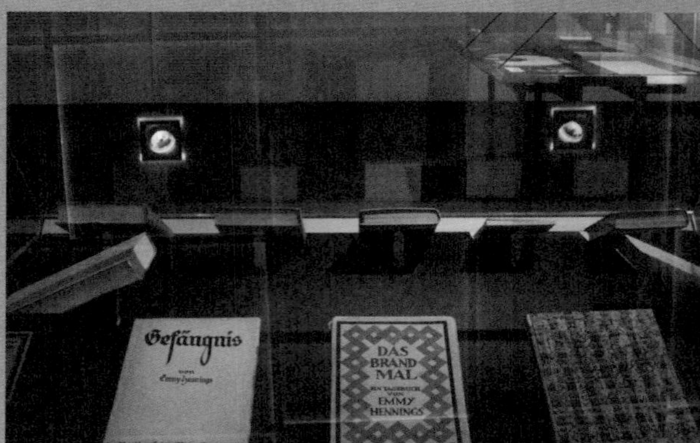
Gefängnis
DAS BRAND MAL
EMMY HENNINGS

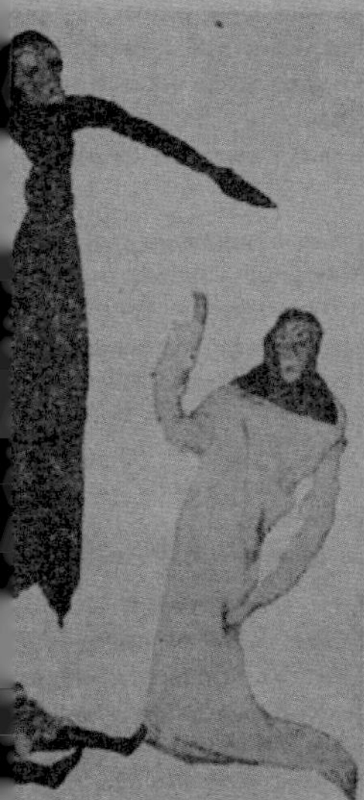

NNINGS:

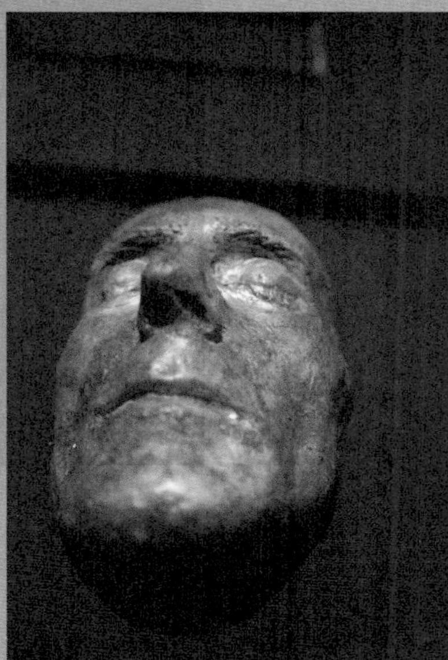

C A B A R

3.

Der Exhibitionist stellt s
und Pimpronella reizt ih
Koko der grüne Gott kla
Da werden geil die ältes

Tsingtara! Da ist ein la
Daraus fährt eine Speich
Da packen alle ihre Dan
und verziehen sich. Da

Am Eingang sitzt die öl
Die schlägt sich die Go
Der sticht eine Bogenla
Und das brennende Dac

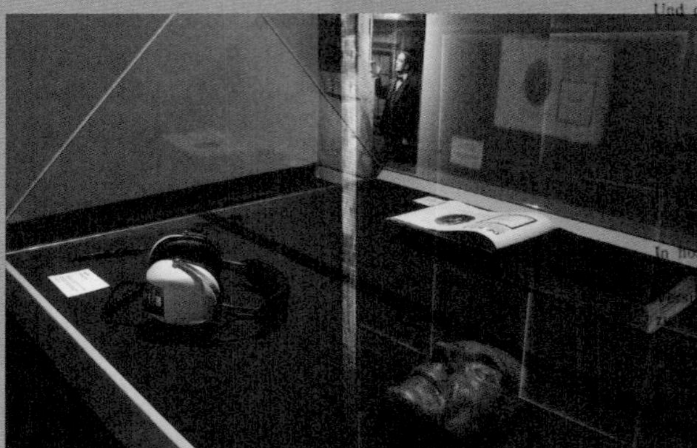

em gespitzten Oh
own, der eine an
kleine Röhrchen,
Verbindung mit

In hohen Luftgeleisen, w
ile schneiden, dr
ht ein kleinkalibr
tern; was die Fr

xhibitionist, der j
t hat mit Geduld
st urplötzlich den
eibt gequollene

HUGO BALL

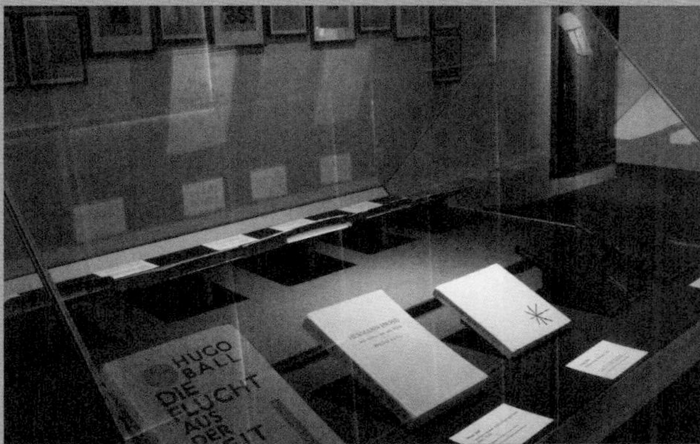

rhang auf
terröcken,
cum.

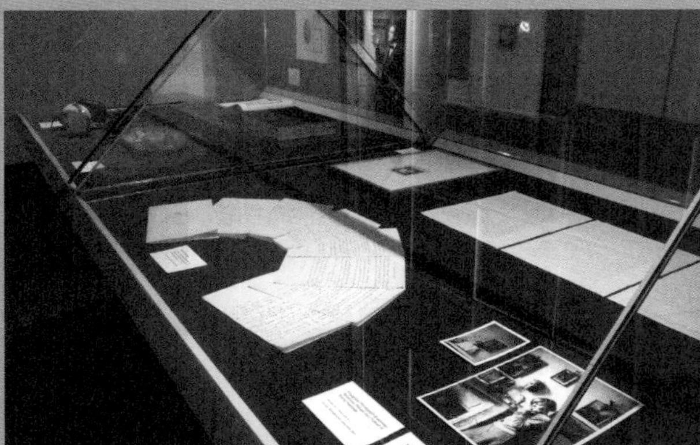

eht: „Schlange“
ästen ein

n die Schenkel.

ihren Enkel.

e Fliegen

egen,
t.

h
wirrt,
h

;
Douceur,
ng
sich her.

24

Das Werk der KünstlerInnen Emmy Hennings und Hugo Ball wird meist in Bezug auf ihre Rolle innerhalb von DADA und als Gründer des Cabaret Voltaire 1916 in Zürich betrachtet. Doch diese Aktivitäten waren auf wenige Monate beschränkt, man kann davon ausgehen, dass ihr Interesse diesbezüglich nicht länger als ein Jahr anhielt. Ihre eigene Sicht darauf, auf diese ungestümen Monate, ist kaum je berücksichtigt worden. Die Präsentation unternimmt daher den Versuch, Hennings' und Balls Sichtweise auf diese Ereignisse zu rekonstruieren: die sonderbaren Rituale, die im Cabaret Voltaire stattfanden, und die ganzen Veröffentlichungen, die aus dieser Zeit stammen. Die Ausstellung fokussiert den Züricher Kontext von 1916 vor dem Hintergrund des Großen Krieges, als sich ExilantInnen aus halb Europa in diesen Straßen herumtrieben. Tristan Tzara und Madame Laconte, Jean Arp und Sophie Taeuber, Georges und Marcel Janco, Celine Arnaud und Huelsenbeck waren ebenso anwesend, wie die russischen Chöre, die jüdischen Pianisten und viele andere auch. Doch die Erzählung und die Interpretation, die Emmy Hennings und Hugo Ball von all dem geben, werden von besonderer Bedeutung sein.

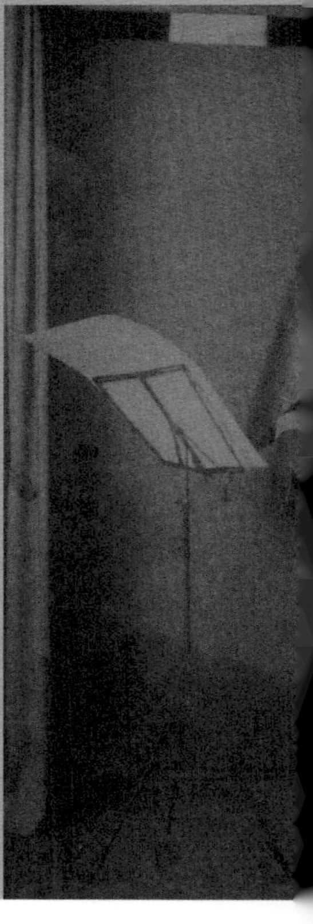

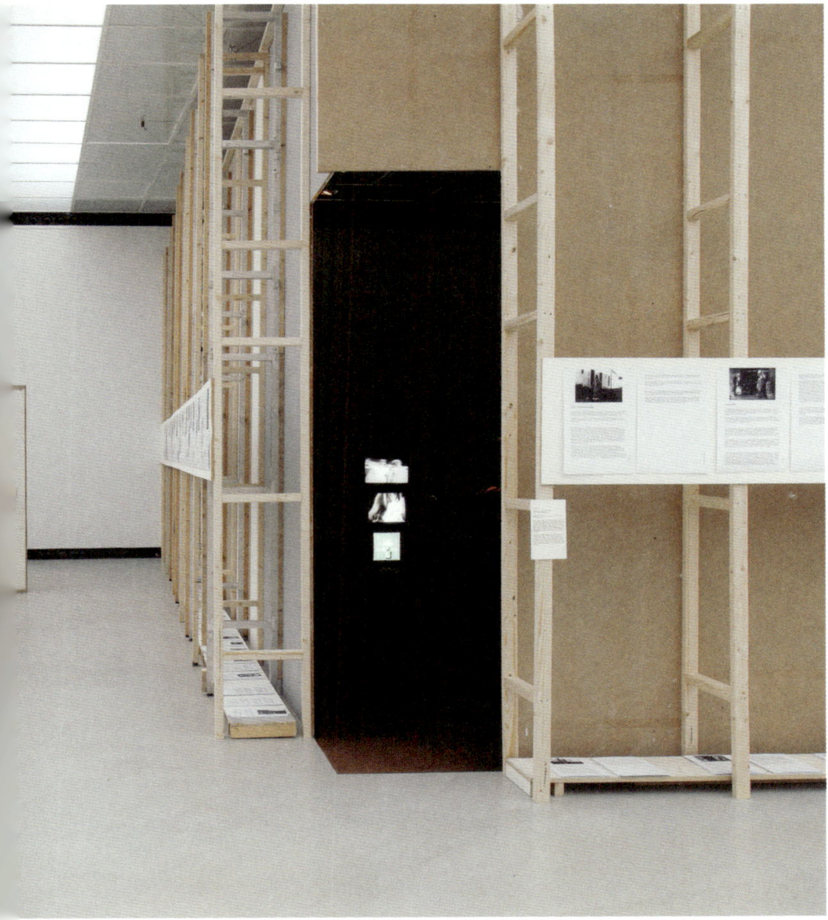

 AUSSTELLUNGSANSICHT / EXHIBITION VIEW, WKV 2012

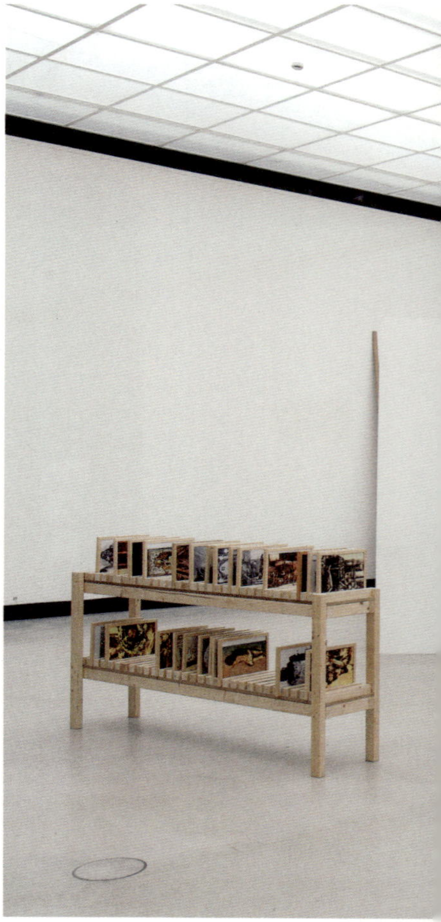

 AUSSTELLUNGSANSICHT / EXHIBITION VIEW, WKV 2012

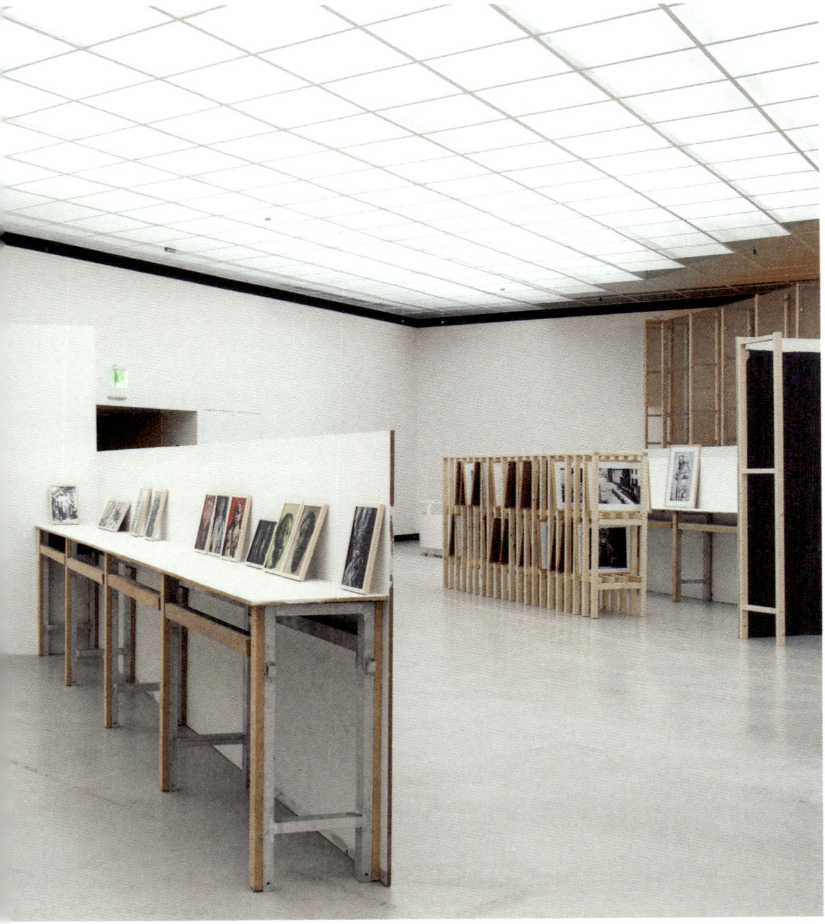

BIOGRAPHIEN / BIOGRAPHIES

Hans D. Christ

Hans D. Christ (*1963 in Dortmund) studierte Kunst und Literarturwissenschaft an der Universität Dortmund. 1993 war er Projektleiter von *Standorte. Akademie auf Zeit* mit Magdalena Jetelová, Fabrizio Plessi und Studierenden diverser Kunstakademien in Nordrhein-Westfalen. 1996 gründete er mit Iris Dressler den Hartware MedienKunstVerein in Dortmund, den sie bis 2004 gemeinsam leiteten. Von 2002 bis 2004 arbeitete er zudem als wissenschaftlicher Mitarbeiter am Museum am Ostwall in Dortmund. 2004 war er Kokurator der Biennale *Media City Seoul*. Seit 2005 leitet er mit Iris Dressler den Württembergischen Kunstverein in Stuttgart. 2013 war er Kokurator des Werkleitz-Festivals in Halle. Christ lehrt seit den 1990er-Jahren regelmäßig an verschiedenen Hochschulen in Europa, Asien und den USA. Er hat Texte veröffentlicht über KünstlerInnen wie Stan Douglas, Peggy Buth, Bettina Lockemann oder Suntag Noh sowie über Themen wie kuratorische und institutionelle Praktiken oder Raumpolitiken.

Hans D. Christ (*1963 in Dortmund) studied art and literary studies at the University of Dortmund. In 1993 he was chief coordinator of the project *Standorte: Akademie auf Zeit* (Sites: Temporary Academy) with Magdalena Jetelová, Fabrizio Plessi, and students of various art academies in North-Rhine-Westphalia. In 1996 he founded the Hartware MedienKunstVerein in Dortmund together with Iris Dressler, which they co-directed until 2004. Additionally, he worked from 2002 to 2004 as curator at the Museum am Ostwall in Dortmund. In 2004 he was co-curator of the biennial *Media City Seoul*. Since 2005 he and Iris Dressler have shared directorship of the Württembergischer Kunstverein in Stuttgart. In 2013 Christ was co-curator of the Werkleitz-Festival in Halle. Since the nineties he has been teaching regularly at diverse academies throughout Europe, Asia, and the United States. He has published articles on artists such as Stan Douglas, Peggy Buth, Bettina Lockemann, or Noh Suntag, as well as on subjects like curatorial and institutional practices or the politics of space.

Iris Dressler

Iris Dressler (*1966 in Neuss) studierte Kunstgeschichte, Philosophie und Literaturwissenschaft in Marburg und Bochum. 1996 gründete sie mit Hans D. Christ den Hartware MedienKunstVerein in Dortmund, den sie bis 2004 gemeinsam leiteten. Von 2002 bis 2004 war sie zudem wissenschaftliche Mitarbeiterin am Museum am Ostwall in Dortmund. Seit 2005 leitet sie mit Hans D. Christ den Württembergischen Kunstverein in Stuttgart. Seit 2013 ist sie Lehrbeauftragte an der Staatlichen Akademie der Bildenden Künste in Stuttgart. 2013 war sie Kokuratorin des Werkleitz-Festivals in Halle. Sie veröffentlichte Texte über KünstlerInnen wie Stan Douglas, Antoni Muntadas, Daniel García Andújar, Teresa Hubbard und Alexander Birchler, Marco Poloni, José Perez Ocaña oder Jenny Holzer und über Themen wie kuratorische und institutionelle Praktiken, die Konzeptualismen des Südens und Ostens, Politiken und Poetiken der Stimme, Körperpolitiken oder Museum und Musealisierung.

Iris Dressler (*1966 in Neuss) studied art history, philosophy, and literary studies in Marburg and Bochum. In 1996 she founded the Hartware MedienKunstVerein in Dortmund together with Hans D. Christ, which they co-directed until 2004. Additionally, she worked from 2002 to 2004 as curator at the Museum am Ostwall in Dortmund. Since 2005 she and Hans D. Christ have shared directorship of the Württembergischer Kunstverein in Stuttgart. Since 2013 she has been a lecturer at the Stuttgart State Academy of Art and Design. In 2013 Dressler was co-curator of the Werkleitz-Festival in Halle. She has published articles on artists such as Stan Douglas, Antoni Muntadas, Daniel García Andújar, Teresa Hubbard and Alexander Birchler, Marco Poloni, José Perez Ocaña, or Jenny Holzer, as well as on a range of different subjects, including: curatorial and institutional practices; the conceptualisms of the South and the East; body politics; the politics and poetics of the voice; or museum and musealization.

Valentín Roma

Valentín Roma (*1970 in Ripolet) hat einen PhD in Kunstgeschichte und Philosophie der Southampton University (Winchester School of Art) und lehrt zeitgenössische Kunsttheorie an der Universidad Autónoma de Barcelona (UAB). Seit 2013 ist er gemeinsam mit Paul Beatriz Preciado Forschungsleiter des Museu d'Art Contemporani de Barcelona (MACBA). Er hat zahlreiche Ausstellungen kuratiert, darunter: *The Listening Eye. Eugeni Bonet: Screens, Projections, Writings* (MACBA, 2014), *The Immaterial Legacy. An Essay on the MACBA Collection* (MACBA, 2014), *Manolo Laguillo. Reason and City* (Museo ICO, Madrid, 2013), *Against Tàpies* (*Fundació Antoni Tàpies*, Barcelona, 2013), *Archivo F.X. / Pedro G. Romero. Wirtschaft, Ökonomie, Konjunktur* (Württembergischer Kunstverein Stuttgart, 2012) mit Hans D. Christ und Iris Dressler, *Human, Too Human* (CaixaForum, Barcelona, 2010–2011) und *The Unavowable Community*, erster katalanischer Pavillon auf der 53. Biennale von Venedig (2009). 2011 veröffentlichte er den Essay *Rostros* (Gesichter) im Verlag Periférica.

Valentín Roma (*1970 in Ripolet) has a PhD in art history and philosophy from Southampton University (Winchester School of Art) and lectures on contemporary artistic theories at Universidad Autónoma de Barcelona (UAB). Since 2013 he has been the research director of Museu d'Art Contemporani de Barcelona (MACBA) together with Paul Beatriz Preciado. He has curated numerous exhibitions, including: *The Listening Eye: Eugeni Bonet: Screens, Projections, Writings* (MACBA, 2014); *The Immaterial Legacy: An Essay on the MACBA Collection* (MACBA, 2014); *Manolo Laguillo: Reason and City* (Museo ICO, Madrid, 2013); *Against Tàpies* (*Fundació Antoni Tàpies*, Barcelona, 2013); *Archivo F.X. / Pedro G. Romero: Business, Economics, Conjuncture* (Württembergischer Kunstverein Stuttgart, 2012) together with Hans D. Christ and Iris Dressler; *Human, Too Human* (CaixaForum, Barcelona, 2010–11), and *The Unavowable Community*, the first Catalan Pavilion, 53rd Venice Biennale (2009). In 2011 he published the essay "Rostros" (Faces) with Periférica editions.

Pedro G. Romero

Pedro G. Romero (*1964 in Aracena) ist Künstler, Autor und Kurator und lebt in Sevilla. Er arbeitet auf der Basis zweier Apparate: dem *Archivo F.X.* und der *Máquina P.H.* Er ist an der Projektreihe *arteypensamiento* (Kunst und Denken) der Internationalen Universität Andalusien (UNIA) und der Plattform für kulturpolitische Reflexionen (PRPC), beides in Sevilla, beteiligt. Derzeit ist er Kurator des Projektes *Tratado de Paz* (Friedensvertrag), das im Rahmen der Kulturhauptstadt 2016 in San Sebastián geplant ist.

Im Kontext des *Archivo F.X.* entstanden unter anderem die Einzelausstellungen *La ciudad vacía. Política* (Die leere Stadt. Politik) in der Fundació Antoni Tàpies in Barcelona (2006), *Economía Picasso* (Picasso-Ökonomie) im Museu Picasso in Barcelona (2012) und *Wirtschaft, Ökonomie, Konjunktur* im Württembergischen Kunstverein Stuttgart (2012). Darüber hinaus wurde das *Archivo F.X.* in verschiedenster Form in zahlreichen Gruppenausstellungen und -projekten gezeigt, darunter die Ausstellung *Die uneingestandene Gemeinschaft* im ersten katalanischen Pavillon auf der Biennale von Venedig (2009), die Ausstellung *Atlas. How to Carry the World on One's Back?* im Museo Reina Sofía in Madrid, im Zentrum für Kunst und Medien in Karlsruhe und den Deichtorhallen in Hamburg (2010 und 2011), die *Manifesta 8* in Murcia und Cartagena (2010), die Ausstellung *Der Ungeduld der Freiheit Gestalt zu geben* im Württembergischen Kunstverein Stuttgart (2013) und die Biennale von São Paulo (2014).

Auf der Basis von *Máquina P.H.* unterstützt Romero die unabhängige Plattform der modernen und zeitgenössischen Flamenco-Forschung (www.pieflamenco.com). Er war Choreograf einer Reihe von Stücken des Tänzers Israel Galván und hat mit KünstlerInnen von Rocío Márquez bis Inés Bacán zusammengearbeitet.

Romero hat zahlreiche Ausstellungen kuratiert und kokuratiert, darunter *La noche española. Flamenco, vanguardia y cultura popular 1865-1939* (Die spanische Nacht. Flamenco, Avantgarde und Populärkultur 1865–1939) im Museo Reina Sofía in Madrid (2006), *Un teatre sense teatre* (Ein Theater ohne Theater) im Museu d'Art Contemporani de Barcelona (MACBA, 2007–2008) oder *Ocaña. Acciones, actuaciones, activismo 1973-1983* (Ocaña. Aktionen, Akte, Aktivismus 1973–1983) im Palau de la Virreina in Barcelona und dem Centro de Arte Montehermoso in Vitoria (2011–2012). In Kürze erscheint seine Publikation *Exaltación de la visión* (Die Übersteigerung der Vision) über die Filme von José Val del Omar.

Zu seinen aktuellen Projekten zählt *Máquinas de vivir. El flamenco y la arquitectura en la ocupación y desocupación de espacios* (Maschinen des Lebens. Flamenco und Architektur bei der Besetzung und Räumung von Räumen), das 2014 in verschiedenen Formen auf der Berlin-Biennale, im Rahmen des Projektes *Utopian Pulse. Flares in the Darkroom* in der Wiener Secession, im Centro Galego de Arte Contemporaneo (CGAC) in Santiago de Compostela, in der UNIA in Sevilla, dem MACBA in Barcelona und der Casa Encendida in Madrid zu sehen war.

Pedro G. Romero (*1964 in Aracena) is an artist, author, and curator living in Seville.

He works on the basis of two apparatuses: *Archivo F.X.* und *Máquina P.H.* He is collaborator of the project series *arteypensamiento* (Art and Thinking) of the International University of Andalusia (UNIA) and the platform for cultural political reflections (PRPC), both situated in Seville. Currently Romero is the curator of the project *Tratado de Paz* (Peace Treaty), planned in the framework of the European Cultural Capital 2016 in San Sebastian.

In the context of *Archivo F.X.* various solo exhibitions have been realized: *La ciudad vacía: Política* (The Empty City: Politics) at the Fundació Antoni Tàpies in Barcelona (2006); *Economía Picasso* (Picasso Economy) at the Museu Picasso in Barcelona (2012); and *Business, Economics, Conjuncture* at the Württembergischer Kunstverein Stuttgart (2012); among others. Furthermore, *Archivo F.X.* has been presented in various forms at group exhibitions and projects, including: *The Unavowable Community* exhibition at the first Catalan Pavilion at the Venice Biennale (2009); the exhibition *Atlas: How to Carry the World on One's Back?* (2010–11) at the Museo Reina Sofía in Madrid, the ZKM Center for Art and Media in Karlsruhe, and the Deichtorhallen in Hamburg; *Manifesta 8* (2010) in Murcia and Cartagena; the exhibition *Giving Form to the Impatience of Liberty* at the Württembergischer Kunstverein Stuttgart (2013); and the São Paulo Biennale (2014).

On the basis of *Máquina P.H.* Romero supports the Independent Platform for Modern and Contemporary Flamenco Research (www.pieflamenco.com). He has choreographed several pieces for the dancer Israel Galván and has worked with many different artists, from Rocío Márquez to Inés Bacán.

Romero has curated and cocurated numerous exhibitions, such as: *La noche española: Flamenco, vanguardia y cultura popular 1865–1939* (The Spanish Night: Flamenco, Avant-Garde and Popular Culture, 1865–1939) at the Museo Reina Sofía in Madrid (2006); *Un teatre sense teatre* (A Theater without Theater) at the Museu d'Art Contemporani de Barcelona, MACBA (2007–08); and *Ocaña: Acciones, actuaciones, activismo 1973–1983* (Ocaña: Actions, Acts, Activism 1973–1983) at the Palau de la Virreina in Barcelona and the Centro de Arte Montehermoso in Vitoria (2011–12). His book *Exaltación de la visión* (The Exaltation of Vision) about the films of José Val del Omar is forthcoming.

Among his most recent projects are *Máquinas de vivir: El flamenco y la arquitectura en la ocupación y desocupación de espacios* (Machines of Life: Flamenco and Architecture in Occupying and Vacating Spaces), which was presented in 2014 in various forms and formats at the Berlin Biennale, in the framework of the project *Utopian Pulse: Flares in the Darkroom* at the Secession in Vienna, at the Centro Galego de Arte Contemporaneo (CGAC) in Santiago de Compostela, at UNIA in Seville, at the MACBA in Barcelona, and at the Casa Encendida in Madrid.

WERKE IN DER AUSSTELLUNG / WORKS IN THE EXHIBITION

Courtesy (wenn nicht anders vermerkt / unless otherwise noted): Archivo F.X. / Pedro G. Romero

Entrada: Wandlung **(Transformation)**
Eintrag / Entry (Mehrseitige Text-Bild-Montage / Multilateral text-image-montage, A3) und Theatralisierung / and theatralization (18 Fotografien / photographs, Würfelkasten / dice box, 6 Würfel / dice, Aufkleber / stickers, Auflage / edition: 300 Stück / copies, Video, Farbe, ohne Ton / color, silent, Loop)

Entrada: El capital. El carácter fetichista de la mercancía y su secreto
(Das Kapital. Der Fetischcharakter der Ware und sein Geheimnis / Capital: The Fetish Character of Commodities and Its Secrets)
Eintrag / Entry (Mehrseitige Text-Bild-Montage / Multilateral text-image-montage, A3) und Theatralisierung / and theatralization (Video, sw / bw, 5'30", Computer, Drucker / printer, Ausdrucke / prints, Anzahl wachsend / number growing, Waage / balance
Courtesy: Archivo F.X. / Pedro G. Romero und / and Casa SinFin, Cáceres und / and Madrid

Entrada: Hugo Ball **und / and** *Entrada: Emmy Hennings*
2 Einträge / Entries (Mehrseitige Text-Bild-Montagen / Multilateral text-image-montages, A3) und Theatralisierung / and theatralization (3 Hörstationen / audio stations, Audio-CD, Gesang / vocals: Inés Bacán, Tomás de Perrate, Niño de Elche, Stücke / pieces: Morfin von / by Emmy Hennings [Bacán], Karawane von / by Hugo Ball [de Perrate], Ton / Sound: Félix Vázquez, Künstlerische Leitung / artistic director: Pedro G. Romero, Produktion / production: Württembergischer Kunstverein Stuttgart

Entrada: Anti-globalización
(Anti-Globalisierung / Anti-Globalization)
Eintrag / Entry (Mehrseitige Text-Bild-Montage / Multilateral text-image-montage, A3) und Theatralisierung / and theatralization (ca. 250 Münzen auf Podest, teilweise unter Glas / mints on pedestal, partly under glass)

Entrada: Papel máquina
(Maschinen Papier / Paper machine)
Eintrag / Entry (Mehrseitige Text-Bild-Montage / Multilateral text-image-montage, A3) und Theatralisierung / and theatralization (ca. 1.500 Wertmarken / tokens)

Entrada: SIC
Eintrag / Entry (Mehrseitige Text-Bild-Montage / Multilateral text-image-montage, A3) und Theatralisierung / and theatralization (Video, Ton, Farbe / sound, color, ca. 4')

Entrada: Georges Bataille
Eintrag / Entry (Mehrseitige Text-Bild-Montage / Multilateral text-image-montage, A3) und Theatralisierung / and theatralization (Münzprägemaschine / coinminting press, Produktion / production: Württembergischer Kunstverein Stuttgart und / and Picasso Museum, Barcelona)

Tesauro: Lo nuevo y lo viejo
(Das Neue und das Alte / The New and the Old)
30 Einträge in verschiedenen Sprachen / entries in various languages, je A3 / each und Theatralisierung / and theatralization (30 digitale Drucke, gerahmt / digital prints, framed, Holzstruktur / wood structure)

Tesauro: La comunidad inconfesable
(Die uneingestehbare Gemeinschaft / The Unavowable Community)
25 Einträge in verschiedenen Sprachen / entries in various languages, je A3 / each

Tesauro: Capital de la república
[Kapital(e) der Republik / Capital of the republic]
35 Einträge in verschiedenen Sprachen / entries in various languages, je A3 / each und Theatralisierung / and theatralization (37 digitale Drucke, gerahmt /digital prints, framed, Holzstruktur / wood structure)

Las Blasfemias **(Gotteslästerungen / Blasphemies)**
Serie von 5 Texttafeln, jeweils mit digitaler Diaprojektion / Series of 5 text panels, each with digital slide projection

Billetes con la prensa. Falsificaciones
(Banknoten mit Zeitung. Fälschungen / Banknotes with newspaper. Falsification)
25 Bündel aus kopierten Banknoten und Zeitungsschnipseln / bundles of copies of banknotes and newspaper shavings, Audio-CD

Dokumente und Materialien
(Documents and Materials), Nr. / no. 7
Heft mit Bildern und Texten in deutscher Sprache / Booklet with images and texts in

German language, Auflage / edition: 1.000 Stück / copies, Wandgrafik / graphic on wall

Bibliothek / Library

Bücher / Books

Anti-Komintern (Hrsg. / Ed.), *Das Rotbuch über Spanien. Bilder, Dokumente, Zeugenaussagen*, Berlin–Leipzig 1937

Armando Boaventura und / and Jorge Garcia Mujica, *El Milagro de Toledo Jl. 1936–Set. 1936. Documentário fotografico anotado* (Spanisch, Italienisch, Portugiesisch, Deutsch / Spanish, Italian, Portuguese, German), Lissabon / Lisbon 1936

Das Kämpfende Spanien. Ein Erinnerungsblatt an den spanischen Freiheitskampf, hrsg. von der / ed. by Bayer Aktiengesellschaft (Deutsch, Spanisch / German, Spanish), Leverkusen a. Rh., 1937

José Hernández Diaz und / and Antonio Sancho Corbacho, *Edificios religiosos y objetos de culto saqueados y destruídos por los marxistas en los pueblos de la provincia de Sevilla* (Mit Zusammenfassungen auf Deutsch, Französisch, Englisch und Italienisch / With abstracts in German, French, English, and Italian language), Sevilla / Seville 1937

José Sebastián y Bandarán und / and Antonio Tineo Lara, *La persecución religiosa en la Archidiócesis de Sevilla*, Sevilla / Seville 1938

Filme / Films

Vía Crucis del Señor en las tierras de España (Kreuzweg des Herrn auf spanischem Boden / The Cross of the Lord on Spanish Soil), 1940
Dokumentarfilm / Documentary, Regie / Director: José Luis Sáenz de Heredia, Produktion / Production: Departamento Nacional de Cinematografía, 16', Courtesy: Filmoteca Española, Madrid

Reportaje del Movimiento revolucionario en Barcelona (Reportage zur revolutionären Bewegung in Barcelona / Reportage on the Revolutionary Movement in Barcelona), 1936
Dokumentarfilm / Documentary, Regie / Director: Mateo Santos, Produktion / Production: CNT-FAI (Büro für Information und Propaganda / Office for information and propaganda), 22'

Helden in Spanien (Heroes in Spain), 1938
Dokumentarfilm / Documentary, Regie / Director: Paul Laven und / and Fritz C. Mauch, Produktion / Production: Falange Española Tradicionalista y de las JONS und / and Hispano Film Produktion, 71', Courtesy: Filmoteca Española, Madrid

Ausstellungsplan / Exhibition Map

Faltblatt / Leaflet, Auflage / edition: 1.000 Stück / copies, Gestaltung / design: Agencia SOPA

Salon d'Or

DADA. Ostergelächter* (Easter Laughter)*: Hugo Ball, Emmy Hennings & Cabaret Voltaire

Anonym, Fotografien (Faksimiles) / photographs (facsimile), 2 Portraits von / portraits of Emmy Hennings, sw / bw, Courtesy: Schweizerisches Literaturarchiv (Bern), Nachlass Emmy Hennings / Hugo Ball

Hugo Ball,

Die Nase des Michelangelo. Tragikomödie in vier Auftritten, Erstausgabe / first edition, Leipzig 1911, Courtesy: Deutsches Literaturarchiv Marbach

Flametti oder vom Dandysmus der Armen, Erstausgabe / first edition, Berlin 1918, Courtesy: Deutsches Literaturarchiv Marbach

Zur Kritik der deutschen Intelligenz, Erstausgabe / first edition, Bern 1919, Courtesy: Deutsches Literaturarchiv Marbach

Byzantinisches Christentum. Drei Heiligenleben, Erstausgabe / first edition, München / Munich, Leipzig 1923, Courtesy: Deutsches Literaturarchiv Marbach

Die Folgen der Reformation, Erstausgabe / first edition, München / Munich 1924, Courtesy: Deutsches Literaturarchiv Marbach

Die Flucht aus der Zeit, Erstausgabe / first edition, München / Munich, Leipzig 1927, Courtesy: Deutsches Literaturarchiv Marbach

Hermann Hesse. Sein Leben und sein Werk, Erstausgabe / first edition, Berlin 1927, Courtesy: Deutsches Literaturarchiv Marbach

Gesammelte Gedichte mit Photos und Faksimiles, hrsg. v. / ed. by Annemarie Schütt-Hennings, Erstausgabe / first edition, Zürich / Zurich 1963, Courtesy: Deutsches

Literaturarchiv Marbach

Tenderenda der Phantast, Erstausgabe / first edition, Zürich / Zurich 1967, Courtesy: Deutsches Literaturarchiv Marbach

Tenderenda der Phantast. Roman, Innsbruck 1999, Courtesy: Deutsches Literaturarchiv Marbach

Totenklage, 1916, aufgeführt von / performed by EXVOCO (Hanna Aurbacher, Theophil Maier, Ewald Liska), Stuttgart, aus dem / from the Album *Futura. Poesia Sonora* (Cramps Records, Mailand / Milan), Courtesy: EXVOCO

Cabaret Voltaire. Eine Sammlung künstlerischer und literarischer Beiträge, hrsg. von / ed. by Hugo Ball, Zürich / Zurich 1916 [Mit Beiträgen von / With contributions by: Guillaume Apollinaire, Hans Arp, Hugo Ball, Francesco Cangiullo, Blaise Cendrars, Emmy Hennings, Jacob van Hoddis, Richard Huelsenbeck, Marcel Janco, Wassilij Kandinsky, F.T. Marinetti, L. Modigliani, M. Oppenheimer, Pablo Picasso, O. van Rees, M. Slodky, Tristan Tzara], Kopie, Präsentiert als Einzelseiten an der Wand / Copy, presented as single pages on wall

Theo van Doesburg (und unbekannter Fotograf / and unknown photographer), Todesanzeige Hugo Ball, in: *De Stijl. Maandblad voor nieuwe Kunst, Wetenschap en Kultuur*, Jahrg. / year 8, Nr. / no. 85 / 86, Leiden 1928, S. / pp. 97 / 98 (Nachdruck / reprint, *De Stijl. 1921-1932*, hrsg. v. / ed. by Ad Petersen, Amsterdam, Den Haag 1968), Courtesy: Landesbibliothek Stuttgart

Ernst Moritz Engert, *Porträt Emmy Hennings im Profil nach links*, 1912, Tusche auf festem Velin / india ink on solid vellum, Courtesy: Kunstantiquariat Joseph Fach GmbH, Frankfurt am Main

Großdruck / Big print, Emmy Hennings auf der Bühne als wahrsagende Spinne / on stage as truth-speaking spider, Quelle / source: Ruth Hemus, *Dada's Women*, London 2009

Großdruck / Big print, Hugo Ball, Aufführung der *Karawane* im kubistischen Kostüm im Cabaret Voltaire / reciting *Karawane* in a cubist costume at the Cabaret Voltaire, Zürich / Zurich 1916

Emmy Hennings,

Die letzte Freude, Erstausgabe / first edition, Leipzig 1913, Courtesy: Deutsches Literaturarchiv Marbach

Gefängnis, Erstausgabe / first edition, Berlin 1919, Courtesy: Württembergischer Kunstverein Stuttgart

Das Brandmal, Erstausgabe / first edition, Berlin 1920, Courtesy: Deutsches Literaturarchiv Marbach

Helle Nacht, Erstausgabe / first edition, Berlin 1922, Courtesy: Deutsches Literaturarchiv Marbach

Der Gang zur Liebe. Ein Buch von Städten, Kirchen und Heiligen, Erstausgabe / first edition, München / Munich 1926, Courtesy: Deutsches Literaturarchiv Marbach

Hugo Balls Weg zu Gott, Erstausgabe / first edition, München / Munich 1931, Courtesy: Deutsches Literaturarchiv Marbach

Blume und Flamme. Geschichte einer Jugend, Erstausgabe / first edition, Einsiedeln 1938, Courtesy: Deutsches Literaturarchiv Marbach

Der Kranz. Gedichte, Erstausgabe / first edition, Einsiedeln 1939, Courtesy: Deutsches Literaturarchiv Marbach

Das flüchtige Spiel. Wege und Umwege einer Frau, Erstausgabe / first edition, Einsiedeln, Köln / Cologne 1940, Courtesy: Deutsches Literaturarchiv Marbach

Märchen am Kamin, Erstausgabe / first edition, Benzinger, Einsiedeln, Köln / Cologne 1943, Courtesy: Württembergischer Kunstverein Stuttgart

Ruf und Echo. Mein Leben mit Hugo Ball, Erstausgabe / first edition, Einsiedeln 1953, Courtesy: Deutsches Literaturarchiv Marbach

Briefe an Hermann Hesse, Erstausgabe / first edition, Frankfurt am Main 1956, Courtesy: Deutsches Literaturarchiv Marbach

Brief an / Letter to Dr. Friedrich Mueller, in dem die Totenmaske von Hugo Ball erwähnt wird / that mentions the death mask of Hugo Ball [1 Br. masch. Dg / B-01-HESSE-02], Courtesy: Schweizerisches Literaturarchiv, Bern, Nachlass / estate Emmy Hennings, Hugo Ball

Heft mit diversen Gedichten von / Booklet with various poems by Emmy Hennings, Autograph, o. D. / n. d., Farbstiftzeichnung auf Titelblatt / colored pencil drawing on cover paper, enthält die Gedichte / contains the poems *Abend in Salerno*, *An einen Dichter*, *Noch einmal*, *Bin so allein*, *Lied zur Nacht*, *Fremde Zärtlichkeit*, *Mädchen am Kai*, *Gefängnis*, *Blaue Lilien*, *Traum*, *Abendlied*, *Wenn ich früh*, *Wie Kinder …*, *Sie feierten ein Fest …*, *Sieh, die Nacht …*, 1 Kt. m. Gedicht / 1 bx. w. poem *Frühling* [1 Heft / booklet, A5 hs. + Beil. / E-02-D-01-a/1], Courtesy: Schweizerisches Literaturarchiv, Bern, Nachlass / estate Emmy Hennings, Hugo Ball

Friedrich Müller, *Totenmaske Hugo Ball*, 1927, Gips, braun gefasst / plaster, painted brown, Courtesy: Deutsches Literaturarchiv Marbach

Pedro G. Romero, Wandtext / Wall text (Dada / Salon d'Or)

Videos diverser Reenactments von Performances von / of diverse reenactments of performances by Hugo Ball (*Die Karawane*) und / and Emmy Hennings, Quelle / source: YouTube

White Cube
Joseph Beuys, *La riproduzione siamo Noi* (Die Reproduktion sind wir / We Are the Reproduction). *Aktionen, Editionen, Multiples* (Actions, Editions, Multiples)

Joseph Beuys,

Hasenzucker, 1972, Siebdruck auf Karton / Silkscreen on cardboard, Zuckerstück in Box / sugar in box, Courtesy: Edition Staeck, Heidelberg

Notice to Guests, 1974, Offsetblatt mit Dollarnote / offset folio with dollar bill, Courtesy: Kunstmuseum Celle mit Sammlung Robert Simon

Dillinger, 1974, Videoband in Leinenkassette / video tape in linen box, Courtesy: Kunstmuseum Celle mit Sammlung Robert Simon

Amerikanischer Hasenzucker, 1974, Farboffset auf Karton, gestempelt / color offset on cardboard, stamped, Zuckertüte, gestempelt, in Pappschachtel mit Watte / sugar bag, stamped, in carton with cotton, Courtesy: Edition Staeck, Heidelberg

Buttocklifting, 1974, Metallschild, emailliert, gewölbt / metal plate, enameled, arched, Courtesy: Edition Staeck, Heidelberg

Kunst = Kapital, seit / since 1979, Banknote mit handschriftlichem Text / banknote with handwritten text, Courtesy: Korff-Stiftung, Ilmmünster

Chinesischer Hasenzucker, 1979, Siebdruck, Stempel auf DDR-Karteikarte / silkscreen, stamp on GDR index card, Courtesy: Edition Staeck, Heidelberg

Kunst = Kapital, 1980, Siebdruck auf Schiefertafel in Holzrahmen / silkscreen on slate in woodframe, Courtesy: Korff-Stiftung, Ilmmünster

Auguren, 1982 (Nachdruck / reprint), Offset-Farblithographie auf Karton / offset color lithograph, Courtesy: Kunstmuseum Celle mit Sammlung Robert Simon

Hasengrab, 1982, Postkarte / postcard (Foto / photo: Staeck / Steidl), Edition Staeck, Heidelberg, gerahmt / framed, Courtesy: Privatsammlung / privat collection Berlin

Konstruktionszeichnung zum Safe für »Friedenshase« in der Staatsgalerie Stuttgart, 1984, Courtesy: Sammlung Froehlich, Stuttgart

Dieter Schwerdtle (Kassel), Günter Beer / laif (Köln / Cologne), Dokumentation / documentation, *Joseph Beuys, Umschmelzaktion Friedenshase, documenta 7*, 1982, 19 Fotografien / photographs, Courtesy: Sammlung Froehlich, Stuttgart

Werner Raeune, ZDF Düsseldorf, Dokumentarfilm / documentary, *Joseph Beuys, Umschmelzaktion Friedenshase, documenta 7, 30. Juni 1982*, Courtesy: Werner Raeune, Düsseldorf

Rekonstruktion: Joseph Beuys, *Friedenshase*, 1982, Staatsgalerie Stuttgart

Pedro G. Romero, Wandtext / Wall text (Joseph Beuys / White Cube)

Black Box
Alexander Kluge. Nachrichten aus der ideologischen Antike* (News from Ideological Antiquity)*: Marx – Eisenstein – Das Kapital

Pedro G. Romero, Wandtext / Wall text (Alexander Kluge / Black Box)

Alexander Kluge, *Nachrichten aus der ideologischen Antike: Marx – Eisenstein – Das Kapital*, Video, 4:3, Farbe und sw / color and bw, 570', Courtesy: Alexander Kluge

DIE AUSSTELLUNG / THE EXHIBITION

Archivo F.X. / Pedro G. Romero
Wirtschaft, Ökonomie, Konjunktur
11. Februar – 29. April 2012

Archivo F.X. / Pedro G. Romero
Business, Economics, Conjuncture
February 11 – April 29, 2012

Eine Ausstellung von / An exhibition by
Württembergischer Kunstverein Stuttgart

KuratorInnen / Curators
Hans D. Christ, Iris Dressler, Valentín Roma

Assistenz + Koordination / Assistance + coordination
Gisela Alberich Trullois, Lídia Gamero

Praktikum / Internship
Annerose Bach, Anja Wächter

Technischer Leiter Ausstellung / Technical manager exhibition
Serge de Waha

Aufbauteam / Construction team
Jens Braun, Helmut Dietz, Florian Berthold Frick, Michael P. Hofmann, Björn Kühn, Jan Löchte, Philip Mercier, Laurens Nitschke, Steffen Osvath, Tino Panse, Anne Römpp, Janek Sliwka, Kestutis Svirnelis, Daniela Wolf

Führungen / Guided tours
Sarah Dahme, Carolin Heinemann

LeihgeberInnen / Lenders,
Archivo F.X. / Pedro G. Romero, Sevilla / Seville
Bundesarchiv, Koblenz
Casa SinFin, Cáceres und / and Madrid
Deutsches Literaturarchiv Marbach
Edition Staeck, Heidelberg
EXVOCO (Hanna Aurbacher, Theophil Maier und Ewald Liska), Esslingen
Filmoteca Española, Madrid
Kunstantiquariat Joseph Fach GmbH, Frankfurt am Main
Kunstmuseum Celle mit Sammlung Robert Simon
Korff-Stiftung, Ilmmünster
Alexander Kluge
Werner Raeune, Düsseldorf
Sammlung Froehlich, Stuttgart
Schweizerisches Literaturarchiv Bern, Nachlass Emmy Hennings / Hugo Ball
Privatsammlung / Private collection, Berlin

Gefördert durch / Supported by
Ministerium für Wissenschaft, Forschung und Kunst des Landes Baden-Württemberg
Kulturamt der Stadt Stuttgart
Péter Horváth Stiftung, Stuttgart
ProLab, Stuttgart

Team Württembergischer Kunstverein
Stand / as of 2015

DirektorInnen / Directors
Hans D. Christ, Iris Dressler

Assistenz der Direktion / Assistent of Directors
Jens Kräubig

Geschäftsführung / Business manager
Silke Albrecht

Buchhaltung + Mitgliederbetreuung / Bookkeeping + membership service
Christian Wick, Sighilde Bauerle

Haustechnik / Technicians
Laurens Nitschke, Janek Sliwka

Besucherbetreuung / Sales and supervision
Margot Endres, Marion Delsor, Tanja Duszynski, Susanne Witte, Toni Zelter, Charlotte Zolper

Reinigung / Cleaning
Liliana Biniarz

Unser besonderer Dank gilt / Special thanks to
Pedro G. Romero
allen bereits genannten Personen und Institutionen / all persons and institutions already mentioned above
sowie / and
Inés Bacán, Mario Berenguer, Nieves Berenguer, Centre d'Art la Panera, Lleida, Foro Social Sevilla / Seville, Fundación de Estudios Libertarios Anselmo Lorenzo, Madrid, Fundació Antoni Tàpies, Barcelona, Julia Gallego, Carlota Gómez, David González Romero, Beatriz Herráez, Institut Ramon Llull, Barcelona, Antoni Jové, Juan Marigorta, Museo Nacional Centro de Arte Reina Sofía, Madrid, Museo de Arte Contemporáneo de Castilla y León, León, Carolina del Olmo, Tomás de Perrate, proyectoeLe, Sevilla / Seville, Julián Rodriguez, Anne-Sofie Ruckhaberle, David Santaeulària, Filiep Tacq, José Luis Tirado, Rafael Von Uslar, Félix Vázquez, Octavio Zaya

IMPRESSUM / COLOPHON

Diese Publikation
erscheint anlässlich der Ausstellung *Archivo F.X. / Pedro G. Romero. Wirtschaft, Ökonomie, Konjunktur*, Württembergischer Kunstverein Stuttgart, 11. Februar – 29. April 2012

This book
is published in conjunction with the exhibition *Archivo F.X. / Pedro G. Romero: Business, Economics, Conjuncture*, Württembergischer Kunstverein Stuttgart, February 11 – April 29, 2012

Herausgeber / Editor
Iris Dressler, Hans D. Christ

Lektorat / Copyediting
Dawn Michelle d'Atri
(Englisch / English)
Petra Kästner-Henn, Ulrike Lowis
(Deutsch / German)

Übersetzungen / Translations
Dawn Michelle d'Atri
(Deutsch–Englisch / German–English)
Tom Waibel
(Spanisch–Deutsch / Spanish–German)
Josephine Watson
(Spanisch–Englisch / Spanish–English)

Grafische Gestaltung + Satz / Graphic design + typesetting
Hermanos Berenguer

Reproduktionen / Reproductions
Nova Era Publications, Barcelona

Druck / Printing
Brizzolis, arte en gráficas, Madrid

Frontispiz / Frontispiece
Archivo F. X.

Beilagen / Inserts
CD: *Entrada: Emmy Hennings*; *Entrada: Hugo Ball*
Karte: *Eine Karte, Drei Ökonomien, Fünf ›Entradas‹, Sieben Dispositive, Neun Ausstellungen*

© 2015 Spector Books, Leipzig, und Autoren / and authors
© 2015 für die abgebildeten Werke: die Künstler oder ihre Rechtsnachfolger / the artists or their legal successors

Erschienen bei / Published by
Spector Books
Harkortstraße 10
04107 Leipzig
mail@spectorbooks.com
www.spectorbooks.com

ISBN: 978-3-944669-86-1
Printed in Spain

Württem bergischer Kunst verein Stuttgart

Spector Books

Baden-Württemberg

STUTTGART

PÉTER HORVÁTH STIFTUNG

Prolab für die Kunst in Stuttgart

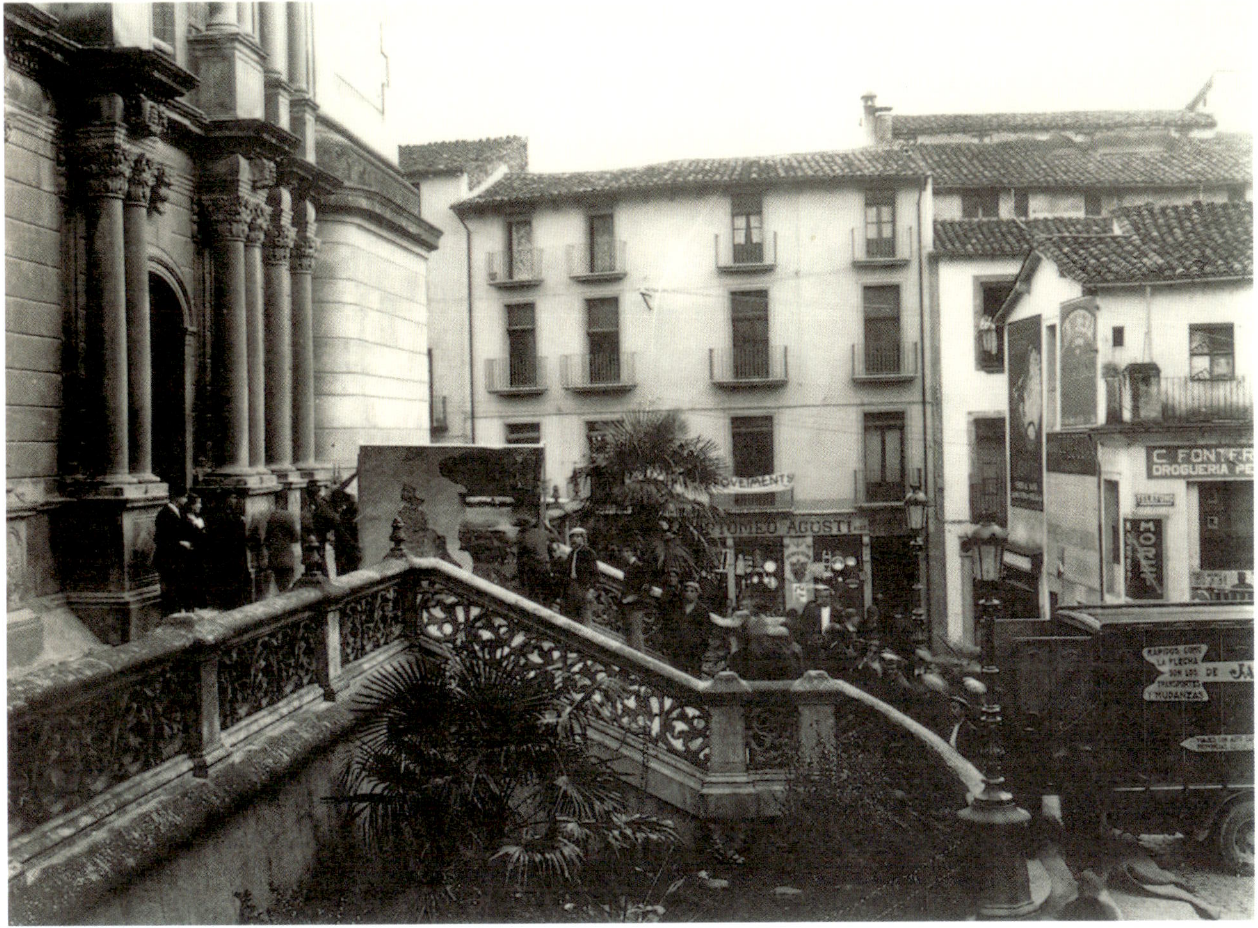
DROGUERIA
AGUSTI
RAPIDOS COMO LA FLECHA SON LOS TRANSPORTES Y MUDANZAS

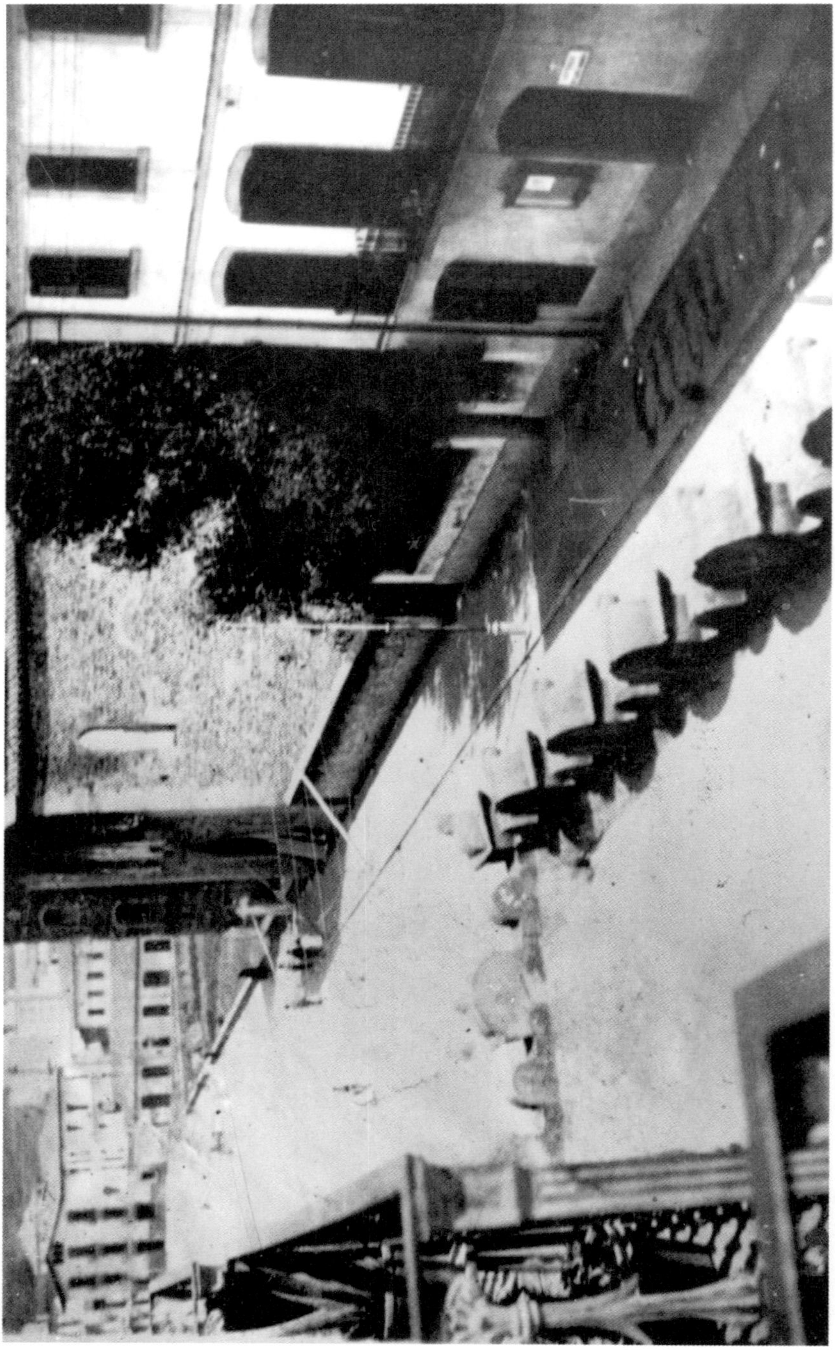